现代英国的
社会流动与阶级结构
（第二版）

Social Mobility and Class Structure
in Modern Britain (Second Edition)

[英]约翰·H.戈德索普 著

于佳煖 舒东妮 梁群茹
殷 昊 邢隽清 高雨薇 译

復旦大學出版社

致谢

本书第一、三、九、十章的早期版本已经以论文形式发表于《社会学》(*Sociology*)(1977年11卷,1978年12卷和1986年20卷第1、4期);同样,第5章的早期版本也已经以论文形式发表于《英国社会学杂志》(*British Journal of Sociology*)(1977年28卷)。我非常感谢这些期刊的编辑们以及《英国社会学杂志》的出版商劳特利奇(Routledge)和开根·保罗(Kegan Paul)允许再版这些文章。

献给

凯尔·斯瓦拉斯托加(Kaare Svalastoga)主席,以及国际社会学协会社会分层和流动研究委员会的同事们

1972—1978

> 喜欢小数字的人温和友善,有些怪异,
> 相信所有的故事都有十三个章节的固定篇幅,
> 有野性的双重人格,佩戴五芒星,他们是
> 米勒派信徒、培根主义者、地球扁平论人士。
> 喜欢大数字的人会陷入可怕的疯狂,
> 他们会解散瑞士,让每个人彻底赎罪,
> 将我们按体格分类,为我们施洗,教我们打棒球:
> 他们赶跑酒吧客,败坏政党,竞选国会议员。
> ——威斯坦·休·奥登(W. H. AUDEN),
> 摘自《数字与表象》[①]

经费伯出版社(Faber & Faber Ltd.)和兰登书屋出版社(Random House Inc.)的允许,转载自《威斯坦·休·奥登诗选》(*W. H. Auden's Collected Poems*)

[①] 译文转引自[英]W. H. 奥登:《奥登诗选:1948—1973》,马鸣谦、蔡海燕译,上海译文出版社2016年版,第147页。

第二版序言

1980年,《现代英国的社会流动与阶级结构》一书首次出版时,它在各方面都受到了令人鼓舞的欢迎。这本书引起了新闻界、电视台和广播界的关注实属意外,其研究结论在政治周刊上被广泛讨论,后续刊登在专业期刊上的评论也多半是积极正面的。当然,一些关键性的问题被提了出来,并且在某些情况下引起了(至少我认为是)有趣的辩论。仅有的势均力敌的完全对立的回应来自马克思主义左派和"新"保守主义右派的教条主义者——这本应如此,也令我们感到高兴。不过,最让我们高兴的是以新的研究项目的形式做出的长期回应,这些新研究项目目前正在进行本书所提出的各种调查,或者在其他国家的社会中复制本书所报告的调查和分析。

在激励后一种研究方面,我认为本书帮助我部分报答了在初版序言中承认的那些从社会分层与流动领域的国际社会学家共同体那里得到的帮助。不过,这种恩惠仍在积累,我必须铭记一直以来从斯德哥尔摩(Stockholm)、曼海姆(Mannheim)和华沙(Warsaw)三个机构的同事那里得到的宝贵的知识和精神上的支持。正是与他们一起,我强烈地感受到一种共同的目标,即进一步发展《现代英国的社会流动和阶级结构》这本书想要传达的社会学,即:通过系统研究和使用最有效的定量分析技术来解决具有理论重要性和政治相关性的议题。

虽然本书的第二版——一个拓展和更新了的版本,是我们由于人们对初版的接受而下决心编写的,但更直接的原因是意识到英国社会自早期研究(1972—1974)以来已经发生了重大的——在某些方面是划时代的——变化。另外的考虑是为了保持本书在社会学教学中的可用性和吸引力。我希望,本书的存续将使学生们和老师们越来越难以否认这样一个结论,即适度的统计能力对于严谨地讨论任何关于阶级的核心问题都是至关重要的。

在新版中,本书分成了两个主要部分。初版的第一章"社会流动与社会学家的研究旨趣"作为导论几乎没有变化,紧接着的第一部分为"英国的阶级流动:趋势、模式及其战后时期的伴生物"。这部分由初版的第二—八章组成,仅略做修改,纠正了一些小错误,删除了一些不明之处,以及在注释中添加了新引用;但并没有基于当前的立场重写这些章节,连时态也没有改。第二部分为"英国的阶级流动:当下的议题",包含了第九—十一章三个全新的章节。第九章拓展了从战后到20世纪80年代初的代际流动趋势分析;第十章讨论了女性阶级流动这个高度热门的话题——尽管我担心结论无法平息那些在以往的忽视中被激怒的女权主义者;第十一章试图利用比较流动研究在近期取得的重大进展,从跨国视角考察现代英国的阶级流动。最后,第十二章是对初版第九章"结论与展望"的一次全面修改,实际上几乎是完全重写。

与初版相比,修订版去掉了1972年和1974年调查技术细节的附录。第三章和第四章的附录也被省略,因为对专家而言这些附录现在可能会显得有些奇怪——完整呈现乘法建模结果的方式也是如此。然而,在这些方面做出改变的成本要远远高于仅仅是为了创造一个现代性表象所需的成本,一些读者无疑仍然会觉得附录很有价值。

除了我已经提到的对该领域同人们的普遍感激之外,我还需要感谢在新版本编写过程中得到的各种其他形式的具体帮助。第九章和第十章中所使用数据的准备工作是与克莱夫·佩恩(Clive Payne)一起完成的,部分资金来源于经济和社会研究委员会对我们的资助,同时也间接得到牛津大学耶稣学院对我们的同事安东尼·希思(Anthony Heath)的资助。史蒂夫·埃尔德(Steve Elder)及其社会和社区规划研究所的工作人员都是高效的合作者,牛津大学的研究支持则由希拉·赫杰(Sheila Hedger)提供。第十章的数据来自对比较社会流动的大规模研究,我目前正在与斯德哥尔摩大学瑞典社会研究所的罗伯特·埃里克森(Robert Erikson)合作。该项目由大众汽车基金会(Stiftung Volkswagenwerk)资助,并由曼海姆大学社会科学研究所主持。

这种经济和制度支持对现代社会学研究是必不可少的,同样不可或缺的还有同事和朋友们对于专业知识分享的热衷。在这方面,我也非常幸运。我在其他地方已经提到过那些给予了慷慨帮助的人：罗伯特·埃里克森(Robert Erikson)、安东尼·希思(Anthony Heath)和克莱夫·佩恩(Clive Payne)。(至少)还要补充以下几位：A. H. 哈尔西(A. H. Halsey)、约翰·汉德尔(Johann Handl)、沃尔夫冈·康尼锡(Wolfgang Konig)、苏珊·麦克雷(Susan McRae)、戈登·马歇尔(Gordon Marshall)、克莱德·米切尔(Clyde Mitchell)、沃尔特·缪勒(Walter Müller)、琼·佩恩(Joan Payne)、吕西安娜·波托卡雷罗(Lucienne Portocarero)、马丁·兰格(Martin Range)以及亨里克·塔姆(Henrik Tham)。

最后，我非常荣幸能够成为牛津大学纳菲尔德学院的正式研究员。该职位给予了我许多优待——尤其是我的秘书奥黛丽·斯凯茨(Audrey Skeats)给予的帮助，以及克里斯汀·肯尼迪(Christine Kennedy)及其在学院图书馆的同事们充满热情的帮助。

约翰·H. 戈德索普
1986 年 11 月，于牛津大学

第一版序言

本书从各种意义上来说都是努力合作的结果。首先,本书的几个章节是与卡特里奥纳·卢埃林(Catriona Llewellyn)或克莱夫·佩恩(Clive Payne)合著的(其中一个章节是与两位共同完成的)。应该说,这些章节最初是作为工作论文撰写的,有些后来发表在期刊上。本书对这些论文和文章进行了修订,由我全权负责。不过,在大多数情况下,我的修订并未涉及实质性的重要问题,而是旨在澄清这些章节在本书中的位置,加强术语的一致性,以及纠正偶尔出现的错误。

其次,本书是牛津大学纳菲尔德学院社会流动小组迄今出版的众多出版物之一。本书所依托的两个研究项目,一个是由社会流动小组作为一个整体共同承担的;另一个是在我的指导下由社会流动小组内的一个研究团队进行的。因此,我谨向所有在1969年以后成为社会流动小组成员的人们表示感谢,并特别感谢以下成员的一再帮助和鼓励:A. H. 哈尔西(A. H. Halsey)、安东尼·希思(Anthony Heath)、卡特里奥纳·卢埃林(Catriona Llewellyn)、肯尼思·麦克唐纳(Kenneth Macdonald)、约翰·里奇(John Ridge)、乔·施瓦茨(Joe Schwartz)和菲利斯·索伯恩(Phyllis Thorburn)。我还要感谢纳菲尔德研究服务部门(后来改组为社会研究学院计算与研究支持部门)的成员,他们长期兼任社会流动小组的成员,做出了巨大贡献。我特别感谢部门主任克莱夫·佩恩(Clive Payne)、布莱恩·莱恩哈德(Brian Lienhard)和蒂姆·托马斯(Tim Thomas)。

再次,我希望记录从1972年以来我从国际社会学协会社会分层和流动研究委员会成员那里获得的极大的帮助。我于1972年在罗马、1975年在华沙、1975年在日内瓦、1977年在都柏林以及1978年在乌普萨拉出席的委员会会议,都成为增进个人智识的主要来源。此外,我非常幸运能够与来自不同国家和学术传统的社会学家建立高度有益的工作关系，甚至常常是亲密的个人友谊。特别是，我从与鲁道夫·安道尔(Rudolf Andorka)、丹尼尔·边图(Daniel Bertaux)、罗伯特·埃里克森(Robert Erikson)、罗杰·希罗德(Roger Girod)、鲍勃·豪瑟(Bob Hauser)、弗兰克·兰开斯特·琼斯(Frank Lancaster Jones)、乌利·梅耶(Uli Mayer)、沃尔特·穆勒(Walter Müller)、吕西安娜·波尔托卡雷罗(Lucienne Portocarero)、凯尔·斯瓦拉斯托加(Kaare Svalastoga)和沃洛德克·乌索托夫斯基(Włodek Wesołowski)的交往中获得了极大的帮助和乐趣。他们所有人(可能是以他们所不知的诸多方式)都为现在的工作做出了贡献。

除此之外，还有其他几种以更平常的形式出现的帮助也值得被感谢。

除了已经提到的那些人，还有一些同事和朋友对特定章节提出了宝贵的意见和批评：他们是 R. M. 布莱克本(R. M. Blackburn)、菲利普·布朗(Philip Brown)、弗兰克·克里奇利(Frank Critchley)、拉尔夫·达伦多夫(Ralf Dahrendorf)、伊丽莎白·吉塔斯(Elizabeth Gittus)、大卫·格拉斯(David Glass)、T. H. 马歇尔(T. H. Marshall)、克莱德·米切尔(Clyde Mitchell)、科尔克斯·奥·米尔哈泰(Colm O'Muircheartaigh)以及亨利·菲尔普斯·布朗(Henry Phelps Brown)爵士。

之前提及的两个研究项目都得到了社会科学研究委员会(Social Science Research Council)的经费支持，对此我非常感激。与此同时我们必须承认，如果只有这一项支持的话，这些项目是无法开展并且得以修成正果的。纳菲尔德学院(Nuffield College)在薪酬、住宿以及技术、图书馆和秘书服务等方面贡献了同样多的资源。另一方面，我还要以个人名义感谢珍妮·巴顿(Jenny Barton)、玛格丽特·贝特(Margaret Bett)和奥黛丽·斯凯茨(Audrey Skeats)给予的职责之外的帮助。

最后，由于团体研究和独立写作都不利于保持温和的脾气，因此我必须感谢家人在本书写作过程中的一大段时间里对我表现得异常——即便不是完全无止境的——宽容。我相信，在本书最终完成时，他们比我还要深感如释重负。

约翰·H. 戈德索普
1978 年 11 月，于牛津

目录

001　　　　第一章　导论：社会流动与社会学家的研究旨趣

第一部分　英国的阶级流动：趋势、模式及其战后时期的伴生物

049　　　　第二章　英国的阶级流动：对于三个理论的检验
　　　　　　　　　（与卡特里奥纳·卢埃林合著）
050　　　　数据和阶级分类图式
054　　　　"封闭"理论
059　　　　"缓冲带"理论
066　　　　"平衡"理论
070　　　　对流动的低估

082　　　　第三章　阶级流动的趋势
　　　　　　　　　（与克莱夫·佩恩和卡特里奥纳·卢埃林合著）
083　　　　绝对流动率的趋势
088　　　　相对流动率的趋势：差异比率
092　　　　相对流动的趋势：优势比
107　　　　附录：拟合对数线性模型

113	**第四章　阶级结构与代际流动模式**	
	（与克莱夫·佩恩合著）	
114	流动制度分析：豪瑟模型	
118	模型设计	
126	拟合模型	
131	社会流动模式	
143	附录　豪瑟模型	
146	**第五章　阶级流动：代际与职业生涯模式**	
	（与卡特里奥纳·卢埃林合著）	
147	数据来源	
149	代际稳定的模式	
156	代际流动的模式：工人阶级/中间阶级	
159	代际流动的模式：向上流动	
162	代际流动的模式：向下流动	
172	**第六章　阶级流动与亲属关系**	
	（与卡特里奥纳·卢埃林合著）	
173	理论、方法与数据	
175	阶级与亲属关系	
185	流动与亲属关系	
202	**第七章　阶级流动与社会参与**	
	（与卡特里奥纳·卢埃林合著）	
203	理论视角	
207	阶级与社会参与模式	
218	流动与社会参与模式	
245	**第八章　社会流动的体验**	
245	研究方法中的问题	

252	对流动的感知
263	流动的意识形态
273	流动的意义

第二部分　英国的阶级流动：当代议题

295	**第九章　1972—1983 年的阶级流动趋势**
	（与克莱夫·佩恩合著）
296	方法和数据
300	相对比率，1972—1983 年
303	绝对比率，1972—1983 年
310	失业的影响
314	流动性和变化的阶级结构
322	**第十章　女性的阶级流动**
	（与克莱夫·佩恩合著）
324	数据
326	"传统"法
331	"个体"法
336	"主导"法
350	**第十一章　比较视角下的英国阶级流动**
352	数据
354	相对比率，或称社会流动模式
357	绝对比率
364	"反事实"比较

377	第十二章　结论与展望
410	参考文献
427	索引
440	译后记

图表目录

表格

表 2.1　受访者的阶级,按受访者 14 岁时父亲的阶级 ················ 056

表 2.2　受访者的阶级分布,按受访者 14 岁时父亲的阶级 ············ 060

表 2.3　经济上活跃人口按职业分类的分布,英国 1911—1971 年,分男性(M)和女性(F)展示 ·· 073

表 3.1　开始工作时(A)、工作十年后(B),以及 1972 年被调查时(C),由父亲的阶级和出生队列所决定的受访者的阶级分布 ·············· 084

表 3.2　按照父亲的阶级和出生队列,差异比率显示了在开始工作时(A)、工作十年后(B),以及 1972 年接受调查时(C),处于阶级Ⅰ和Ⅱ的相对机会(阶级Ⅵ和Ⅶ出身的子代的机会设为 1),以及处于阶级Ⅵ和Ⅶ的相对机会(阶级Ⅰ和Ⅱ出身的子代的机会设为 1) ·············· 090

表 3.3　基于优势比得出的每个出生队列的相对流动机会:(A)阶段,从出身到开始工作时的位置 ·· 093

表 3.4　基于优势比得出的每个出生队列的相对流动机会:(B)阶段,从出身到工作十年后的位置 ·· 093

表 3.5　基于优势比得出的每个出生队列的相对流动机会:(C)阶段,从出身到当前位置(1972 年) ······································ 094

表 3.6　针对被视为零假设的"持续不变的社会流动"模型,"三因素"关联的检验结果 ·· 097

表 3.7　特定的优势比的线性趋势检验结果 ························ 099

附录表 3.1　3×3×3 表格中的单因素设计矩阵 ···················· 109

表 4.1 代际阶级-流动制度的豪瑟式模型级别矩阵,单元格分配至七个交互级别 ·· 120

表 4.2 代际阶级流动:基于七级别豪瑟式模型的单元格观测值和单元格预测值 ·· 126

表 4.3 对代际阶级流动制度的豪瑟式模型的检验结果 ··············· 127

附录表 4.1 一个三密度级别的 3×3 流动表 ··············· 144

附录表 4.2 附录表 4.1 中的例子的密度模型的设计矩阵 ··············· 145

表 5.1 受访者 14 岁时父亲的阶级、受访者第一份全职工作的阶级以及受访者 1972 年工作的阶级所构成的分布 ··············· 148

表 5.2 1974 年后续调查中受访者父亲的阶级与他们 1972 年自身阶级所构成的分布 ··············· 149

表 6.1 亲属交往:在阶级位置中代际稳定的受访者 ··············· 179

表 6.2 每周至少见面一次的近亲的数量:代际稳定于特定阶级位置且有亲戚住在十分钟路程以内的受访者 ··············· 180

表 6.3 亲属关系作为帮助资源的相对重要性:代际稳定于特定阶级位置的受访者 ··············· 181

表 6.4 亲属作为闲暇时间伙伴的相对重要性:代际稳定于特定阶级位置的受访者 ··············· 183

表 6.5 受访者最频繁接触的闲暇时间伙伴与受访者亲属的熟悉程度:代际稳定于特定阶级位置的受访者 ··············· 184

表 6.6 亲属交往:代际流动的受访者与代际稳定于阶级Ⅰ和阶级Ⅵ、Ⅶ的受访者 ··············· 187

表 6.7 每周见面至少一次的至亲数:亲属住在 10 分钟路程以内的代际流动受访者与代际稳定于阶级Ⅰ和阶级Ⅵ、Ⅶ的受访者 ··············· 188

表 6.8 作为帮助来源的亲属关系的相对重要性:代际流动的受访者与代际稳定于阶级Ⅰ和阶级Ⅵ、Ⅶ的受访者 ··············· 190

表 6.9 亲属作为闲暇时间伙伴的相对重要性:代际流动的受访者与代际稳定于阶级Ⅰ和阶级Ⅵ、Ⅶ的受访者 ··············· 192

表 6.10 受访者最频繁接触的闲暇时间伙伴和受访者亲属的熟悉程度:

　　　　　　代际流动的受访者与代际稳定于阶级Ⅰ和阶级Ⅵ、Ⅶ的受访者
　　　　　　 ·· 193
表 7.1　最频繁接触的闲暇伙伴：在阶级位置上代际稳定的受访者 ······ 209
表 7.2　"好朋友"：在阶级位置上代际稳定的受访者 ·················· 210
表 7.3　最频繁接触的闲暇时间伙伴与"好朋友"的相熟程度：在阶级位置上代际稳定的受访者 ·· 211
表 7.4　与同事和邻居的联系：在阶级位置上代际稳定的受访者 ······· 214
表 7.5　自愿性结社组织参与：在阶级位置上代际稳定的受访者 ········ 215
表 7.6　所从属的自愿性结社组织的种类：在阶级位置上代际稳定的受访者 ·· 216
表 7.7　最频繁接触的闲暇伙伴：代际流动的受访者与代际稳定于阶级Ⅰ和阶级Ⅵ、Ⅶ中的受访者 ··· 219
表 7.8　"好朋友"：代际流动的受访者与代际稳定于阶级Ⅰ和阶级Ⅵ、Ⅶ中的受访者 ·· 220
表 7.9　流动的受访者所报告的闲暇时间伙伴和"好朋友"组的阶级构成 ·· 223
表 7.10　向上流动的受访者所报告的闲暇时间伙伴的分布，按阶级和建立关系的时间 ·· 224
表 7.11　最频繁接触的闲暇时间伙伴和"好朋友"之间的熟悉程度：代际流动的受访者与代际稳定于阶级Ⅰ和阶级Ⅵ、Ⅶ中的受访者 ······· 227
表 7.12　与同事和邻居的联系：代际流动的受访者与代际稳定于阶级Ⅰ和阶级Ⅵ、Ⅶ中的受访者 ·· 229
表 7.13　自愿性结社组织参与：代际流动的受访者与代际稳定于阶级Ⅰ和阶级Ⅵ、Ⅶ中的受访者 ·· 231
表 7.14　所从属的自愿性结社组织的类型：代际流动的受访者与代际稳定于阶级Ⅰ和阶级Ⅵ、Ⅶ中的受访者 ······························ 232
表 8.1　根据流动模式分组的生活史笔记回收情况统计 ··············· 250
表 9.1　根据1970年和1980年体系来编码的，由1972年调查的受访者的子样本(N=1 522)，按阶级分类交互(cross-classification)来展示的阶级图式新旧版本之间的关系：左上数据按行显示了从"旧"阶级到

	"新"阶级的百分比分布；右下数据按列显示了从"旧"阶级的"新"阶级的百分比构成ª ………………………………………… 298
表9.2	比较性的流动表的样本数，1972—1983年 …………………… 299
表9.3	摘自1972年调查的20—64岁受访者的父亲和摘自1983年调查的31—75岁受访者（居住在英格兰和威尔士）的父亲的阶级分布 ………………………………………………………………… 300
表9.4	将"持续不变的社会流动"模型运用于1972年和1983年调查的代际阶级流动数据的检验结果 ………………………………… 302
表9.5	1972—1983年的相对代际流动机会，以优势比的形式进行估计：上层数据用旧的阶级分类图式进行计算，下层数据用新的阶级分类图式进行计算 …………………………………………………… 302
表9.6	将持续不变的社会流动模型运用于1972年和1983年调查的代际阶级流动数据，按年龄组 ……………………………………… 303
表9.7	受访者的分布以及受访者父亲（在受访者14岁的时候）的分布，调查于1972年和1983年，同时根据新旧版本的阶级图式 ………… 304
表9.8	受访者按父亲阶级（划分）的阶级分布，调查于1972年和1983年，根据新旧版本的阶级分类图式 ……………………………… 306
表9.9	受访者按父亲阶级（划分）的阶级分布，分年龄组，调查于1972年和1983年，根据新旧版本的阶级分类图式 ……………………… 307
表9.10	按父亲阶级的受访者阶级构成，调查于1972年和1983年，根据新旧版本的阶级分类图式 ……………………………………… 309
表9.11	按最后一份工作的失业人员分布，调查于1983年 …………… 312
表9.12	失业人员单独进行处理，受访者按父亲阶级（划分）的阶级分布，调查于1983年，根据新旧版本的阶级图式 ………………… 312
表10.1	20—64岁男女的出身阶级分布（基于受访者14岁时父亲的阶级）和终点阶级分布（基于现在或最后一份工作） ……………………… 326
表10.2	不同阶级女性的婚姻流动性和已婚男性的代际阶级流动性的流出率 ……………………………………………………………………… 329
表10.3	基于不同阶级女性婚姻流动与已婚男性代际阶级流动数据的一般社会流动模型的检验结果 ……………………………………… 330

表 10.4	女性(上半部分数据)和男性(下半部分数据)的代际阶级流动性,流出率,女性的阶级取决于自身目前或最后一份工作 ………… 333
表 10.5	基于男女代际阶级流动数据的"一般社会流动"模型的检验结果,女性的阶级参照自身目前或最后一份工作 ………… 333
表 10.6	具有不同阶级流动经历的已婚女性(其阶级取决于她们自己当前的或最后一份工作),按丈夫的阶级划分 ………… 335
表 10.7	女性代际阶级流动性,流出率(上半部分数字)及其与男性中的比率之间的偏差(下半部分数字),女性阶级采用主导法界定 ………… 338
表 10.8	对女性和男性代际阶级流动数据的一般社会流动模型的检验结果,女性阶级由"主导法"界定 ………… 339
表 11.1	在 CASMIN 项目中用于跨国流动分析的阶级图式版本 ………… 353
表 11.2	英格兰和威尔士(N=9 434)对其他八个国家(两两比较)的代际阶级流动数据的"共同的社会流动"模型的检验结果 ………… 355
表 11.3	英格兰和威尔士以及苏格兰和其他七个国家中,20—64 岁男性的阶级出身和阶级终点的分布(20 世纪 70 年代早期和中期的调查) ………… 358
表 11.4	英格兰、威尔士以及苏格兰和其他七个国家的总流动率 ………… 359
表 11.5	比较流入率:特定出身阶级成员流入不同阶级的百分比 ………… 361
表 11.6	比较流出率:特定出身阶级成员流入不同阶级的百分比 ………… 363
表 11.7	根据父亲阶级确定的受访者的阶级分布,观察到的英格兰和威尔士的流动比率与在联邦德国、爱尔兰共和国和瑞典的流动模式下的流动比率的比较 ………… 367
表 12.1	1979—1983 年大选中观察到的按阶级划分的投票分布(上半部分)对比阶级与投票持续相关模型的预期分布(下半部分) ………… 400

插图

图 2.1	"三点"流动模式:箭头(flow)表示 3% 及以上来自这一阶级出身,35 岁及以上的人群,1972 年 ………… 64
图 2.2	根据出生年龄群分类的"三点"流动模式:箭头(flow)表示 3% 及以上来自这一阶级出身的人群 ………… 69

图 4.1　八级别模型的级别矩阵的图像化展示，每一个单元格大小按照流动表中各阶级所占边际的比例（marginal proportions）的幅度绘制 ·········· 130

图 5.1—5.6　代际稳定的模式 ·········· 152

图 5.7—5.10　代际流动的模式：工人阶级/中间阶级 ·········· 158

图 5.11—5.14　代际流动的模式：向上流动 ·········· 161

图 5.15—5.18　代际流动的模式：向下流动 ·········· 164

图 7.1　人际网络的类型 ·········· 212

图 11.1　国家社会流动模式之间距离的三维（ALSCAL）的解：九个国家。克鲁斯卡尔应力公式 I＝0.66（Kruskal's stress formula I＝0.66） ·········· 358

图 11.2　国家社会流动模式之间距离的三维（ALSCAL）的解：十一个国家。克鲁斯卡尔应力公式 I＝0.074（Kruskal's stress formula I＝0.074） ·········· 358

第一章

导论：社会流动与社会学家的研究旨趣

在第二次世界大战结束之后的四分之一个世纪里，社会流动已然成为社会学研究的一个主要领域。事实上，根据一定的标准——例如单个研究项目的规模、研究工作者之间的国际交流与合作的程度，以及数据收集和分析技术的复杂程度——而言，社会流动领域都可以从各个研究领域中脱颖而出。对于这一领域的研究从未停歇。恰恰相反，在一种稳定的连续中，新的调查研究时常被开展，并且经常在定位、视角还有方法上开辟出新天地。

然而，与此同时，我们必须意识到，对于所有的这些活动，质疑的声音也并不鲜见。并且，那些参与流动研究的人，和更多的社会学共同体成员们，都关心这些已经开展了的工作的终极目的和意义。[1] 疑虑主要存在于两个方面。首先，可以感受到的是，近来社会流动领域的学生们越来越面临与流动的程度、模式及其原因和结果有关的特定技术和统计问题；同时，研究人员在追求技术的发展时，往往在两个问题上的关注过少：使用的技术与社会学家们经常使用的数据的契合度以及技术与主流实质性问题的相关程度。其次，各类马克思主义者和其他左翼人士指出，社会流动研究在将阶级分工和阶级冲突拔高至社会分层研究的中心位置，并借此贬低其他基本问题时，存在意识形态的偏见。更极端的是，人们一直认为，在西方人——尤其是美国人对社会流动进行强调时，社会学家们或多或少有意识地尝试着将注意力从现代资本主义的支配和剥削的事实移开，且将后者谬赞为"开放的社会"的真正实现。[2]

一定程度上，这两条路径的批评可以被认为是矛盾的：过于关注深奥的技术,看起来是无法与散布意识形态信息的诉求保持一致的。但事实上,批评者们也认为,社会流动研究中被偏爱的先进技术植根于某种假设,这种假设显示出某种标志性的个人主义、自由主义意识形态的倾向;以及,更进一步地,这样一种主要根据技术能达到何种高度来定义研究问题的倾向,是拒绝其他志趣不合的研究方法的一种有效方式。换句话说,紧密的联系不但存在于特定的意识形态附属品(ideology attachment)与社会学研究的特定关切的选择之间,也存在于特定的研究方式(style)①与其意识形态附属品的选择之间。

此处出现的问题显然是某些复杂性中的一部分,并且,我们此处的目标显然不是展开来详谈这些。³ 如果要这样做,则需要另写一本书来关注对特定案例的研究。对于我们眼下的研究目的来说,重要的似乎是我们应该感谢这些问题的存在,并且我们接下来应该陈述我们自己意欲采纳的关于这些问题的立场和策略。

因此,我们的基本研究立场也许可以被表述为:一方面,我们认为,无论近期的流动研究产生了怎样的关切,对流动的研究旨趣与任何特定的意识形态附属物(自由主义或其他的意识形态)并不必然有联系;以及,无论如何,我们会使用在流动研究中被广泛采用的、具备大多数批评者所允许的,有更大程度上的意识形态中立性的技术。不过,另一方面,我们也必须意识到,此处存在着另一种"旨趣",它潜藏于流动研究中的研究旨趣,在某种程度上源自研究者个人的社会-政治体验、价值观和义务。从这个角度来讲,我们将承认并且坚持这样一种需要,即承认流动研究也是一个承载意识形态的领域。

我们必须明确的是,我们既不能把这些兴趣的存在和简单的党派之争等同起来,也不能认为它完全与对证据与争论的基本尊重不兼容。事实上,在我们看来,不应该认为这些兴趣在任何意义上会令人不满,或削弱社会学的科学立场。那些个人化的兴趣,在研究问题的层面上应是十分普遍地存在于问题的形成和研究的进行背后的。相反,我们会认为,如果社会学要发挥它的潜力,不仅是作为一门社会科学,而是本身就作为一种社会意识的模式,它

---

① 原文中斜体文字在译文中以着重号标识。同时,译文中的带圈注码(①、②……)对应脚注里的译者注。原文注释未改动,以未带圈阿拉伯数字(1、2、3……)为注码,注释内容按原文置于章末。——译者注

的从业人员必须意识到,他们的研究问题——无论他们最终可能会如何希望重新定义——将更多地从"外生的",即从他们所在的社会的发展或他们自己对于这种社会发展的回应等角度被看待,而不是从"内生"的,即从他们的学科发展的角度被看待。可以肯定的是,研究兴趣与研究问题间的关联可能或多或少是直接又复杂的。但当它深藏于视线之外时,那么,至少在像社会流动研究这样的领域,我们就不会认为它是一件太值得质疑的,只是为了获得满足感的事情。我们会倾向于将其视为一种迹象,即研究者有想要隐藏的兴趣——就像,比如说,藏在社会科学纯洁性的幌子下面;或者是,也许过于追求技术逻辑,研究者由于研究起点和研究兴趣与相关联的实质性问题的分离而迷了路。总之,我们相信,通过意识到和表达出这种兴趣来促进和指引社会学家的工作,也许才能最好地同时对他自己和其他人澄清自己关心什么。

　　本章导论的关注点与我们所采取的研究立场直接相关。本章的主要目的是回顾20世纪社会流动研究已经涌现出的多样的研究兴趣,即使本章的回顾仅是粗略的。这样的回顾是为了服务于两个目的。第一,通过展示该领域事实上确实很强的多样性,我们想强调一个观点,即:社会流动绝不是一个只能在有限的意识形态范围内引起注意的话题。第二,我们的回顾将使我们能够定位,并较准确地界定自己在这一主题内的研究兴趣;反过来说,我们希望,这一回顾将有助于向读者说明,为什么我们将注意力集中在那些在接下来的章节中详细探讨的具体的实质性问题,以及为什么我们采取了某些调查和分析方法而不是其他。因此,任何人如果对当前的社会流动研究持有前文所提及的那些疑虑,至少在目前的情况下,应该打消这些念头。[3]

　　在以往的几次尝试对社会流动研究背后的"社会动机"(social motives)的历史性思考中,凡·希克(van Heek)提出了一个观点,即只有在19世纪末才开始存在一种促进社会流动研究产生的意识形态语境。"19世纪的自由主义,"他写道,"对于'社会流动'问题是视而不见(blind)的:马克思主义很少重视它。反而是修正主义的社会主义者和当前激进的自由主义奠基了社会流动研究。"[4] 我们相信这一评价本质上是正确的,但不可避免的是它太笼统(sweeping),有大量的精细化空间。因此,接下来,我们应当采纳凡·希克的观察作为我们的论证材料(text),但我们会试图发展他的论点,以及更进一步地，借此将分析从早期扩展至现在的社会流动研究。

在凡·希克针对19世纪自由主义的讨论中，能够补充的内容相对较少。正如他所指出的那样，对于流动研究的"视而不见"(blindness)问题源于这样一种信仰，即在自由民主制下，每一个个体有充足的机会，去在社会中得到一个适合他能力的位置。凡·希克称，这种信仰有社会达尔文主义的基础，"它假装在人类社会中也发现了与生物学家在自然界中所观察到的那种，由为了生存的奋斗而导致的进化的相同形式"。因此，社会流动研究的注意力从社会文化对于个人成就的影响上被转移走，与此同时，无论个体在特权和权力方面的分布如何，都可以被合法化为反映了"适者生存"的道理。[5]

此处需要附上的，看上去似乎重要的一点是，至少在英国的情况下，对于自由民主社会中"开放性"(openness)至关重要的信仰也有道德的(moral)根基。事实上，它是先于科学，或者说伪科学根植于进化论主义当中的。它最引人注目的例子，当然是由斯迈尔斯学说(Smilesian doctrine)所提出的"自助"(self-help)理论。在这一理论中，社会起源、教养和自然禀赋，这些世俗成功中的决定性因素——事实上是个体的"命运"中不受他们自身控制的方面，都被淡化了。相反，它强调个人的品性，诸如决心、毅力、勤奋、诚信——换句话说，强调个人的道德品质。正如一位评论者所深刻地提出的那样，斯迈尔斯(Smiles)的目标是"将人调适至一个终点，在那里他们能够取悦上帝去召唤他们，他们从而坚持对于终点的探索"。[6]《自助论》(*Self Help*)及斯迈尔斯其他书的大部分内容，实际上是这样组成的：卑微出身的人通过对于其天职(calling)的不懈努力而实现惊人的流动。[7]但令人惊讶的是，这种进步中机会所占的程度，或者是限制条件的本质(nature)，完全没有被看作是有问题的。对斯迈尔斯来说，机会是无限的：问题仅简单地在于，面对涌现出的挑战，人们在何种程度上能够发挥道德上的素质。

对于自由主义者的论点，唯一潜在的严肃修正来自某些经济学家，他们意识到了劳动力市场中"不同等级的劳动力"之间存在来源上的不同(imperfection)。引用约翰·斯图亚特·密尔(John Stuart Mill)的说法，存在如此之强的界限(demarcation)，"几乎相当于种姓的世袭区别；所有的受雇者都主要来自那些已经被雇佣(到相同岗位)，或者是社会位置与其预计差不多的人的后代"。然而，密尔自己认为，这种状态事实上正被资本主义工业化的发展所迅速改变,因此"把人们束缚在世袭条件下的习惯或残疾正在迅速消失,每一个阶级都面临着来自至少是紧挨着的下层阶级的日益加剧的竞争"。[8] 在同一世纪的不久后,尤其是在 J. E. 凯尼斯(J. E. Cairnes)和阿尔弗雷德·马歇尔(Alfred Marshall)的作品中,劳动力市场中"非竞争性群体"的现象才被接受为一个更具有持久性的问题,并且引发了一种关注。用凯尼斯的话说,是"社会环境对劳动力的自由竞争施加了限制作用"[9]——换言之,这是在凡·希克所暗示的自由主义的激进现状中的一种对于机会不平等的关切。

现在转向马克思主义的情况。凡·希克声称,在经典的、"未修改"的形式中再次被视为大致上合理的是,马克思主义对于社会流动的重视程度不高。正如凡·希克所指出的,在对资本主义的分析中流动只是作为贫困化理论(Verelendungstheorie)的分支而被给予突出地位。这一理论设想的是,随着资本主义经济的发展,农民、小企业家、手工业者等会越来越多地被迫向下流动到无产阶级。作为社会主义学派的一种学说,马克思主义忽视了工人阶级向上流动的可能性,认为它只是一个自由主义的神话:他认为,事实上,这种上升的机会是微不足道且无关紧要的——工人阶级的成员唯一能实现的进步形式,就是通过劳工运动、阶级斗争和最终的革命来获得的集体利益。

然而,即便马克思主义和自由主义一样非常排斥流动问题,此处我们希望进一步指出的是,就算从马克思本人的著作而言,流动的意义实际上也比通常认为的更重要。确实,马克思只在其他问题的语境下直接讨论流动问题,并且篇幅往往不长。但是他谈论这些的语境依然往往显得具有理论上的开创性;更进一步地,它显示出,至少在马克思对于资本主义社会长期发展的阐述的其中一个版本中,流动现象实际上被十分广泛地假定和暗示了,即使在那些没有被明确处理的地方也是如此。我们相信,理解流动在马克思的分析中的重要作用——这些作用可能是明显的,也可能是隐蔽的,对于理解为什么在各种修正主义以及自由主义和更近期的马克思主义作品中,对流动的强烈兴趣得以出现是十分重要的。

首先,很明显的是,除了在"无产阶级化"的过程中以外,马克思作品中的大量篇幅明显地意识到了社会流动是不利于阶级形成的过程的。最值得注意的是,在对美国社会的观察中,马克思不止一次地将其与欧洲旧社会进行对比。在这当中,后者拥有"一种发达的阶级结构",而在美国,虽然可以认为存在阶级,但"它们还没有固定下来,而是在它们的构成部分的持续流动中持续地变化和交换着"。[10] 尤其是比起无产阶级化,美国存在"工资劳动者向独立自立农民的持续转化。工资劳动者,即使是试用状态的岗位,是美国人民中很大的一个部分,但他们肯定是会在长期或短期内离开它的"。[11] 在把这种情况与美国工人阶级运动的不成熟特征相联系时,[12] 马克思也许可以说是开创了一个自此以后成为阶级结构研究的主要关注点:一方面,是阶级的形成与行动之间的关系;另一方面,则是阶级地位之间流动的程度。因此,有两位作者在马克思百年以后写道:"阶级理论的基本变量有两个。它们是指阶级动力学的两个基本过程:阶级意识和社会流动。毫不夸张地说,任何阶级结构的历史,在很大程度上都是这两大社会力量相互作用的历史。"[13]

此外,很明显,马克思也看到,即使在一个"发达的"阶级社会,流动也许仍然作为一种有稳定作用的(stabilizing)、削弱革命的过程而存在,即:在一种"自下而上招募"的形式中。在对现代银行体系的进化和功能的讨论中,他指出,随着信贷的可使用性日益增长,"一个没有财产但精明强干、稳重可靠、有能力和经营知识的人,通过这种方式也能成为资本家"①。他继续说:

> 这种情况虽然不断地把一系列不受某些现有资本家欢迎的新的幸运骑士召唤到战场来,但巩固了资本本身的统治,扩大了它的基础,使它能够从社会下层不断得到新的力量来补充自己。这和中世纪天主教会的情况完全一样,当时天主教会不分阶层,不分出身,不分财产,在人民中间挑选最好的人物来建立其教阶制度,以此作为巩固教会统治和压迫俗人的一个主要手段。一个统治阶级越能把被统治阶级中的最优秀的人物吸收进来,它的统治就越巩固,越险恶。②[14]

因此,马克思再一次提出了一个在日后成为主要问题之一的议题,即:被定义为"贤能集团"(meritocratic incorporation)的那些人是通过何种过程成为支配阶级或精英的。这些人也许同时为经济和政治机构的运作注入了更

---

① 译文转引自[德]马克思:《资本论》(第三卷),人民出版社2004年版,第679页。
② 同上。

大的活力和效率,但对于整体的阶级结构,它有重要的保守性。

从上面的例子可以看出,"流动"绝不是马克思缺乏洞察力的话题。然而,与此同时,基于一些也许并不难理解的缘由,我们推测他对流动持有并不十分关注的态度,是存在根本性理由的。这不仅是因为我们所注解的这些洞见遗留着或多或少的未完善处,更因为,一个主要的方面是,马克思显然只是间接地处理流动问题——或者干脆绕过它——尽管他的分析逻辑似乎要求他将其作为一个非常核心的问题来面对。例如,在他对资本主义社会中阶级状况既不是资产阶级也不是无产阶级,而是从某种意义上说是介于两者之间的"中间阶层"——由职业群体组成的阶层——的讨论中就存在这种现象。[15]

对于马克思来说,"第三方"(*dritte Personen*①)与资本主义社会的两个大阶级可以说是同时存在于两大完全不同的类型中。一方面,正如已经指出的那样,根据贫困化理论,存在一些群体注定会面临社会的和数量上的衰减,即:那些小"独立生产者"(independents),他们无论是在农业、贸易还是制造业,都无法在先进资本主义的经济和技术条件下生存。[16]然而,另一方面,有的第三方群体显然处于扩张过程:它们或是主要由资本主义本身的发展而创造的新群体,又或是那些诞生较早,并已发现自身可能在资本主义社会中存活且繁荣的群体。

例如,在新的群体中,最明显的是那些产业经理和主管,以及业务管理人员和他们的员工。他们是借由股份公司的兴起以及工业IT和商业企业规模的不断增长而产生的。马克思认为,由于其对抗性特征,资本主义的生产要求更多自上而下的控制,并不只是简单地保证功能上的协调而必须进行:"对于劳动力的剥削也花费了劳动力。"[17]因此,在资本主义的工厂中,一个广泛的用于开展"劳动监督"(labour of superintendence)的上层管理结构(managerial superstructure)变得至关重要。并且,类似的是,马克思试图揭示先进资本主义系统的逻辑,尤其是需要确保有效的"资本流通",而这也使得"办公室"的职能和雇员的扩张。[18]

就那些虽然早于资本主义发生,但可以说是被其给予了新生命的群体而

---

① 德语,意为"第三人"。——译者

言,最为重要的是那些"公共"服务人员——国家官员——和那些为资产阶级提供各种各样或专业或低贱的私人服务的人员。马克思指出,当资产阶级仍处于它的暴发期(parvenu period),并且"仍未将自身归属于整个社会、国家、等等"时,它的发言人对国家机器尤其是"非生产性"工人普遍持批评态度。然而:

> 一旦资产阶级占领了地盘,一方面自己掌握国家,一方面又同以前掌握国家的人妥协;一旦资产阶级把意识形态阶层看作自己的亲骨肉,到处按照自己的本性把他们改造成为自己的伙计;一旦资产阶级自己不再作为生产劳动的代表来同这些人对立,而真正的生产工人起来反对资产阶级,并且同样说它是靠别人劳动生活的;一旦资产阶级有了足够的教养,不是一心一意从事生产,而是也想从事"有教养的"消费;一旦连精神劳动本身也愈来愈为资产阶级服务,为资本主义生产服务;——一旦发生了这些情况,事情就反过来了。这时资产阶级从自己的立场出发,力求"在经济学上"证明它从前批判过的东西是合理的。①19

此外,在参与更多"有教养的"消费的同时,马克思认为资产阶级也以一种粗俗的方式,或情愿或不情愿地促进了消费的增加:"在(资本主义生产的)一定的发展阶段上,已经习以为常的挥霍,作为炫耀富有从而取得信贷的手段,甚至成了'不幸的'资本家营业上的一种必要。奢侈被列入资本的交际费用。"②20 因此,与封建领主类似,资产阶级变得被越来越多的家臣,以及那些服侍他们的享乐的人,以一种显而易见并具有优越感的形式包围。

显而易见,马克思对于资本主义更全面的分析,包括不断发展的生产方式和社会形态方面,将他引向了与贫困化理论完全不同的关注点。小型独立生产者的逐渐消亡实际上不会导致资本主义社会分化为资产阶级和无产阶级两大阶级,因为不同类型的中间阶级有着相反的数量增加趋势。这一结果

---

① 译文转引自《马克思恩格斯全集》(第二十六卷第一册),人民出版社 1974 年版,第 315 页。
② 译文转引自[德]马克思:《资本论》(第一卷),人民出版社 2004 年版,第 685 页。括号内文字为译者所加。

确实是马克思多次明确承认的,而且,它对巩固资本主义秩序的影响也确实如此。例如,在批判李嘉图(Ricardo)对生产力提高后果的理解时,马克思写道:

> 他忘记指出:介于工人为一方和资本家、土地所有者为另一方之间的中等阶级不断增加,中等阶级的大部分在越来越大的范围内直接依靠收入过活,成了作为社会基础的工人身上的沉重负担,同时也增加了上流社会的社会安全和力量。①[21]

再一次地,在对于马尔萨斯(Malthus)的讨论中,马克思认为马尔萨斯的"终极愿景"(supreme hope)是,为了减少那些注定做辛苦劳动的人的数量,并提高这些人脱离的机会,"中等阶级的人数将增加,(有工作的)无产阶级在总人口中占的比例将相对地越来越小(虽然它的人数会绝对地增加)"②。马克思指出,马尔萨斯自己也认为这一希望或多或少具有乌托邦色彩;但马克思随后坦率地指出:"资产阶级社会的发展进程却正是这样。"③[22]

因此,在这样的情况下,在资本主义的更先进的诸阶段中,如果从总体来看,中间层在比例上确实会增加,并且因此,继无产阶级之后,中等阶级会超越无产阶级成为社会中不断扩张的阶级,那么,也正如对于无产阶级那样,一个必然的问题是这些增加的成员的来源是什么。在某种程度上,这种雇佣是来自无产阶级的行列的,那么,沿袭先前引用的马克思本人的观点,也许更进一步需要提出的是工人的阶级团结与阶级意识中的"流动"与"工资劳动力的变换"问题。但必须指出的是,在任何地方,即使在这些问题当中的第一个,马克思自己也没有直接解决——虽然很难相信他可以完全忽略它们的存在。但是,我们可以注意到,作为他或多或少关心的一个独立问题的副产品,马克思实际上在他对于中间阶层的增长的新组成元素的分析中更进了一步,将其作为资本主义发展逻辑的一部分,并且对于它们实际的形成提供了一种解释,即使这种解释不太直接,在某种程度上是暗示性的,即:若对不断增长的

---

① 译文转引自《马克思恩格斯全集》(第二十六卷第二册),人民出版社1974年版,第653页。
② 译文转引自《马克思恩格斯全集》(第二十六卷第三册),人民出版社1974年版,第63页。
③ 同上。

职业群体的流动模式进行解释，那么这些不断增长的职业群体主要按比例地来自正在收缩的工业劳动力。

众所周知，马克思认为随着生产的机械化，并进而随着在资本主义下的工业劳动生产率的提高将会形成一支由失业者组成的"工业后备军"。他所发展的这一观点反对了像李嘉图这类学者对于资本主义的辩护。李嘉图等坚持认为，虽然由于技术进步会消除或减少某一类就业机会，但其他的就业机会会自然产生。然而，在此处需要注意的重要事情是，马克思和他所批评的人之间的分歧并不是绝对的。实际上，马克思打算承认李嘉图和其他人的论点有一部分是正确的，并且尤其会接受"从长远来看，(从日渐提高的生产力中)游离出来的劳动和游离出来的一部分收入或资本，最终一定会在某一新的生产部门或在旧的生产部门扩大时找到出路……"①23 然而，这是马克思分析中的一个更进一步的地方，因为根据先前提到的资本主义发展的需求，劳工中的再分配主要发生于"非生产性的"、中等阶级的，诸如经理、行政管理、服务类别的职业中，即：这些再分配会发生于那些酬金主要不来自财政收入（revenue）的职业，因此他们的增加意味着，即使伴随着持续提高的财政收入，也并不意味着总产品中更多的部分会被用于支付工业生产的报酬。马克思对于李嘉图批评的地方在于，李嘉图忽视了中等阶级的扩张，正是因为这样，李嘉图过高估计了在特定时间段内工业劳动力的就业可能性。这一批评与马克思主要是针对资产阶级经济学家提出的批评密切相关，即：（资产阶级经济学家所认为的，）技术的发展所导致的劳工间的再分配，会或多或少地体现为一种自发的过程，但他们没能成功地展示其特定情境内——经济的、社会的和人身上——的短期成本，以及劳工是如何压倒性地跌入无产阶级的。马克思强调，讽刺的是，正是有工资的产业工人，在承受那些被称为"临时性的不便"的解雇过程，与此同时，最终的利益会"给那些经受排挤过程后仍有一个位置的人（即非生产性工人），而不是给被排挤的工人本身带来好处"②。24 所以，马克思指出，基本上是因为"在某一单个生产部门，由于采用机器等使生产力增长从而引起劳动和资本的转移，总是在以后才能发生。这就是说，

---

① 译文转引自《马克思恩格斯全集》(第二十六卷第二册)，人民出版社 1974 年版，第 650 页。括号内文字为本书作者所加。
② 译文转引自《马克思恩格斯全集》(第二十六卷第二册)，人民出版社 1974 年版，第 650 页。

增加的人数,即新涌现的一批工人,将以另外的方式分配;这批人也许是被抛上街头的工人的子女,但不是他们自己。他们自己长期靠旧职业糊口,在最不利的条件下干活,因为他们的必要劳动时间大于社会必要劳动时间"①;这些受害者仅能在旧职业中"单调地生活",或者被丢进"更低级的劳动部门",或者变为赤贫者。[25]

因此,在试图解释由工业劳动力在增强自身生产力的过程中所遭受的剥削与不公时,马克思实际上预设了一种听上去更现代的,伴随着资本主义经济发展的"社会新陈代谢"理论。事实上,他认为,在职业化的劳动分工过程中,人力的再分配过程是不断变化的,尤其是中间阶层内职业群体的增长,是由较之于代内流动——人们在他们自身的工作生涯的阶段内进入新的职业——更多的代际流动来完成的。这些新的职业出现后,倾向于雇佣不同代（generation）的人——或更确切的说法是,出生世代（birth cohort）不同的人,而不是雇佣那些就业被降格或破坏的人。[26]

当然,马克思最终希望怎样把他对中等阶级发展的原因和过程的理解与他对资本主义演变的并最终指向资本主义崩塌的分析相联系,仍然有被质疑的空间。但是,无论如何,在前述中,他看上去有很多理由支持他作品中的表达,其中他强调了资本主义社会中存在导致经济危机、阶级分化和革命对抗性的反向力量。[27] 然而,对于我们当前的目标来说,这一问题不必追究。与我们的研究目标更直接相关的是那些在更一般的"修正主义的"马克思主义者和民主社会主义者的观点中有关中间阶层扩张的更宏大的社会-政治影响成为相当核心的问题之一——它们在马克思那里被清晰地提出,但之后很大程度上被搁置一边。

1898年,爱德华·伯恩斯坦（Edward Bernstein）在对德国社会民主党所作的关于修正主义立场的最初陈述中,对于贫困化理论的全面批判是其突出特点之一。[28] 基于统计材料,伯恩斯坦同时抨击了关于工人阶级水深火热和阶级结构中"第三人"逐渐消失的观点。在拒绝以劳动价值论作为评价无产阶级被剥削程度的一种手段时,他虽然引用了马克思关于技术进步会增加劳动

---

① 译文转引自《马克思恩格斯全集》（第二十六卷第一册）,人民出版社 1974 年版,第 229 页。

生产率的观点,即被马克思命名为"社会剩余"的那种现象,会导致"非生产性"的,主要是许多"中间阶级"的服务性职业的增长。此外,伯恩斯坦也根据实证资料挑战了在资本主义的发展过程中小企业主和个体经营者的数量注定会衰减的观点:正相反,他认为,来自更多经济发达的欧洲国家的证据支持了"小人物"们有能够与大规模资本主义企业共存的能力,即使是在大企业的支配之下。总体而言,伯恩斯坦坚称,"与以往相比,社会远非仅是简化了分工,而是在收入和商业活动方面被区分了等级并被分化"。[29]

在专门针对流动的问题中,除了注意到工作机会的稳步增长之外,伯恩斯坦所涉及的并不多。对于他来说,最具重要性的正是迅速发展的中等阶级的存在——他相信,这指向了所有的有关资本主义"大灾难理论"的弱点,也指向了阶级对抗性的减弱,最终,这些过程会导致劳工运动产生变换策略的需求,即:不是通过革命,而是通过改革来追寻社会主义,并与阶级结构中更激进的中等阶级构成部分合作。然而,其他来自德国修正主义者及其他圈子的人却在摩拳擦掌地推进关于被不断变化的阶级结构的"形状"所允许的流动的影响及其重要意义的问题——并且这更多地出于他们自身的社会-政治性利益,这与伯恩斯坦是绝对不同的。

为此,人们可以首先想到的是,在那些某种程度上与德国社会民主党有共鸣的学术团体中,例如像桑巴特(Sombart)和米歇尔斯(Michels)这样的社会科学家,凡·希克恰当地将他们列为流动社会学研究的先驱。这些流动研究的写作者的关注点——它们也不难隐瞒——实际上根植于他们对于社会-经济的关注当中。但看起来也很明确的是,他们的这种关注点主要是发展于20世纪前20年,社会主义的前景变得模糊不清,尤其是他们越来越怀疑无产阶级能否成为历史上指定的革命或道德复兴的代理人。

例如,桑巴特最初曾是一个伯恩斯坦所主张的"进化的"社会主义的有力支持者,并认为有组织的劳工是其主要的动力。在资本主义显然能为无产阶级的经济提供扩张的条件下,他日渐对无产阶级为社会主义社会而奋斗的能力感到怀疑。早在1906年,在一篇著名的文章《为什么美国没有社会主义?》(*Warum gibt es in den Vereinigten Staaten keinen Sozialismus?*)中,桑巴特最终得出一个绝望的观点:"在烤牛肉和苹果派的香味中,一切社会主义的乌托邦都烟消云散了。"①30 并且基于美国的具体情况,他跟随马克思的步伐,看到了阶级形成与劳工运动发展的另一个障碍,就是从工业无产阶级的行列发展为农业和小企业家的高流动率。31 然而,与马克思认为高流动率显然是临时性状态的观点所不同的是,桑巴特在他的预测中揭示了未来很大程度的不确定性和模糊性。虽然他发现阶级分化和阶级关系的"固化"会出现,并且会有助于强有力的社会主义政党的出现,但他也强调,美国无处不在的个人主义和成就导向会有效地抑制与社会结构中的"阶级"及个人在其中的命运相关的表述。另外,在他之后的作品中,他也始终靠近着更唯意志论的社会行动概念,似乎在归纳后者的可能性。被给予了得体的生活标准和合适的个体流动机会,工人阶级的成员没有特别强烈的理由去追随社会主义所要求他们的那种历史性轨迹:他们也许选择追求一种完全不同的目标,而且是一种与社会主义者的志趣不同的目标。32

对于米歇尔斯来说,知识分子对流动的关注与政治失意之间的联系,虽然在性质上有差异,但这种差异十分明显。米歇尔斯始终坚持马克思在阶级关系发展中的立场:"终生都被判处进行雇佣劳动的必然性,是导致现代社会反资本主义运动兴起的最重要原因之一。"33 他也相信在现代资本主义条件下,有工资的工人变为潜在的业主和雇主的机会永远不会变得很大,而是正在进一步减少。与此同时,工人阶级对于流动的渴望程度和持久性给米歇尔斯的印象越来越深刻,即使是以一种温和的形式。在他之后的作品中周期性出现的论点是:"既然贵族政治国家(aristocratic country)里,中等阶级的上层希望进入贵族阶级,那么无产阶级也会希望成为中等阶级的一部分……任何人可能都能看到,无产阶级中的社会毛细管作用(social capillarity)是非常强烈且明显的。"34 因此,对米歇尔斯而言,由中间职业扩张所创造的更大的流动机会,意味着——并且,他指出,由于中等阶级的生育率(fertility)日渐被控制——不仅仅是工人阶级对社会提升的渴望可以更经常实现,还在于,它们的普遍性得以充分体现。个体在社会梯度中进步的恒常压力变得不可忽视。不管是那些认为针对资本主义的革命注定要产生的人,或是支持反竞争主义

---

① 译文转引自[德]维尔纳·桑巴特:《为什么美国没有社会主义》,赖海榕译,社会科学文献出版社2003年版,第163页。

和集体主义价值能够激发并引导改革运动的人,这些后果对于那些视无产阶级为"面向未来的阶级"的人来说,都是不乐观的。在这种情况下,对米歇尔斯来说具有讽刺意味,并且他的论点看上去也尤其恰当地说明,对于工人阶级中许多更有能力、更有抱负的成员来说,劳工运动本身成为一种实现流动的工具(eine Klassenerhöhungsmaschine)。因此,他声称,劳工运动是作为资产阶级的吸收工具而存在的。[35]

换句话说,在米歇尔斯的作品中,流动现象最终不能被简单地看作是一种由社会主义者施展的,在经验上反作用于阶级形成与阶级意识增长的调节力量。它也反映了一种基本的利己主义倾向——或者,用帕累托的术语来说,是一种"剩遗物"(residue)[36]——它在无产阶级中的存在不亚于其他阶级,表现出了社会主义理论的一个永恒问题。可以说,米歇尔斯对于流动的终极兴趣根植于他对于暴露出无情的社会过程和与之相关的心理动机的关注,这些东西的存在迫使他从头思考他对社会主义及其所谓的载体(supposed vehicle)的信仰,并且因此,这也赋予了他用以追求社会-政治进步(social-political advance)的一些替代手段的理性根基(rational grounds)。[37]一个与之直接相关的平行议题显然与米歇尔斯关于政党和工会官僚问题的更为著名的理论关切有关。[38]一种也许可以被称为"流动铁律"(iron law of mobility)的,或者,至少是关于流动的志向的东西,与作为实现民主社会主义运动的障碍而存在的"寡头统治铁律"(iron law of oligarchy)是并存的。

一个更加引人注目的,也曾被凡·希克引用过的例子,当然是来自索罗金(Sorokin)的作品。[39]根据这一作品,对民主社会主义的关注和第一次世界大战时期的社会经济巨变在一定程度上是流动研究的起源。然而,此处可以基本确定的是,对于桑巴特和米歇尔斯而言,他们潜在的研究兴趣事实上并不是社会主义,同时,作者希望被理解为拥有这样一种立场的人,即鉴于经历和反思,已经对社会主义的追寻的可能性有所超越。确实,索罗金的重心之一是将社会流动作为一个战略领域,借此来从经验上和理论上批评他那个时期的马克思主义者和其他社会主义学派所声称的那些社会的和科学的(social-scientific)基础。

实证方面,第一,索罗金的目标是全方位地证实贫困化理论的失败性,并且特别要强调资本主义社会中,有工资的雇员中新中等阶级的增长的程度和速度——显然地,他此处没有特别留意任何马克思对于此事的看法。[40]第二,他试图揭示,在这类社会中,现有的关于流动的统计研究都指向相同的一般性结论,即:至少是在职业的层面上,巨大量的代内和代际流动发生了,如果是真的,近期的趋势反映出流动的增长,特别是反映在人们从体力劳动进入不断扩张的非体力雇佣劳动。[41]理论方面,索罗金专注于这些发现对阶级和阶级斗争观念的影响。在证据的支持下,他指出,现代社会中大多数职业群体应被看作拥有两种不同的组成成分,"一种是相对稳固且永久;而另一种永远在变化,进入一个职业待一段时间然后离开"——以及,显然,后一种成分的数量正变得更加庞大。索罗金坚信,这些关于职业群体的范例,必然也真实地"与大的社会阶级相关联",而这又意味着,"许多阶级斗争理论家的陈述中都有一种谬论,即在谈论当下的社会阶级时,仍持续地将其视为某种种姓(caste)般的世袭制度。他们完全忘记了当下职业群体的流动型的构成"。[43]索罗金承认,在某种程度上,阶级理论具有一定的支持,因为(特定群体的)后代看上去更容易进入他们父亲的职业群体,而且比起不同阶级中的不同群体,流动更有可能发生在同一阶级的不同职业群体之间,尽管如此,流动的程度仍足以表征出,"任何上层阶级就简单地来自贵族出身,或工人阶级完全就由'世袭无产者'而构成"这类描述的无效性。[44]

那么,对于索罗金来说,将流动社会中的工人阶级视为社会转型的行动者,是受到双重误导的。一方面,流动性的增加暗中破坏了他们对革命性的追寻:"在社会民主主义和共产主义的隶属形式中,狭隘的无产阶级心理和意识形态"只可能在工人阶级不断减少的"永久"分子中流行,并会被正在扩张的"流动"分子所摒弃。[45]另一方面,工人阶级的革命能力也被毁坏了:因为它日益由那些无法在社会中上升的人加上社会上层的"失败者"构成,它不断涌现领导人们的能力消失了,因此,即使无产阶级专政能够实现,它也很可能一无所获,而第一个结果就会是"恶化无产阶级自身的境遇",并会导致社会崩塌。[46]

最终,我们可以注意到,索罗金以一种大范围的历史比较的视角来看待流动,以此为基础反对所有对于社会进化的"方向性的"阐释。他认为,流动率和流动模式本身,随着时间的推移,是未形成模式的,仅显示出一种"无趋势的波动"。诸如阶级极化这样的理论,在实证和理论上都是错误的。不应该去假设这样一种历史逻辑,即需要一种特定的阶级和阶级关系作为通往新的社会主义的社会阶段的路径。[47] 事实上当前的西方社会显示出了相对较高,并且看上去水平正在上升的流动,而且没有哪股力量正无情地运作以抵抗这种趋势。因此,尽管索罗金也花了一些篇幅来讨论流动对于个人和社会可能的不稳定性后果,但他的结论是,像他自己一样,总体上支持流动的社会的人,没有必要关注社会阶级行将消亡的预言。他们更应该去做的任务是,做一切力所能及的事,去保存和增强它的制度:

……如果我们的贵族(aristocracy)试图成为真正的贵族,在权利和责任上是强有力的,其成就富有创造性,在取向上更不世俗而不是处于寄生的状态;如果它想提高自己的繁殖力;如果上升的通道对每一个低阶层中有才华的人开放;如果社会中检验和选拔机制被合理地重组;如果低阶层被提高到尽可能高的等级;并且如果我们没有被错误的多愁善感的意识形态和"人道主义的虚弱无力"所渗透,那么现在的流动社会得以持久而辉煌地存在的机会就会变得很大。[48]

因此,在索罗金那里,流动研究的这一转变是完整的,也就是从也许可以被定义为对于流动的一种"消极的"社会主义兴趣——对流动性作为一种复杂化、阻碍或阻断社会主义经由劳工运动所取得的成就的现象,转变成一种"积极的"自由主义的兴趣——对流动性作为应被保留和最大化的价值观。更重要的是,毫无疑问,自索罗金始,尤其是二战后数年里,正是对后者的关注在被流动研究所吸引的社会科学家之间变得越来越重要。在这个时期,可以说,正是自由民主制的弊病,而不是社会主义所取得的那些成果,为流动研究提供了主要的社会-政治背景。那么,反过来,正是这种再定位过程,最终在20世纪60年代为左翼人士批判流动研究提供了基础,认为流动研究在意识形态上有倾斜,本质上是对自由-民主秩序的合法化。然而,在下文中,我们想要指出的是,虽然这种批评在某些情况下是正确的,但较之于左翼评论家惯常所做的,更多地揭示出歧视的存在,并且要认识到至少两种复杂性,即:对于自由民主的追寻,不需要和明确赞同把社会流动当作一种需要追寻的价值相联系;与之相反,一种对于流动的积极兴趣事实上不仅仅只能根植于自由主义,也可以是其他意识形态立场,包括社会主义。第一点通过参照美国的案例能被最好地说明,第二点可参照英国的案例。

正如先前所提到的,马克思,以及后来的桑巴特,认为美国社会在流动数量方面,比它所表现出来的要更与众不同,尤其是在于人们可以明显轻松地从工资劳动中逃脱,进入自营农场或其他形式的自我雇佣状态。对于马克思写于19世纪中叶的作品来说,这可以看作是在资本主义的阶级关系正常发展的情况下,被诸如开放的阶级边界这类特殊情境所阻碍。然而,对于桑巴特来说,在半个世纪以后来看,同样的情况显然衍生出许多问题。对于他这类本土观察者来说,一种复杂的力量是存在的。有些人为了更鲜明的阶级形成和阶级意识而奋斗,而另一些则致力于保持持续的高流动性。换句话说,在20世纪初,关于美国的"例外性"的问题已经变成了一个没有实际意义的问题,并且更重要的是,在20世纪过去的几十年间,美国社会的实际发展阶段,并不能用这种或那种明确的方式来解决其问题。取而代之的是,一场既在政治层面,也在社会-科学层面上的旷日持久的争论展开了。在这之中,将美国作为"机会的土地"的官方意识形态的维护者,要面对的不仅是坚定的马克思主义者,还有持不同意见的自由主义者或诸如彼得森(Peterson)这样被描述为"怀旧的美国人"的保守主义者。[49]虽然,出于相反的关注点,后两种群体①都想去推进这样一种想法,即:由于城市工业化发展或更具体地说,由于大企业与工会的发展,美国社会正逐渐地被划分为相对稳定且同质的,欧洲旧资本主义社会式的阶级模式。当马克思主义者的动机是培育革命的希望时,对于"怀旧的美国人"来说,除非回到过去的个人主义精神,不然都是在提醒人们注意他们眼中那些威胁到共和国的危险。

那么,正是这些直到20世纪40—50年代还长盛不衰的论辩背景下,必须赞扬美国人对二战后时期的流动研究作出的两大贡献,即:李普塞特(Lipset)及其各种合作者的研究,以及布劳(Blau)和邓肯(Duncan)的研究。虽然他们所有的成果都很显然地基于自由主义的立场,并且确实都关注于在何种条件下自由民主制的秩序能稳定地开展,但是在不同的案例中,他们对流动的研

---

① 持有不同意见的自由主义者和保守主义者。——译者

究旨趣也显示出差异。

对于"例外性"和近期美国历史中流动率的趋势问题,李普塞特与布劳和邓肯所赞同的事实性结论大体上是相似的。他们的共识是,美国的"群体的"流动率本质上与在其他经济发达的社会所记录到的那些并没有本质上的不同,但这些社会的共同点是流动水平都显然是高的。更重要的是,在美国或者其他西方社会中的相关国家,无法证明流动率正在进入一种现时的衰退:要说真的有什么的话,能被观察到的反而是流动率的普遍上升趋势。至少,部分的解释可以见于非体力劳动职业部门的稳步扩张。换句话说,与马克思主义者的预期和传统主义者所恐惧的那样相反,资本主义没有生产出日渐严格的社会分层制度,反而可以说,高度的社会流动看上去是工业化的一种恒定的伴生物。然后,鉴于这一事实性共识的范围和程度,在这些作者基于他们所选择的社会-政治立场上对于流动社会的评价中,人们非常可以期待一种更进一步的同质性,但事实上,一种标志性的分化出现了。

对于布劳和邓肯来说,在走向普遍主义(universalism)的社会中,工业社会中高度流动的普及根植于一种"基本的趋势",[52] 即:在社会的任何方面所进行的判断或决定,都是源自理性和效率的思考,并与特定的价值观或不同群体成员的特殊兴趣无关。一方面,布劳和邓肯认为,工业社会中高流动性的潜在结构性原因,都同样受到普遍主义的主导:例如,正是普遍主义产生了驱动技术和经验进步的力量,并且它们也经常重塑和升级劳动力的职业分工;另一方面,特殊性的亲属关系与邻里关系纽带的式微鼓励了个体从机会少的地区到机会多的地区的地理流动。当然,进一步来说,普遍主义意味着对于职业和社会选择的"客观的"标准。这一标准是基于后致性,而不是先赋性——基于个体要通过自己本身来得到的东西,而不是"从他所来自的家庭的意义上所得到的身份"。[53] 因此,即使分离出了结构性变化的影响,更大的异质性仍倾向于在父母与子女的社会位置间产生。

因此,布劳和邓肯认为,通过高度流动性所表现出来的对普遍主义的强调,在若干方面有助于解决或适应可能被视为自由民主内部的基本秩序问题。也就是说,引导弱势群体和阶层接受他们的劣势状况,而不是采取集体的和组织化的行动来直接或间接地使现状受威胁。第一,由于经济增长和高等级职业的扩张,向上流动的机会稳步增长,这有助于维护个人主义的接受

态度:

> 因为这些条件使得大量的贫困人口无法承受压迫感,对于所有希望感到绝望,并且变得对于现有的差异化分配系统和政治体制愤愤不平,所以他们加入极端政治运动,致力于暴力叛乱……那些认为自我或是后代的经济地位提升机会希望渺茫的人,较之于那些强烈预期着地位提升的人,有更高的动机去组织一个工会来提高工资,或者投票给一个主张给富人增税的政党……因为尽可能高的流动性使人们更少地对于他们的社会中的系统和社会差异不满,并且更少倾向于组织起来反对它。它们有助于使这种分层制度永存,同时稳定支持它的政治体制……[54]

第二,他们认为后致性成就,而不是先赋性成就,在社会选择(social selection)增强现有的回报差异的合法化过程中,具有最重要的作用。如果有可能的话,如果这种合法化过程不能通过给那些拥有被社会重视的技能的人以特别的特权来实现,那么至少能够通过精确地给所有被提供了培育自身能力及进入他们最能适应的职业的激励的人以更大的好处来实现。第三,实际发生的流动性越强,个体在任意一个时间点上在分层体系中所拥有的位置会越少地具有永久性,对于单个阶级或等级群体长期存在为社会-文化实体的证据也会更少,并且因此,他们对于个体行为的影响也会更小,不管是通过"群体内"的压力或是通过"群体外"刺激的反应都是如此。

总的来说,布劳和邓肯(更确切地说,可能是在邓肯的独立作品中)[55] 超越了马克思所呈现的观点。马克思认为流动否定了一种能够通过阶级形成(class formation)来展望(envisage)的一种更大的可能性,即:在一个普遍主义和成就主义盛行的社会中,某一种分层的发展没有抬升任何一种能够标示某种个人特征,或能提供某种社会-政治的流动的显著的集体性(distinguishable collectivities)。如果现今的美国社会的分层体系在某种程度上具有例外性,并不是因为它的历史渊源,而是因为它已经成为此类国家中最先进的——其他的工业国家都学着它的路径发展。可能会被注意到的是,邓肯在提出适合研究"特定的美国社会分层体系"的概念时,淡化了诸如马克思、韦伯和凡勃仑这类学者的重要性,并且更看重索罗金及他之前的库利的工作。[56] 最适合美国情况的分层模型,不是假设了一种由互相关联的群体所组成的、个体可以被定位的结构,而更应是一种连续体,或者也许是由一系列不同的"社会-经济"地位的职位所构成的连续体,个体在其中可被划定层次。

这类模型十分自相矛盾的结果是,在个体在集体间流动的意义上,流动性的概念本身失去了内容。正如邓肯所提出的那样,看起来,将流动问题再定义为(社会-经济的)"地位获得"的决定因素问题是合适的。阶级或家庭出身可能是决定因素中的组成部分,但与教育水平、资质等已获得的属性相比,在这一视角下,它们的重要性就必然会下降。[57] 此外,如果这种分析方法被采纳,那么必须认识到另一种可能性:地位的获得被证明在很大程度上不被特定种类的社会结构所影响,并且从一种社会学的立场来看,它很大程度上取决于被视为个体的"运气"的那些东西。[58] 根据他自己的发现,邓肯相信它是非常真实的。换句话说,此处所开启的道路,看上去是经典自由主义观点的另一种形成方式,由此,社会流动的问题或多或少从视野中消失了。正如我们先前提到的那样,在19世纪自由主义的版本中,自然禀赋在个体的社会分配中所发挥的那部分作用,也许会被斯迈尔斯对于道德水准的强调而有所改变。在20世纪的版本中,个人成就的作用被认为是极大程度上由各种各样的偶然事件所限定的:出身和类似于美德(*virtu*)的东西作用远小于命运(*fortuna*)。

因此,正是由于布劳和邓肯所做的工作,左翼的疑虑才变得能够被理解。他们的研究不仅对自由民主制(liberal democracy)的稳定性和合法性表现出明显关切,而且试图将美国社会分层结构描述为"开放的"和弱结构化的,两者联系起来以至于从流动的角度思考问题的价值大大降低。此外,虽然这一尝试部分地公开,试图通过在经验上展示后致性成就——或者是"职业生涯中的突发事件"(career contingencies)——而不是地位获得过程中的先赋性成就,但正如批评家指出的那样,它一定程度上由被称作"预设性偏见"(presuppositional bias)的那种东西而导致,即:由于假定后致性因素而不是先赋性因素为社会学的分层研究的一个关键问题,而忽视了其他的,诸如包括在运作分层的过程中独立于个体特征的社会结构约束因素。例如,布劳和邓肯对于由私人财产制度(institutions of private property)或是由职业的"需求"模式和教育的"供应"模式间的"匹配"(fit)所施加的约束缺乏关注,这经常引起质疑,并且这些质疑并不仅仅来自左翼。[59]

然而,对于我们眼前的目的来说,重要的不是继续这样的批评。相反,要表明的是,布劳和邓肯的自由主义立场绝不意味着他们分析中存在某些基础特征,即使有争议:尤其不论是经验上还是规范上,他们都强调普遍主义的流行与高度开放形式的社会分层体系在功能上是与自由民主制秩序最具有一致性的。这可以通过把美国作为一个非常特殊的,由李普塞特所提出的流动社会来看待而完成。

基于他的自由主义立场,李普塞特期望在多个方面积极地看待流动性。例如,他会同意布劳和邓肯的这一观点,即:高度的流动性鼓励个体而非集体的进步——此外,通过制造一种进入工人阶级的向下流动,并通过让这些个体坚持他们对出身阶级(class of origin)的信仰和价值观并尝试着回到出身阶级,来削弱工人阶级的团结和反抗潜力(oppositional potential)。[60] 进一步地,李普塞特认为,只有在精英们通过一些事实,创造更多更易获得的开放性和"道德平等"的意识形态时,高流动性才有利于自由民主政权被普遍接受。这些开放性和意识形态明显需要通过社会成员们的社会文化异质性而达成。与此同时,必须指出的是,李普塞特显然认为流动性的这些稳定功能,在这种政体于工业化早期阶段的建立时极为重要——在这一点上,他相信,来自极端主义"阶级"政治的威胁最为尖锐。[61] 但是在他看来,在更成熟的自由民主制的环境下,阶级对立将被经济增长和更大程度的条件平等温和化,那么最大化实现机会平等和流动性水平显然对李普塞特来说变得更为棘手。事实上,在这种情况下,可以说,在他的作品中所展示的最主要关注点,是可能会接踵而来的社会分裂和政治动荡。

要理解这一关注点,首先必须认识到,李普塞特对于布劳和邓肯的理论从未以不加反思的态度赞成:相反,他已经准备好对其质疑问难。例如,在《工业社会中的社会流动》(*Social Mobility in Industrial Society*)的最后一章中,他与本迪克斯(Bendix)明确地质疑了布劳和邓肯之假设的合理性,"一些看上去在过去十年或更长时间,已被几乎所有这一领域的研究者所接受的,基本的价值假设",尤其是"频繁和不断增长的社会流动是一个好东西,因为它增加了弱势群体的机会,并且因此扩大了他们的自由,而少数人特权的相应减少不严重危及他们的位置"。[62] 李普塞特和本迪克斯声称,这一争论是19世纪知识分子传统的一部分。并且,无论它在这一时期有效性几何,把它作为当前和未来流动性研究的基础,似乎是有风险的。此外,将高流动性作为一件纯粹的好事是忽略了近期研究中越来越多的关于参与其中的个体的心理成本的证据:"这些成本可能在奋斗、挫折、无根基感和其他疾病中产生……"[63] 李普塞特和本迪克斯认为,这些成本是否太高,根本上是道德和政治判断问题;同时,他们敦促,流动性的消极方面应被视为一个重要而被忽视的研究领域。例如,一个需要被调查的问题是,特定群体或阶层间,多大的教育和职业动机差异应被视为需要解决的问题——或者,相反,能作为一种有价值的内在保护措施,以抵御流动带来的心理负担。

此后,李普塞特关于社会和政治秩序的更大焦虑,正是根植于这些关于流动对个体层面的影响的疑虑。高流动性可能产生出的不仅是个人的满足感,以及由此产生的对于社会政治的接受态度;还可能是个人的不安全感和怨恨,从而使个人更可能从现状中脱离,增加他们被极端主义社会运动招募的可能性。此外,这些负面影响并不简单地仅因为流动既可能是向上的,也可能是向下的,即流动更可能意味着失败而不是成功,更是因为所有的流动都创造了个体被带入分层体系中不一致或模糊的处境的可能性的事实。李普塞特显然采用了比布劳和邓肯所主张的模型更精巧的分层模型。当认识到不同形式或维度的社会不平等的存在时,他也将分层体系的等级秩序概念化为一个即使有重叠,也或多或少可辨别的社会群体的复杂结构。因此,对于李普塞特来说,流动不仅仅是一个关于社会-经济连续体间的移动问题:它也通常包含了对于特定集体的脱离和依附过程。并且,因为流动性往往只是个别方面的——只在一个维度上,而不在另外的维度上有影响,这些过程可能会变得更复杂,并且在心理上更充满压力。例如,经历向上职业流动且最终获得了经济水平上的进步的个体和群体,也许不会同时在社会地位或政治权力的相似流动中取得成功。[64]

根据李普塞特的观点,事实上,正是那些经历过这种"地位矛盾"的个体和群体,尤其可能通过一种拒绝"民主的约束"(democratic restraint)并旨在改变现有秩序的激进转型的政治,去寻找对于他们的个人和社会困境的解决方案。例如,在19世纪后期的欧洲,各种边缘群体的成员——最值得注意的是犹太人——获得了巨大的经济成功,但是仍然被新兴的社会主义者和共产党所明确承认的最高地位等级所排斥。然而,在 20 世纪美国的背景下,李普塞特主要关心的是从右翼出现的类似的边缘群体对自由民主制的威胁。在美国的案例中,他指出,正是通过在对他们所认为的美国的政治传统的"过度整合"(over-conformity)中表达他们对地位的不安全感,暴发户们(*nouveaux riches*)倾向于为极端主义右翼运动提供有力的支持。此外,这种运动的潜在群众基础还可以在不同的群体中发现,这些群体的成员在流动社会中以某种方式逐渐处于不利地位,并且他们"较之于当下,与过去拥有更多的利害关系(stake)";例如,老中等阶级的成员,尤其在南方,现今的经济财富与他们曾经所声称的显赫地位并不相符;小商人在企业经济中的地位越来越不稳固;体力劳动者们也未能得到与其他同类们所获得的相同程度的财富。[65]

因此,正是这样一位相信自由民主制"其本身在运行中是一种好的社会"[66]的李普塞特,也在致力于展示流动的阴暗面,并指出任何对开放社会的天真追寻中所固有的问题。李普塞特的分析指出,为了加强自由民主秩序的稳定性,布劳和邓肯的那种视彻底的普遍主义完全有益的看法可能需要在各个方面进行修改,也就是说:将后致性成就的价值视为先赋性成就的对立面,并且让开放性的价值压倒一切,这是不可取的。具体来说,可以注意到的是,在李普塞特最近的成果之一中,他试图强调,努力通过教育领域的激进改革来创造更大的开放性,是存在着困难以及危险性的。这种困难在于克服子女养育过程中的亚文化,而不是通过"强迫性的统一"的形式来克服代际传递的不平等;危险则蕴含于,为了最大限度地实现教育机会均等而做出的毫不妥协的努力,实际上会导致对家庭的潜在破坏,并使"由家庭提供的需求和满足感"贬值。[67] 换句话说,这一主题再次提出,对普遍主义的不懈强调最终会导致社会的混乱,而不是社会的整合效应(socially integrative effect)。

接下来应该明确的是,即使直接反对李普塞特的意识形态层面的批评是来自左翼的,也不应认为他对流动研究的兴趣提供了一种对现代美国,或者基于开放性对一般现代资本主义的颂扬。或者,应该更明确的一点是,在坚持认为流动在所有形式的工业社会中都已经达到高水平的同时,李普塞特也尝试着从流动研究所获得的证据入手来维持一种保守主义立场,与可能被尝试的、仍然是普遍主义的、更激进的社会政策对抗。正如被米勒(Miller)所敏锐地观察到的那样,李普塞特清晰地认识到,"流动能够解释"(mobility-as-an-explainer)社会不均衡和政治极端主义。正是它对 20 世纪 50—60 年代的美国社会进行"启蒙的"但也是非激进的批评提供了便捷的可能性:"有这样一种说法:当心那些为了遵从美国人向前的和上升的动机上所要付出的代价"。这意味着,也许学者们逐渐不再关注美国的现实是否与美国梦更接近了。[68]

因此,李普塞特为我们提供了一个自由主义者对于社会流动的研究旨趣的例子,这种旨趣实际上不能被描述为完全消极的,因为无论如何,它都是一种虽十分模棱两可但合格(qualified)的旨趣。作为一种鲜明的对比,我们现在可以继续讨论英国的情况。英国的案例对于社会流动来说蕴含着远更积极的研究旨趣。它实际上源自一种社会主义思想的重要传统,即:费边主义和英国的"伦理"(ethical)社会主义。正如几位学者所评论的那样,这一传统与德国修正主义之间存在密切的联系,并且我们已经考虑过它在促进流动性研究方面的作用。[69]但是,与此同时,至少对于目前的研究目的来说,我们必须注意到一个非常重要的差异。费边主义和伦理社会主义在很大程度上是在本土形成的,而不是以某种重要形式从与马克思或马克思主义的辩论中发展起来的,并且尤其地反对英国古典自由主义的教条。这一事实在几个方面反映了它的支持者对于专门的流动问题,以及更一般的阶级形成和阶级生活机会的问题的立场。

首先,对于工人阶级流动机会或流动意愿的增长严重削弱社会主义运动力量的可能性,20 世纪早期的英国社会主义者表现出相对较少的担忧。他们将渐进主义,或者说对法律和民主化献身的结果——基本的议会制,作为追求社会主义的手段。他们对工人阶级团结和阶级斗争所赋予的重要性,是必然少于马克思主义者那一方的。阶级冲突不再被视为是需要借其力量来使社会主义获得胜利的必然历史过程,而是被视为一种资本主义的罪恶,并将被社会主义运动逐渐消除。[70]因此,那些倾向于减少工人阶级的同质性或模糊阶级分化界限的社会变革,就可以被平静地看待甚至被赞同。英国的社会主义者认为这是可能的,例如在与马克思主义者偶尔的论战中,他们可以通过强调中间阶层的成长来从事实上断言"越来越无产阶级化的社会已经是过去的事情了。我们生活于其中的是一个越来越资产阶级化的社会"[71]——但这丝毫不影响他们的社会主义信仰和追求。与之相反的典型观点是,若想扩大社会主义的吸引力,一方面要通过改变自身,另一方面也要通过强有力的论证和道德上的说服,使新的社会群体来支持它。[72]

此外,英国社会主义者对于古典自由主义进行攻击的基本战术是揭示自由主义意识形态和社会事实之间存在的差距:在这方面,自由主义者认为机会均等是资本主义社会的一个原则,但这很明显需要被质疑。作为该战术实施的一个优秀案例是托尼(Tawney)的《平等》(*Equality*)第三章。托尼在此处所关心的,不仅仅是英国社会的流动性远远不足以使自由意识形态可信,而且在尝试用机会平等原则去合法化现有的条件不平等程度的过程中,这一意识形态本身就存在缺陷。因为出于社会学的必然要求,后一种事实上的情况不仅仅是从形式上,而且更是从事实意义上,排除了这一原则维持的可能性:

> 所有职业应该对所有人平等地开放,并且挣工资的劳动者应该像产权所有者那样,能够自由地运用如他所拥有的那样的权力,能够运用他能够采用的方式,在能够对他开放的场合中,达到他能达到的结果。但当缺乏防止那些强有力的人对处于经济弱势位置的群体进行剥削的手段时,并缺失确保健康和文明的外部条件成为共同财产的手段时,机会平等这个说法显然是一个笑话,并可以根据个人感受(according to taste)将其描述为有趣的或是无情的。这是向不受欢迎的宾客发出的邀请,是无礼的殷勤,在某些情况下人们注定不会接受它。[73]

与自由主义者卓有成效的忽视态度相反,这一攻击的本质就这样引导着英国社会主义者对"真正的"机会平等和社会开放产生了积极的评价。在这一点上,就像在其他方面中那样,社会主义者可以宣称他们才是自由主义原则的真正守护者,这较之于比自由主义者们更"左"重要多了。当然,与此同时,这意味着要认真对待机会平等的目标,也要兼顾条件平等。但较之于将这两个目标像自由主义者和马克思主义者那样认为在很大程度上是矛盾的,英国社会主义者倾向于认为它们本质上是互补的。因此,人们可以注意到,对社会流动的积极兴趣至少有两种被进一步提倡的原因。

第一,虽然人们坚持认为更多的机会平等只能通过更多的条件平等来获得,但也有人认为,如果一些旨在创造有更多真正的开放性的社会的运动能够开展,也将有助于减少地位和阶级差异。例如,如果消除社会中可利用的人才的"人为的"(artificial)约束,并且这些人才不管位于阶级结构的任何位置,都能被允许发展,这在某种程度上不仅意味着教育水平的更平等,进一步地,也意味着合格劳动力的更多供应或潜在供应,也将有助于缩小职业间的回报差距。换句话说,越能平等地获得机会,市场力量本身就越能够反过来与现状相对抗,并使平等主义能够发挥作用。[74]

第二,英国传统社会主义者的特点是,他们愿意比大多数马克思主义者更详细地讨论其所向往的未来社会的性质。此外,他们也并没有隐瞒自己的观点,即在这个社会中,平等问题将长期存续。公认的是,一些不平等会持续存在,因为它们是无法避免的——例如在政治权力和权威中的那些不平等。还有一些被创设的不平等其实是可接受的,例如需要对那些代表整个社会作出特殊努力或承担责任的人给予特别奖励。因此,尤其重要的是最大化地建立流动机会来作为社会主义社会的一个特征,要确保那些以任何方式享有特权的职位能真正开放给人才,并且防止形成永久精英的危险。[75]在这种情况下具有重要意义的是,虽然高流动率对于社会效率所做的贡献经常被提到,但假设条件平等已然很普遍,它可能产生的负面影响,无论是心理上的还是社会上的,都没有引起人们的关注。人们所强调的往往是与极端条件不平等有关的不流动的个人和社区成本。[76]

虽然大多数英国社会主义的支持者本身并不直接参与到与分层和流动问题有关的研究中(尽管他们大多数人都是某类社会科学家),但是从20世纪20年代到20世纪50年代在英国进行的研究表明,他们的影响是占主导地位的。上述所提到的对于流动的特别兴趣,毫无疑问是那个时代的主要研究领域,对此,最引人注目的例证是流动研究中的一个里程碑——由伦敦政治经济学院的D. V. 格拉斯(D. V. Glass)和他的同事在二战后的几年间所进行的工作。[77]

非常值得一提的是,格拉斯和他的团队并不关心更早期的欧洲和美国学者所关心的那些日益增长的资本主义经济中流动性对工人阶级同质性和凝聚力的影响问题。格拉斯确实明确地指出,他们的研究主要是调查社会地位或声望方面的流动性,而不是以"古典意义(比如马克思主义?)"来处理阶级问题。[78]此外,伦敦政治经济学院团队的注意力显然更多地在那些分层等级秩序中的高层阶层而非下层阶层,并且尤其关注"精英、专业、行政和管理职位的社会选择过程"。[79]

基于实证研究,格拉斯和他的同事们能够证明,英国社会地位的传递(transmission)所倾向的一般是"可以说,是在一个闭合回路内"运作的[80],并且,在分层等级秩序的顶端位置的招募中,局限性的程度大到足以公然否定机会平等的理想。雇佣主要集中于那些自己本身已经拥有高地位职位的人的后代,而那些半熟练、非熟练体力劳动者的后代是可以被忽略的。[81]格拉斯用来展示机会不平等的一个关键方法是建立联系,即通过一种"联合性指数"(index of association)将实际观察到的流动与那些在"完美流动",即如果儿子的地位完全独立于父母的地位的流动条件下所期望的流动性,进行比较。[82]可以看到的是,事实上,这一过程的关键策略与托尼所采用的策略在统计方法上具有同质性(statistical homologue),即严肃地对待自由主义的意识形态。

当然,对于格拉斯来说,他报告的结果具有揭露(*exposé*)的性质,并且他并不企图隐藏自己的目标,即对一个真正的开放社会的价值追求。在对于社会公正的考虑以外,那些在经济和社会上理性的人也应该偏好"由于流动的社会结构,高能力的职位更有可能被拥有高能力的人所掌握";并且,反过来,也应该有"更少的个人挫败感和更大的社会和谐的可能性"。但与此同时,再度从我们描述的对于流动的社会主义兴趣的观点来看,格拉斯希望看到的是,机会平等总是与条件平等有关。因此,一方面,他强调战后扩大机会的尝试,特别是通过教育改革,如果一定的基本经济和地位不平等被允许保留——例如,那些隐含在独立学校(independent school)系统中的不平等,其影响,尤其是对于精英的雇佣情况来说,很可能是有限的;然而,另一方面,他更关心,一种更加任人唯贤(meritocratic)的精英招募方法,重要的是,这不应看作是将普遍存在的条件不平等合法化而是其本身增加了减少条件不平等的必要性。格拉斯警告说,如果不这样做,选拔的结果可能会在精英和大众之间制造比历史上其他任何时候存在的都更尖锐并且心理上更具有磨蚀性的分化。虽然实用层面的紧缺状态可能在某种程度上需要回报上的不平等,但格拉斯指出,不应认为"需要高能力、长时间训练并且拥有高社会地位的职业,应该是获得社会声望的唯一方法;由于有其他为共同体服务的方法,因此,相应地,应该有成为获得社会声望的其他路径"。[83]

格拉斯与李普塞特所持观点的差异因此特别明显。这两个人都意识到流动性的增长可能带来的危险,尤其是那些基于普遍主义的社会选择(social selection)方法的更一般性应用所导致的流动。但是,他们在如何界定这些危险,以及如何界定何种社会政治反应是适当的方法上,大相径庭。在李普塞特看来,在一个他觉得明显的不平等情况已被消除的社会中,重新考虑将流动机会的最大化视为一种压倒一切的任务似乎是合理的。这么做是为了减少个人和社会的压力,例如由地位的不连贯性而导致的个人压力和由此导致的政治剧变的可能性。而对于格拉斯来说,当下普遍的条件不平等和机会不平等仍然大得不可接受,从个体和社会福祉的立场来看,这两类不平等都必须被消除;利用任人唯贤的选拔过程引导更大的流动性可以被接受,但是,为了抵消其本身潜在的破坏性和分裂性的影响,必须伴随着进一步的努力来创建一种分层形式,这种分层形式不仅不能那么极端,而且要通过承认更多不同的权利与地位的获得方式来在事实上增加"不连贯性"。[84]

现在,我们希望,我们已经足够了解本章开始时所提出的观点的根源,即:知识分子对社会流动问题的关注可能来自各种意识形态的立场,并且在更广泛的社会政治意义上,研究旨趣与研究者的利益之间没有简单的一一对应关系。然而,为了完成我们正在进行的综述,并且为了更接近我们作为起点的核心问题,我们还需回顾最近许多研究者的作品中对于流动性的处理,这些作者或是明显的马克思主义者,或者是明显地受到马克思的影响,并且持有着一种也许最好被称为"后马克思主义"的观点。

在一些例子中,马克思主义者对于近几十年间日益增长的流动研究数量的回应仍然没有脱离意识形态偏见的影响,即:他们对于流动研究,较之于努力地用它来解释或定位参与其中的阶级的活动,更倾向于在智识上拒绝它。因此,无论他们的研究对马克思主义社会学知识所显现出的价值何在,对流动性研究本身显然并无太大贡献。另外两个有辩护作用但建树不大的回应也需要被注意。首先,有人认为,马克思主义关心的是阶级结构,即由普遍的生产关系构成的位置的意义上的结构,并且从这一立场来看,个体在这些职位中的分配问题的意义相当小。例如,普兰查斯(Poulantzas)写道:

……很明显的是,即使基于一种荒谬的假设,即在日复一日,或甚至一代人又一代人的过程中,资产阶级终将全部变为工人,或相反(工人会全部变为资产阶级),资本主义的根基也还是不会被改变的。因为资产者和无产者的位置仍然都会在那里,这也是资本主义关系的再生产的首要特征。[85]

其次,有人争辩说,无论流动可能被赋予什么样的地位,它对于阶级关系和阶级斗争的作用都是微乎其微的:这是因为,由于资本传递的本质,跨越资本主义社会中阶级分化的基本界限的流动——生产方式的主要拥有者和被雇佣的大众之间的界限——的发生水平很低,以至于在其影响中几乎可以忽略不计。[86]

一些更老练的社会学者进一步指出了这两种观点的不充分性。这些学者沿着马克思主义者的传统进行研究,并超越了这两者。例如,韦斯特伽德(Westergaard)和雷斯勒(Resler),在对英国的阶级结构提供一种马克思主义视角的同时,也保留着对于流动的一种观点,即:"……关注不同阶级对于人群的招募过程而非阶级存在的残酷事实",并且认为后者只是一种初级现象(primary phenomenon)。[87] 整体来看,他们同样接受的,事实上也是持续至今形塑阶级结构的关键部分,是那些具有所有权并且集中控制私有资本的人与其他人之间的分化。但与此同时,韦斯特伽德和雷斯勒发现了后者的成员中阶级状况的巨大差异,尤其是在体力劳动者和领薪员工之间。[88] 相应地,当强调资产阶级关键的自我再生性质时,韦斯特伽德和雷斯勒充分认识到,构成了人群中的绝大部分的,处于被雇佣状态的大众群体间所发生的流动的程度和模式,是不可被忽视的。相反,在某种程度上,根据我们之前的讨论,似乎是完全符合马克思的精神,他们指出,"研究兴趣的聚焦点必然是社会流动性与不流动性作为人们对其阶级状况的反应的潜在影响——对阶级意识和阶级组织的影响"。[89] 换句话说,如果以普兰查斯的方式回避对流动性问题的讨论,简单地把它们当作"一种有问题的资产阶级"(une problématigue bourgeoise)[90],或者仅仅以定义的方式来回避,其结果都是忽视了从"自在阶级"到"自为阶级"的任何过渡的可能性,这本应是一个值得深思熟虑的议题。

此外，一些学者在分析中并不承认自己执着于马克思主义，但依然至少将马克思作为一个重要起点。人们也许能发现流动研究的方法，从一种角度看，这些方法可能是对马克思主义十分激进的批评，但是从另一个角度来看，这些方法是韦斯特伽德和雷斯勒所采用的那种视角中自然发展出来的。例如，吉登斯拒绝用"位置的"术语来描述阶级结构的概念而这正是被马克思主义者接受的，这意味着流动可以被处理为"在很大程度上似乎可以脱离阶级结构的决定性"。[91] 相反，吉登斯希望将阶级视为个体的集合，它或多或少地能根据经验上存在的"结构化"的程度所识别。然而，对于吉登斯来说，至少在发达的社会中，事实上，最普遍的结构化过程是由"特定社会中相关流动机会的分布"所决定的，更具体地说：

> ……在代际和个体的（代内）职业（生涯）中，流动机会的"封闭"程度越高，它就越能促进可识别的阶级的形成。在代际流动过程中，封闭提供一种跨越代际的、普遍生活体验的再生产作用；并且这一体验的均质化取决于个体在劳动力市场中的移动被局限于生产相似范围的物质产出的职业内的程度。总体来说，我们也许可以认为，阶级的结构化取决于与任何特定形式的市场能力（market capacity）有关的流动封闭形成的程度。[92]

最后，接下来应该讨论的是吉登斯与韦斯特伽德和雷斯勒两者的区别。他们都将流动视为阶级形成中具有核心意义的过程，但是对于吉登斯来说，流动的重要性不仅仅在于阶级意识和阶级组织的发展，即"自为阶级"的出现，它还延伸到阶级作为可识别的社会现象的形成，也就是说，作为"自在阶级"的形成。这可以看作是一个非常基本的、本体论层面上的差异，但同样也可以认为，被吉登斯所发现的市场、工作和共同体的差异，在概念上等价于条件和权力不平等结构，而这被韦斯特伽德和雷斯勒表述为"阶级存在的残酷现实"。那么，在这种情况下，主要问题似乎在本质上是一个定义问题，即："自在阶级"的观点指的是一系列位置的结合，还是更多地指一个相对稳定的、占据了一组位置的个体的集合。

以某种类似于吉登斯的风格，帕金（Parkin）也与马克思主义的传统明显决裂。他继承了布劳和邓肯的观点,即职业秩序在现代西方社会中提供了"阶级结构的脊梁骨"。[93] 但事实上很清楚的是,帕金并不是要轻视财产分配和财产关系的意义。相反,像韦斯特伽德和雷斯勒那样,他试图充分承认这样一个事实,即:尽管受到资本主义环境的限制,重要的阶级差异确实存在于那些被排除在所有权和控制权的制高点之外的、占人口大多数的人当中。[94] 此外,虽然帕金像吉登斯那样,将流动模式处理为阶级结构的一个主要决定因素,但在他最近的作品中,这种模式变得不仅与阶级边界的问题有关,还与马克思主义对于阶级行动和阶级冲突的核心命题有关。

帕金指出,在所有对于这种冲突的分析中所隐含的二分对立的观点,最好不要将其表达为一种零和的类型,而更应该用相反的"关于封闭的分析策略",这样才能够对竞争的阶级(和阶级中竞争的群体)进行研究。阶级或群体都可能以剥削为目的,通过设置有利可图的职位和机会来实践不同的排斥技术以对付下层的阶级或群体,从而保护自身在分层等级秩序中的优越位置;与此同时,处于劣势的人可能会利用他们的团结和组织力量,例如,通过对劳动力供给的控制或他们的"破坏性潜力",来为自己赢得更高水平的回报和机会,必要时,他们也会挑战现有的分配制度以及社会上层的优势。因此,在一个特定的社会中,普遍存在的流动程度与模式同时表明了排斥策略的有效性,以及基于团结一致的反对策略的成功机会——正如帕金所指出的,普遍的流动程度与模式高度依赖于参与者对于集体利益和愿望的努力,而不是个人利益。

总之,正如马克思自己的作品那样,吉登斯和帕金对于流动的关注是不亚于韦斯特伽德和雷斯勒的,在对阶级形成条件、阶级利益和权力斗争发展的研究旨趣上,这些研究者也许可以被放在一起,因为他们与自由主义者或伦理社会主义者不同,都是在马克思主义或后马克思主义视角下开展研究。在这一点上,较之于将阶级冲突视为负面的和"不尽如人意的",他们更将其视为资本主义中社会-政治变化的主要媒介。但与此同时,也许与马克思,当然也包括许多可能的正统马克思主义者形成对比的是,他们认为应该将流动视为资本主义社会中一个持久的、实际上是不可分割的特征,并试图以一种不仅仅是防御性的或辩解的方式对待它。虽然在他们对阶级冲突可能的未来形势和结果的估计以及他们可能存在的个人偏好上必然存在差异,但某种程度上，对阶级冲突的旨趣要求流动性问题在资本主义社会的任何分析以及对其转型可能性的任何评估中，都应占据中心位置。

我们希望，前面提到的促使进行流动性研究的各种各样的"社会动机"（social motives）能为本章余下的任务提供一个适当的背景：我们将在与我们前辈的旨趣的联系中阐述自己对流动性的兴趣的本质，并且由此指出我们之后选择聚焦的根本性问题及其缘由。这些将被我们指出的旨趣看起来很难互相关联，但我们将尝试揭示它们确实存在联系。

第一，我们必须声明，我们对流动有一种积极的兴趣，是因为它与更大的开放性有关：对于不同社会出身的个体来说，获得社会劳动分工不同位置的职位的机会趋向于平等。然而，与此同时我们也应明确的是，在这个意义上，我们当然不能希望把所有流动性都视为是有利于开放的。此外，我们也应该通过声明我们所宣称的旨趣的来源并不主要是对于自由民主制的稳定性或合法性的关心，来澄清此处我们的立场——它对于我们来说，与"本身在运作的良好社会"仍有一定差距。相反，我们的旨趣来源是自由民主制的社会结构特征在多大程度上阻碍特定社会起点的个体去实现他们作为公民，或事实上是作为人类的全部潜力。换句话说，我们将同意格拉斯，并反对李普塞特的观点。我们认为应将更大的流动性作为一种仍应该被积极追求的目标，而不是应基于一种社会-政治稳定的考量来更正它；反过来说，主要是在认为真正的机会平等可以与实质的条件不平等共存的主张上，我们也将成为托尼和那些伦理社会主义者的盟友，认为自由主义意识形态对社会实际的开放程度影响非常有限。正如我们所见，对此明显的反驳是，机会和条件的不平等只能被一起降低，并且流动性对个人或社会任何不利的（adverse）后果也将以这种方式最小化。

与此同时，我们也将拒绝在各种各样的左翼阵营里流行的观点，即：要么认为我们所定义的开放性本质上是一个"资产阶级的"概念，而主要从经济学角度理解的条件平等才是最重要的；要么则认为流动问题之所以成为问题，是因为我们仍然没有实现社会主义社会，因为在社会主义社会中不仅流动问题会消失，同时消失的还会有社会不平等和总体的社会分层。至少从分析中看起来，不同位置和角色的个体在社会劳动分工中如何被分配，对于我们来说是完全独立于经济资源分配的,并且这一问题在社会主义和资本主义的发达工业社会中的核心性必须被保留——尽管它的解决方案有不同的可能性。[96]

虽然我们基于开放性视角对流动性的旨趣将在随后的章节中反复出现,但事实上它并没有影响我们研究的重点。以往对于流动的兴趣主要是源于与阶级形成和阶级行动的意义有关的观点。此处我们不是借鉴伦理社会主义的传统,而是借鉴具有马克思主义,或至少是倾向于马克思主义者的传统。我们应当强调,我们不赞成一种历史性的观点,即工人阶级和阶级冲突命中注定是从资本主义到社会主义的革命性转变的代理人和方式。因此,我们并没有在任何确实不利于阶级形成和冲突的社会过程——诸如流动的过程中——看到对我们整个世界观有效性的根本性否认。然而,与此同时,我们将其视为伦理社会主义的一大缺陷,因为它忽视和低估了阶级冲突的历史性意义。最明显的是在英国的情况下,作为一种追寻议会制度的结果,或许也因为受到基督教社会主义和费边精英主义的影响,他们没有充分意识到,他们对工人阶级的需要并不仅是因为需要一个施加关爱的对象,更是因为到目前为止,作为一种社会工具,工人阶级的行动、选举和其他的活动最有可能实现他们对议会制度的理想。事实上,在我们的观点中,我们在很大程度上认同这些理想——在这当中的核心关切是对开放社会的追寻,这必然暗示了,我们也与马克思主义传统的追随者一样,"对阶级关系的动态感兴趣"。那么,我们反过来也会与马克思和修正主义者以及今日的"后马克思主义者"们一起,接受这样一个普遍的命题:在这些动力中,社会流动起着至关重要的作用——不过,我们想补充的是,这个作用比通常所认为的更为复杂。

总的来说,很明显,我们在两种不同的立场下看待社会流动:一方面,我们将一种特定模式的流动表述为一个将要追寻的目标——根据我们已经定义的,这一模式的特征将是更大的开放性;另一方面,虽然我们发现,这一目标是否能被达成更大程度上依赖于我们的社会中实际存在的流动模式,并且事实上,某种程度上也依赖于这种模式与开放的偏离程度。这一立场的逻辑乍看上去在某种程度上是奇怪的,但也许,对于马克思主义者来说,又是非常辩证的;但我们相信它事实上相当简单。也许可以假设,若将阶级视为随着时间的推移,在社会分工中占据相似位置的可识别的个人或家庭的集合,一个真正开放的社会的实现就会意味着阶级的严重削弱或是分解。然而,阶级结构对于变革有很强的抵抗力:那些享受着上层位置优势和权力的群体,不可指望没有斗争就使他们屈服,但他们通常更倾向于利用他们掌握的资源来维护自己的优势地位。因此,变革似乎只可能通过部分处于下层位置成员的集体行动来产生,这不仅依赖他们的数量,最重要的是依赖团结和组织。因此,对于他们准备和采取这种行动的能力——以及那部分因此受到威胁的人的抵抗强度——的影响因素的兴趣,必须直接产生自任何与阶级社会所对立的理想。至少在这点上我们同意马克思的观点:即使阶级社会将会被终结,或者至少被根本改变,它也只能通过某种形式的阶级间冲突来实现。

就我们所关心的现代英国社会流动的处理方式而言,我们所提出的纲领性旨趣(guiding interest)所揭示的第一个结果,在本质上是根据阶级之间的流动得出的,或者更确切地说,是在阶级地位之间得出的。我们将接受的是与帕金的理论表面上相似的布劳和邓肯的观点,即职业秩序在当下西方发达社会中提供了"阶级结构的脊梁骨"(the backbone of the class structure)。但是,不同于布劳和邓肯,我们试图通过[以一种较之于平时的理解更侧重于职业资格(qualified)的方式]使用职业,而不是声望或社会经济地位,来作为阶级地位的指标。基于"阶级"而非"地位"的准则,我们的分析确实有别于战后流动研究的常规实践,正如我们提到的,它们主要被格拉斯1949年的研究影响:我们则回到更早的在"与马克思辩论"的背景下进行的早期研究传统,并且是足够恰当的研究传统。

第二,我们对于流动的兴趣是二元的。在我们的实证工作中,我们关注的焦点在流动性的两个方面——流动与开放的关系和流动与阶级形成的关系——之间转移。一方面,我们关心被定义为绝对流动率[absolute,或者事实(de facto)流动率]的东西,即:我们通过研究的步骤和类别所实际观察到的流动率。但是,另一方面,我们也关心相对流动率(relative mobility rates),即:当绝对流动率与一些规范或标准比较时的结果,或者是一个社会群体的绝对流动率和另一个社会群体进行某种比较的结果。就我们对流动施加给阶级形成的影响的基本兴趣而言,我们主要关注的是以绝对的、事实上(de facto)的方式看待阶级地位之间的流动——关于流动的整体模式,关于历时趋势,关于代内和代际流动之间的关系。我们也十分关注相对流动率——或者,我们也可以说,相对流动的机会——并以不同的方式去呈现它:我们认为部分的原因,正是在这些条件下,开放性的问题才能得到最好的实证检验;并且也部分因为,正如我们所试图展示的那样,相对流动的分析对于理解绝对流动率以及尝试预测它们将来的可能模式有重要的作用,尽管这是不确定的。

然而,关于这一点我们也应说明,我们并不,或至少不直接地致力于根据个人的心理或社会属性的变化来解释流动性或职业成就。因为我们怀疑在这方面通用分析方法的有效性[97],但是,无论如何,这些对我们的中心问题只有相当有限的影响。在讨论相对流动机会的不平等时,只有将开放性的缺乏问题视为一种反映了原本就存在的不平等状况,而不是原本平等的机会被剥夺的状况,我们的中心议题在此处才方能有效。不过,至少对我们当前的研究目的来说,我们认为,如果非要说在个人的心理或社会属性的变化会导致引人注目的不平等,那么那些通过声称机会平等能够由独立于个体在社会结构中的位置的个体差异——例如个体的基因或道德差异——来解释,并以此来尝试着支持机会平等的人,此时就应该拿出相应的证据来。[98]

第三,也是最后一条,接下来,在我们对流动性的后果或伴生物的讨论当中,可以注意到我们对于流动的二元兴趣的另一种呈现方式。从关于真正的开放社会是否可取的辩论观点出发,以英国为例,我们希望研究在多大程度上能够断言流动的体验与个体的不连续性或人生初期的筛选,或者其他的可能会引起心理压力或不平衡的社会关系——例如地位的转换或断裂有关。但我们对于阶级形成以及阶级行动的潜能的研究旨趣要求我们进一步思考社会层面的流动的典型伴生物,即作为集体的阶级的意义是什么。例如,我们想问的是,观察到的流动模式在何种程度上似乎能够增加"跨越阶级"的社会关系,或者强化阶级隔离的程度,促成阶级内部亚文化的异质性或提高他们的独特性。换句话说,我们将重点检验这一关键问题,即流动是否在宏观和微观社会学视角中均能作为一种主要的整合或分裂现象。

我们在前文中阐明的实质性主题在随后的章节中不是以高度有序的方式处理的,而是倾向于在许多不同的点上对其加以讨论。总之,如果我们依次简要综述每一章的内容和目标,那么对读者可能会有所帮助。

第一部分,我们在第二章中呈现了现代英国社会中观察到的阶级流动模式的基本数据,并对当代英国马克思主义和"后马克思主义"学者(主要是在原文第 24—27 页所讨论的①)的著作中关于流动和阶级结构关系的三个主导性命题进行批判。我们的批评会反复提到的一点是,这些学者并没有充分认识到绝对和相对的流动之间存在区别。在第三章中,我们接着检验了第二章结束时提出的问题,即:在过去的约半个世纪里,我们的主要数据集所涉及的阶级流动趋势。在此处,绝对和相对流动率之间的区别被证明是非常重要的,当我们考虑流动的不同方面时,关于流动趋势的存在和方向的结论就会根本不同。在这一章中我们实际上特别关注了相对流动的机会,部分原因是需要处理与某些关切有关的概念和技术问题,这在第四章中也将继续。在这一章中,我们特别分析了第二章中已观察到的代际流动模式中潜藏的相对流动模式。因此,在第三章和第四章中,读者会找到大多数直接与战后英国社会的开放性相关的研究结果。在第五章,我们果断将注意力转移回了可被观察到的流动模式:此处我们的主要目标是从代际的视角,通过更详细地研究阶级位置的稳定性与不稳定性是如何在工作生涯的流动过程中被调节的,来完善我们之前的,尤其是第二章的那些分析。因此,在这一章中,我们所探讨的是,怎样的流动(或不流动)性,在多大程度上,能随着时间的推移,通过维持对一种集合或集体的认同来切实地促进阶级的形成。在本书的第六章和第七章中,我们则转向了十分不同的关注点,即:通过各种不同的职业生涯路径而获得的流动的伴生物。首先是亲属关系,其次是各种其他种类的主要和次要的社会关系。在第八章中,我们同样关注已被我们定义的流动的伴生物,但特别的是在这些案例中,我们关注我们的定义在多大程度上反映了那些作为我们数据来源的受访者的主观经验和意识。我们想问,我们所提出的结构与那些他们自己试图从他们的社会生活中获得意义的结构之间有什么对应关系?在第二部分中,我们将讨论三个当前较为关注的问题,每一个问题都使我们能够延续第一部分中提出的主题。在第九章中我们研究了战后的"长期繁荣"结束后,相对和绝对阶级流动率的趋势;第十章研究了女性的阶级流动;第十一章研究了跨国比较视角下英国的阶级流动。最后,在第十二章中,我们试图汇总在前几章得出的主要结论,并在此基础上,对现代英国的社会流动和阶级结构作一个综合性的陈述,同时也对未来的前景进行一些

---

① 本书边码系原文页码。下文亦同。——译者注

预测。与此同时,我们也必须评估我们的研究对最初促使它产生的那些研究旨趣,作出了多大程度上令人满意的回应。

注释

1. 例如,参见 Karl Ulrich Mayer and Walter Müller, 'Progress in Social Mobility Research?', *Quality and Quantity*, vol. v, 1971; S. M. Miller, 'The Future of Social Mobility Studies', *American Journal of Sociology*, vol. 77, 1971; Daniel Bertaux, 'Questions de stratification et de mobilité sociale', *Sociologie du travail*, vol. 13, 1971; Reinhard Kreckel, 'Toward a theoretical re-orientation of the sociological analysis of vertical mobility' in Walter Müller and Karl Ulrich Mayer (eds.), *Social Stratification and Career Mobility*, Paris and the Hague: Mouton, 1973。

2. 后一种论点尤其被东欧正统派马克思主义学者精进。例如,参见 H. Steiner, 'Grundzüge und Entwicklungstendenzen der westdeutschen Soziologie' in H. Meissner (ed.), *Bürgerliche Ökonomie in modernen Kapitalismus*, Berlin: Dietz, 1967; and G. B. Osipov, 'The Class Character of the Theory of Social Mobility' in P. Hollander (ed.), *American and Soviet Society*, Englewood Cliffs: Prentice Hall, 1969。

3. 虽然我是本章唯一的作者,但考虑到整本书的连贯性,还是使用了第一人称复数。然而,这不表示其他章的合作者也如此认为。

4. F. van Heek, 'Some Introductory Remarks on Social Mobility and Class Structure', in *Transactions of the Third World Congress of Sociology*, London: International Sociological Association, 1956, vol. iii, p. 131.

5. 同上书,第 130—131 页。

6. Royden Harrison, 'Afterword' to the 1968 Sphere edition of *Self Help*: London, 1968, p. 262(1st edn., London: John Murray, 1859).

7. 特别参见 *Lives of the Engineers*, London: John Murray, 3 vols., 1861-2。

8. John Stuart Mill, *Principles of Political Economy*, London: John W. Parker, 1848, vol. i, pp. 462-463.

9. J. E. Cairnes, *Some Leading Principles of Political Economy Newly Expounded*, London: Macmillan, 1874, pp. 70-73. 特别参见 Alfred Marshall, *Principles of Economics*, London: Macmillan, 1890, book IV, ch. 6。

10. 'The Eighteenth Brumaire of Louis Bonaparte', in Marx-Engels, *Selected*

Works, Moscow: Foreign Languages Publishing House, 1958, vol. i, p. 255.

11. 'Wages, Prices and Profits', *Selected Works*, vol. i, p. 444.

12. 例如,参见 the letter to Weydemeyer, 5 Mar. 1852, reprinted in Lewis S. Feuer (ed.), *Karl Marx and Friedrich Engels: Basic Writings on Politics and Philosophy*, London: Fontana, 1969, pp. 494 – 495。

13. Joseph Lopreato and Lawrence Hazelrigg, *Class, Conflict and Mobility*, San Francisco: Chandler, 1972, p. 115.

14. *Capital*, Moscow: Foreign Languages Publishing House, 1959, vol. iii, p. 587.

15. 马克思作品中对于中间阶层的处理近来引发了热议。然而,贡献了杰出的成果从而使我们的讨论诸多受益的一个论述参见 Abram Lincoln Harris, 'Pure Capitalism and the Disappearance of the Middle Class', *Journal of Political Economy*, vol. xlvii, 1939。

16. 中等阶级的下层——小商人、店主、一般的退休商人、手工业者和农民——都逐渐落入无产阶级,部分是因为他们资本过少不足以满足现代工业所要求的规模,并且淹没在了与大资本家的竞争中,部分是因为他们的专业技能由于新的生产方法而变得毫无价值。因此无产阶级的成员来自人口中的所有阶级。Marx-Engels, 'Manifesto of the Communist Party', *Selected Works*, vol. i, p. 41.

17. *Theories of Surplus Value*, London: Lawrence & Wishart, 1969, part three, p. 355. Cf. also pp. 496 – 497; and *Capital*, vol. i, pp. 331 – 332.

18. "很清楚,随着生产规模的扩大,为了产业资本的流通而必须不断进行的商业活动将会增加;而这些活动既是为了出售处在商品资本形式上的产品,也是为了把由此得到的货币再转化为生产资料,并对这一切进行计算。价格计算、簿记、出纳、通讯,都属于这类活动。从而,为实现价值和剩余价值而需要的劳动及其他流通费用也就越增加,虽然绝不是按比例增加。"①特别参见 *Capital*, vol. iii, p. 293. *Capital*, vol. iii, p. 293。

19. *Theories of Surplus Value*, vol. i, p. 300 – 301(强调部分来自原文).

20. *Capital*, vol. i, p. 594.

21. *Theories of Surplus Value*, part two, p. 573.

22. 同上书,第三部分第 62—63 页(强调部分来自原文)。事实上,马克思偶尔会试图把贫困化理论的一个版本应用到新的中等阶级中去。例如,试图说明随着公共教育的增加,合格劳动力的供应量将增加,工资水平也随之下降(例

---

① 转引自[德]马克思:《资本论》(第三卷),人民出版社 2004 年版,第 333 页。

如,参见 *Capital*, vol. iii, pp. 294 - 295)。但对于这一理论脉络的争论从未被透彻地进行过,并且在其他地方,马克思设想非生产性工人的生活水平是日渐提高的(例如,参见 *Theories of Surplus Value*, part two, pp. 561 - 562)。

23. 同上书,第二部分,第 560 页(强调部分由作者所加)。
24. 同上书,第 572、560 页(强调部分来自原文)。
25. 同上书,第一部分,第 217—218 页(强调部分由作者所加)。
26. 相关讨论参考 O. D. Duncan, 'Occupation Trends and Patterns of Net Mobility in the United States', *Demography*, vol. 3, 1966。
27. 特别参见 Harris, 'Pure Capitalism and the Disappearance of the Middle Class'; also Martin Nicolaus, 'Proletariat and Middle Class in Marx: Hegelian Choreography and Capitalist Dialectic', *Studies on the Left*, January 1967, and Paul M. Sweezy, *Modern Capitalism and Other Essays*, New York: Monthly Review Press, 1972, part two。
28. 这一陈述参见 *Die Voraussetzungen des Sozialismus und die Aufgaben der Sozialdemokratie*, Stuttgart: Dietz, 1899。
29. 同上书,第 49 页。关于伯恩斯坦(的理论)的权威性研究,参见 P. Angel, *Eduard Bernstein et l'évolution du socialisme allemand*, Paris: Didicr, 1961。
30. Tubingen: J. C. B. Mohr, p. 126。
31. 同上书,第三部分,'Die Flucht des Arbeiters in die Freiheit'。
32. 对于桑巴特(和米歇尔斯)的政治参与和思想发展的论述,参见 Arthur Mitzman, *Sociology and Estrangement*, New York: Knopf, 1973。
33. Robert Michels, *First Lectures in Political Sociology* (trans. Alfred de Grazia), New York: Harper & Row, 1965, p. 82. 这一演讲最初出版于 1927 年。
34. 同上,第 80—81 页。也参考第 103—104 页。以及米歇尔斯更一般性的研究,参见 *Umschichtungen in den herrschenden Klassen nach dem Kriege*, Stuttgart and Berlin: Kohlhammer, 1934。
35. 这一(研究)主题事实上可以追溯回米歇尔斯还是个工团主义者时的作品。参见 Mitzman, *Sociology and Estrangement*, ch. 25。另见 *Michels's Political Parties* (trans. Eden and Cedar Paul), New York: Dover, 1959, pp. 271 - 282。
36. 帕累托对于米歇尔斯晚期作品的影响是巨大的,尤其是帕累托的精英循环理论——事实上,这可能是另一种特殊的反马克思主义的流动旨趣,我们在这里不考虑。关于帕累托的有趣讨论,参见 Lopreato and Hazelrigg, *Class*,

Conflict and Mobility, pp. 43 - 60 esp.。

37. 最终,并且也是不幸的是,在桑巴特的案例中,这被证明是法西斯运动。

38. 参见 *Political Parties*, part one。

39. Pitirim A. Sorokin, *Social Mobility*, New York: Harper, 1927, 2nd enlarged edn., *Social and Cultural Mobility*, Glencoe: Free Press, 1959. 索罗金是沙皇俄国(非马克思主义的)社会革命党的一员,随后成为克伦斯基的内阁成员,并最终被列宁驱逐出苏联。

40. *Social and Cultural Mobility*, pp. 38 - 46, 118 - 128.

41. 同上书,第 XVII 章。

42. 同上书,第 428 页。

43. 同上书,第 438 页。

44. 同上书,第 478 页。

45. 同上书,第 439 页,并参考第 510 页。

46. 同上书,第 457 页。

47. 同上书,第 VII 章。

48. 同上书,第 545 页(强调部分来自原文)。对于索罗金的观点中不鼓励流动性的方面,见下文第 290—291、302—303 页。

49. William Peterson, 'Is America still the Land of Opportunity?', *Commentary*, vol. 16, 1953.

50. (关于这一议题)卓著的学术成果包括:Elbridge Sibley, 'Some Demographic Clues to Stratification', *American Sociological Review*, vol. 7, 1942; Gideon Sjoberg, 'Are Social Classes in America Becoming More Rigid', *American Sociological Review*, vol. 16, 1951; J. O. Hertzler, 'Some Tendencies Towards a Closed Class System in the United States', *Social Forces*, vol. 30, 1952; August B. Hollingshead, 'Trends in Social Stratification: A Case Study', *American Sociological Review*, vol. 17, 1952; Natalie Rogoff, *Recent Trends in Occupational Mobility*, Glencoe: Free Press, 1953; Ely Chinoy, 'Social Mobility Trends in the United States', *American Sociological Review*, vol. 20, 1955; Gerhard E. Lenski, 'Trends in Inter-Generational Occupational Mobility in the United States', *American Sociological Review*, vol. 23, 1958。

51. 特别参见 S. M. Lipset and H. Zetterberg, 'A Theory of Social Mobility', in *Transactions of the Third World Congress of Sociology*, vol. iii; and Lipset and Reinhard Bendix, *Social Mobility in Industrial Society*, London: Heinemann, 1959; and P. M. Blau and O. D. Duncan, *The American*

Occupational Structure, New York: Wiley, 1967。

52. 同上书,第 429 页。之后的段落在第 425—442 页中。
53. 同上书,第 430 页。
54. 同上书,第 440 页。
55. 特别参见'Social Stratification and Mobility' in Eleanor B. Sheldon and Wilbert E. Moore (eds.), *Indicators of Social Change*, New York: Russell Sage Foundation, 1968。
56. 同上书,第 675 页。参考 C. M. Cooley, *Social Process*, New York: Scribners, 1918。
57. 同上书,第 695—696 页。参考 *The American Occupational Structure*, ch. 4。
58. 同上书,第 174—175 页;另见 Duncan, 'Inheritance of Poverty or Inheritance of Race?' in Daniel P. Moynihan (ed.), *On Understanding Poverty*, New York: Basic Books, 1968。
59. 来自马克思主义的立场的最有力的攻击,参见 N. David Crowder, 'A Critique of Duncan's Stratification Research', *Sociology*, vol. 8, 1974。但也参见 Aage Sørenson, 'Models of Social Mobility', *Social Science Research*, vol. 4, 1975; Raymond Boudon, *L'Inégalité des chances. La mobilité sociale dans les sociétés industrielles*, Paris: Colin, 1973; and Ray Pawson, 'Empiricist Explanatory Strategies: the Case of Causal Modelling', *Sociological Review*, n. s. vol. 26, 1978。
60. 例如,参见 Lipset and Joan Gordon, 'Mobility and Trade Union Membership' in Lipset and Bendix (eds.), *Class, Status and Power*, London: Routledge, 1st edn., 1954; and Lipset, *Political Man*, London: Heinemann, 1960。
61. 例如,参见'The Changing Class Structure of Contemporary European Politics', *Daedalus*, vol. 63, 1964, and *Revolution and Counter Revolution*, London: Heinemann, 1969, ch. 7 esp。
62. 第 284 页。
63. 同上书,第 285 页。
64. 参见 Lipset and Zetterberg, 'A Theory of Social Mobility', pp. 571–573; Lipset and Bendix, *Social Mobility in Industrial Society*, ch. X。
65. 有关李普塞特的两个作品,特别参见 Daniel Bell (ed.), *The New American Right*, New York: Doubleday, 2nd edn., 1963, "The Sources of the 'Radical Right'" and 'Three Decades of the Radical Right: Coughlinites, McCarthyites, and Birchers'; and Lipset and Earl Raab, *The Politics of Unreason*, London: Heinemann, 1970。(这一段引自后一篇作品,第

460 页。)

值得注意的是,虽然李普塞特如此重视流动性和地位不一致的效应,但是,由于一些这类效应之外的,从一开始就被用来定义流动性或不一致性的变量的加成效应(additive combination),邓肯还是始终坚持他对美国社会分层性质的看法。邓肯倾向于对在政治或其他行为的关系是否必然引发这类效应表示普遍的怀疑。参见'Methodological Issues in the Analysis of Social Mobility' in Neil J, Smelser and Lipset (eds.), *Social Structure and Mobility in Economic Development*, London: Routledge, 1968。

66. *Political Man*, p. 403.
67. 'Mobility Patterns and Socialist Concerns', cyclostyled, 1972,随后被发表为'Social Mobility and Equal Opportunity', *The Public Interest*, Autumn 1972;同时参见'La mobilité sociale et les objectifs socialistes', *Sociologie et sociétés*, November 1972。对于一位欧洲自由主义者所表达的基本类似的观点,参见 Raymond Aron, *Progress and Disillusion: the Dialectics of Modern Society*, London: Pall Mall Press, 1968, pp. 80-81。
68. 'The Future of Mobility Studies'。对"地位"政治的一般论题进行了详细的批评,并对其起源的包括李普塞特的自由主义政治追寻进行的深刻的分析,参见 Michael P. Rogin, *The Intellectuals and McCarthy: the Radical Specter*, Cambridge, Mass.: M. I. T. Press, 1967。
69. 例如,参见 Angel, *Eduard Bernstein*, deuxième partie, ch. 1, esp.; and Peter Gay, *The Dilemma of Democratic Socialism*, New York: Columbia University Press, 1952, ch. 4。
70. 例如,参见 R. H. Tawney, *Equality*, preface to 3rd edn., London: Allen & Unwin, 1938。
71. E. F. M. Durbin, *The Politics of Democratic Socialism*, London: Routledge, 1940, p. 112.
72. 参考同上书,第Ⅳ和第Ⅴ部分;Tawney, *Equality*, ch. Ⅵ。
73. 同上书,第五版,1964,第 110 页。
74. 参见 Tawney,同上,第 116—117、144—145 页。正是在这一点上,民主社会主义者的关切与那些更激进的自由主义者融合在一起,这些自由主义者受到社会环境阻碍劳动力市场有效竞争的程度的影响。在这方面的论文的卓越的合集可参见 T. H. Marshall (ed.), *Class Conflict and Social Stratification*, London: Le Play House Press, 1938。
75. 参见 Tawney, *Equality*, pp. 112-115。
76. 非常有趣的是,C. A. R. 克罗斯兰,在可能被认为是英国伦理社会主义案例的最后一次全面陈述中,回顾了许多使李普塞特对于赋予流动性以压倒性优先级的思想产生怀疑的文献,并且,虽然明显地被"地位政治"的概念所吸引,但还是得出了"经常反对流动的、机会均等的社会既夸大了罪恶,又低估了补偿收益"这样的结论。*The Future of Socialism*, London: Cape, 1956, p. 231.

77. D. V. Glass (ed.), *Social Mobility in Britain*, London: Routledge, 1954.

78. 同上书,'Introduction', p. 10. 格拉斯的工作对20世纪50年代和20世纪60年代初的其他社会流动研究产生了重大影响,尤其是在鼓励采用"地位"或"威望"的参照系上。也许在这条进路上,发展最成熟的调查来自丹麦,见Kaare Svalastoga, *Prestige, Class and Mobility*, Copenhagen: Gyldendal, 1959。这一时期另一个主要采纳"阶级"框架作为参照的著名研究是在瑞典开展的,见Gösta Carlsson, *Social Mobility and Class Structure*, Lund: CWK Gleerup, 1958。

79. 事实上,伦敦政治经济学院的研究源自一个关于英国中等阶级的"形成和结构"的研究项目——在第二次世界大战后的几年里,这是一个被公众相当多地讨论的问题。例如,一个传统观点认为,旧独立商人和专业人员中等阶级变得被有薪水的雇员所"稀释",所以中等阶级会失去他们在社会秩序中扮演关键角色的能力——活跃经济生活,提供社区领导力,"维护标准",并且,最重要的是站出来反对国家的影响。另一方面,更进步的观点倾向于认为在薪水(白领)阶层中产生的干部更理性、有效率和更公正,能沉着地挑战既有团体的权力和特权,这些团体声称有能力和公德心的这一说法愈发可疑。从一种传统主义者的视角对这一辩论提供的有用描述,参见Roy Lewis and Angus Maude, *The English Middle Classes*, London: Phoenix House, 1949, and *Professional People*, London: Phoenix House, 1952。

伦敦政治经济学院的团队最终决定不将他们的研究局限于中产阶级,因为他们逐渐明白,在没有参照社会分层秩序整体的特性下,对于特定群体和阶层的研究是无法顺利开展的,并且因此有了如下研究:'needed as background, a general investigation of social status and mobility in Britain', *Social Mobility in Britain*, 'Introduction', pp. 3-5。

80. 同上书,第21页。

81. 特别参见,ch. Ⅷ, Glass and J. R. Hall, 'Social Mobility in Britain: a Study of Inter-generation Changes in Status'。

82. 更多关于联合性指数的讨论,参见原文第65页的注释16及第95—96页。

83. 同上书,第26页。格拉斯关于任人唯贤制的潜在威胁的警告,是由(同一时期的)另一位社会主义知识分子,迈克尔·杨,发展出来的,参见 *The Rise of the Meritocracy*, London: Thames & Hudson, 1958。

84. 此处可以注意到在一些东欧社会中有趣的相似案例。参见 W. Wesołowski and K. Słomczyński, 'Reduction of Social Inequalities and Status Inconsistency' in *Polish Sociological Association*, *Social Structure*: *Polish Sociology 1977*, Wroclaw: Ossolineum, 1977。

85. Nicos Poulantzas, *Les Classes sociales dans le capitalisme aujourd'hui*, Paris: Seuil, 1974, p. 37.（强调部分来自原文）

86. 例如，参见 H. Frankel, *Capitalist Society and Modern Sociology*, London: Lawrence & Wishart, 1970; G. Carchedi, 'Reproduction of Social Classes at the level of Production Relations', *Economy and Society*, vol. 4, 1975。

87. John Westergaard and Henrietta Resler, *Class in a Capitalist Society*: *A Study of Contemporary Britain*, London: Heinemann, 1975, p. 280.

88. 同上书，第二部分。

89. 同上书，第 285 页。一个相似的，但不那么广泛地对待同一问题的重要代表性英国马克思主义社会学家，参见 T. B. Bottomore, 'The Class Structure in Western Europe' in Margaret Scotford Archer and Salvador Giner (eds.) *Contemporary Europe*: *Class*, *Status and Power*, London: Weidenfeld & Nicolson, 1971。

90. *Les Classes sociales dans le capitalisme aujourd'hui*, p. 37.

91. Anthony Giddens, *The Class Structure of the Advanced Societies*, London: Hutchinson, 1973, p. 107. 吉登斯在此处当然是明显地区别于诸如熊彼特和达伦多夫的非马克思主义者阵营。

92. 同上。（强调部分来自原文）这一通过流动和非流动来进行的阶级结构化的过程，被吉登斯称为"间接的"（mediate）：他还区分出了"直接"（proximate）结构化的过程，即以一种更局部性的方式运行，反映了特定市场、工作和共同体情况的结构化过程。

93. Frank Parkin, *Class Inequality and Political Order*, London: MacGibbon & Kee, 1971, p. 18, Cf. Blau and Duncan, *The American Occupational Structure*, pp. 5-7.

94. *Class Inequality and Political Order*, pp. 23-28.

95. 'Strategies of Social Closure in Class Formation' in Parkin (ed.), *The Social Analysis of Class Structure*, London: Tavistock, 1974.

96. 关于前一种观点，米勒形象地评论道："即使收入差距缩小了，人们从事的活动的种类，在工作中的任务仍然很重要……这就是社会流动的意义，即人们可以在他们的一生中做区别于他们的父母的工作。" S. M. Miller, 'Social Mobility and Equality' in Organisation for Economic Co-operation and

Development, *Education, Inequality and Life Chances*, Paris: OECD, 1975. 至于后者,我们认为,托尼和其他伦理社会主义者所显示的部分关切,即流动性应该发生在——也应该是在达成社会主义社会的过程中,是完全正确的。

97. 参考上述第59条注释。
98. 当然,在这里可以更推进一步,并指出这类争论的困难。尤其是,有人可能会注意到,在布劳和邓肯的分析方式中,对于社会选择的从对"先赋性"的强调到对"后致性"的强调的观点转换,从没有保证过机会平等的增长。参考Parkin, 'Strategies of Social Closure in Class Formation', n. 6, p. 16。

第一部分

英国的阶级流动：
趋势、模式及其战后时期的伴生物

第二章

英国的阶级流动：对于三个理论的检验

（与卡特里奥纳·卢埃林合著）

近来，英国社会分层领域的研究出现了一个令人鼓舞的迹象：有人试图把对社会流动比率和模式的关注恢复成阶级构成、阶级行动等讨论的中心议题。二战之后的数年里，关于流动和阶级结构的研究出现了明显的分化趋势。出于部分意识形态及方法论上的原因，这个时期大部分关于流动的调查都是以声望等级或社会经济地位，而不是以阶级的形式进行的；与此同时，阶级结构的分析人员也不愿对这些研究调查的方法或结果加以利用。一些马克思主义学者甚至否认流动研究与他们关心的内容有任何关联。然而，正如我们在第一章里提到的，在英国马克思主义社会学领头人比如韦斯特伽德（Westergaard）和巴特摩尔（Bottomore）最近的著作中，以及其他我们称为"后马克思主义者"的作品中——比较著名的有吉登斯（Giddens）和帕金（Parkin），都致力于在更新阶级理论时发挥流动的主要作用，并且将流动研究的发现作为重要组成部分，整合到英国及其他工业社会的当代阶级结构的本质描述里去。

正如我们已经评论过的那样，两种不同但明显具有关联的研究路径也随之被使用。在第一种路径中，为了取代吉登斯的术语，流动被看作是阶级结构化的基石。正是流动的比率和模式决定着阶级在何种程度上被当作是在社会长期劳动分工中占据相似位置的个人或家庭的集合体。根据一些人的观点，第二种路径则是将一个社会内流动的显著程度看作是当前阶级关系里的优势、力量平衡甚至是阶级行动特征模式的一个重要指标。比如，帕金认为,阶级冲突在很大程度上表现为主要被优势群体采用的排外策略;而与之相反的团结策略,则是被劣势群体采用的典型手段。因此,流动比率及模式一方面可以揭示排外策略的有效性;另一方面,也可以揭示团结策略成功的可能性——这种成功必须建立在一个基础上,那就是参加者选择集体的而非个人的利益和目标。

在关于现代资本主义社会的分析中,这些学者顺着这些方法进一步提出了一些命题,或多或少地,将流动与阶级结构的形式和阶级关系的特征联系起来。如我们所见,尽管他们的论证并不总是像其他人期盼的那样精准,但它们在吸引了大量切实的研究兴趣的同时,也的确因实际上很细致的实证检验而具备一定价值。事实上,在本章节中,它们是我们呈现和讨论关于阶级流动的原始数据的框架。我们将重点关注三个相互关联的理论,以将其应用于现代英国社会:一个是阶级结构上层的"封闭"(closure)程度;一个是"缓冲带"(buffer zone)对跨越体力和非体力职业界限的流动程度的限制;还有一个是代际向上流动的增长趋势与代内向上流动的减少趋势之间的抵消与"平衡"(counterbalancing)理论。[1]

数据和阶级分类图式

我们的数据来自牛津大学纳菲尔德学院社会流动委员会于1972年进行的一项关于英格兰和威尔士20岁至64岁男性居民的职业流动的问卷调查。在本书的第一版附录中,有一份关于这项调查的全面说明。这里我们想强调的是,我们采用了分层二阶设计来对所讨论的人群抽样,采用选民登记资料作抽样框来抽取个人;有10 309位男性的访谈提供了有用信息,应答率为81.8%。

为了将这个调查的数据用于阶级流动的研究,我们通过合并霍普-戈德索普职业量表(Hope-Goldthorpe occupational scale,后文也称"H-G量表")的零散版本(36个分类),构建了一个如下所示的七类阶级分类图式,更准确地说,是阶级位置的分类图式。[2] 这些分类的显著特征在于,他们在职业功能和雇佣地位两个方面提供了相对明显的区分——事实上,我们把雇佣地位当作职业定义的一部分。因此举例来说,自我雇佣的管道工和管道工头就是不同的两种职业。根据洛克伍德(Lockwood)的著名论证,我们把市场处境和工作处境当作阶级位置的两大主要成分。基于这点,在我们所区分的阶级里,我们把那些通常拥有大致相似的市场处境和工作处境的职业放在了一起。[3] 也就是说,我们根据已有的特征,把一些职业分类合并在一起:一方面,这些职业分类的从业者在人员来源、收入水平、雇佣的其他情况和经济安全、经济上的发展空间等方面具有很强的可比性;另一方面,这些职业分类的从业者在权威及控制系统中的位置也具有很强的可比性,这种权威及控制系统支配着这些从业者的生产过程。

以下是这个分类图式和一些解释性及说明性的注释。

阶级Ⅰ(原H-G量表的第1、2、3、4、7分类):[4]所有自雇或拿工资的高级专业人员,中央政府、地方政府、公有企业、私有企业的高级行政管理人员及官员(包括公司经理),大型工业机构的经理,大业主。也许很不幸的是,在阶级Ⅰ中,雇佣者、自雇者和雇员分类竟然被合并在一起,这一点明显违背了分类图式的原则。然而,这个缺点无足轻重。对于许多被讨论的职业角色,雇佣地位事实上相当模糊不清——比如说,经理、"工作的"(working)老板和有着相当大所有权权益的经理,但有时出于征收国家保险或收入税的目的,这类职业角色往往被进行非常人为的区分。阶级Ⅰ中的雇佣者和名义上的自雇者往往只占总体不到8%的百分比。阶级分类Ⅰ中的职位拥有的共同点是,他们的在职收入很高,通常很稳定,并且在他们的一生中会持续上涨[5];另外,阶级Ⅰ中的职位通常涉及一定范围内行使权力与专业性,并且因此能够拥有较高的自主性和自由度,不用受他人控制。因此,阶级Ⅰ很大程度上可以被看作是对应达伦多夫(Dahrendorf)沿袭卡尔·伦纳(Karl Renner)提出的现代资本主义社会的"服务阶级"(*Dienstklasse*)的中间和更高层次的成员。准确来说,它指的是那些代表公司行使权威和专业性的阶级——另外,传统资产阶级里的这类成员(独立商人和"自由的"专家)目前还没有被吸收进这个新分类里。[6]

阶级Ⅱ(原H-G量表的第5、6、8、9、10、12、14、16分类):低级专家和高级技术员,低级管理人员和官员,小生意、工业机构和服务业的经理,非体力雇员的监工。通常,阶级分类Ⅱ中的(职业)位置保证的收入水平低于阶级Ⅰ,身份通常也是被雇佣的员工。阶级分类Ⅱ中成员的职业角色通常位于各种科层制等级的中层或下层,所以他们在工作任务中行使部分权威及决策,同时服从于上层控制,这种上层控制不说特别紧密,但或多或少是体系化的,换句话说,阶级Ⅱ可以被看作阶级Ⅰ的补充,代表下层或次级水平的服务阶级。

阶级Ⅲ(原 H-G 量表的第 21、25、28、34 分类):普通非体力的(多为事务员)行政部门及商业上的雇员、销售人员、其他服务业的一般雇员。阶级Ⅲ中成员的收入水平明显低于阶级Ⅰ和Ⅱ,甚至比各种体力雇员的收入水平还低。然而,阶级Ⅲ中的大部分职位确实能提供相对稳定的雇佣,并且在某种程度上我们倾向于将它们整合进科层结构的底层,因为通常它们至少表现出"职业地位"的一些特征。[7] 以上提到的这些职业角色的成员通常不能行使权威,即使可以也仅限于施行具有标准的规则及程序,在此之中他们仅有很少的自主决定权;另一方面,他们自己还要服从于非常细节化的官僚条例。由于很大程度上包含的是服从性的职位,阶级Ⅲ不属于服务阶级,反倒应被看作"白领劳动力"的代表,其在功能上与服务阶级相联系,但却处于边缘。[8] 因为某些原因,我们发现将阶级Ⅰ、Ⅱ、Ⅲ统称为我们的三大"白领"阶级是非常实用的。然而,我们更常用的做法是将阶级Ⅲ、Ⅳ、Ⅴ一起看作"中间"阶级——结构性地位于服务阶级和工人阶级之间的阶级。

阶级Ⅳ(原 H-G 量表的第 11、13、19、24、29、36 分类):农民和小农在内的小业主、自雇手工业者、其他所有除了专家之外的"自负盈亏"的工作者。换句话说,阶级Ⅳ可能和"小资产阶级"是等价的。鉴于成员的雇主及自雇地位的不同,他们的市场处境非常不同,并且收入水平差异很大,阶级Ⅴ的经济保障和前景必然至少比拿工资的雇员更难预测。阶级Ⅳ中包含的小"独立人员"的活动总面临着严重市场限制的可能性,因为他们总在企业经济的夹缝中活动。但与此同时,他们也拥有一些资本优势,并且在执行工作任务时有高度的自主性,不用接受直接监督。[9]

阶级Ⅴ(原 H-G 量表的第 15、17、20 分类):工作在某种程度上具有体力特征的低级技术人员,以及体力劳动者中的监工。阶级Ⅴ的职位提供着几乎可与阶级Ⅱ相匹敌的相对较高的收入水平和一定的雇佣稳定性。他们的本职工作的经济前景可能会不如那些被更加彻底地整合进行政和管理官僚制度的工作人员,但在上级的紧密监管和控制下,阶级Ⅴ成员的职业角色——例如,比起阶级Ⅲ中的普通非体力雇员——通常会涉及一定程度的权威、决定权行使。因此,尽管仍然不算是真正的管理群体,阶级Ⅴ可能可以被视为代表着一种近现代劳动力贵族或者一种"蓝领"精英,其成员因他们的职能以及某种程度上在企业内的雇佣状况区别于众多雇佣劳动力,但他们比起管理者群体来说还是较为边缘。[10]

阶级Ⅵ(原 H-G 量表的第 18、22、23、27、30 分类):各工业部门内熟练的体力雇佣劳动者,包括学徒及那些通过其他形式的训练拥有相对较高技能水平的劳动者。

阶级Ⅶ(原 H-G 量表的第 31、32、33、35 分类):所有的高级工业体力雇佣劳动者和半熟练与不熟练的体力劳动者,以及农业劳动者。

我们将把阶级Ⅵ和阶级Ⅶ视为工人阶级。阶级Ⅵ的成员比阶级Ⅶ的成员有更高的收入水平(尽管二者收入水平有很大重叠部分——阶级Ⅵ、Ⅶ和三个中间阶级的成员在收入水平上也有很大重叠部分)。同样地,有技术的成员比没有技术的成员有更好的职业稳定性和更多的工作自主性,它们要么来自工作任务的内在性质,要么来自更强大的工作群体或工会实力。然而,阶级Ⅵ和Ⅶ成员拥有的共同点,即把他们与其他阶级的成员区别开来的是:第一,他们的市场处境的基本特征——他们或多或少地出卖他们的零散劳动力(不论是按产出还是按时间来测量)来换取报酬;第二,他们的工作处境的基本特征——根据劳动合同,他们处于一种完全下级的角色,要服从于他们雇主或代理人的权威。

需要指出的另一点是,阶级分类图式仍有待各方指正。应该清楚认识到,通过整合 H-G 量表中的职位分类所得到的阶级,没有参考(之前)量表分类的位置顺序——它的作者根据一种大致的估计,将它呈现为一种职业的"普遍的值得向往的程度"(general desirability)的指示器(但它也可以被当作职业声望甚至可能是社会经济地位的反映)。[11] 可以从先前的表述中看到,因为阶级分类编号展示了分类在量表中的排序,尽管阶级Ⅰ、Ⅱ有轻微重叠,但其余阶级的职业群体构成更是在"普遍的值得向往的程度"方面有着非常大程度的重叠。因此,当我们将阶级Ⅲ、Ⅳ、Ⅴ称作"中间"阶级时,正如我们之前提到的,我们指的是他们的结构位置,而不是他们在 H-G 量表中的位置。我们的阶级分类图式不应该被当作——也不应该被期待有着一成不变的等级形式。正如吉登斯敏锐地观察到的,阶级间的区分并不总是像"常规定序量表上(以数值划分的)'高级''低级'的层级这样简单可见——尽管,总的来说,这类想象也是必不可少的"。[12] 一个直接影响就是——稍后其他影响也会显露出来——以我们的分类图式为基础讨论流动时,必须时常注意将(流动的)方向表述为"向上"或"向下"是否合适的问题。通常来说,事实上,不管这些流动是从中间阶级,还是从阶级Ⅵ、Ⅶ流入,我们应该仅仅将流入阶级Ⅰ、Ⅱ的流动称为"向上流动",反之,应仅仅将流出阶级Ⅰ、Ⅱ的流动称为"向下流动"。

"封闭"理论

目前,有关流动研究的文献达成的一个广泛共识是:现代工业社会里,职业流动模式明显存在着一种一般范式。这个共识的核心内容可以概括成以下三个命题:[13](i)无论是将职业等级看作令人向往的程度、声望,还是能被他人感知到的社会经济地位,流动都最容易发生在职业等级处于相似水平的群体之间;(ii)因此,流动最常发生在等级体系的中间层次,最少发生在两端——原因之一是中间层次流动的可能性范围最广,既可以向上也可以向下,然而越趋于两极,这些可能性的其中一种越将被排除在外;(iii)等级体系顶端的流动可能性是最小的,因为占据这样上层位置的人不仅会有一种强烈的动机去替自己和后代保持这样一种上层位置,而且他们还掌握着相应的资源来达到这个目的,这些资源至少包括一开始使他们占据上层地位的那些东西,一些社会优势条件及权力等。正如将要达成的那样,基于这些观点的普遍共识对于我们所关注的作者有着非常广泛的影响;但就封闭理论而言,第三个命题当然是最直接相关的。

至少在较高层次的职业等级和阶级结构之间,我们所讨论的学者们在这一问题上支持这样一种观点,即在英国和其他类似社会中,这些层次中存在一种明显的"封闭"。[14] 也就是说,在这些层次的组成群体之中,代际的自我招募和内部招募扮演着主要角色;和第一个命题相一致,即使"外部"招募①确实

---

① 指从其他的阶级招募成员。——译者注

发生了，那么这也仅主要涉及短程的阶级流动。精英群体将只包括非常小部分的、通过远程的向上流动而被招募的人，比如来自工人阶级的社会背景。因此，各种排外策略的有效实施方法被提出。有一种非常典型的现象是：定位在职业、阶级结构顶端的群体，成员的社会出身具有特别显著的同质性。反过来，这一点保持了他们亚文化群体意义上与其他群体的区分性，并且为较高程度的意识形态及社会政治方面的凝聚力提供了有利条件。在这里值得注意的是，这是基于绝对流动比率提出的主张，因此在这个语境下，"封闭"不应该被理解成"开放"的完全对立：正如我们已经强调过的那样，我们希望用相对流动机会来讨论这个概念。

通过将我们的流动研究和封闭理论联系起来，在表 2.1 中我们展示了一个"流入"流动的矩阵。表格展示了七大阶级的构成，这种构成是根据分至其中的受访者的阶级出身来确定的，通常按照受访者 14 岁时家里"一家之主"（通常来说是父亲）的职业来编码。[15] 我们在本章同时给出了排除和包含农业部门的基本分类，因为大家都知道，现代工业社会里农业部门的流动有着非常不同的模式——并且我们有理由相信，与我们相关的学者可能已经将他们的注意力集中在了非农业部门。然而，正如我们可以看见的那样，由于英国自 20 世纪早期起，农业部门规模都非常小，因此两种结论之间的区别虽然不能忽视，但也是很小的。

就我们目前的关切来说，表 2.1 中尤其令人惊讶的是，与阶级结构高层封闭的假说恰恰相反，无论采用何种估计，其结果都显示我们阶级分类图式中阶级 I 的构成人员的招募路径都是非常多元的，且同质性程度非常低。尽管阶级 I 中，有四分之一的构成人员都是阶级 I 成员的子代，我们仍然可以看到，剩余成员非常均匀地吸纳自我们的分类图式中其他六个阶级，每个阶级至少贡献了 10%（的人员）。事实上，如果以格拉斯（Glass）和他同事的方法对阶级 I 中的雇佣方式进行分析来判断，而不是用"完美流动"的方式的话——这将导致表 2.1 的每列都成为行边际分布（row marginal distribution）的再生产（reproduce）——阶级 I 中自我招募的数量就将是完美流动情况下招募的期待值的三倍还不止，阶级 II 的两倍还不止，而来自阶级 VI 和 VII 的流入仅能是预期水平的一半左右。[16] 然而，如果更关注阶级形成，而不是预期流动机会的平等，所有这些对流动的估计就可能并不切题：毫无疑问，绝对的流

表 2.1 受访者的阶级，按受访者 14 岁时父亲的阶级

父亲的[a]阶级	受访者的阶级（1972）								
	百分比[b]，按列								
	I	II	III	IV	V	VI	VII	N	%
I	25.3(24.2)	12.4(12.0)	9.6(9.1)	6.7(6.0)	3.2(3.0)	2.0(1.9)	2.4(2.0)	680(688)	7.9(7.3)
II	13.1(12.5)	12.2(11.8)	8.0(7.6)	4.8(4.4)	5.2(4.9)	3.1(3.0)	2.5(2.2)	547(554)	6.4(5.9)
III	10.4(10.0)	10.4(10.0)	10.8(10.2)	7.4(6.1)	8.7(8.2)	5.7(5.4)	6.0(5.3)	687(694)	8.0(7.3)
IV	10.1(13.0)	12.2(13.9)	9.8(12.2)	27.2(36.5)	8.6(10.6)	7.1(9.6)	7.7(12.3)	886(1329)	10.3(14.1)
V	12.5(12.0)	14.0(13.5)	13.2(12.5)	12.1(9.4)	16.6(15.6)	12.2(11.4)	9.6(8.6)	1072(1082)	12.5(11.5)
VI	16.4(15.7)	21.7(21.0)	26.1(24.8)	24.0(19.2)	31.1(29.2)	41.8(39.4)	35.2(30.3)	2577(2594)	30.0(27.5)
VII	12.0(12.6)	17.1(17.8)	22.6(23.6)	17.8(18.5)	26.7(28.5)	28.0(29.4)	36.6(39.3)	2126(2493)	24.8(26.4)
N	1230(1285)	1050(1087)	827(870)	687(887)	1026(1091)	1883(2000)	1872(2214)	8575(9434)	
%	14.3(13.6)	12.2(11.5)	9.6(9.2)	8.0(9.4)	12.0(11.6)	22.0(21.2)	21.8(23.5)		

注：(a) 或者其他"一家之主"（参见文本）。表格数据来自 1972 年调查里的两个基本问题："你现在的职业是什么？"——紧跟着的是几个关于更早职业的问题；以及"你父亲（或其他一家之主）那时候的职业是什么？"（比如当被试 14 岁的时候）——紧跟着的是在被试那个年纪时，其他几个关于家庭状况的问题。

(b) 被括号括起来的数据是在这些情况下产生的数据：农民（H-G 分类 11）和小佃农（H-G 分类 24）被分配到了阶级 IV，以及农业工作者（H-G 分类 31）（被分配到了阶级 VII）。

动模式应该被授予最高的重要性。也就是说,重要的不是不同出身的人流入同一种阶级的机会平等或不平等程度,而是这些机会的最终结果,即:在阶级构成的意义上这些人最终可能成为什么阶级。

因此,关于阶级Ⅰ的招募,一个需要进一步评论的方面是,从绝对意义上说它究竟在多大程度上是由工人阶级出身的人组成的。此处,阶级的相对规模是一个关键因素。表2.1中,在被划分到阶级Ⅵ和Ⅶ的人中超过50%的人仍在他父亲的位置,同时阶级Ⅰ中在受访者中的占比不足15%。因此,尽管相对于完美流动的情况来说,阶级Ⅰ呈现出的领体力工资的劳动者们的子代数量远少于他们该有的比例,但他们仍然占据了阶级Ⅰ中超过1/4的位置。我们可能也应该从表2.1中注意到,阶级Ⅴ中低级技术人员和工头的儿子,是几乎按照完美流动水平被阶级Ⅰ所雇佣的。那么从这个意义上来说,阶级Ⅰ的相当大一部分成员——大概1/8——都可以很合理地被视为在任何情况下都更有可能有蓝领而非白领的社会背景。[17]

因此,基于这些发现,我们要质疑这样一种主张:通往英国阶级结构高层的通道被牢牢把控着,并且这些层级内存在一种明显的社会出身同质性。然而,在这里我们必须考虑一个相当明显的可能性:由于我们分类图式中的阶级Ⅰ覆盖了10%—15%比例的活跃男性人口,相较于提出封闭理论的那些人眼中的精英群体,我们所设定的精英群体的范围是更大的。一定程度上,我们的发现的相关性大大降低。必须指出的是,在这一点上存在一个很大的困难。在这一问题下进行讨论的学者的概念化过程非常不精确或不确定,这不仅仅出现在当他们将这些概念与实证资料相结合的时候,还出现在他们的研究中,精英职业——或职业群体中的精英无法被区分,或者说无法用一致的标准区分。[18]

我们的研究旨在研究不同职业种类之间的流动,而不是职业种类内部的流动,因此从两种定义中的更严格的那种来看,我们能从数据中得到的有关精英招募的发现不多。因此,如果封闭理论只打算套用于那些数值上非常小(尽管具有很强的社会意义)的实体,我们的发现不足以对其提出疑问。事实上,我们承认在这样有限的范围里,封闭理论受到了一系列更有针对性的研究的广泛支持;[19] 我们必须补充说明的是,在我们别处报告过的一个分析中已经证明,如果在阶级Ⅰ中把高收入——将1972年年收入在6000英镑及以上的人界定为"精英",那么在这种情况下,相比于把阶级Ⅰ当作一个整体,精英招募的"封闭"的有力证据会更容易被找到。[20] 封闭理论的确并不总是限于此处所讨论的这种形式,但即使在封闭理论被更广义地使用时,我们的数据实际上也仍能够切中要害,并且我们相信,我们的数据在很大程度上会是对它的反驳。比如,根据表2.1,从高级公务员或商业行政管理人员这样的职业群体的招募模式可以看出,"在任何社会,尤其是英国社会,从工人阶级流入上层阶级是非常受限"的主张就很难被支持;同样不支持的主张是,很少有出身工人阶级的人受雇于"所谓的中产阶级职业"——至少从流入的角度来说是这样;或者也不支持这样的主张,即工业管理人员"主要来自有产阶级和专业人员阶级"。[21] 相反,如果讨论的是在现代英国社会里我们定义为上层、中层服务阶级的组成成员,而不是严格意义上的精英,我们的发现一定会为达伦多夫的主张提供启示性的支持——"如果有任何阶级见证了能与(当代)欧洲社会相提并论的开放性的话,那就是服务阶级"。并且通常来说,这一阶级会包含有大量来自工人阶级家庭的雇员。[22]

最终,通过这种联系我们可能会注意到,在相关学者对阶级结构高层的封闭程度的关切中,他们忽略了和他们的理论兴趣明显相关的一点:事实上,在底层,尤其是体力劳动者中,社会出身的同质性要显著得多。从表2.1中可以看到,被划分到阶级Ⅵ和Ⅶ的受访者主要是这些人的子代,或是阶级Ⅴ的子代。说得更清楚一点,表格中的数据表明:如果从当下人口中随机抽取一个体力劳动者,那么他是"二代蓝领"的可能性要高于3/4,也就是说他的父亲可能也曾经从事某种体力工作,是一个工头或是低级技术员。作为对比,如果从我们分类图式的阶级Ⅰ中抽取一个类似的代表,他的父亲拥有任意一种白领职业,即任何落在我们阶级Ⅰ、Ⅱ或Ⅲ中的职业的可能性也不过是与之相等而已。同时,我们有关服务阶级招募的数据几乎无法为成功的排他策略提供什么经验证据——尽管不同阶级出身的人进入服务阶级的可能性非常不一样,并且可能会导致人们预期这个阶级内部的大量社会文化多样性。但另一方面,这样的发现可以有助于说明,流入工人阶级的代际流动模式,至少就共同的社会出身而言,非常有利于在他们的阶级中形成主张团结的策略。[23]

"缓冲带"理论

缓冲带理论和封闭理论一样,揭示出了一些流行观点对我们早些时候提出的职业流动模式的影响(和封闭理论之间存在明显的联系)。缓冲带理论指出,体力和非体力的职业分界是划分职业等级体系和阶级结构的一项基础性标准,它也对阻止大跨度的流动起着主要作用。该理论认为,不管是代际间的流动,还是个人职业生涯中的流动,一大部分流动实际上发生在体力和非体力职业之间。但是有人认为,这样的流动很大程度上是处于交界边缘的群体间的小跨度流动,这些群体的社会经济地位本身就相当"接近":这样一种在分界线周围的高流动区域——也就是缓冲带——的更重要的意义在于它有效阻隔了长距离的流动,而后者会将明显异质的元素引入左右两边的群体。[24]

更具体地说,缓冲带理论认为:(i)高层等级,即有技术的体力劳动者的子代,将明显比半熟练或不熟练的体力劳动者的子代们更有可能获得非体力职业,但他们获得的这些职业很多都处于非体力职业等级的底部,体力阶级出身的人找到监管级别的非体力职业的可能性微乎其微;(ii)像办事员、销售人员、督导、小企业家这些低层非体力劳动者的儿子将明显比高层非体力劳动者的儿子更可能从事体力工作,这样的流动有很大一部分是流入熟练的劳动工人层级,而不是半熟练或纯体力工作。

根据"缓冲带"理论的这一构想,很明显,它可以作为一个合适的起点来组织我们的流动数据,因为我们的分类图式中的阶级是很明确的。在表2.2中,我们可能首先将考察之前已在表2.1中用到过的同一批数据,但现在是以"流出"而不是"流入"形式进行展示:一种展示了我们调查的这段时期里不同阶级出身的人的流动数量、模式的形式。

关于这个表格,我们可能首先要检验是那些父亲是熟练的体力劳动者(阶级Ⅵ)的人和那些父亲是不熟练的体力劳动者(阶级Ⅶ)的人的流出模式的差异程度。事实上,从表格里对应的两行可以看出,表格中唯一的巨大差异就是1972年熟练的和不熟练的体力人员的比例。就跨越体力、非体力分界的流动而言,值得注意的反而是两种分布呈现出的相似性。因此,我们必然得出这样的结论:根据我们的发现,在任何情况下,英格兰和威尔士,都明显和某位学者

表 2.2 受访者的阶级分布，按受访者 14 岁时父亲的阶级

父亲的[a] 阶级	受访者的阶级 (1972)								
	I	II	III	IV	V	VI	VII	N	%
	百分比[b]·按行								
I	45.7(45.2)	19.1(18.9)	11.6(11.5)	6.8 (7.7)	4.9 (4.8)	5.4 (5.4)	6.5 (6.5)	680 (688)	7.9 (7.3)
II	29.4(29.1)	23.3(23.1)	12.1(11.9)	6.0 (7.0)	9.7 (9.6)	10.8(10.6)	8.6 (8.7)	547 (554)	6.4 (5.9)
III	18.6(18.4)	15.9(15.7)	13.0(12.8)	7.4 (7.8)	13.0(12.8)	15.7(15.6)	16.4(16.9)	687 (694)	8.0 (7.3)
IV	14.0(12.6)	14.4(11.4)	9.1 (8.0)	21.1(24.4)	9.9 (8.7)	15.1(14.4)	16.3(20.5)	886 (1329)	10.3(14.1)
V	14.4(14.2)	13.7(13.6)	10.2(10.1)	7.7 (7.7)	15.9(15.7)	21.4(21.2)	16.8(17.6)	1072(1082)	12.5(11.5)
VI	7.8 (7.8)	8.8 (8.8)	8.4 (8.3)	6.4 (6.6)	12.4(12.3)	30.6(30.4)	25.6(25.9)	2577(2594)	30.0(27.5)
VII	7.1 (6.5)	8.5 (7.8)	8.8 (8.2)	5.7 (6.6)	12.9(12.5)	24.8(23.5)	32.2(34.9)	2126(2493)	24.8(24.6)
N	1230(1285)	1050(1087)	827(870)	687(887)	1026(1091)	1883(2000)	1872(2214)	8575(9434)	
%	14.3(13.6)	12.2(11.5)	9.6(9.2)	8.0(9.4)	12.0(11.6)	22.0(21.2)	21.8(23.5)		

注：(a) 参见表 2.1 的注释(a)
(b) 参见表 2.1 的注释(b)

提出的拓展阐述缓冲带理论的主张不符:"这是一种非常普遍的情况……流出工人阶级的代际流动可能性大大集中于熟练的体力劳动分类。"[25]

其次,我们可能会问,"流出工人阶级"的流动在何种程度上是从阶级Ⅵ、Ⅶ在一定范围内有限制地流向非体力等级低层职位的。另外,正如讨论雇佣模式时那样,我们需要认识到的一点是,流动是以绝对形式来评估还是以相对形式来评估,可能会得出不同的判断。按照完美流动的标准来审视表2.2中的数据——用行的百分比(row percentages)和相应的列的边际百分比(column marginal percentages)进行比较——可能会发现一些支持缓冲带观点的数据。例如,一方面,当熟练和半熟练的体力劳动者的子代出现在阶级Ⅴ中时,另一方面,蓝领精英的儿子以不低于预期,也以不低于(熟练和半熟练的体力劳动者的子代在阶级Ⅴ中所占的)比例出现在阶级Ⅲ中,而普通非体力雇员的子代在阶级Ⅲ至阶级Ⅰ中的比例逐渐变得低于应有比例。因此,正如我们已经提到过的那样,在阶级Ⅰ中,工人阶级出身的人只有完美流动所预期的一半。作为一种比较工具,即比较体力劳动者的儿子进入高级非体力职位的可能性和其他阶级出身的人的子代(进入高级非体力职位的可能性)的工具,我们也许可以从表2.2中的数据推断出,在我们的样本中,在阶级Ⅰ或阶级Ⅱ中大概有16%的阶级Ⅵ和Ⅶ的人的子代,而出身于阶级Ⅲ、Ⅳ、Ⅴ的有30%,父亲本来就位于阶级Ⅰ、Ⅱ的受访者则有60%。这些比例,即三种不同出身的人进入阶级Ⅰ、Ⅱ的可能性,可以进一步被表达成1∶2∶4的"差异比率(disparity ratio)"。[26]

由此,这两种看待问题的方式都揭露出工人阶级背景的劣势人群在流动机会上的显著不平等。但与此同时,我们也可以怀疑:流出工人阶级的长距离流动的限制程度是否能足够严格地证明缓冲带的观点,毕竟缓冲带理论包含的比喻暗示的是一些绝对的而非仅仅相对的约束。当然,如果我们用绝对形式来考察表2.2中的相关数据,我们的样本中工人阶级的子代大约有7%出现在阶级Ⅰ,有9%出现在阶级Ⅱ,这样的事实似乎无法佐证那些认为这种范围内的流动罕见的观点;而且,应该直白地说,有很多理由表明,这些比例低估了我们所关注的这类社会地位上升的实际机会。[27]

再次,我们也许可以从反方向来看看跨越体力、非体力分界的流动证据,尤其是检验一下,表2.2究竟展示出了多少非体力阶级群体之间的从事体力职业的可能性的差异。有人可能又会说，所揭示出的相对机会的分布在很大程度上就是缓冲带理论可能会引导我们所产生的预期。一方面，如果参照完美流动的标准来判断，阶级Ⅵ和阶级Ⅶ中来自阶级Ⅴ的人并没有远远低于该有的水平，但另一方面，从阶级Ⅴ到阶级Ⅰ，流出到阶级Ⅵ、Ⅶ的人数越来越多地低于应有的比例，且这种程度一直加剧，直到阶级Ⅰ的数字下降到仅比完美流动估值的四分之一多一点点。另一方面，就与阶级出身相关的流动机会而言，较之于34％的阶级Ⅲ和阶级Ⅳ的子代，以及57％的体力工作者的子代从事体力工作，父亲来自阶级Ⅰ和Ⅱ的受访者中仅有15％的人从事体力工作。也就是说，对于这三种不同出身的人，他们成为体力雇员的差异比率或多或少地展现出了1∶2∶4的比例，这展示出了他们进入我们所定义的服务阶级位置的可能性。此外，尽管这种机会不平等模式——或者，我们可能应该说是，机会不平等的风险——可能与缓冲带理论是相符的，但它明显与涉及的长距离流动，即从阶级Ⅰ、Ⅱ流向阶级Ⅵ、Ⅶ的流动的绝对数量不那么相符。就从这类不少于相应的向上流动的向下流动来看，"缓冲"效应的迹象似乎超过了表2.2所能够确证的。[28]

最后，从这个表格我们可以观察到：对于出身于阶级Ⅰ和阶级Ⅱ——同样地，也对于那些出身于阶级Ⅲ和阶级Ⅳ——在1972年曾赚着体力薪水的职业的人来说，相对于不熟练的体力劳动职业，他们在熟练的体力劳动职业里并没有更集中的趋势。既然在我们的样本中阶级Ⅵ和阶级Ⅶ的数量几乎是一样的，通过比较它们在表2.2中各自的列，就很容易发现：从各种阶级出身，上至阶级Ⅰ，下至阶级Ⅳ，流出到这些阶级的程度和低于应有水平的程度都非常相似。换句话说，我们数据中熟练和不熟练的体力工作的区隔，即缓冲带理论的拥护者尤其强调的地方，似乎在跨越体力和非体力阶级界限之间的两种流动方向中的任意一种都不存在非常重要的影响。

因此，基于表2.2中的证据，缓冲带观点被提出来时，它似乎催生了一些经验上不成立的具体命题，且它们总体上与本次研究中的表格所展示出的代际流动的性质、程度有些不相符。然而，必须认识到的是，我们所讨论的这类流出的流动矩阵带来了特定的解释上的困难，这意味着它作为评估缓冲带理论的基础，不能被认为是完全没有疑点的。我们尤其需要谨记在心的是，既然我们的样本是20岁到64岁的人群，那他们所报告出的于1972年所从事的

"现职"距离他们远离出身阶级的时间的长短肯定是大有不同的：一些人处于事业的起步，而另一些人则已经在退休的边缘。因此，正如有人可能会合理假设的那样，如果确实存在周期性的代内工作或生活的流动，而我们的受访者在不同程度上即将经历或已经经历这种流动，那么正如我们在表2.2中做的，无论他们是何种年龄或在生命周期里处于何种阶段，以相同的手段处理所有受访者很可能使我们所描绘的流动机会图景面临扭曲事实的风险。

唯一能用来解决这个问题的方法是尝试确立样本人群实际职业生涯经历的主要流动模式，并且考虑这些模式延续到未来的影响。通过将表2.2中的数据进一步与受访者进入劳动力大军的第一份职业信息相结合，我们绘制了一系列"三点"流动的表格，这些表格展示了各个阶级的不同年龄组中，刚进入工作阶段从初职所在的阶级位置的流出情况，以及和他们1972年职业相对应的阶级位置。由于每一个这种表格都有 $7^3=343$ 个格子，很难全部阅读或解释。但好在，若仅为了满足当下的研究目的，它们所揭示的核心模式可以用图2.1里的简化形式来展现。在下图中，我们将我们的阶级分类图式简化成三分类，并且将我们的分析对象限定于大于35岁的受访者，因为在这个年龄，一个人会稳定下来并将倾向于达到相对"职业成熟"的阶段。在某种意义上说，从这一时间点开始，人们也许会预期，从今往后，如果不是职业生涯终止，任何涉及职业等级重大变动都一定是一种明显的下落[29]。因此，可以将样本中较年长人群呈现出的流动模式视为有一定启示的，至少可以认为通过将图2.1中的数据的相关样本作为一个整体，从中能够评估代际流动的机会，并以此来考虑职业生涯的流动所"允许"(allow for)的主要方向。[30]

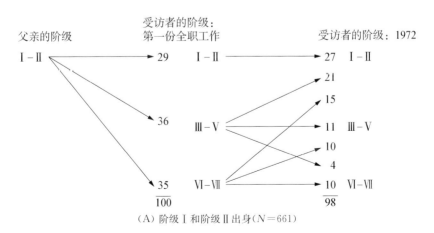

(A) 阶级 I 和阶级 II 出身（N＝661）

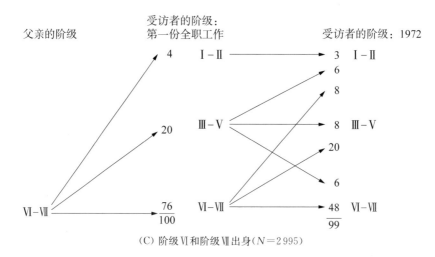

图 2.1 "三点"流动模式：箭头(flow)表示3%及以上来自这一阶级出身，35 岁及以上的人群,1972 年

注：(a) 农业分类被排除在外。
(b) 受访者此处需要作答的问题是："在你完成你的全日制教育后,你的第一份全职工作是什么？(关于全日制教育,我指的是一段连续时期内除了服兵役之外没有中断过超过两年的全日制教育。)"换句话说,我们旨在记录受访者的"真正的"第一份职业,举例来说,排除掉受访者还是个上学的男孩或大学生时做的假日兼职(等工作)。学徒可以算作第一份职业,出于其他目的也可以算作全职教育。但是一个男性为了拥有学徒身份而特意等待所承担的少于两年的工作是不算数的。另见原文第 66 页的注释 33①。

关于缓冲带理论,图 2.1 展示了两个重要的关键信息。首先,从(C)部分

---

① 应为"第 67 页",疑为原文笔误。——译者注

可以看到：我们样本中出身于阶级Ⅵ和阶级Ⅶ的人已经经历了非常大量的脱离其出身的职业生涯流动。最值得注意的是，尽管3/4的人和他们的父亲一样一开始工作就进入了体力职业，但还是有超过1/3的人在之后流入了某一种非体力阶级，这些流动中大部分是流向阶级Ⅲ、Ⅵ、Ⅴ的。但是同样明显的是，已经发生在工人阶级出身向阶级Ⅰ、Ⅱ的流动更经常地通过职业生涯的进步达成——最初受雇为体力劳动者或低级非体力职业——而不是通过所谓的"直接进入"。因此，以表2.2为基础所得出的启示是：我们会倾向于对出身于阶级Ⅵ、Ⅶ的人流出工人阶级的机会，尤其是对于他们进入阶级结构更高层的机会形成过低的估计，这是因为对于样本中更年轻的人来说，他们还没有足够的时间来形成可被追踪的"间接"路线。那么从这个角度来说，如果将职业生涯流动过程的可能性考虑进来，至少从我们所关注的向上流动来看，缓冲带理论的有效性必然会被进一步质疑。

图2.1所展示的流动模式中第二个值得注意的关键点是所谓的"逆向流动"（counter-mobility）的程度，即一种反映个体在最初因受雇脱离阶级出身之后，又回到自己的阶级出身，并因此提高了代际稳定性程度的职业生涯流动[31]。在(A)部分展示的出身于阶级Ⅰ和阶级Ⅱ的案例中，这样的逆向流动最为明显，且对我们来说最有意义。我们可以看到，在这些人当中只有一小部分是在职业生涯的开端就进入阶级Ⅰ和阶级Ⅱ的职业的，事实上，一大部分人都是从体力工作开始的。然而，在稍后的阶段，后者中的大部分人都变成了非体力雇员。事实上，到了1972年，他们在某种程度上更可能回到了阶级Ⅰ和阶级Ⅱ中，而不是处于阶级Ⅲ、Ⅳ、Ⅴ。因此，在这里有人可能会主张：从表面数值来看，就像表2.2中的"全年龄"数据似乎暗示着工人阶级出身向上流动的机会过低一样，关于相对高阶级出身的人降级全体力劳动的风险，这些数据似乎也给出了夸大的说辞，至少从长期来看是这样：对于相当大一部分人来说，向下流动在他们职业生涯的稍后阶段将变成逆向流动，却被表格展示的像是在"最终的"位置一样。

如果接受这个主张，我们可能倾向于得出这样的结论：即使跨越体力、非体力分界的向上流动中没有缓冲效应，但阻止人们向下流动的缓冲带似乎是有的。因此，我们倾向于采纳另一种更合适的图景来描绘这个效应——比如，布劳和邓肯基于美国数据提出的观点——这种分界作为一种"单向过滤

(screen),允许向上的流动通过,却对向下的流动进行阻碍。[32] 然而,从图 2.1 中,我们现在知道了:除了一定程度上隐藏了逆向流动的可能效果,表 2.2 肯定还隐藏了出身于阶级Ⅰ、Ⅱ的人有时会向下流动进入体力工作的程度,即便仅仅是暂时的。在尝试研究和阶级结构有关的流动模式时,逆向流动的现象明显与之息息相关,这样一种事实也同样:阶级结构高层的代际稳定性似乎很大程度上依赖于这种流动,而不是通过——高级社会出身的人直接进入与他们的父亲(的阶级位置)差不多的位置的方式达成。更进一步说,在一些情况下,逆向流动可能是一种或多或少自动的过程——比如,家族生意的继承人先当一段时间的学徒——但我们不能假定这就是普遍情况,或涉及的向下流动有名无实。例如,逆向流动通常依赖于专业资格的获得或在科层等级(bureaucratic hierarchy)里对于连续晋升的保障,它明显有着更加不确定的性质;即使逆向流动的客观可能性很高,在这些情况下相关个人也很可能将社会地位的持续降级(déclassement)看作事实上不太可能发生的事。[33]

因此,我们自己的结论是,通过将当前可以观察到的流动及它们对于阶级构成的意义总结为某些简单的比喻(simple metaphor)的方式来理解它们,可能不太具有启发意义。我们可能还要补充的是,在本书的第五章中,这一结论将被加强,我们将对不同路线和时机的职业生涯流动,以及代际视角下流动与连续性之间的复杂模式进行更详细的调查。

"平衡"理论

如果说缓冲带理论的拥护者对职业生涯中流动的复杂因素的漠视令人感到困惑,那么他们坚持的"平衡"("counterbalance")理论则可以为之提供非常充分的解释。说得更清楚一点,在评估当下社会的代际流动模式时,把职业生涯流动也考虑进来依赖于这样的假定:这样的过程在我们的受访者的经历里显而易见,并且在现在以及未来或多或少不变地持续一段时间。然而,平衡理论的中心主张是:已经存在的、旨在维持现行不平等的强大力量会与这样的持续性相抵抗;尤其是我们着重强调的职业生涯里的进步事件,无论是出身低层那部分人的"间接"上升还是出身高层那部分人的逆向流动,现在都正逐渐变得更加不可能。这是逐渐增长的"工作领域专业化、科层化和技术复杂性"的结果,也就意味着进入职业等级中的中级和高级更加依赖于正式的教育资格,而经验和"职业训练"的重要性下降了。[34]

正是基于此,平衡理论才和被更广泛提及的那些认为教育成就与职业成就之间有"紧密联系"的主张相区别。尽管后一种观点的拥护者倾向于认为,旨在减少机会不平等的教育扩张和改革带来的发展可以提高流动性,[35]平衡理论却坚持认为,最近几十年通过教育渠道达到的向上流动的增长将被职业生涯中上升机会的减少所平衡。阶级结构中自我招募的属性——作为一种权力及优势的分化过程——将很少被改革所改变,因为改革并未触及最基本的条件不平等;并且,既然近几十年这些不平等几乎没有怎么改变,"社会选择"的主要模式发生的改变也将仅仅影响流动渠道,而不会增加流动程度,阶级分界也不会变得更为模糊。因此,在平衡理论有效的范围内,事实上我们可以看到,阶级流动模式正逐渐简化:之前令我们关心的职业生涯流动,其重要性明显被消解了。

要检验平衡理论,就意味着进入了评估流动趋势的困难领域。照理说我们应该用我们调查数据的细节来讨论这个话题,这些细节也是后面的章节中的话题所需要的。但是,就当前的目的来说,采用相对粗糙的程序也已经足够了。在图 2.2 中,我们用和图 2.1 相同的形式展示了"三点"流动数据,不过大致区分出了两种出生年龄群:在 1908—1927 年出生的人和 1928—1947 年出生的人。括号里展示的是基于后一类年龄群中 35 岁及以上的人群,也就是出生在 1928—1937 年的人的研究结果。

如果平衡理论是正确的,那么我们在图 2.2 中所期待的发现显然便应是各种阶级出身的年轻群体相较于年长群体,更多地"直接流入"阶级 I 和阶级 II 的证据;以及在通过低级非体力职业或工人阶级的职业开始工作后,流入这些阶级的程度有补偿性的下降(a compensating decline)。首先来看(A)部分里两种人群的数据,我们可以在这些人当中发现一股强大的向上趋势,也就是出身于阶级 I 和阶级 II,在完成了全日制教育后又直接进入阶级 I 和阶级 II 的这些位置的人,在出生于 1908—1927 年的人中占 23%,在出生于 1928—1947 年的人中占 38%。与此同时,在那些从低级入门职业逆向流动回阶级 I 和阶级 II 的人中,(可能性)也有一些下降。然而,我们必须注意到,不太支持这一理论的是:在出生于 1928—1937 年的人群中——也就是那些在35岁及以上被认定为达到相对职业成熟的人中,这种显著的下降消失了;³⁶ 进一步来说,对于那些最初确实流向了低层职业的人来说,逆向流动的可能性并没有变化。对两种人群来说,这种可能性根据我们的估计都低于50%。

其次,我们转过头来看图2.2中的(B)部分和(C)部分。分别考察出身于阶级Ⅲ、Ⅳ、Ⅴ、Ⅵ、Ⅶ的人,我们可能会再一次发现一开始工作就进入阶级Ⅰ和阶级Ⅱ的人正在增加的证据;或者换句话说,这也可能是通过教育渠道达成的向上流动增加的证据。但是需要再一次强调的是,"平衡"效应没有出现——没有任何迹象表明通过职业生涯的提升进入阶级Ⅰ和阶级Ⅱ的可能性有所下降。从较年长的世代到较年轻的世代,相关流动的数量或多或少都维持着一个不变的量;因此,低级非体力或工人阶级出身的人从一些低层职业开始工作后,最终处于阶级Ⅰ和阶级Ⅱ位置的可能性有所增长。而且,我们可能应该在这里补充的是:此处所呈现的数据和当前一位学者不久前提出的平衡理论的修正版本是截然相反的。这一理论将职业生涯流动机会下降的观点限制在那些靠赚体力工资开始工作的人之中并认为对于这些人来说,体力工作"正变成一种前所未有的、生活的最终归宿"。但正如事实所呈现的那样,综合考虑下来,这种观点被图2.2中的数据反驳了——对于这两个年龄群来说,始于体力工作并最终处于体力工作的可能性事实上是相同的;即使考察那些出身于体力阶级且开始于体力工作的人,这个观点也仍然不被(C)部分的数据所支持。

出生于1908—1927年的受访者(N=426)

父亲的阶级	受访者的阶级:第一份全职工作	受访者的阶级:1972年
Ⅰ-Ⅱ → 25	Ⅰ-Ⅱ → 23	Ⅰ-Ⅱ
	20	
	16	
36	Ⅲ-Ⅴ → 12	Ⅲ-Ⅴ
	11	
	4	
39/100	Ⅵ-Ⅶ → 12/98	Ⅵ-Ⅶ

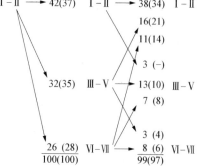

出生于1928—1947年的受访者(N=588)
[括号中为出生于1928—1937年的受访者(N=239)]

父亲的阶级	受访者的阶级:第一份全职工作	受访者的阶级:1972年
Ⅰ-Ⅱ → 42(37)	Ⅰ-Ⅱ → 38(34)	Ⅰ-Ⅱ
	16(21)	
	11(14)	
	3(-)	
32(35)	Ⅲ-Ⅴ → 13(10)	Ⅲ-Ⅴ
	7(8)	
	3(4)	
26(28)/100(100)	Ⅵ-Ⅶ → 8(6)/99(97)	Ⅵ-Ⅶ

第二章 英国的阶级流动：对于三个理论的检验

（A）阶级Ⅰ和阶级Ⅱ出身

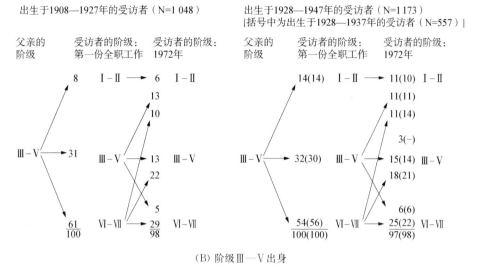

（B）阶级Ⅲ—Ⅴ出身

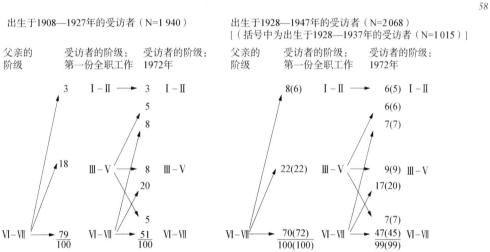

（C）阶级Ⅵ和阶级Ⅶ出身

图 2.2 根据出生年龄群分类的"三点"流动模式：
箭头（flow）表示 3%及以上来自这一阶级出身的人群

总之，尽管我们的发现也许可以支持流动机会越来越受教育程度的影响的主张，但这些发现与平衡理论恰恰相反的是，在通过非直接路径进入并未显著减少的情况下，近几十年来直接进入阶级结构高层的情况有所增长。换句话说——正如图 2.2 很明显地展示出的那样——我们从两个年龄群中区分出的更年轻的人相较于更年长的人有着更高的可能性处于阶级Ⅰ和阶级Ⅱ。³⁸ 我们认为平衡理论的根本弱点在于，它假定阶级结构本身一定会以某种形式抗拒这种变化。在这当中我们也许可以认同的是，阶级结构本质上是高度抵制朝着更加平等、开放的方向变化的，但不认为这一本质必然与绝对流动模式的改变有所联系——如前所述，这恰好是平衡理论的内容，而它应被与流动机会中的阶级分化或"社会流动性"的整体程度区别开来。在下一章里我们会提到，它们完全是不同的东西。³⁹

对流动的低估

通过对三个理论的检验，我们发现：1972 年的调查结果很难与这些理论主张达成一致。而且在各个案例中，这种矛盾基本来自这样一个事实，也就是相较于理论预期而言，我们的数据指出了更多的流动，尤其是更多的向上流动。因此，在结论中，有必要弄清这种明显系统性差异。

首先，关于这一差异，必须提出这样一种可能性：虽然和我们研究相关的学者通过汲取之前的流动研究作为他们分析阶级结构的部分实证根基，但由于没能清楚地对绝对流动和相对流动进行区分，因此误读了这些结果的重要意义。我们认为，他们将明显的影响范围广、持续时间长的机会不平等当成了实际的流动程度存在相对严重且不变的限制的证据。这样画上等号可能会有严重的误导作用：因为正如我们的数据所说明的，即使从相对流动的机会来看，高度的机会不平等非常有可能发生，但必须同时观察绝对流动的程度和趋势，这意味着封闭理论、缓冲带理论和平衡理论并不能完全得到支持。而且，我们希望提出的是：无论如何，这类普遍情况实际上已经是其他先进的西方社会通过最近进行的流动调查揭示出来的典型。⁴⁰ 总之，对于前人提出的主张和我们呈现的数据之间的不吻合，我们更相信是因为前人误读了实证基础，而不是因为我们的发现高度偏离了其余类似研究所报告的结果。

其次，尽管我们已经考察过的这些理论与我们调查的数据间更明显的分歧确实反映了这样一个事实：这些理论的作者并未充分考虑英国社会近几十年变化模式的关键因素，尤其是在某种程度上可能非常明显的职业结构变迁，人们也普遍认为，在英国，正如其他先进的工业社会那样，存在同时发生的非体力职业扩张和体力职业缩减,且无论是已达成的代内或是代际流动都有随之而变化的趋势。然而,发生在英国的非体力雇佣增长的一些更具体的方面以及它们对流动模式的进一步影响,还没有被完全理解。在表2.3中,我们展示了摘自人口普查的关于英国劳动力职业分布变化的数据。我们想要强调这些数据里非常明显的两点。一方面,我们可以看到,在涉及的时段内,体力职业比例的持续减少发生在女性当中,但却没有发生在男性当中。事实上,至少在两次世界大战间隙结束之前,活跃男性人口的职业分布都维持着相当程度的稳定,然后在我们的调查开展之前的30年左右里,他们才非常迅速地发生了向非体力职业的转变。另一方面,很明显,大体上来说,正是女性劳动力的重新分配为低层非体力职业的扩张做了准备,与此同时男性的分布变化——我们认为这对阶级结构来说是最重要的[41]——已经主要从体力职业变为那些高层的具有专业、行政、管理特征的职业了。

即使表2.3的分类仅是粗略地和我们的阶级分类图式相一致[42],但现在如果回到表2.1和表2.2,我们可能就会发现劳动力职业分化非常清楚地展现出两方面的变化。最为明显的是,我们流动表的边缘分布表现出了巨大差异:样本中四分之一的人被分至阶级Ⅰ和阶级Ⅱ,但是只达到了这些阶级中所报告的父亲数量的一半多一点;与此同时,反而大多数的父亲(54%)处于阶级Ⅵ和阶级Ⅶ,而小部分(45%)的受访者处于这些阶级分类。更重要的是,通过我们的基础数据中这种形式的不对称程度可以发现,职业结构的变迁模式对于我们关于流动的发现有重要的影响,并且这些发现都与我们所检验的三种理论相违背[43]。

因此,在表2.1中,阶级Ⅰ,和类似的阶级Ⅱ,明显就像过去那样,"不得不"吸收很大比例来自其他阶级出身的人。在这一算术要求(arithmetical requirement)的背后,有人可能意识到了这一现实:最近英国社会的服务阶级在以一种通过大量招募来自下层人士才可能达到的比率增长。在这样的背景下,处于有利的阶级位置的父母很可能会利用他们的优势条件来确保自己的子女有很高的可能性继续获得这样的位置,但即使这样也仍然不能形成程度上很明显的封闭。在专业、行政和管理人员需求急剧增长的时期,阶级结构高层大体上的代际稳定和大量流入这些层级的向上流动当然是可以并存的。而且,人们根本上很难完全严格地通过把持进入权来偏袒和自己社会出身相似的人。换句话说,排外策略更加变得既不必要,也不可行。

接下来从流出的角度来看待这一问题,我们可能会观察到,尽管"顶层空间"的增加本身并不意味着更多数量的长距离向上流动,它却也的确不会像缓冲带理论暗示的那样,成为决定性的阻碍。在我们所讨论的语境下,某种程度上这类流动的实际数量明显存在增长的可能性,同时进入高层位置的相对机会保持不变。实际上,从图 2.2 的数据中能得出,实际发生的情况就是基于这几条原则的。尽管,像曾经指出的那样,在我们所划分的两种年龄群中,年轻的人相较于年长的人有更大的可能性处在阶级Ⅰ和阶级Ⅱ,但如果进入这些阶级的机会的差异比率用之前对整体样本进行计算的方式来计算的话,那么两种人群之间就没有明显的差别。[44]

最后,正如我们已经指出的那样,实际上正是阶级Ⅰ和阶级Ⅱ人数的扩张削弱了平衡理论:这种扩张使得初入劳动力市场时向上流动的概率增加成为可能,个体的这种向上流动的获得可能基于教育,且并不一定伴随着通过间接路线向上流动的潜在补偿性而下降。我们可能还要补充的是,由于这种扩张开始得相对突然,并且早于英国高等教育主要在 20 世纪 60 年代的扩张,我们的发现——在实际的间接路径对整体的影响在一定程度上保持不变的情况下,代际稳定及流动却在增加——就不显得那么令人惊讶了。[45]

如果以上事实成立,那么普遍来说在先进的社会,尤其是当代的英国社会中,存在比相关学者业已观察到的更多的流动,或者至少更多的向上流动,而这对于在阶级结构的分析中给流动研究留出中心位置的尝试,又有怎样的启示呢?有人可能会认为,鉴于当下较高的流动程度,阶级形成很可能呈现较低水平,且共同阶级位置作为社会政治行动基础的重要性在下降,因此我们对封闭、缓冲带和平衡理论批评的本质是为了对阶级分析的价值提出严肃怀疑。但是事实上,这并不是我们想要得出的结论。相反,我们愿意将我们调查结果看作是在指出:现在,我们应该放弃用惯常的思考方式,把流动和阶级形成与行动之间的关系死板地理解成简单的反向关系;反过来,我们应该将这种关系看作是复杂的,需要比现有更多的认真的概念化工作和更多的全面实证研究。

根据这一章节的分析,我们尤其要强调承认这一点的重要性:在劳动力职业分化的形式发生重要发展,从而导致阶级位置结构也在发展的历史时

第二章 英国的阶级流动：对于三个理论的检验

表 2.3 经济上活跃人口按职业分类的分布，英国 1911—1971 年，分男性(M)和女性(F)展示

人口普查中的标准化职业分类	1911 M	1911 F	1921 M	1921 F	1931 M	1931 F	1951 M	1951 F	1961 M	1961 F	1971 M	1971 F
					百分比，按列							
自雇的和高级的领薪水的专业人员	1.5[a]	1.0[a]	1.6	0.9	1.7	1.0	2.8	1.0	4.5[b]	1.1[b]	6.1	1.4
雇主和业主	7.7	4.3	7.7	4.7	7.6	4.4	5.7	3.2	4.8[c]	3.0[c]	5.2	2.9
行政人员和经理	3.9	2.3	4.3	2.1	4.5	1.6	6.8	2.7	7.5[c]	2.6[c]	9.9	3.3
低阶别的领薪水的专业人员和技术人员	1.4[a]	5.8[a]	1.8	6.3	1.8	6.0	3.0	7.9	4.0[b]	9.2[b]	5.5	10.8
检查员、监督者和工头	1.8	0.2	1.9	0.3	2.0	0.4	3.3	1.1	3.8	0.9	4.5	1.2
办公室职员	5.1	3.3	5.1	9.8	5.1	10.3	6.0	20.3	6.5	25.5	6.1	28.0
销售人员和店员	5.0	6.4	4.1	7.5	5.9	8.2	6.0	9.6	3.9	10.0	3.9	9.4
熟练的体力工人（包括自雇的手工业者）	33.0	24.6	32.3	20.3	30.1	19.2	30.3	12.7	32.3	10.8	29.4	9.3
半熟练的体力工人[f]	29.1	47.0	24.5	40.0	23.4	41.4	24.3	33.6	22.8	30.9	21.2	27.3
不熟练的体力工人[f]	11.5	5.1	16.7	8.1	17.9	7.5	13.8	7.9	9.9	6.0	8.2	6.4
总体活跃人口（按千）	12 926	5 424	13 635	5 698	14 760	6 263	15 584	6 930	15 992	7 649	15 609	8 762

注：(a) 根据 1921 年的比率做扣除（1911 年人口普查没有区分自雇者和领薪水的专业人士）。
(b) 基于 1951—1966 年（人口普查样本）（呈线性趋势这一假设做做的扣除。

举例来说 $x61 = \dfrac{Total\ 61}{Total\ 51} \cdot x51$

（1961 年人口普查没有区分自雇者和领薪水的专业人士）

(c) 数字是根据 1951—1961 年的群体绘制趋势线得到的比率做得。

举例来说 $P_{61} = P_{51} + 2/3(P_{61} - P_{51})$（1961 年人口普查没有区分有雇主的经理

(d) 手工劳动者的

(e) 包括监督人员还有一小部分自我雇用的人员

(f) 包括自我雇佣的人员

数据来源：基础是英格兰、威尔士和苏格兰人口普查的职业表格。然而，我们在很大程度上依赖于重新处理更早的人口普查数据。尽管我们修改了他们的一些程序，并且扎正了几个查起来似乎有小错误（的地方），从不同的角度来说，一些看起来似乎具有可比性的数据和前人的数据不同。我们的数据和前人的数据不同，但并非很大程度上（不同）。

对于 1911—1951 年的数据，我们的人手方式参见 Guy Routh, Occupation and Pay in Great Britain, 1906–60, Cambridge University Press, 1965, Table 1, pp. 4–5，还有第 155—157 页附录 A 中提供的进一步信息。

对于 1961 年的数据，我们主要基于 G. S. Bain, The Growth of White-Collar Unionism, Oxford: Clarendon Press, 1970, Table 2A 1, p. 191; and Bain, Robert Bacon, and John Pimlott, 'The Labour Force', in A. H. Halsey (ed.), Trends in British Society since 1900, London: Macmillan, 1971, Table 4.1 and 4.3, pp. 113–114。

期,将会产生新的参数来考察"社会新陈代谢"的整个过程。一旦社会结构发生变化,尽管流动的整体数量或开放程度不一定改变,但流动模式很可能以一种对"各个可识别的阶级的形成"(formation of identifiable classes)既有利又不利的方式发生改变。举例来说,当下英国社会的流动趋势呈现出一种明显不对称的模式,流入不断扩大的服务阶级的向上流动远超过流出这些阶级的向下流动。在这点上相互抵消的影响是可以被理解的。很明显,"流出工人阶级"这样一种非常具有决定性意义的流动机会的增加稍微减少了稳定性,可能也减少了阶级团结,但同时,伴随着流入工人阶级的远程流动的减少,有人也可能会说,这可能会逐渐增强工人阶级成员出身的同质性,导致更强的团结。相反,当被招募进阶级结构高层的人群基础很可能变宽时,我们发现目前位于这些层级的人的出身具有大量异质性,另一方面也同样存在一种明显的高度代际稳定性,有助于"既定的社会上层"(established upper stratum)的增长。

我们需要认识到,同样重要的是在像这样相互抵消的影响起作用的情况下,必须重视各种和阶级形成相关的其他因素扮演的潜在角色。举例来说,一件明显很重要的事是研究特定出身到特定终点的转变实际上是怎么被完成的——具体来说,也就是研究路线、时机、决定程度和所涉及流动的持久性等内容。此处需要再一次强调,同样重要的是要了解这些方面的差异与人际更广泛的社会关系层面的流动产物之间的差异的关联程度如何;还有,我们也需要知道,作为研究者,我们的描述所反映出的受访者的主观体验与实际的流动体验之间有怎样的差异。这些是我们在第三章和第四章进一步讨论了流动趋势、相对流动机会的模式等问题之后,在接下来的章节里还会回过头来专门讨论的话题。

注释

1. 我们必须清楚地说明:并非所有和我们相关的作者都已公开承认自己持有我们所讨论的理论观点;他们各自的表述有时候随各自特定的概念化(方式)及各自的资质水平等而不同。因此在这里,我们并不会假装去完全公正对待每一位作者的观点。我们应该集中(关注)的是:(i)他们的观点中所存在的毫无疑问的"家族内部相似性"(family resemblance);(ii)特定作者是在这些广泛共识内提出自己的具体主张的。

2. 参见 John H. Goldthorpe and Keith Hope, *The Social Grading of Occupations: a New Approach and Scale*, Oxford: Clarendon Press, 1974, pp. 131-132 and Table 6.6, pp. 134-143。

3. David Lockwood, *The Blackcoated Worker*, London: Allen & Unwin, 1958.

4. 从 36 分类版本的 H-G 量表中,如果读者愿意,他也许可以精确地测定每一种阶级所涉及的职业头衔及具体的雇佣地位:首先参考注释第 2 条中的表格 6.1 和 6.6;接下来可查阅 the Office of Population Census and Surveys, *Classification of Occupations 1970*, London: HMSO, 1971。

5. 此处及接下来关于收入水平的声明取自我们 1972 年的调查,以及引自 Department of Employment's *New Earnings Survey 1970*, London: HMSO, 1971;同样,关于雇佣的持续性和稳定性的陈述基于 Amelia I. Harris and Rosemary Clausen, *Labour Mobility in Great Britain, 1953-63*, London: HMSO, 1967, and W. W. Daniel, *A National Survey of the Unemployed*, London: Political and Economic Planning, 1974。

6. 参见 Ralf Dahrendorf, 'Recent Changes in the Class Structure of European Societies', *Daedalus*, Winter 1964, and Karl Renner, *Wandlungen der Modernen Gesellschaft: zwei Abhandlungen über die Probleme der Nachkriegszeit*, Vienna: Wiener Volksbuchhandlung, 1953。

7. 和体力劳动者相比,普通办事员除了工资外(还有着)更有利的办公条件,参见 Dorothy Wedderburn and Christine Craig, 'Relative Deprivation in Work' in Wedderburn (ed.), *Poverty, Inequality and Class Structure*, Cambridge University Press, 1974, and Craig, *Men in Manufacturing Industry*, Cambridge University Department of Applied Economics (cyclostyled), 1969。

8. 然而,在这里我们必须提防这些肤浅的概念,即低层非体力雇佣的"无产阶级化",尤其要提防新兴的"办公室-厂房"(概念)。有效的更正说法参见 D. E. Mercer and D. T. H. Weir, 'Attitudes to Work and Trade Unionism among White-Collar Workers', *Industrial Relations*, vol. 3, 1972 and A. Stewart, K. Prandy and R. M. Blackburn, *Social Stratification and Occupations*, London: Macmillan, 1980,以及本书第九章中的讨论。

9. 关于阶级 V 中从数值上来说最重要的群体——小零售商的市场和工作状况的实用分析,参见 Frank Bechhofer, Brian Elliott, and Monica Rushworth, 'The Market Situation of Small Shopkeepers', *Scottish Journal of Political Economy*, vol. XVIII, 1971 and (with Richard Bland), 'The Petits Bourgeois in the Class Structure' in Parkin (ed.), *The Social Analysis of Class*

Structure。另见 Bechhofer and Elliott, 'Persistence and Change: the Petite Bourgeoisie in Industrial Society', *Archives européennes de sociologie*, vol. xvii, 1976。

10. 事实上,此处所讨论的边际性已经是许多研究的研究对象了。关于技术人员,参见 B. C. Roberts, Ray Loveridge, and John Gennard, *The Reluctant Militants*, London: Heinemann, 1972;关于工头的有益评论(参见)Keith Thurley and Hans Wirdenius, *Supervision: a Reappraisal*, London: Heinemann, 1973 中 and John Child, 'The Industrial Supervisor' in Geoff Esland, Graeme Salaman, and Mary-Anne Speakman (eds.), *People and Work*, Edinburgh: Holmes McDougall, 1976。

11. Goldthorpe and Hope, *The Social Grading of Occupations*, pp. 10 – 16, 132 – 133.

12. *The Class Structure of the Advanced Societies*, p. 106. 同时参见 Ralf Dahrendorf, *Class and Class Conflict in Industrial Society*, London: Routledge, 1959, pp. 74 – 77。

13. 例如,参见 Sorokin, *Social Mobility*, ch. XVII; Glass and Hall, 'Social Mobility in Great Britain'; Svalastoga, *Prestige, Class and Mobility*, section 5; Blau and Duncan, *The American Occupational Structure*, ch. 2。

14. 具体参见 T. B. Bottomore, 'The Class Structure in Western Europe',另见 *Elites and Society*, London: Watts, 1964, ch. IV; and *Classes in Modern Society*, London: Allen & Unwin, 1965, pp. 38 – 41;对于另一种马克思主义学者的观点,(参见)Ralph Miliband, *The State in Capitalist Society*, London: Weidenfeld & Nicholson, 1969, pp. 36 – 45, 59 – 67; and Giddens, *The Class Structure of the Advanced Societies*, pp. 164 – 170。

15. 选择这个年龄是因为我们大多数的受访者都会在这个年纪做出有关他们职业发展的重要决定(不论是实际踏入工作岗位还是继续全日制教育),与此同时(他们)仍然会受到家庭出身的影响。没有记载受访者父亲的数据的案例仅仅占整体的不到 8%,这些案例中大约 3/5 的户主是女性。

16. 回忆一下(参见原文第 23 页之前),完美流动指的是儿子的阶级位置和他们父亲的阶级位置统计上不相关。"相关指数"测量了(现实)相对于完美流动(假设)的偏离程度(正式的详细说明参见原文 117 页[①]注释 4)。("相关指数")将以一种方便的方式进行计算,尽管可能会有化整误差:对流入表格中的每一格,按照它所对应行的边缘百分比来划分格子里的百分比——或者对

[①] 应为"第 116 页",疑为原文笔误。——译者注

流出表格中的每一格，按照它所对应列的边缘百分比来划分格子里的百分比。

17. 在我们调查中，1972年处于阶级V的职业的受访者当中，有63%都是从体力雇员做起的。

18. 例如，在一次关于精英招募的讨论中，吉登斯（*The Class Structure of the Advanced Societies*, pp. 164-70）似乎使用了一种相对严格意义上的精英概念，接下来为了证实他的一种观点，他援引了布劳和邓肯关于美国的资料，在这个资料里"精英"呈现为（独立的和被雇佣的）"专业人员，技术人员和亲属工作人员"这两种群体，占了布劳、邓肯样本的11.6%，且这两种群体内部有着差强人意的异质性。（精英概念）明显也不确定，另见 Bottomore, *Classes in Modern Society*, pp. 38-9, 57。在和我们相关的作者里，在处理精英群体（概念）时帕金是最前后一致的，并且采用了一种专门的职业基础。参见 *Class Inequality and Political Order*, pp. 18-19, 51, 57。

19. 例如，参见 Philip Stanworth and Anthony Giddens (eds.) *Elites and Power in British Society*, Cambridge University Press, 1974; and Ivor Crewe (ed.), *Elites in Western Democracy: British Political Sociology Year Book 1*, London: Croom Helm, 1974。

20. 参见 Royal Commission on the Distribution of Income and Wealth, Report No. 3, *Higher Incomes from Employment*, Cmnd. 6 838, London: HMSO, 1976, Appendix J。

21. Bottomore, *Classes in Modern Society*, p. 38（同时参见 *Elites and Society*, p. 75。作者公开提出中层和低层管理人员的雇佣模式和那些高层管理人员"几乎没有什么不同"——这两种群体的成员都主要来自有产家庭和专业家庭）；Parkin, *Class Inequality and Political Order*, p. 51; Miliband, *The State in Capitalist Society*, p. 39；另见 Giddens, *The Class Structure of the Advanced Societies*, p. 169。

22. 'Recent Changes in the Class Structure of European Societies', pp. 250, 254. 在这里我们可能要补充说，虽然由于（阶级）分类上的差异，我们没法进行严格的比较，但我们关于阶级成员的社会出身的发现，与最近大量的更加专门化的雇佣研究的发现是大体一致的。例如 D. Clark, *The Industrial Manager*, London: Business Publications, 1966, Tables 4.7, p. 65; J. E. Gerstl and S. P. Hutton, *Engineers: the Anatomy of a Profession*, London: Tavistock, 1966, Table 1, p. 25; and A. H. Halsey and Ivor Crewe, *Social Survey of the Civil Service*, being vol. 3 (1) of evidence submitted to the Fulton Committee on the Civil Service, London: HMSO, 1969, Table 3.18,

p. 52 and 4.15，p. 125。从更普遍的意义上来说，参见 M. 杨（M. Young）和 P. 威尔莫特（P. Willmott）所报告的发现，即：在1970年伦敦区域的一个样本中，40岁及以上的人群里所区分出的管理和专业群体里，有48%（的人）是体力劳动者的儿子。参见 *The Symmetrical Family*，London：Routledge，1973，p. 242。

23. 在（我）们考虑的学者中，似乎只有韦斯特伽德和雷斯勒肯承认这点。参见 *Class in a Capitalist Society*，p. 310。

24. 具体参见 Parkin，*Class, Inequality and Political Order*，pp. 25, 49 - 60；Giddens，*The Class Structure of the Advanced Societies*，pp. 108, 181 - 182, 231；Bottomore，*Classes in Modern Society*，p. 38；Westergaard and Resler，*Class in a Capitalist Society*，pp. 297 - 302。

25. Giddens，*The Class Structure of the Advanced Societies*，p. 199。另外参考第111页。

26. 例如，把出身于阶级Ⅵ和阶级Ⅶ的人的（流动）机会设为1，算出其他两个群体相对于他们的流动机会（大小）。正如在接下来的章节，我们将看见和这些内容密切相关的概念有差异比例（disparity ratios），与"优势比（odds ratio）"一同，是我们用来展示相对流动机会的首选工具。差异比例之前被用于这种目的，还是在米勒、韦斯特伽德和雷斯勒的"机会不平等指数"（或者"风险"）里。参见 S. M. Miller，'Comparative Social Mobility'，*Current Sociology*，vol. ix，1961，and Westergaard and Resler，*Class in a Capitalist Society*，part 4，ch. 3。

27. 当然，正是在讨论这类绝对比率时，我们数据的可靠性程度变得最为重要。在这里必须相应指出，不可靠主要表现为数据搜集、变化等的随机误差——这将可能会低估存在于两个变量间"真正的"相关：例如，儿子的阶级与父亲的阶级的相关。因此从这个角度来说，文本中列举的流出比例很可能是夸大的。与此同时，也要相应指出：我们的阶级Ⅵ和阶级Ⅶ相较于其他研究里的"体力劳动者"分类来说，界定的范围通常来说更严格。在其他的研究中，"体力劳动者"还包括低级技术人员（被我们划在了阶级Ⅴ），自雇体力劳动者（被我们划在了阶级Ⅳ），还有可以说具有体力劳动特征的部分层级的服务人员（被我们划在了阶级Ⅲ）。如果把这些群体包括在内，体力出身的人会明显呈现出更高的远程向上流动的比率。

28. 还需要补充的是，针对缓冲带理论包含的涉及体力、非体力界限的跨越均应被视为远程流动的假设，是可以基于概念和实证经验被挑战的。至少从 H - G 量表来看，发生在阶级Ⅰ和阶级Ⅲ之间的流动距离似乎不比阶级Ⅰ和阶级Ⅵ之间的少。这些理论的拥护者构想的"社会距离"的概念和测量方法并不是一直都很清晰；有人可能认为，他们似乎过度合并了反映出我们所看重的职业属性间的分配的，且关于不同层次职业等级的观点和从市场和工作关系的角度定义的，那些关于不同阶级位置之间流动的各种观点。对前者，我们最可能直接提到的是长距离和短距离的流动；对于后者来说，体力和非体力雇佣的界限才是主要相关的议题。

29. 参见 Harris and Clausen, *Labour Mobility in Great Britain*, 1953–63, Table 57, p. 57。

30. 当然了，从本质上来说，一种必要的合理推测是：我们不可能知道较年轻的群体中是否会再一次产生这样与较年长的群体相同的模式。我们一定会赞同韦斯特伽德和雷斯勒的这一说法"……尽管很多争论隐晦地提到了关于流动的新兴趋势的议题，关于过去经验的可得信息——从那种意义上来说，关于社会流通（social circulation）的铁一般的事实总是滞后于当下的争论"。*Class in a Capitalist Society*, p. 286。

31. 参见 Roger Girod, *Mobilité sociale: faits établis et problèmes ouverts*, Geneva: Droz, 1971, ch. 2 esp.; and Daniel Bertaux, 'Mobilité sociale biographique: une critique de l'approche transversal', *Revue française de sociologie*, vol. XV, 1974, and Paul Bernard and Jean Renaud, 'Contremobilité et effets différés', *Sociologie et sociétés*, vol. 8, 1976。

32. *The American Occupational Structure*, p. 59。

33. 在上述注释31列出的文献，似乎都忽视了这个问题——逆向流动的"保险"（assurance）程度，关于逆向流动已经发生了的事实，似乎被当作（这一观点的）充分证据，也就是最开始的向下流动仅仅是所确立的职业模式的一部分，而不具有更广泛的社会意义。值得注意的是，在我们的分类体系里，所有的"实习生""订有工读合同的学生"等都被编码成隶属于他们训练指向的目标职业。因此，正如我们记录的那样，逆向流动至少涉及一种明确的职业变化。

34. 参见 John Westergaard and Alan Little, 'Educational Opportunity and Social Selection in England and Wales: Trends and Policy Implications' in OECD, *Social Objectives in Educational Planning*, Paris: OECD, 1967; 另见 Westergaard, 'The Myth of Classlessness' in Robin Blackburn (ed.), *Ideology in Social Science*, London: Fontana, 1972, pp. 130–133; 还有 Westergaard and Resler, *Class in a Capitalist Society*, pp. 324–333。教育在决定职业位置方面的重要性，参见 Parkin, *Class Inequality and Political Order*, pp. 62–67。

35. 回顾相关争论，参见 Dahrendorf, *Class and Class Conflict in Industrial*

Society, pp. 100 - 109。

36. 至于出生在 1938—1947 年的人，我们当然无法说出轮到他们达到"职业成熟"的时候，是否有类似比例的人数像之前的群体那样获得阶级 I、II 的位置，以及之前起作用的生命周期效应现在是否事实上正处于被世俗潮流淹没的境地。参见上述注释 30 的内容。

37. John H. Goldthorpe, 'Social Stratification in Industrial Society' in P. Halmos (ed.), *The Development of Industrial Societies*, Keele: Sociological Review Monographs, No. 8, 1964, p. 108.

38. 当然，此处缓冲带理论有更深远的含义：如果将样本中大约 16% 出身于工人阶级并位于阶级 I 和阶级 II 的人看作一个整体，他们的数量会呈现出一种缓慢而持续的上升趋势。对于出生在 1908—1917 年、1918—1927 年、1928—1937 年和 1938—1947 年的人来说，他们分别的比例是 14.1%、16.8%、17.5% 和 18.5%。详见下文的表 3.1。

我们需要补充的是，一些观点中提道：大概是由于初入劳动力市场时"永久的"向下流动趋势的减弱，平衡理论的提出也反映出职业生涯向下流动的减少，且向下流动的减少是伴随着向上流动的减少发生的。然而图 2.2 中的数据并不能支持这一主张：图 2.2 显示，在初职和现职之间并没有显示出任何职业生涯上的向下流动的减少趋势。男性自出身阶级向下流动并且未能逆向流动回原阶级的比例实际上其实是减少了，无论这些流动是不是属于逆向流动的范围。

39. 韦斯特伽德和雷斯勒(*Class in a Capitalist Society*, pp. 318 - 319, 324 - 327) 在一些问题上似乎支持把"灵活的"(fluidity)或"交换性"的流动随时间变化不大的事实当作是平衡理论的证据。但是，这一点只有当平衡理论在相对流动机会的意义上重新构建后才能成立，但他们并未，至少没有明显地这样做。我们发现他们对于"流通速度"(velocity of circulation)这一术语的定义并不清晰。

40. 相关文献综述参见 Girod, *Mobilité sociale*, ch. III, 'Mobilité intergénérationnelle: faut-il rejeter la théoric des barrières?'(它包含有对当下法国的皮埃尔·布迪厄及他的助手，还有一群法国马克思主义者的"社会再生产"理论化过程的强烈批评)。就好像吉罗(Girod)巧妙评论的那样，流动及机会不平等"两种现象的关系并不是不相容的，在现实中，它们总是共存的"(第 75 页)。关于这一观点，特别是提供了很多简单但具有启发性的例子，请进一步参见 Girod, 'Inégalité des chances: perspectives nouvelles', *Archives européennes de sociologie*, vol. xvi, 1975。

41. 我们会赞同一些相关学者的观点，即：就我们讨论的历史时期而言，对于大家族或小家庭里大部分人的阶级"命运"来说，正是男性的阶级位置发挥着异常重要的直接决定作用。换句话来说，女性在阶级结构中所处的位置倾向于反映她们大体上处于依赖的状态。详见 John H. Goldthorpe, 'Women and Class Analysis: in Defence of the Conventional View', *Sociology*, vol. 17, 1983, 以及本书第十章。

42. 尤其是在体力劳动者的待遇上，参见上述注释 27 的内容。

43. 我们承认这一点：既然在我们的调查中父亲是通过他们的儿子来代表的，我们就不能认为父亲的职业结构分布和之前的情形是一致的[参见 Ramkrishna Mukherjee, 'A Further Note on the Analysis of Data on Social Mobility' in Glass (ed.), *Social Mobility in Britain*, and Duncan, 'Methodological Issues in the Analysis of Social Mobility']；进一步来说，这种分布会受到其他因素，而不是职业结构变化趋势的影响：例如受到生育率变化的影响，在某种程度上这已经导致了工人阶级父亲占据相对较大比例。但我们仍然相信，有一点是足够明确的：劳动力职业分界的进化是我们的流动表中，各个边缘分布之间明显的不相似性的主要决定因素。

44. 基于优势比(odds ratios)和差异比率(disparity ratios)对相对流动机会这个问题的进一步讨论，参见本书第三章，原文第 74—85 页。

45. 基于平衡理论的早期批评所得出的结论，主要参见 D. J. Lee, 'Class Differentials in Educational Opportunity and Promotion from the Ranks', *Sociology*, vol. 2, 1968; and Trevor Noble, 'Intragenerational Mobility in Britain: a Criticism of the Counter-balance Theory', *Sociology*, vol. 8, 1974。

第三章

阶级流动的趋势

（与克莱夫·佩恩和卡特里奥纳·卢埃林合著）

本章我们旨在深入关于现代英国阶级流动趋势的讨论。之前在评估平衡理论（the counterbalance thesis）时，我们提出过这一议题，当用 1972 年调查数据对该理论进行检验时，事实上该理论是无效的——我们认为，这主要源于近几十年来服务阶级的较快扩张：这种扩张使得人们在完成全日制教育后，更有可能实现直接的向上流动，与此同时通过间接路径实现这种流动的可能性并没有出现相应的下降。首先，我们将尝试更全面地刻画可从数据中识别的绝对流动率的变化模式，从而使第二章的讨论能够置于更大的背景之下并且得以验证。其次，我们会聚焦于相对流动率的趋势——讨论英国社会的开放度在过去半个世纪中究竟是增加还是减少。

为了从单个调查数据中获得阶级流动趋势的证据，我们将和第二章一样，使用一般性的出生队列分析方法（method of birth-cohort analysis）：也就是说，我们将根据出生日期对调查中的受访者进行划分——在此情况下以 10 年为间隔，然后对由此形成的一系列出生队列进行流动经历的比较。该方法对阶级流动趋势的讨论进行了延伸，但仍属于尝试阶段，因此我们需要注意到它的某些缺点和不足。

首先应该认识到，我们不是在讨论真实的出生队列，而是在讨论这类出生队列在受到死亡和移民的影响后的现存者。因此，数据可能会失真（distortions），至少在我们的研究中尚不能确定是否如此。我们只能希望初步的猜想就是真实情况：也就是说，任何此类失真将不会显著地影响我们报告的主要结论。[1]

其次,该方法的第二个缺点是,由于"时期"(period)效应、"年龄"(age)[或"生命周期"(life-cycle)]效应,特别是"出生队列"(cohort)效应之间,存在混淆,因此不可避免会产生的一个疑问是:特定出生队列中观察到的流动特征在多大程度上归因于人们出生在相近的历史时期,或者归因于人们度过了相似的年岁,又或者归因于队列成员本身,使得他们与同时期存在于总劳动力或总人口中的其他出生队列成员有着某种关系?我们将在一定程度上通过考察受访者在较为确定的生命周期片段内的流动经历来解决这些问题,以便为不同出生日期的人们确定不变的生命周期阶段,从而检验从一个历史时期到另一个历史时期,所讨论的(生命周期)阶段的流动性有多大。不过,我们必须承认,解释结论的困难可能仍然存在。例如,如果对给定生命周期阶段的流动性而言,历史时期的趋势是显而易见的,那么我们就不可能从数据本身确定这个趋势在多大程度上是一个特定的、反映了某个常规的变化过程,诸如职业结构或阶级结构的变化的时期效应;或者从另一方面来说,我们也不能确定这个趋势在多大程度上是由在所有存在的出生队列中随时间变化的关系所导致的。在这些情形下,我们必须更依赖于明智的判断而不仅是统计证明。

最后,应当补充说明的是,在对流动数据进行出生队列分析时,通常会遇到这样一个现实问题,即每个单元格需要足够大的取值以保证一定的信度。即使1972年的调查数据有充足的样本量,但为了维持较大的单元格取值,我们认为最好在合并的(collapsed)三分类阶级图式的基础上进行研究。换言之,我们合并了代表服务阶级上下层级的阶级Ⅰ和阶级Ⅱ,代表中间阶级的阶级Ⅲ、阶级Ⅳ和阶级Ⅴ,以及代表工人阶级的阶级Ⅵ和阶级Ⅶ。[2]

绝对流动率的趋势

在表3.1中,我们的数据展示了四个出生队列在三个代际转移(intergenerational transitions)阶段中的阶级流动经历:从出身阶级(以受访者14岁时父亲的职业为指标)到(A)受访者开始工作时的位置,(B)受访者工作十年后的位置,以及(C)受访者1972年被调查时的位置。

表 3.1 开始工作时(A)、工作十年后(B)[a]，以及1972年被调查时(C)，由父亲的阶级[b]和出生队列所决定的受访者的阶级分布

父亲	出生	受访者的阶级									N			百分比		
		I和II			III-V			VI和VII								
		(A)	(B)	(C)	(A)	(B)	(C)	(A)	(B)	(C)	(A)	(B)	(C)	(A)	(B)	(C)
I和II	1908—17	24.8	38.4	55.1	35.9	35.4	27.8	39.3	26.2	17.0	206	164	205	12.4	11.2	11.9
	1918—27	25.4	49.7	62.5	35.1	26.9	22.4	39.5	23.3	15.1	228	193	232	12.7	14.9	12.6
	1928—37	36.8	52.7	67.9	35.1	28.5	20.3	28.0	18.8	11.8	239	239	246	13.1	13.3	13.0
	1938—47	46.4	48.6 (59.4)	62.5	29.0	28.1 (25.1)	24.8	24.6	23.3 (15.5)	12.7	366	210 (367)	363	17.7	12.9 (17.5)	17.3
III—V	1908—17	7.2	13.6	24.7	31.5	31.2	38.1	61.3	55.2	37.2	501	449	522	30.1	30.6	30.4
	1918—27	8.0	21.3	31.6	30.8	30.8	35.4	61.2	47.9	33.0	565	403	585	31.4	31.1	31.7
	1928—37	14.4	24.0	34.6	29.8	33.0	36.0	55.8	43.0	29.4	561	549	581	30.8	30.7	30.8
	1938—47	14.1	20.0 (26.3)	29.8	33.8	35.2 (33.6)	34.2	52.1	44.8 (40.1)	36.0	631	491 (639)	641	30.5	30.2 (30.4)	30.6
VI和VII	1908—17	2.6	5.0	14.1	19.3	23.0	29.7	78.1	72.0	56.2	957	856	991	57.5	58.3	57.7
	1918—27	3.8	8.7	16.8	17.2	17.6	27.3	79.0	73.7	55.9	1005	700	1026	55.9	54.0	55.7
	1928—37	6.2	11.2	17.5	21.4	20.4	23.9	72.4	68.4	52.6	1022	1003	1060	56.1	56.0	56.2
	1938—47	9.4	13.3 (16.2)	18.5	22.9	22.3 (21.6)	23.2	67.7	64.3 (62.2)	58.3	1069	925 (1097)	1093	51.7	56.9 (52.2)	52.1
全体	1908—17	6.7	11.4	22.2	25.1	26.9	32.0	68.2	61.7	45.7	1664	1469	1718			
	1918—27	7.8	18.7	27.2	23.7	23.1	29.2	68.4	58.2	43.5	1798	1296	1843			
	1928—37	12.7	20.7	29.3	25.8	25.3	30.5	61.5	54.0	40.2	1822	1791	1887			
	1938—47	17.4	19.9 (26.8)	29.6	27.3	27.0 (25.9)	26.8	55.3	53.1 (47.3)	43.6	2066	1626 (2103)	2097			

注：(a)对出生于1938—1947年的男性而言，在转移的(B)阶段中，括号内的数值是这样获得的：基于受访者在1972年的职业，那些直到1972年还没有工作满十年的受访者也被纳入分析之中。

(b)表格中的数据来源于1972年的调查，表2.1的注释(a)和图2.1的注释(b)中已经给出了(与父亲的阶级相关的)问题。此外还需增加问题："(开始工作)十年后，那时候你是19……/那时候正在做何种工作？"

在(A)和(B)的情况中,我们试图对他们出身阶级的离散性进行评估,此处生命周期所处的阶段性是相当明确的。不过,应该注意到,关于转移的(B)阶段中有个另类的问题,即在其中的三个出生队列中,有较多男性职业生涯"第十年"所处的职业未能被记录。这主要是因为1908—1917年和1918—1927年出生队列中的男性在第二次世界大战期间或之后正在服兵役,并且1938—1947年出生队列中的男性直到1972年工作还没有满十年。如表3.1所示,通过以受访者在1972年的职业代替("工作十年后"的职业),最年轻出生队列中的"缺失数据"实际上被合理地处理了。但是,对两个年长的出生队列而言,转移的(B)阶段的信息不足问题是难以克服的,因此我们所报告的关于这两个出生队列的结论不一定是可靠的。[3]

在转移的(C)阶段中,与生命周期所能够覆盖的片段有关的问题便暴露了出来:当然,它随我们的出生队列而变化,受访者的出生日期越早,覆盖的片段越长。我们不是在较为固定的生命周期阶段中应对流动性问题,必须以更谨慎的方式来解释该阶段的所有发现。不过,通过利用以往提出的概念,可以在一定程度上缓解这一问题。这一概念是男性在35岁左右所达到的相对"职业成熟"阶段:这是一个人们可预期的阶段,如果没有出现中断,那么无论如何,涉及行业水平发生重大变化的工作变动的可能性会显著下降。接受此概念以后,我们倾向于认为三个年长的,即年龄在当时介于35—64岁之间的出生队列在1972年的职位数据,合理有效地表示了职业生涯的最终位置。同时我们认为最年轻的,即年龄在1972年介于25—34岁之间的出生队列的相应数据最有可能显示年龄效应的影响。

从表3.1整体来看,我们可以发现了一些普遍规律。首先,我们可以注意到这样一个趋势,从(A)阶段到(C)阶段的生命周期,对所有阶级出身的人而言,都有越来越高的比例处于阶级Ⅰ和Ⅱ,越来越低的比例处于阶级Ⅵ和Ⅶ。对所有出生队列而言,出身于阶级Ⅰ和Ⅱ而处于阶级Ⅲ—Ⅴ的比例平稳下降,出身于阶级Ⅵ和Ⅶ而处于阶级Ⅲ—Ⅴ的比例普遍增加,同时出身于阶级Ⅲ—Ⅴ而处于阶级Ⅲ—Ⅴ的比例显示出一种不确定的模式。换言之,表3.1表明,在样本的所有出生队列和出身阶级中,这一趋势意味着在职业生涯过程中出现了一些向服务阶级的(净)向上流动;同时也出现了一些从体力劳动向各种形式的、低水平的非体力劳动的流动。

其次，回到我们主要感兴趣的历史意义上的时间趋势，表 3.1 显示前三个出生队列都存在着一个相当明确的趋势，即：较之于前一个出生队列，所有阶级出身的人处于阶级Ⅰ和Ⅱ的比例在增加，处于阶级Ⅵ和Ⅶ的比例在下降。对这一模式的偏离主要出现在第二个出生队列——出生于 1918—1927 年的人，较之于第一个出生队列，在开始工作或工作十年后，该出生队列处于阶级Ⅵ和Ⅶ的可能性没有系统地变少。虽然我们之前认为第一个和第二个出生队列中(B)阶段的数据未必完全可靠，但此处可以放心的是，(B)阶段的结果在任何方面都不会与(A)阶段和(C)阶段的结果相矛盾。

最后，可以观察到，在(A)阶段中，前三个出生队列中显而易见的趋势通常在第四个出生队列中保持不变——仅有一个单元格显示出异常；如果我们接受表格中调整过的、用于调整缺失值影响的(括号内的)数值，那么在(B)阶段中也是如此。在(C)阶段中，该趋势实际上在第四个出生队列中消失了，不过正如之前所认为的，我们的发现极有可能显示出了重要的年龄效应。同时，鉴于前文已经注意到生命周期的动态性质，这种年龄效应显然会违背更年长出生队列所揭示的趋势。换言之，与三个更年长出生队列所反映的趋势相比，第四个出生队列处于阶级Ⅰ和Ⅱ的比例"不足"，处于阶级Ⅵ和Ⅶ的比例"过剩"，可以认为这反映出该出生队列的多数成员仍然达到了职业成熟阶段。反之，一个合理的期望是，随着时间推移，样本中的这些年轻人的阶级流动经历实际上会与更年长的出生队列的阶级流动经历呈现出"一致"的模式(参见本书第九章)。

因此，我们认为表 3.1 更详细地证实了第二章的结论，即近几年来英国社会向上流动的数量稳步上升了。来自连续的出生队列和三个不同的生命周期阶段的证据表明，体力工人和三个中间阶级的子代进入更高水平——服务阶级的——位置的可能性普遍上升。然而，同时应该注意到，由于阶级Ⅰ和Ⅱ出身的人向下流动到体力工作中的可能性下降，代际稳定性在这些更高水平的阶级结构中也有所增加。中间阶级出身的人通常在生命周期的后期也较少从事体力工作。此外，阶级Ⅵ和Ⅶ出身的人也是如此：也就是说，这个长期趋势似乎意味着工人阶级的代际稳定性下降。

可能有人会认为这些结论与被普遍接受的关于现代英国流动趋势的观点存在一些差异。格拉斯在 1949 年进行的流动调查得出的研究结论暗示了一种本质上静态的流动状况，就像在霍尔-琼斯量表(the Hall-Jones scale)中的那些类别(categories)表示的地位水平之间的流动那样。在连续的出生队列中——最年长的人出生于1890年以前，最年轻的人出生于1920—1929年——没有观察到流动数量或模式的一致性趋势。[4] 格拉斯及其同事意识到了对从出生队列分析中确定趋势所涉及的问题，并且还特别提醒不要将他们的结论进行时间上的外推。然而，尽管他们很谨慎——同时没有任何后续的证据明确地否定了他们的结论，但他们关于"没有趋势"(no trend)的发现还是常常被社会学家和其他人采用，好像该结论不仅适用于20世纪上半叶，也适用于研究1949年以后的时期。事实上，对于恒定的流动率，已经有许多解释被提出来，而且这些解释源于截然相反的社会-政治立场和智识立场。[5] 然而，虽然我们认识到1949年的研究关注的是地位而不是阶级流动，同时我们也没有试图对1949年的研究和我们自己的研究进行直接比较（重大的技术困难妨碍了这种尝试）[6]，但是我们仍然把已经报告的研究结果当作是对一个相当彻底的观念的扭转：也就是说，格拉斯的研究所表明的静止状态实际上到目前为止并没有得到维持。[7]

更重要的是，表3.1中的特征足够清楚地表明为什么出现了一些流动模式的变化。在表格的边缘部分，可以注意到，受访者在所有的三种阶级的分布中，随着出生队列的变动，人们处于阶级Ⅰ和Ⅱ的比例不断上升，而处于阶级Ⅵ和Ⅶ的比例不断下降。进一步地，虽然类似的变化通常在受访者的出身阶级的分布中也很明显，但在(C)阶段，出身的阶级分布显示出，在每个相同的出生队列中，出身于阶级Ⅰ和Ⅱ的比例低于1972年的阶级分布中的比例，出身于阶级Ⅵ和Ⅶ的比例高于1972年的阶级分布中的比例。的确，在前三个出生队列中——我们将其中的男性视为已达到了"职业成熟"——比例之间的差异在以百分点的形式稳步扩大。表格边缘部分的这一模式，对于理解表格内部单元格所显示的流动率趋势无疑是非常有益的。在这个模式背后，人们可以认识到职业劳动分工在近几十年的英国社会中的实际演变过程，我们之前在人口普查的基础上将此过程记录在了表2.3中。从中可以计算出，就男性就业人口而言，这个演变已经导致从事专业、技术和管理职业的比例从1931年的不到16%上升到1971年的27%，与此同时，从事体力劳动的比例在相同时期从71%下降到59%。换言之，我们可以将样本中的流动经历的结构性背景视为客观流动机会的重要"升级"。

此外,需要补充的是,如果我们考虑到与1949年调查相关的、两次人口普查之间的时期,也就是1911—1951年,那么,从表2.3能够得知,从事专业、技术及管理职业的劳动力比例只从14%上升到18%,而从事体力工作的比例从74%下降到68%。相应地,可以注意到,在由格拉斯提供的代际流动表中,边缘分布既没有显示出出生队列之间存在着任何明确的趋势,也没有显示出截至1949年在受访者与其父亲的阶级分布之间存在着任何显著的不对称性(asymmetry)。[8] 不过,似乎有理由认为,格拉斯的研究几乎是在任何观察到的流动模式受到英国持续和快速的职业结构形式变化的影响之前的最后一刻,才被开展的。换言之,由于时间的偶然性,将1949年的调查结果视为在随后几十年里仍然有效的结论,是特别不合适的。

相对流动率的趋势: 差异比率

在前文中,基于我们的阶级图式,我们已经证明绝对流动率具有明显的系统性变化模式,并且表明这种模式明显受惠于劳动力职业结构的转变。因此,我们自然而然地被引向这样一个问题:这个不断变化的结构性背景对绝对流动率的变化趋势有多么重要;或者,也可以表达为,如果流动趋势在某种程度上被评估为"促成了"(allowing for)或"独立于"(independently of)这一背景,那么流动趋势将会如何产生。

社会学家们采取了两种完全不同的方法来解决这类问题。一种方法依赖于对"结构的"(structural)[或"需求"(demand)"强制的"(forced)]流动与"交换的"(exchange)[或"循环"(circulation)"纯粹的"(pure)]流动进行区分。前者被定义为在观察到的全部流动中可以直接归因于客观流动机会结构变化的那部分流动,而后者则是与该变化无关的那部分流动。本质上,这种方法已具有操作性,在常规流动表中,所有呈现出流动的个案比例——所有出现在非对角线单元格中的个案比例——通过在算术上仅由表格的两个边缘分布之间的差异确定。这一比例便等于结构性流动(structural mobility)的数量,而剩余的比例则等于交换性流动(exchange mobility)的数量。在此基础上,通过把计算出的结构性流动和交换性流动的数量进行相互关联,以及与"完美的流动"(perfect mobility)期望进行关联,就可以构造出有关普遍的开放性或"社会流动性"程度的指数。[9]

然而,我们发现这并不是一个令人满意的方法,因为此方法不仅有矛盾,还有严重的概念缺陷。该方法认为,对所记录的个体流动实例进行直接区分,是一种仅在超个体(supra-individual)或"宏观社会学"(macro-sociological)层面上具有意义的区分方法。作为分析单位的结构性和交换性流动,实际上就好像被视为两种不同类型的、流动的个体在其中能够得以区分的流动——如果但凡想让这种方法有点儿社会学意义的话,那在这种时候两种流动之间的区别必须被理解为与作为社会的可变属性的流动的两个方面相关。正如目前所认识到的,当以我们所提到的这种方式构造所有社会流动性指数时,会出现艰巨的技术性问题和解释性问题;[10] 并且,我们认为这些问题直接源于对所涉及的分析层次的基本混淆。

对允许了结构性影响的流动程度进行评估的另一种方法——也就是我们将讨论采用的方法——也依赖于概念区分,即:对于绝对流动率和相对流动率概念的引介和采纳,但我们希望该方法不会出现什么问题。

正如第二章所述,可以采用一种非常简单的方法表示相对流动率,即流出百分比(outflow percentages)之间的差异比率。因此,在 2×2 流动表中,可以计算出:

$$\frac{f_{11}}{f_{1.}} / \frac{f_{21}}{f_{2.}} \text{ 和 } \frac{f_{22}}{f_{2.}} / \frac{f_{12}}{f_{1.}}$$

其中,f_{11} 是 1-1 单元格中的频率,$f_{1.}$ 是相应的行边缘频率,其他部分同理。在流动趋势研究中使用这样的比率,不是为了确定观察到的流动的某种假定的结构性"成分"(component)是否变得愈发重要,而是为了确定客观流动机会结构的变化是否随时间推移同等地反映在了所有相同出身的个体的流动经历之中。因此,在我们具体关心的情形中,最希望解决的实质性问题是,在服务阶级扩大和工人阶级紧缩的背景下,任何一个阶级出身的人处于服务阶级或工人阶级位置的机会,相较于其他阶级出身的人,已经发生了何种可能的变化。在表 3.2 中,我们提供了一组从表 3.1 的数据中得到的差异比率,并且会在这组差异比率的基础上处理此问题。[11]

表 3.2　按照父亲的阶级和出生队列,差异比率显示了在开始工作时(A)、工作十年后(B),以及 1972 年接受调查时(C),处于阶级Ⅰ和Ⅱ的相对机会(阶级Ⅵ和Ⅶ出身的子代的机会设为 1),以及处于阶级Ⅵ和Ⅶ的相对机会(阶级Ⅰ和Ⅱ出身的子代的机会设为 1)

父亲的阶级	出生队列	处于阶级Ⅰ和Ⅱ的相对机会 (阶级Ⅵ和Ⅶ出身的子代的机会设为 1)			处于阶级Ⅵ和Ⅶ的相对机会 (阶级Ⅰ和阶级Ⅱ出身的子代的机会设为 1)		
		(A)	(B)	(C)	(A)	(B)	(C)
Ⅰ和Ⅱ	1908—17	9.48	7.65	3.90			
	1918—27	6.73	5.71	3.73		(设为 1)	
	1928—37	5.97	4.72	3.89			
	1938—47	4.97	3.66[a]	3.38			
Ⅲ—Ⅴ	1908—17	2.75	2.70	1.75	1.56	2.11	2.18
	1918—27	2.11	2.45	1.89	1.55	2.05	2.19
	1928—37	2.34	2.15	1.98	1.99	2.28	2.50
	1938—47	1.51	1.62[a]	1.61	2.12	2.59[a]	2.84
Ⅵ和Ⅶ	1908—17				1.99	2.74	3.29
	1918—27		(设为 1)		2.00	3.16	3.71
	1928—37				2.58	3.63	4.47
	1938—47				2.75	4.15[a]	4.60

注:(a) 基于表 3.1 的调整数据。

当我们考虑阶级Ⅰ和Ⅱ出身的人相对于阶级Ⅵ和Ⅶ出身的人进入阶级Ⅰ和Ⅱ的机会时,最清晰的模式便从表 3.2 中浮现出来。首先可以注意到,所揭示出的总体机会差异——相对于前者(即出身阶级Ⅵ和Ⅶ)的优势——在所有出生队列的(A)阶段中最大,但经流动之后这种优势在生命周期晚期的(B)和(C)阶段减小了。此外,即便只在(A)和(B)阶段下,机会不平等在四个出生队列中的稳步下降也是显而易见的:差异比率从最年长的出生队列到最年轻的出生队列实际上大致减半。[12] 但是,最后在从出身阶级到职业成熟阶段的(C)阶段中,并没有出现这样的均衡趋势。在成员被认为已达到职业成熟的三个出生队列中,阶级Ⅰ和Ⅱ出身的子代处于阶级Ⅰ和Ⅱ位置的可能性,几乎是阶级Ⅵ和Ⅶ出身的子代的四倍。当考虑中间阶级Ⅲ—Ⅴ出身的人相对于阶级Ⅵ和Ⅶ出身的人进入阶级Ⅰ和Ⅱ的机会时,即使不是那么有规律或显著,但我们还是能够清楚地发现一个大致相似的模式。[13]

从表 3.2 中获得的关于进入阶级Ⅵ和Ⅶ位置的相对机会的信息则更为明确。首先,如果将出身阶级为Ⅵ和Ⅶ与出身阶级为Ⅰ和Ⅱ的人的流动机会进行对比，我们会发现在每个相同的出生队列中，反映了这些相对机会的差异比率从（A）到（C）阶段都有所增加——这是因为在进行流动评估的期间，个体的生命周期也在延伸；进一步来说，每个相同阶段内的差异比率，在四个出生队列中也趋于增加。因此，就最年轻的出生队列而言，那些阶级Ⅵ和Ⅶ出身的子代在1972年处于阶级Ⅵ和Ⅶ的可能性，比那些阶级Ⅰ和Ⅱ出身的子代的可能性相比高出四倍以上；并且数据模式引导我们认为，随着这个出生队列越接近职业成熟阶段，差异将越扩大。同样可以注意到，如果将出身阶级为Ⅲ—Ⅴ的人处于阶级Ⅵ和Ⅶ的机会与出身阶级为Ⅰ和Ⅱ的人进行比较时，会再次看到差异随生命周期和出生队列而增加的趋势，尽管不太明显。[14]

其次，与表3.1所示的关于绝对的，或称实际的流动率趋势的数据相比，表3.2所示的关于现代英国相对流动率趋势的数据能产生一种非常不同的图景。表3.1揭示了一种较为一致的变化模式，其中一个重要的特征是：从工人阶级和中间阶级向上流动到扩张的、更高水平的阶级结构中的比率在增加。[15] 然而，表3.2显示，从受访者达到职业成熟阶段的流动经历来判断，不断增加的"上层空间"实际上是或多或少被包括阶级Ⅰ和Ⅱ在内的不同阶级出身的人所成比例地（pro rata）共享的，因而他们的相对进入机会没有发生变化；另一方面，工人阶级的紧缩不仅伴随着阶级Ⅰ和Ⅱ出身的人从事体力工作的绝对机会的下降，也伴随着其相对机会的下降。因此，总而言之，一旦接受了相对流动的视角，所获得的理解就不再是关于显著更高的社会上升机会，而是关于不断稳定增加的阶级流动机会的不平等性。

实际上，近几十年来似乎正在发生这样的一件事情，在直接进入服务阶级，即初职为服务阶级位置时，人们的机会更为平等。与此同时，不同阶级出身的人在职业生涯中间接进入服务阶级位置的相对机会，如果有的话，是趋于扩大的，并且这种机会在以体力劳动为初职的流动中扩大得最为明显。由此产生了表3.2中的比率模式。[16]

该解读的依据实际上可以取自第二章的"三点"流动分析（three-point mobility analyses）。例如，从图2.2中可以看出，在阶级Ⅰ和Ⅱ出身的子代通过一些较低阶级水平的职业开始工作的情况中，到1972年，第三个出生队列中逆向流动（counter-mobile）回阶级Ⅰ和Ⅱ的比例，高于两个更年长出生队列中的比例——55.6％比48.0％；反之，在职业生涯中遵循了相似的向上流动过程的、出身阶级为Ⅵ和Ⅶ的比例几乎不随时间推移而变化——在第三个出生队列中为13.8％，在两个更年长的出生队列中为13.4％。此外，出身阶级为Ⅰ和Ⅱ、初职和1972年职业都为阶级Ⅵ和Ⅶ职业的比例出现了明显的下降——从两个更年长的出生队列中的30.8％降低到第三个出生队列中的21.4％。但是，基于相同的比较基础，在三个生命周期节点上始终处于阶级Ⅵ和Ⅶ的比例只略有下降，从57.7％下降到55.5％。

推断出上述数据的"三点"分析检验了——且到头来反驳了——现代英国流动趋势中的"平衡"（counterbalance）论，根据这一理论，向上的代际流动的任何增长趋势都将被下降的趋势所抵消。不过，虽然该理论在使用绝对流动率检验时确实因实际呈现的指数形式而被误解，但有趣的是，该理论的修正版本在相对流动率方面实际上与本部分的结论基本一致。

相对流动的趋势：优势比

如我们所言，差异比率是一种表示相对流动率的非常简单的方法。在阶级流动趋势的分析中，差异比率为评估阶级结构本身的形状变化在多大程度上可能会影响到不同阶级出身的人流动到某个特定阶级位置的相对机会提供了一定的基础。不过，以"优势比"（odds ratios）这一略微复杂的方式来考察相对流动率及其变化，也是具有可能性和社会学意义的。在2×2阶级流动表中，人们会对出生队列中可能的优势比变化感兴趣：

$$\frac{f_{11}/f_{12}}{f_{21}/f_{22}}$$

也就是说，有人会问，此表达式中阶级Ⅰ出身的子代处于阶级Ⅰ而非阶级Ⅱ的相对机会，与阶级Ⅱ出身的子代处于阶级Ⅰ而非阶级Ⅱ的相对机会相比，是否随时间推移而以相同的速度发生变化。[17]

在一个区分了更多阶级的表格中，可以算出不止一个这样的优势比——实际上，每一对可能的出身阶级（origin classes）与每一对可能的终点阶级（destination classes），都会产生一个优势比。[18] 这样一组优势比在社会学层面上可以最有效地解释为，显示了不同阶级出身的人之间的一系列"竞争"（competitions）结果，以实现或避免进入阶级结构中的其中一个而非另一个位置。优势比的比值越趋于一致（unity），其所指涉的特定竞争越是"平等的"（equal）或"完美的"（perfect）；也就是说，在这个竞争中，较低的（一致性）意味着出身阶级与终点阶级之间有关联。我们合并的三分类阶级图式实际上要求我们考虑九种竞争，正如表3.3—3.5所示。在这些表格中，对于四个出生队列的每一个转移阶段，我们都依次给出了相应的优势比。

表3.3 基于优势比得出的每个出生队列的相对流动机会：
(A)阶段，从出身到开始工作时的位置

"竞争中的"出身阶级对	出生队列	"为之竞争的"终点阶级对		
		Ⅰ和Ⅱ/Ⅲ—Ⅴ	Ⅰ和Ⅱ/Ⅵ和Ⅶ	Ⅲ—Ⅴ/Ⅵ和Ⅶ
Ⅰ和Ⅱ vs. Ⅲ—Ⅴ	1908—17	2.99	5.37	1.80
	1918—27	2.81	4.96	1.77
	1928—37	2.20	5.07	2.31
	1938—47	3.97	0.98	1.76
Ⅰ和Ⅱ vs. Ⅵ和Ⅶ	1908—17	5.07	18.81	3.71
	1918—27	3.32	13.47	4.05
	1928—37	3.73	13.43	4.14
	1938—47	4.08	13.68	3.35
Ⅲ—Ⅴ vs. Ⅵ和Ⅶ	1908—17	1.70	3.50	2.06
	1918—27	1.18	2.72	2.29
	1928—37	1.70	3.04	1.79
	1938—47	1.03	1.96	1.90

表3.4 基于优势比得出的每个出生队列的相对流动机会：
(B)阶段，从出身到工作十年后的位置

"竞争中的"出身阶级对	出生队列	"为之竞争的"终点阶级对		
		Ⅰ和Ⅱ/Ⅲ—Ⅴ	Ⅰ和Ⅱ/Ⅵ和Ⅶ	Ⅲ—Ⅴ/Ⅵ和Ⅶ
Ⅰ和Ⅱ vs. Ⅲ—Ⅴ	1908—17	2.49	5.96	2.39
	1918—27	2.66	4.79	1.80
	1928—37	2.54	5.01	1.97
	1938—47[a]	3.03	5.99	1.98

(续表)

"竞争中的"出身阶级对	出生队列	"为之竞争的"终点阶级对		
		Ⅰ和Ⅱ/Ⅲ—Ⅴ	Ⅰ和Ⅱ/Ⅵ和Ⅶ	Ⅲ—Ⅴ/Ⅵ和Ⅶ
Ⅰ和Ⅱ vs. Ⅵ和Ⅶ	1908—17	4.98	20.99	4.22
	1918—27	3.72	18.05	4.85
	1928—37	3.39	17.15	5.06
	1938—47[a]	3.16	15.19	4.81
Ⅲ—Ⅴ vs. Ⅵ和Ⅶ	1908—17	2.00	3.52	1.77
	1918—27	1.40	3.77	2.70
	1928—37	1.33	3.43	2.37
	1938—47[a]	1.04	2.53	2.44

注：(a) 基于表 3.1 的调整数据。

表 3.5　基于优势比得出的每个出生队列的相对流动机会：(C)阶段，从出身到当前位置(1972 年)

"竞争中的"出身阶级对	出生队列	"为之竞争的"终点阶级对		
		Ⅰ和Ⅱ/Ⅲ—Ⅴ	Ⅰ和Ⅱ/Ⅵ和Ⅶ	Ⅲ—Ⅴ/Ⅵ和Ⅶ
Ⅰ和Ⅱ vs. Ⅲ—Ⅴ	1908—17	3.06	4.86	1.59
	1918—27	3.12	4.32	1.39
	1928—37	3.47	4.90	1.41
	1938—47	2.89	5.97	2.06
Ⅰ和Ⅱ vs. Ⅵ和Ⅶ	1908—17	4.16	12.85	3.09
	1918—27	4.54	13.83	3.05
	1928—37	5.72	17.37	3.04
	1938—47	4.29	15.56	4.91
Ⅲ—Ⅴ vs. Ⅵ和Ⅶ	1908—17	1.36	2.56	1.94
	1918—27	1.45	3.20	2.20
	1928—37	1.65	3.55	2.15
	1938—47	1.10	2.61	2.38

通过对数据进行检验，可以获得大量关于相对阶级流动（或不流动）机会模式的信息，当然也包括随时间而变化的模式。不过，必须承认，表格包含的信息量非常大，而且性质略微复杂，如果只见树木不见森林，那么无论如何都很难确定树木是否形成了某种特定形状的森林。在一般水平上，似乎可以放心地说，虽然在所有表格中单元格之间的优势比大小存在很大差异，之前提

出的数据也使人们期待这样的模式。但在相同的单元格中,优势比之间的差异,即出生队列之间的差异相对较小;此外,表格中没有一组优势比显示出任何随时间而增加或减少的系统性趋势。幸运的是,尽管我们在这种情况下不需要依赖于独立的检验。但是,实际上有一种方法可供我们使用,以在统计上检验表3.3—3.5中显示的优势比是否与特定的假设相一致,即出身阶级和终点阶级之间存在关联的假设,以及此关联在出生队列中是否存在变化的假设。

在20世纪70年代,有几位作者,特别是豪瑟(Hauser)及其同事[19]和霍普(Hope)[20],提出了一种新方法来解决在流动趋势调查中"促成"(allow for)结构性变化的问题。这种方法利用统计学家的成果——尤其是古德曼(Goodman),将乘法模型(multiplicative model)或"对数线性"模型('log-linear' model)应用于多变量列联表(multivariate contingency tables)的分析之中。[21] 在使用由古德曼提出的体系时,分析者尝试通过移动模型的层次结构来解释列联表的单位频率(the cell frequencies),首先阐明所有变量的独立性,然后继续说明变量间的双因素关联(two-way associations)、三因素关联(three-way associations)等——如果有需要,可以一直持续到由涉及的变量数量所允许的最大复杂度。在每个阶段,分析者都可以检验单位频率的拟合优度(此拟合优度从包含这些实际观察到的单位频率的模型中获得),或者也可以检验,相比于以一个更低级的模型作为基础,是否从一个更高级的模型中取得了拟合优度的显著改善——目的在于确定一个能充分"恢复"(recover)观测值的最简洁的模型。本章附录提供了关于对数线性模型的大致说明。

然后来考虑结构性变化背景下的流动趋势研究,对于以表3.1为形式的表格而言(包含了"受访者的阶级""父亲的阶级"和"出生队列"三个变量),模型具体说明了双因素关联而非三因素关联:(i)受访者的边缘分布和出生队列之间存在关联,以及受访者的父亲的边缘分布和出生队列之间存在关联——也就是说,两种阶级分布随时间而变化;(ii)受访者的阶级和父亲的阶级之间存在关联;(iii)但是后一种关联不随出生队列变化——也就是说,一旦边缘变化的效应受到控制,后一种关联随时间处于一个恒定水平。

那么相对于任何更复杂的模型,该模型就可被视为"持续不变的社会流动"

(constant social fluidity)模型,这意味着它可以对流动程度随时间的变化进行评估。回顾前面讨论过的(对社会流动的)区分,"持续不变的社会流动"模型指涉一种结构性流动而非交换性流动正在发生变化的社会状态;或者,结构性流动的变化解释了观察到的全部流动的变化。

然而,遵循我们对绝对和相对流动率进行的重要区分[22],可以注意到,该模型的确就像对数线性模型的一般情况那样,可以用优势比来表示——并且在我们看来,这样表达最为具体。依据从四个单元格的组合中计算出的优势比——一个变量的一对类别和另一个变量的一对类别构成一个组合,对列联表中变量之间关联模式的定义构成了对数线性模型。因此,任何这类模型及其所包含的假设都需要对优势比进行陈述。举一个简单的例子,如果针对2×2阶级流动表,有人提出受访者的阶级和父亲的阶级不存在关联的假设——也就是说,单元值不能仅由边缘分布确定——那么(正如我们之前所指出的),该假设实际上是指原文第 77 页中给出的优势比取值为 1 的那种情况。以类似的方式对"持续不变的社会流动"模式所代表的更复杂的假设内容进行阐述,也将涉及相同的优势比。但是,在这种情况下,我们关心的是包含了第三个出生队列变量的流动表,并没有把兴趣聚焦于比率本身的取值上,而是聚焦于它的取值在出生队列中是否存在显著变化。这个假设意味着,该优势比在出生队列中是不变的;此外,在基于两个阶级以上的表格中,所有计算出的具有相同形式的其他优势比也是不变的。更正式地,模型化的假设表明了,当 k 是出生队列变量时,优势比为:

$$\frac{f_{11k}/f_{12k}}{f_{21k}/f_{22k}}$$

而且,所有其他的优势比可以从流动矩阵(mobility matrix)中的出身阶级和终点阶级的组合中推导出来,这些优势比对所有的 k 值而言都是不变的,实际上等于所有出生队列中的优势比的加权平均。

针对每一个转移阶段,我们再次检验了被视为零假设的"持续不变的社会流动"模型:检验受访者的阶级和父亲的阶级之间存在关联的可能性是否的确随时间而变化。换言之,这一关联水平的可能性在我们的流动数据中与出生队列有关,以至于如表 3.3—3.5 所示,我们观察到的优势比只能由包含了"三因素"(three-way)关联的模型产生。在每个相同的转移阶段中,我们得出的结论明确要求通过拟合优度检验的惯例来接受零假设。的确,在每一种情况下,"持续不变的社会流动"模型似乎都相当好地拟合了我们的数据:从表3.6中可以看出,存在的差异仅仅是因为抽样误差的可能性是相当高的。[23]因此,我们在检验的基础上可以超越我们的早期结论——我们观察到的优势比没有显示出明确的和系统性的趋势,并且我们可以进一步指出,在统计上,没有理由认为以优势比表示的相对流动机会中——也就是说,两个不同阶级出身的人处于两个不同终点阶级中的一个阶级而非另一个阶级的相对机会——存在着任何类型的普遍流动。[24]

表3.6 针对被视为零假设的"持续不变的社会流动"模型,"三因素"关联的检验结果

转移阶段	χ^2	df	p
(A) 开始工作时的职位	10.37	12	0.58
(B) 工作十年后的职位	11.72	12	0.47
(C) 目前(1972)的职位			
所有四个出生队列	11.19	12	0.51
仅较年长的三个出生队列(35岁及以上的男性)	3.53	8	0.90

与此同时,重要的是,此处我们明确指出,在接受"持续不变的社会流动"模型时,我们并不能保证我们的数据所涉及的这些年里,相对流动机会没有引起任何社会学旨趣的转变。准确地说,在对出生队列中的优势比变化进行的"全面"(global)检验中,我们所做的一切并没有拒绝这个被视为零假设的模型。在这种情况下,可能存在更具体的流动类型,并且只有更详细的分析才能够揭示这种可能性。

例如,虽然从总体上看社会流动的程度基本上保持不变,但是变化可能已经发生了,这种变化仅对我们所关心的变量的特定类别的组合产生影响——也就是说,特定的优势比在出生队列中以某种系统性方式发生变化。为了检验这些变化实际上是否已经发生,只能通过某种方式对我们的分析进行分解,并以"分区的"(partitioned)形式检查数据中的关联模式。此外,鉴于我们对流动趋势的中心旨趣,我们认识到,对"持续不变的社会流动"模型所做的检验只考虑了观测值和期望值之间的差异大小,而没有考虑这些

差异的时间顺序(temporal ordering)。也就是说,检验结果不受出生队列中特定优势比的观测值是否显示了关于("持续不变"的)期望程度的趋势的影响。如果我们希望检验这样的趋势,就需要对关于某些优势比随时间而稳步变大或变小的假设进行建模。例如,回到简单的 2×2 流动表中,该流动表包含了具有三个类别的出生队列变量,那么流动随时间而下降的假设可以表示为:

$$\frac{f_{111}/f_{121}}{f_{211}/f_{221}} < \frac{f_{112}/f_{122}}{f_{212}/f_{222}} < \frac{f_{113}/f_{123}}{f_{213}/f_{223}}$$

其中,第三个下标指出生队列变量。

鉴于这些限制,对我们来说明智的做法是,对表 3.3—3.5 中观察到的优势比及其趋势进行再次检验,并且特别关注仅在一个单元格或一组单元格中显而易见的趋势。实际上,有两个这样的趋势值得关注:一个呈现在表 3.4 中,与(B)阶段相关;一个呈现在表 3.5 中,与仅涉及三个较年长出生队列的(C)阶段相关。在每种情况下,这两个趋势都显示在表格的中心单元格之中,以及表格左下方的三个其他单元格之中:换言之,在所有单元格中,把工人阶级出身与非工人阶级出身进入而非不进入服务阶级的机会进行比较。在两个表格中,趋势之间的差异源于它们的方向不同:在(B)阶段中,优势比下降——竞争变得更加公平;但在(C)阶段中,优势比增加——竞争就变得不那么公平。

因此,我们显然有兴趣重新设置表 3.4 和 3.5 中分解模型的数据,这些分解模型可以使假设体现出这样的效应,即当"持续不变的社会流动"在某些优势比中普遍存在时,在其他优势比中,也就是涉及四个单元格的优势比中,这些趋势随时间推移已经出现了。按照本章附录中描述的方法,我们实际上已经检验到,在这些涉及四个单元格的优势比中,线性趋势确实存在——在一种情况下递减,在另一种情况下递增。事实上,我们试图确定一种可能性——来自更复杂的模型和来自总体"持续不变的社会流动"模型的取值之间的差异来自抽样误差,这就使后一个——更简洁的——模型才是"真实的"模型。

表 3.7 特定的优势比的线性趋势检验结果

"竞争中的"出身阶级对	转移阶段	"为之竞争的"终点阶级对					
		Ⅰ 和 Ⅱ / Ⅲ—Ⅴ			Ⅰ 和 Ⅱ / Ⅵ 和 Ⅶ		
		χ^2	df	p	χ^2	df	p
Ⅰ 和 Ⅱ vs. Ⅵ 和 Ⅶ	(B) 递减趋势	3.44	1	0.07	0.56	1	0.47
	(C) 递增趋势[a]	1.50	1	0.22	2.43	1	0.12
Ⅲ—Ⅴ vs. Ⅵ 和 Ⅶ	(B) 递减趋势	6.95	1	0.01	0.50	1	0.49
	(C) 递增趋势[a]	0.64	1	0.44	2.14	1	0.15

注：(a) 仅体现在三个较年长的出生队列中。

在表 3.7 显示的结果中，仅有一个我们检验所得的 p 值低于 0.05 的水平，以至于根据惯例的标准来判断，我们仅在这一种情况下有信心接受线性趋势的存在。不过，有三个其他的 p 值处于或低于 0.15 的水平，同时特别令人感兴趣的是，这四个最低的 p 值所涉及的优势比可被视为一个具有实质意义的模式——反之，与四个明显更高的 p 值相关联的优势比也是如此。正如我们所倾向于认为的，如果我们采用该模式，那么这样一种观点就会得到进一步的支持，即在近几十年的社会流动过程中某些特定的变化趋势实际上已经发生了[25]，而这些趋势可以被描述为：

(i) 在(B)阶段中，也就是从出身(阶级)到工作第十年，与服务阶级和中间阶级出身的人相比，工人阶级出身的人处于服务阶级而非中间阶级位置的机会已经有所改善；

(ii) 但是在(C)阶段中，也就是从出身(阶级)到职业成熟，与服务阶级和中间阶级出身的人相比，工人阶级出身的人处于服务阶级而非工人阶级位置的机会有所恶化。

换言之，虽然在将注意力聚焦于受访者职业生涯的早期阶段时，代际社会流动在某些方面已经有所增加，但是在被视为最重要的代际传递过程中，也就是达到职业成熟阶段，这一趋势却出现逆转："阶级之间的交换"（exchange between classes）在某些方面变得越来越受到限制。

如果我们最终将上述趋势视为"真实的"趋势，而不仅仅是意外出现在我们数据中的特征（并且我们想强调，这必须是最终的判断标准），那么随之而来的问题是，这些趋势与我们之前提出的以差异比率表示（表 3.2）的相对流动机会的变化有何确切的关联。

首先，相当明显的是，(B)阶段中存在流动增加的特殊趋势，这些趋势的重要贡献来自一个变得更高的比率，即工人阶级出身的人进入服务阶级位置的机会与其他阶级出身的人相比有所改善。但是，进一步地，就我们所考虑的进入服务阶级而非中间阶级位置的竞争，而不是就进入服务阶级而非工人阶级位置的竞争而言，流动随时间而不断增加这一事实反映了(B)阶段中差异比率的另一个特征，即：它们表明工人阶级出身的人从事体力薪酬劳动的机会，与其他阶级出身的人相比在以更低的速度减少。

其次，我们认为(C)阶段中存在流动减少的特殊趋势。在此情况下，工人阶级出身的人从事体力薪酬劳动的机会与其他阶级出身的人相比下降得更慢，这种下降似乎是变化的主要来源，因为进入服务阶级位置的相对阶级机会几乎没有发生变化。人们可能注意到，进入服务阶级而非中间阶级位置的竞争替代了进入服务阶级而非工人阶级位置的竞争，我们的统计检验结果没有为任何事实上的流动减少已经发生的观点提供证据。

如果有人被迫要求挑选出相对流动模式在近几十年来发生的最重要的变化，那么很可能会指出如下趋势：在体力工人阶级紧缩的背景下，与体力工人的子代相比，非体力工人的子代逐渐在更大程度上"避免"了从事体力工作。

我们已经以各种方式检验了我们关于代际阶级流动趋势的数据。首先，我们通过阶级图式对观察到的、以简单的百分比形式表示的绝对流动率进行了分析，然后继续对相对流动率进行了分析。我们从两方面探讨了相对流动率，一是差异比率，二是被视为对数线性模型构成要素的优势比，阐明了"受访者的阶级""父亲的阶级"和"出生队列"三个基本变量之间的关联模式。我们认为，由这些不同的分析方法得出的结论可能会对现代英国阶级流动的变化程度产生非常不同的影响。就绝对比率而言，分析显示，在样本中，更年轻的出生队列中的所有阶级出身的人与更年长出生队列中相似阶级出身的人相比，倾向于具有更好的机会进入更高水平的服务阶级位置；反之，具有更低的概率从事普通体力劳动。但是，这一趋势明显与职业劳动分工的演变有关，因而也与不断变化的客观流动机会结构有关。当我们采用一种从不断变化的结构性背景的影响中抽离出来的方式，对相对流动率进行考察时，则是稳定性程度比变化程度更为明显。总体而言,事实上,"持续不变的社会流动"模式似乎相当好地拟合了我们的数据。此外,尽管就相对流动机会某些可能被证实的具体趋势而言,流动增加的证据只会出现在受访者职业生涯相对早期阶段的阶级位置与他们父亲的阶级位置的比较当中。但是,在从出身(阶级)到职业生涯的某个(阶级位置在此阶段后不太可能发生进一步的重大变化的)阶段里对流动进行评估时,社会流动减少的趋势是显而易见的。

关于在美国社会的形成时期被视为美国社会特征的高度开放性是否延续到了20世纪的辩论,我们已经在导言描述了它自20世纪40年代以来是如何在美国展开的。我们注意到,与传统主义者和左翼批评家相比,李普塞特(Lipset)以及布劳(Blau)和邓肯(Duncan)都认为,实际上并没有很好的经验证据证明美国的流动率(然而还有待评估)在近几十年来已经出现任何普遍的下降趋势。可以补充的是,豪瑟(Hauser)及其同事基于几组美国的流动数据,正如我们自己的数据一样,在很好地支持了"持续不变的社会流动"模型后,进一步强调了没有证据支持美国社会的开放性出现系统性下降的观点。[26] 然而,我们希望提出的对比是,在英国的背景下,我们几乎无法同这些美国学者持有相同的观点。特别是,我们不能轻易地把缺乏任何证据支持开放性的不断下降看作是一件令人满意的事情,更何况这逐渐削弱了对社会的强有力批判;相反,在英国,没有证据表明开放性增加的事实一定会有力地强化这种批判。

尽管有斯迈尔斯及其支持者的努力,19世纪的英国同美国一样,仍然从未被她的公民视为"一个充满机会的国家"(a land of opportunity)。的确,正如我们在第一章中所描述的,自20世纪末以来,越来越多的人开始意识到并关注普遍的机会不平等程度。这一关注逐渐转化为政治方案,随后——主要是在第二次世界大战之后——转化为实际的改革政策,主要体现在教育领域。这类改革具有明确的目标,即减少"社会选择"(social selection)过程的阶级影响,从而创造出在我们的意识中的更大的开放性:也就是说,所有阶级出身的个体拥有更大的机会平等进入社会劳动分工的不同位置。不过,我们对相对流动机会的调查结果表明,这些改革实际上未能实现它们的目标。即使在非常有利的背景下,即在经济持续增长和职业结构形式发生重大变化的时期,代际阶级流动——或固化——的一般基本过程没有发生明显变化,如果有的话,的确在某些方面已经倾向于产生更大的阶级机会不平等。[27]

我们之前说过,我们希望看到阶级结构是由不同的社会性优势和权力关系构成的、在本质上高度抵制变化的一种结构。反过来,我们认为,英国社会在战后没有实现更高的开放度这一调查结果证实了上述解释。此外,如果阶级结构因立法和行政行动而受到显著影响,那么我们的结论也可被视为对这些措施的性质和程度提出了严肃质疑。

注释

1. 同样,任何由移民造成的失真(distortions)也是如此。
2. 我们从本章的分析中排除了所有涉及流入或流出农业部门的流动实例。从已经完成的补充性分析来看,这类流动趋势在很大程度上是独特的,应该被排除在外。另一方面,近几十年来从事农业的人占总劳动力的比例很小,意味着这样排除不会对我们结论的一般模式产生实质性影响。参见上文的表 2.1 和表 2.2。
3. 特别的是,表 3.1 中相关的边缘模式表明缺失值可能引入了某些偏差,从而导致阶级 I 和 II 出身的人在第一个出生队列中的代表性不足,而在第二个出生队列中的代表性过剩。
4. 参见 Glass and Hall, 'Social Mobility in Britain', pp. 201 - 204。
5. 平衡理论及其背后的论证(参见原文第 55—56 页)代表了这样一种解释。对于其他的解释,可以参见 J. B. Gibson and Michael Young, 'Social Mobility and Fertility' in J. E. Meade and A. S. Parkes (eds.), *Biological Aspects of Social Problems*, Edinburgh: Oliver and Boyd, 1965; and H. J. Eysenck, *The Inequality of Man*, London: Temple Smith, 1973, ch. 4。
6. 最基本和最棘手的技术问题在于,1949 年调查中所使用的霍尔-琼斯职业声望量表(the Hall-Jones scale of occupational prestige)存在缺陷。由于这次调查的访问时间表已经被毁,以及数据仅以编码形式存在,所以对其调查结果与 1972 年调查结果进行的任何比较都必须基于目前状况下的"霍尔-琼斯量表"。然而,该量表的职业类别的编码过程在清晰度和细节上十分匮乏,以至于在应用上不能达到一个可接受的可靠性程度。可以参见 Kenneth Macdonald, 'The Hall-Jones Scale: a Note on the Interpretation of the Main British Prestige Coding' in J. M. Ridge (ed.), *Mobility in Britain Reconsidered*, Oxford: Clarendon Press, 1974。我们尝试把 1972 年调查样本中的这些出生队列的职业数据编入量表,其中这些数据在 1949 年调查中也有所涵盖,该尝试得出的结论明显与 1949 年的结论背道而驰。

7. 可以补充的是，如果在完整的七分类阶级图式的基础上整理表3.1的数据，就不会对这些调查结果提出任何明显的限制条件。从我们注意到的主要趋势来看，更小的偏差是显而易见的，但是鉴于通常涉及的数量相对较少，对这些偏差进行任何实质性解释的尝试是否明智，我们表示怀疑。

8. 参见 Glass and Hall, 'Social Mobility in Great Britain', Tables 2, 6, and 7。

9. 例如，参见 Saburo Yasuda, 'A Methodological Inquiry into Social Mobility', *American Sociological Review*, vol. 29, 1964; and Raymond Boudon, *Mathematical Structures of Social Mobility*, Amsterdam: Elsevier, 1973。

10. 例如，参见丹尼尔·边图（Daniel Bertaux）关于这一问题的有趣讨论，'Sur l'analyse des tables de mobilité sociale', *Revue française de sociologie*, vol. x, 1969。

11. 从表3.2可见，我们在此基础上对流动机会进行了比较，这些人的阶级出身为其处于一个既定的终点阶级提供了最低水平的机会（或风险）。当然，出于这一目的，我们同样可以很好地把握与其他两个阶级出身的任何一个相关联的流动机会，或样本中男性总体的平均流动机会。根据选择的基准，比较或多或少会呈现出戏剧性变化；但无论是在生命周期或出生队列中，如表3.2所示，总体趋势模式都不会发生变化。

12. 应该认识到，正如在这些情况中实际上所发生的，由差异比率所揭示的相对阶级机会的不断缩小，可能与实际上不断扩大的、以百分比形式表示的阶级"差异"（differentials）共存——尽管具有不确定性。

13. 如果我们将出身于阶级Ⅲ—Ⅴ出身而处于阶级Ⅰ和Ⅱ的机会，与出身于阶级Ⅰ和Ⅱ的机会相关联，那么我们会再次发现一个相同的模式。如果将前者设置为1，可以更容易地看出这个模式。在前三个出生队列中，后者的差异比率在(A)阶段中从3.44下降到2.56，在(B)阶段中从2.82下降到2.20。但是，在(C)阶段中，没有明显的趋势，差异比率在所有四个出生队列中均接近2。

14. 如果出身于阶级Ⅲ—Ⅴ而处于阶级Ⅵ和Ⅶ位置的机会，与出身阶级Ⅵ和Ⅶ的机会相关联，就生命周期各阶段不断扩大的差异而言，相似的趋势是可以被看出的，但在出生队列中则不那么规律。将前者的机会设置为1，在转移的(A)阶段中，后者的差异比率实际上在出生队列中相对恒定于1.30左右，而在(B)和(C)阶段中，差异比率在前三个出生队列中分别从1.30上升到1.60和从1.51上升到1.80。

15. 在以往关于这方面的研究报告中（'Trends in Class Mobility', *Sociology*, vol. 12, 1978），我们把向上流动率的增加视为一种更具开放性的趋势——在某种意义上，这一趋势就是：更高水平的阶级位置的现任者在阶级出身方面越来越具有异质性。但是，正如我们的数据所表明的那样，这种变化并不一定意味着较之于在第一章中所定义的那种意义的更大的开放性,以及在当前工作中所争取保留的意义上的更大的开放性。

16. 从进一步的分析来看(参见本书第五章的图 5.1、图 5.2、图 5.11 和图 5.12),在直接进入阶级Ⅰ和Ⅱ的机会方面,更高的机会平等趋势在很大程度上源于进入专业性职业和技术性职业的机会,因为即使在最年轻的出生队列中,进入行政管理职业位置也主要依赖于职业生涯的流动。

17. 优势比和差异比率之间的关系是直接的:优势比等于一对差异比率的乘积。因此:

$$\left(\frac{f_{11}}{f_{1.}}\bigg/\frac{f_{21}}{f_{2.}}\right)\cdot\left(\frac{f_{22}}{f_{2.}}\bigg/\frac{f_{12}}{f_{1.}}\right)=\left(\frac{f_{11}}{f_{21}}\right)\cdot\left(\frac{f_{22}}{f_{12}}\right)=\frac{f_{11}/f_{12}}{f_{21}/f_{22}}$$

18. 对于一个 R×C 表格而言(其中 R 表示行数,C 表示列数),可计算的优势比的数量为:

$$\frac{R(R-1)}{2}\cdot\frac{C(C-1)}{2}=\frac{RC(R-1)(C-1)}{4}$$

19. Robert M. Hauser, John N. Koffel, Harry P. Travis and Peter J. Dickinson,'Temporal Change in Occupational Mobility: Evidence for Men in the United States', *American Sociological Review*, vol. 40, June, 1975.

20. Keith Hope,'Trends in the Openness of British Society in the Present Century', *Research in Social Stratification and Mobility*, vol. 1,1981.(本文的一个早期版本的题目为'Trends in British Occupational Mobility: a replication to test inferences from cohort analysis',发表在会议 the Internationale Arbeitstagung. *Anwendung mathematischer Verfahren zur Analyse sozialer Ungleichheit und sozialer Mobilität*, Bad Homburg, March 1974。)

21. 对古德曼(Goodman)著述的精彩评论,可以参见 James Davis,'Hierarchical Models for Significance Tests in Multivariate Contingency Tables: an exegesis of Goodman's recent papers', in Herbert L. Costner (ed.), *Sociological Methodology, 1973 - 1974*, San Francisco: Jossey-Bass, 1974。另见 Clive Payne,'The Log-Linear Model for Contingency Tables' in Payne and Colm O'Muircheartaigh (eds.), *The Analysis of Survey Data*, vol. 2, *Model Fitting*, New York: Wiley, 1977。

22. 采用新方法对结构性和交换性流动之间的差异进行操作化,标志着对先前提到的方法进行了改进,从而避免了"对具体性的误置"(misplaced concreteness)。然而,与绝对流动率和相对流动率之间的区别不同,该区别的趋势是，它会鼓励人们猜测，如果没有发生职业劳动分工的结构性变化，将观察到多少流动数量和模式。它乍看似乎是一种有吸引力的方法；但是，基于这种反事实条件的宏观社会学分析往往会在阐明其他条件不变的问题上遇到无法想象的困难。见本书第十一章，特别是原书第 316—317 页。

23. 我们没有对结论进行任何调整，以允许（allow for）复杂样本存在"设计效应"（design effect）。实际上，存在几个理由可以认为这种设计效应接近 1。首先，样本设计提供了大量的初级抽样单元（N=417），可以假设，在我们所关心的三因素（流动）表（the three-way tables）中，每个单元格的观测值相当均匀地分布在这些单元之中，因此自然而然地减少了设计效应。格雷姆·卡尔顿（Graham Kalton）教授的独立计算支持了这一假设。其次，众所周知，如果两个子类（subclasses）均匀地分布在初级抽样单元中，那么针对子类均值（subclass means）之间差异的设计效应要低于分别针对每个组成部分的设计效应。对数线性模型的参数估计是从组频数之间的差异中推导出来的，以至于通过类比，在这种情况下也可以预期相对较低的设计效应。第三，普遍被认为的是，复杂的统计量，例如 χ^2，与相对较低的设计效应相关。应该补充的是，对设计效应所做的任何可能的调整都会导致 χ^2 值紧缩，因而在目前的情况下，可以肯定的是，我们接受了代表零假设的"持续不变的社会流动"模型。

24. 如果我们基于完整的七分类阶级图式进行表 3.6 中报告的相同的模型拟合操作，那么在（A）和（C）阶段中，结论会再次指向接受"持续不变的社会流动"模型，但是在（B）阶段中，模型误差（仅）在 5% 的水平上显著。不过，鉴于对（B）阶段中的数据质量存在质疑，我们不愿意对此结论进行任何实质性解释。有鉴于此，还有一点值得注意，在对 1972 年的牛津数据所做的另一份分析中，霍普（Hope）基于对（B）和（C）阶段中的流动所做的评估，证明了我们称之为社会流动性"持续不变"的结论，尽管他使用了五年间隔的出生队列和不同的职业分类方式（该方式被设计来"模拟"霍尔-琼斯量表），以及在（C）阶段的情况下，还使用了一个替代性指标来表示受访者的出身（阶级），即父亲的当前职业或最终的职业。参见"Trends in the Openness of British Society in the Present Century"。在这篇文章中，霍普还重新分析了格拉斯在 1949 年调查中的代际流动数据，并再次发现了"交换性流动"在出生队列中的恒定性，尽管他认为有明确的证据表明，在两次调查数据重叠的出生队列中，1972 年和 1949 年的调查在这一流动的实际数量上存在系统性差异。

25. 关于从各种立场对这一议题——社会科学在补充统计显著性检验和评估实质意义方面的重要性——的讨论，有收录成书的一系列论文，参见 Denton E. Morrison and Ramon E. Henkel（eds.），*The Significance Test Controversy*，London：Butterworth，1970。

26. Hauser, Koffel, Travis, and Dickinson, 'Temporal Change in Occupational Mobility'。不过,对于有所修正的观点,可以参见 David L. Featherman and Robert M. Hauser, *Opportunity and Change*, New York: Academic Press, 1978, ch. 3。
27. 值得回顾的是,格拉斯及其同事在接纳诸如《1944 年教育法案》(*the 1944 Education Act*)所体现或遵循的改革的同时,明确地提醒过,如果主要的机会不平等状况保持不变,那么这些改革对增加机会平等的影响可能会令人失望。参见原文第 23 页。

附录：拟合对数线性模型

导论

豪瑟（Hauser）等人在流动表分析中给出了使用对数线性模型（log-linear models）的完整描述。[1] 在本附录中，我们提供了豪瑟所拟合的模型的规范，并提供了我们另外所使用的针对更复杂的分层模型（partitioned models）的扩展性规范。也假定了在拟合线性模型时，设计矩阵（design matrices）的使用规范。

采用与豪瑟相同的表示方法，针对具有 I 种类别的出身阶级（受访者的父亲的阶级）（P）、具有 J 种类别的终点阶级（受访者的阶级）（S）和具有 K 种类别的同期群（T）的三因素（three-way）流动表，乘法模型（the multiplicative model）在没有包含三因素交互项（three-way interaction）的假设下——持续不变的社会流动——表示为：

$$F_{ijk} = \eta \cdot t_i^P \cdot t_j^S \cdot t_k^T \cdot t_{ij}^{PS} \cdot t_{ik}^{PT} \cdot t_{jk}^{ST} \quad (1)$$

$$i = 1, \cdots, I; j = 1, \cdots, J; k = 1, \cdots, K$$

其中，F_{ijk} 是单元格 ijk 的期望频率，而方程右侧的项表示待估计的参数。对每一项而言，下标的每个组合都代表一个参数（比如 t_i^P 表示参数 t_1^P，$t_2^P, \cdots, t_I^P$），并且受到参数的乘积等于 $1(t_1^P * t_2^P * \cdots * t_I^P = 1)$ 的约束。

同样地，包含三因素交互项的模型为

$$F_{ijk} = \eta \cdot t_i^P \cdot t_j^S \cdot t_k^T \cdot t_{ij}^{PS} \cdot t_{ik}^{PT} \cdot t_{jk}^{ST} \cdot t_{ijk}^{PST} \quad (2)$$

对三因素（流动）表而言，这是我们可以拟合的最为复杂的模型，被称为饱和模型（saturated model）。与模型（2）不同，模型（1）的三因素交互项 t_{ijk}^{PST} 的参数被设置为1。为了通过检验 t_{ijk}^{PST} 项的添加是否显著改善了对观测值的拟合，以此对两个模型进行比较，我们使用了条件似然比（the conditional likelihood ratio）统计量。条件似然比统计量与我们更为熟悉的皮尔逊拟合统计量一样符合 χ^2 分布，但与后者不同的是，它具有附加属性，可以被用于对连续模型的拟合(the fit of successive models)进行层次序列(hierarchical sequence)的比较。

乘法模型可以采用自然对数的线性形式来表示。因而,模型(1)变为

$$\text{Log } F_{ijk} = u + \lambda_i^P + \lambda_j^S + \lambda_k^T + \lambda_{ij}^{PS} + \lambda_{ik}^{PT} + \lambda_{jk}^{ST} \quad (3)$$

其中,各项λ是对应项的自然对数(例如$\lambda_j^P = \log t_j^P$),且约束条件变为每个λ项的参数的总和为零。以这种方式表示的对数线性模型类似于阶乘排列的方差分析(the analysis of variance for factorial arrangements),可以用一般线性模型(general linear model)的矩阵形式表示:

$$Y = X\beta + e \quad (4)$$

其中,Y是一个$n \times 1$的对数频数向量($n = I \times J \times K$),

X是一个$n \times p$的设计矩阵,其中有p个参数需要评估,

β是一个$p \times 1$的参数向量,而e是一个$n \times 1$的误差项向量。

为了拟合分区模型(partitioned models),对这种表述方式的理解是必不可少的。奈勒(Nelder)给出了倾向于用对数线性模型而非方差分析对频数的阶乘排序进行分析的理由。[2]

设计矩阵

为了估计对数线性模型的参数,实际上必须对涉及各个λ的模型重新参数化,因为这些模型有约束条件,同时我们只能估计独立的参数。例如,λ_{ij}^{PS}包含了$I \times J$个参数,其中$(I-1)(J-1)$个参数是独立的。重新参数化可以通过各种方式完成。一个简便的方法是依次对每个变量的第一个类别与剩余类别进行对比。例如,对具有三个类别的变量P而言,我们可以定义两个独立的参数$\beta_1^P = \lambda_1^P - \lambda_2^P$和$\beta_2^P = \lambda_1^P - \lambda_3^P$。因此,在设计矩阵中,对$\beta_1^P$的列项而言,类别1编码为1,类别2编码为$-1$,类别3编码为0;对$\beta_2^P$的列项而言,类似地编码为1、0和$-1$。这种方法被称为效应编码(effect coding),详见南布迪里等(Namboodiri et al.)的研究。[3]对具有三个变量且每个变量具有3个类别的表格而言,附录表3.1给出了单因素(one way terms)β_i^P、β_j^S、β_k^T的设计矩阵。通过将该矩阵中的相应列项相乘,能够构造出双因素交互项(two-way terms)和高阶项(higher order terms)。

附录表 3.1　3×3×3 表格中的单因素设计矩阵

单元格	列 对比项	1 均值	2 P_1-P_2	3 P_1-P_3	4 S_1-S_2	5 S_1-S_3	6 T_1-T_2	7 T_1-T_3
1	Log F_{111}	1	1	1	1	1	1	1
2	Log F_{211}	1	−1	0	1	1	1	1
3	Log F_{311}	1	0	−1	1	1	1	1
4	Log F_{121}	1	1	1	−1	0	1	1
5	Log F_{221}	1	−1	0	−1	0	1	1
6	Log F_{321}	1	0	−1	−1	0	1	1
7	Log F_{131}	1	1	1	0	−1	1	1
8	Log F_{231}	1	−1	0	0	−1	1	1
9	Log F_{331}	1	0	−1	0	−1	1	1
10	Log F_{112}	1	1	1	1	1	−1	0
11	Log F_{212}	1	−1	0	1	1	−1	0
12	Log F_{312}	1	0	−1	1	1	−1	0
13	Log F_{122}	1	1	1	−1	0	−1	0
14	Log F_{222}	1	−1	0	−1	0	−1	0
15	Log F_{322}	1	0	−1	−1	0	−1	0
16	Log F_{132}	1	1	1	0	−1	−1	0
17	Log F_{232}	1	−1	0	0	−1	−1	0
18	Log F_{332}	1	0	−1	0	−1	−1	0
19	Log F_{113}	1	1	1	1	1	0	−1
20	Log F_{213}	1	−1	0	1	1	0	−1
21	Log F_{313}	1	0	−1	1	1	0	−1
22	Log F_{123}	1	1	1	−1	0	0	−1
23	Log F_{223}	1	−1	0	−1	0	0	−1
24	Log F_{323}	1	0	−1	−1	0	0	−1
25	Log F_{133}	1	1	1	0	−1	0	−1
26	Log F_{233}	1	−1	0	0	−1	0	−1
27	Log F_{333}	1	0	−1	0	−1	0	−1

对 3×3×3 流动表中持续不变的社会流动模型(1)而言,设计矩阵具有 12 个附加的列项(共 19 个独立参数),如下所示:

P×S 项　　列项 8＝列项 2×4(P_1-P_2)(S_1-S_2)

　　　　　　列项 9＝列项 2×5(P_1-P_2)(S_1-S_3)

$$\begin{aligned}
&\text{列项 } 10 = \text{列项 } 3 \times 4(P_1-P_3)(S_1-S_2) \\
&\text{列项 } 11 = \text{列项 } 3 \times 5(P_1-P_3)(S_1-S_3) \\
P \times T \text{ 项} \quad &\text{列项 } 12 = \text{列项 } 2 \times 6(P_1-P_2)(T_1-T_2) \\
&\text{列项 } 13 = \text{列项 } 2 \times 7(P_1-P_2)(T_1-T_3) \\
&\text{列项 } 14 = \text{列项 } 3 \times 6(P_1-P_3)(T_1-T_2) \\
&\text{列项 } 15 = \text{列项 } 3 \times 7(P_1-P_3)(T_1-T_3) \\
S \times T \text{ 项} \quad &\text{列项 } 16 = \text{列项 } 4 \times 6(S_1-S_2)(T_1-T_2) \\
&\text{列项 } 17 = \text{列项 } 4 \times 7(S_1-S_2)(T_1-T_3) \\
&\text{列项 } 18 = \text{列项 } 5 \times 6(S_1-S_3)(T_1-T_2) \\
&\text{列项 } 19 = \text{列项 } 5 \times 7(S_1-S_3)(T_1-T_3)
\end{aligned} \quad (5)$$

在饱和模型中,三因素交互项以类似的方式构造[例如,$(P_1-P_2)(S_1-S_2)(T_1-T_2)$,$(P_1-P_2)(S_1-S_2)(T_1-T_3)$等]。

为了拟合对数模型,大多数计算机程序以重新参数化的形式为用户有效地构造了设计矩阵,只要所需的模型包含了构成一个项(term)的所有参数。一些程序,如 ECTA[4](埃弗里曼的列联表分析)(Everyman's Contingency Table Analysis)会将重新参数化的模型还原回原始的乘法形式[例如,对应于模型(5)的模型(1)或模型(3)]。

区分三因素交互项

不具有三因素关联的持续不变的社会流动模型意味着,从流动表中计算出的所有九个优势比在同期群中是恒定的(即,所有的 λ_{ijk}^{PST} 均为零)。在本节中,我们给出了一些将三因素关联分解为不同组成部分的示例,这些示例意味着某些(或所有)优势比在同期群中发生了系统性变化。下文给出的最后一个示例,对某个特定的优势比存在线性趋势的假设进行了建模。事实上,这种更复杂的假设类型有许多的可能性,因为我们可以选择大量的、能够以多种不同的方式在同期群中变化的优势比子集。每个假设都涉及"持续不变的社会流动"模型中的附加参数[即,模型(5)中被添加到设计矩阵中、由具有适当参照的乘积所形成的列项]。条件似然比的检验统计量可以用于检验附加参数集的显著性。

示例 1

假设：同期群 1 中的优势比与同期群 2 中的优势比相同，但与同期群 3 中的优势比不同。

附加的参数 $(P_1 - P_2)(S_1 - S_2)T$

$(P_1 - P_2)(S_1 - S_3)T$

$(P_1 - P_3)(S_1 - S_2)T$

$(P_1 - P_3)(S_1 - S_3)T$

其中，T 是参照组，在同期群 1 或 2 中被编码为 1，在同期群 3 中被编码为 -1。

示例 2

假设：所有涉及流入或流出阶级 1 的优势比随同期群而变化。

附加参数 $(P_1 - \overline{P}_1)(S_1 - \overline{S}_1)(T_1 - \overline{T}_1)$

$(P_1 - \overline{P}_1)(S_1 - \overline{S}_1)(T_1 - \overline{T}_1)$

其中，$(P_1 - \overline{P}_1)$ 是恒定的，如果父辈的阶级为 1，则被编码为 1，如果父辈的阶级为 2 或 3，则被编码为 -1，而 $(S_1 - \overline{S}_1)$ 是一个相似的针对受访者阶级的参照组。

示例 3

假设：对终点为阶级 1 而非终点为阶级 3 而言，只有涉及出身阶级 1 而非出身阶级 2 的优势比随同期群而变化。

附加参数 $(P_1 - P_2)(S_1 - S_3)(T_1 - T_2)$

$(P_1 - P_2)(S_1 - S_3)(T_1 - T_3)$

示例 4

假设：对终点为阶级 1 而非终点为阶级 3 而言，涉及出身阶级 1 而非出身阶级 2 的优势比存在线性趋势。

附加参数 $(P_1 - P_2)(S_1 - S_3)T_L$

其中，T_L 是参照组，且使用正交多项式（orthogonal polynomials）产生了一个有关同期群变量的线性趋势。

对具有三个类别的同期群变量而言，同期群 1 编码为 1，同期群 2 编码为 0，同期群 3 编码为 -1。对具有四个类别的同期群变量而言，（分别）编码为-3、-1、+1和+3。想要拟合诸如二次方或三次方等更高阶的(线性)趋势,可以使用正交多项式编码(orthogonal polynomial codings)。

有几个程序适用于拟合这些复杂类型的模型,尤其是 GLIM[5] (Generalised Linear Interactive Modelling,广义线性交互模型)具有良好的构造设计矩阵的附加功能,适用于一系列包括对数线性模型在内的线性模型。

注释

1. 'Temporal change in occupation mobility'.
2. J. A. Nelder, 'Log-Linear Models for Contingency Tables', *Applied Statistics*, vol. 23, 1974.
3. N. K. Namboodiri, L. F. Carter, and H. M. Blalock, *Applied Multivariate Analysis and Experimental Designs*, New York: McGraw Hill, 1975.
4. 可以从芝加哥大学的古德曼(L. A. Goodman)(教授)那里获得(此程序)。
5. 可以从坐落于牛津伯里路 256 号的 Numerical Algorithms Group(公司)获得(此程序)。

第四章

阶级结构与代际流动模式

（与克莱夫·佩恩合著）

我们在上一章已展示，现代英国社会的相对流动率整体是保持稳定的。或者换句话说，一种近似持续的社会流动性普遍存在，且这是一个相当自然的进程。继这些内容之后，我们现在应该进一步探索这一流动的实际程度和模式。更准确地说，我们希望知道的，是普遍存在的相对流动率模式，它是表 2.1 和表 2.2 所展示出的那些绝对流动率模式的基础。如何从技术上最好地解决这一问题，就像如何最好地评估结构效应的净流动趋势——或者区分"结构性"(structural)和"互换"(exchange)流动——那样，是社会流动研究领域中长期存在的问题之一。然而，我们在第三章中已经说明，借助豪瑟(Hauser)和霍普(Hope)的贡献，乘法或对数线性模型的应用能够为后一个问题提供令人满意的解决方案；在豪瑟的进一步开拓性工作的指导下[1]，本章将设法表明，判别流动性模式的问题或许也能够以这种方法得到有效处理。

在分析流动趋势时，我们不禁要问，在一个绝对流动率的系统性变化被结构性发展所偏好——并且在某种程度上也被要求——的历史时期内，相对流动率是否也会发生能够用优势比所表示的变化。对数线性模型能够对一系列的相关假设给出一个精确的形式：举个例子，假设优势比没有出现整体性变化，这表明存在持续的社会流动性；或者假设变化趋势只在某些优势比中出现，这表明一定家庭出身与终点阶级之间存在相对流动的机会，而在其他情况下则不会出现这种机会。基于适当的流动表(mobility tables)中的观测值(observed values)拟合出相应模型，任何此类假设都能被检验。相应地，我们现在希望表明，当我们提出反映在一个特定人口样本的实际流动经历中的相对流动机会模式——豪瑟所说的"流动制度"（mobility regime）——是什么的问题时，相似地，我们也可以以优势比的形式处理相对流动率，并且因此使用对数线性模型来表示这种（相对流动）机会分布中的不同概率。此外，实际观测到的阶级流动模型的拟合度（结构效应模型产生的余量——边际），将有助于检验其所体现的假设。

然而，尽管我们对两个问题的处理在某种程度上基于本质上相类似的概念和技术路径，但我们需要注意到，它们的社会学语境存在差异。在研究流动趋势时，人们可以轻而易举地提出一系列具有明显理论兴趣（的假设）——例如随时间变迁的持续社会流动性假设，但是在试图判定某种流动的制度时，单从某一理论立场出发，是远远无法显而易见地发现什么假设是最值得建立模型和进行检验的。我们也许可以运用技术，开展一个完全以实证的、试错法（trial-and-error）的方式进行的研究，这样一来，研究在假设检验的意义上虽然确实有所欠缺，但却在实际意义上开展一项重要的探索"数据挖掘"活动；但是，因为某些可能的原因，这么做可能不具有社会学上的启发性。我们将由此追求一个某种程度上更具野心的目标。在本章的下一部分，概述了豪瑟提出的流动制度分析方法之后，我们将试图建立一个在现代英国社会中具有普遍性的代际阶级流动制度的模型，这至少在某种程度上具有理论基础，即：基于我们对绝对流动率模式的观察，对七分类阶级图式中的理论观点所做的扩展。因此，在测试这个模型的同时，我们将至少进一步测试此图式的启发式价值。具体来说，我们想知道，我们用以检验绝对流动模式的基础，是否也有利于我们考察相对流动率。

流动制度分析：豪瑟模型

在试图研究社会流动性的模式时，社会学家以往主要依赖一种单一的统计方法：即格拉斯（Glass）和他的同事们在1949年的研究中引入的"联合性指数"（index of association）[2]。如同我们前面所指出的，这一指数是流动表单元格中观察到的频率与在这个单元格中基于"完美流动"假设，也就是说，是基于阶级（或其他分类中的）出身与终点之间的统计独立性假设的预测频率之比。我们在第二章中对这一方法作了一些非正式的应用，并且认为对于出身和终点位置之间的实际关联程度来说，这一方法是有说服力的。然而，联合性指数从一开始就受到了很多批判，而且现在可以明确的是，无论如何，如果人们关心的是流动表中的关联模式，而不关心其边缘分布，那么这就是一个非常不恰当的方法。这么说的原因是很明确的：就像泰里（Tyree）和其他研究者所展示的那样，该指数的值受到其计算所涉及的边缘值的制约，所以事实上这一指数在任一单元格上所能取得的最大值都将是两个关联行或列比例中较大者的倒数。因此，边缘频率较小的单元格，比边际频率相对较大的单元格，更"容易"显示出高的联合性指数。[3]

将泰里的论点推进一步，豪瑟观察到一个颇有价值的现象，与联合性指数的概念相联系着的，事实上是一个隐含的流动表乘法模型——但是严格来说这不是一个令人满意的模型，因为它建立在完美流动的假设之上。这个模型的作用是识别流动表中的"交互"——在特定单元格中流动性或不流动性的趋势是净边际效应——和联合性指数所测量的完美流动期望的偏差。因此，该模型认为，在流动表的任一单元格中所观察到的频率都将是(i)一个"规模"效应的产物，其反映了观测的总数——样本量 N；(ii) 一个反映所含出身阶级相对规模的效应——即行边缘比例（the row marginal proportion）；(iii) 一个反映所含终点阶级相对规模的效应——列边缘比例（the column marginal proportion）；以及(iv) 一个交互效应——该单元格的联合性指数。[4]虽然该模型形式上很有吸引力，但豪瑟认为，这一模型的实际内容具有严重的缺陷，特别是在加入联合性指数作为交互项参数时。可以说，困难的根源在于联合性指数被要求把两个任务，即把识别流动表中所观测到的单元格取值偏离完美流动期望的程度，和识别独立于边缘效应进行考虑的流动性或非流动性指数，当作是同一个任务来执行。[5]但是实际上这两个任务是不相容的，主要是因为联合性指数是为了执行前者而设计的，这就意味着它也应当反映边缘效应和交互效应，但它无法胜任后者。

豪瑟的正面贡献直接来自他对联合性指数及其潜在模型的批判。他的模型旨在开发一个更加复杂的流动表的乘法模型，能包含与上述(i)到(iv)所指的相同的四种类型的效应，但它建立在适合流动数据的假设的基础上，因此能够在不过度失真的情况下显示这些数据的结构。这一模型会在本章的附录中正式详述,但或许我们可以按照如下非正式的方式来对它进行最好的理解。

在与联合性指数相关的模型当中,隐含的分析策略是:人们应该从完美流动假设出发,并从对出身阶级和终点阶级的统计独立性中的偏离(deviations)中,来寻求对流动表结构的理解。相反,豪瑟的出发点在于,承认这种独立性一般不会在流动数据中的发现,不同规模的交互效应(并不被认为是偏离完美流动的程度)实际上往往分布在大部分的流动表单元格上。因此,他遵循的策略是,通过在他的模型中明确规定一些不同级别的交互效应,或者换句话说,规定不同强度的流动性或不流动性(净边缘效应)的趋势,来适应这一事实。该模型要求将流动表的每一个单元格分配给一个特定的交互级别,以便处于同一级别的所有单元格共享一个交互参数;然后,一个特定单元格的交互参数,连同相应的行与列的参数(以及规模效应),一起决定了该单元格的预期频率。[6]

如果我们从以优势比(odds ratios)表示相对流动机会的角度重新思考,那么我们可以给予这类模型以更实质的意义,特别是在交互级别上的差异(the differentiation of levels of interaction)方面。一般而言,把流动表的各个单元格分配给不同的交互级别是以简明形式反映海量信息的一种方法。这些信息将由一整套可计算的优势比构成,而不是在一个简单的流动表中(得到)。[7] 根据豪瑟模型,一对出身阶级和一对终点阶级的任何特定组合的优势比,都能够从以下方式所表示的四个单元格的交互级别进行计算:

$$\frac{F_{ik}/F_{il}}{F_{jk}/F_{jl}} = \frac{D_{ik}/D_{il}}{D_{jk}/D_{jl}}$$

此处,下标 i、j 是指出身阶级,下标 k、l 是指终点阶级,F 是由模型生成的单元格频率,D 为每一单元格分配得到的交互级别的参数。[8]

从这个等式出发,首先显而易见的是,所有来自同一交互级别的单元格组合的优势比都将取值为 1,正如我们之前所指出的,一个取值为 1 的优势比表明了两个不同出身阶级的成员之间为获取(或避开)两个终点阶级位置的竞争是完全平等的或"完美的";或者换句话说,在这类竞争中,出身阶级和终点阶级之间不存在任何关联。由此可见,在豪瑟模型中,可以说,同一交互级别的所有单元格构成了一个流动表的"区域"(area),在这块区域中完美流动占优势,同时它们在相对流动率方面与其他级别的单元格有所不同。与隐含了阶级出身和终点的一般性统计独立性的联合性指数模型相比,豪瑟提出的模型能够被描述为具有统计独立性的条件是将流动表的单元格分配给一些可识别的交互级别。

其次,前文给出的等式还表明,当优势比与来自不同交互级别单元格的频率联系起来的时候,也就是在不同的交互参数下,通过参数之间的对应(二阶)比例来给定这一比例的取值。(请注意在这种情况下,当单元格并非全都来自相同的级别时,F_{ik}/F_{il} 不等于 D_{ik}/D_{il},F_{jk}/F_{jl} 也不等于 D_{jk}/D_{jl})。由此可见,交互参数之间的差异可以用一种非常直接的方法来解释。正如优势比所表明的,某一出身阶级的个体被发现在某一终点阶级而不是另一个终点阶级的机会,大于或者小于另一出身阶级的个体所对应机会的多少倍。然后,给定我们所规定的优势比和交互参数之间的关系,显而易见的是,人们能够转而思考流动或不流动的趋势在单元格的某一交互级别中要远大于其在另一交互级别。豪瑟本人将交互级别作为"密度"(density)级别,因为其模型的交互参数直接地对应于先前作者提出的流动表单元格中观测值密度变化的观点[9]。因此,他提到了在不同级别的单元格中流动性或不流动性的相对密度。我们认为遵循这个术语是有用的,并且豪瑟所采用的将最高密度的交互级别编码为1,第二高的交互级别编码为2并以此类推的这一惯例,也是有大有裨益的。

从对流动模式的研究旨趣来看,豪瑟的分析方法显然可以提供一种处理一系列直接相关问题的可能性:流动表中的哪些单元格能够在其交互、密度或级别上,被恰当地归为一组?这些级别之间的密度差异有多大?在这种情况下,不流动性的密度是否会普遍地高于流动性的密度——流动表主对角线上的单元格是否通常被分配到比对角线以外的单元格更高的密度级别?就所提到的后一种单元格而言,它们是否按照某种对称性模式分为不同的密度级别,或者它们在相对流动率中的不对称性是否在某些对应的出身阶级和终点阶级之间表现了出来?

然而,在试图设计一种豪瑟模型,以充分代表现代英国代际阶级流动的流动性模式,从而能够使我们讨论上述类型的问题之前,必须指出,在我们看来，使用这一模型解释流动数据的主要困难出现了。正如我们所看到的，豪瑟模型与联合性指数模型的不同之处在于，豪瑟模型被特别地设计为通过提供不同级别的交互来匹配流动数据。所以，仅仅获得一个版本的模型来严密地再现所观测数据并不困难。实现这个目标所需要的只是去区分足够多数量的交互级别并分配其单元格，在反复试错的基础上，使得拟合度最大化。然而，经过这样的操作之后，人们可以几乎肯定地发现其收获甚微：也就是说，人们对流动表结构的理解并不会比以前更好。如果事实上这个模型是用来达到某种效果的，那么，正如豪瑟本人所认为的，至少两个设计上的约束条件必须被接受：第一，被区分的交互级别的数量应该远远小于表中的单元格数量——并且实际上，豪瑟也已经注意到，当级别的数量大于阶级的数量之时，可能会遭遇到解释上的问题；第二，流动表单元格在不同交互级别上的分配（allocation）必须对分析者具有意义，因此最好在具有一定理论预期的基础上实施。换句话说，该模型某一应用的解释价值将在很大程度上取决于是否有一个不仅相对节制，而且尽可能地具备理论见地的对交互级别的设计。

模型设计

接受上述要求后，正如已经指出的那样，我们接着认识到，应该遵循的步骤——实际上是一种逻辑上的要求——是尝试把将一个豪瑟式模型的设计建立在一种隐含了目前已经观察到的、或者说绝对的流动率的阶级图式的理论观念上。我们已经对这些想法做了一些解释，但在详细阐述设计的基本原理时，需要更详细地说明这些想法。但首先，看起来可取的是，在相对流动机会的意义上，我们也应该勾勒出我们所认为的，主要与不同阶级位置之间的社会流动性模式相关的总体性思考。如下所述，我们将这些思考归为三类。

(i) 不同阶级位置的相对值得向往的程度(*relative desirability*)。就我们的阶级图式而言，这可以以一种一般性的方式，通过其组成的职业群体在H-G量表上的位置表明。但人们应该意识到，存在与阶级出身有关的特殊变异(*particularistic variations*)的可能性。

(ii) 不同阶级出身给予个体的相对优势(*relative advantages*)。这些优势可以在三种资源上被有效地衡量：(a)经济资源——各种形式的资本（包括正在运营的商业企业和专业实践)和收入现金流、信贷的可获得性等;(b)文化资源——布迪厄意义上的"文化资本"[10],尤其有利于家庭文化遗产(*famille éducogène*)的创造;和(c)社会资源——社交网络的参与度以及结构性较低的互动的可能性。这些(资源)可以充当信息和影响力的渠道。[11]

(iii) 个人在寻求进入不同阶级位置时面临的相对壁垒(relative barriers)。这可以基于与(ii)中所示的资源种类相对应的要求来考虑;例如,对资本、教育资格和"认识别人"(knowing people)等方面的要求。

在设计我们的代际流动制度模型时,参照这些思考和我们的阶级图式,看起来,需要作出的第一个决定是我们应该操作化的交互级别的数量。豪瑟认为,从一个相对较大的数字开始是明智的,但希望最终能够按照经验结果对交互级别进行排除。然而,就像我们已经指出的那样,他还认为,当级别的数量超过了流动表中所代表的阶级数量时,可能会出现解释上的困难。因此,至少在最开始,最适于我们的研究的似乎是要基于与阶级数量相同的交互级别数量——七个级别。

在做出这一决定之后,我们接下来的任务是将基本代际流动表中的49个单元格的每一个——如前文表2.1和表2.2所示的——尽可能地以理论为基础,分配到这些级别中去。为了便于说明,我们一开始就展示"级别矩阵"(levels matrix)的结果。这正是我们在表4.1中所做的,其中单元格条目代表交互,或者说密度、级别——最高密度为1级,最低密度为7级。[12] 我们现在可以着手引导单元格分配的讨论——请记住我们所能够提供的理论基础并不具有严格的统一说服性。事实上,当我们进行这一工作时,我们会致力于弄清楚什么时候我们的理论观点能较为紧密地指示我们的设计,以及另一方面,什么时候这些理论观点不能给出非常精确的指示。所以,当我们开始用观察到的流动数据检验我们的模型时,我们应该有一些基本原则来决定是否对其进行以经验为依据的修正。当理论上的考虑不具有决定性的时候,这样做可能是合乎情理的;但是如果改变我们的设计,这在某种程度上意味着一种明显的矛盾,意味着我们的理论观点可能是毫无意义的,因为在这种情况下我们虽然会得到一个拟合度上有所改进的模型,但除了以一些较为特定(*ad hoc*)的方式外,我们可能将无法解释这一模型。

表 4.1　代际阶级-流动制度的豪瑟式模型级别矩阵，单元格分配至七个交互级别

父亲的阶级	子代的阶级						
	Ⅰ	Ⅱ	Ⅲ	Ⅳ	Ⅴ	Ⅵ	Ⅶ
Ⅰ	1	3	4	6	7	7	7
Ⅱ	3	3	4	6	6	7	7
Ⅲ	4	4	4	6	5	6	6
Ⅳ	5	5	5	2	6	6	6
Ⅴ	5	5	5	6	4	5	5
Ⅵ	7	6	5	6	5	4	5
Ⅶ	7	6	5	6	5	5	4

我们首先从以下论点开始：在代际阶级流动方面，最可靠优势和最具决定性的障碍（独立供给和需求因素考虑），是那些由经济资源和需求所代表的（优势和障碍）。第一，由于经济资源确实比文化或社会资源更能够可靠地在代际间传递；第二，与后者（文化资源或社会资源）不同，由于经济资源主要采取"排他性"而非"包容性"资产的形式——被一方所拥有的（资产）便不能够被另一方占有。[13] 在我们的图式中，经济资源的传递预计对七个阶级中的两个，即阶级Ⅰ和阶级Ⅳ，尤为重要。阶级Ⅰ由少数大型经营者和独立专业人士组成，他们通常能够将企业或业务传递给他们的子女；而且与此同时，他们和这一阶级中的多数群体成员，很可能通过利用他们相对较大的收入和财富积累来持续地帮助他们子女的职业机会——举个例子，通过给他们购买特权的教育、广泛的培训，或者就通过他们自己的业务或实践。在阶级Ⅳ中，还有未被阶级Ⅰ所涵盖的"独立生产者"（包括农民和小股东）。虽然他们的资本无论在规模还是形式上都有很大的区别，但可以假设这个阶级中的大多数人仍然拥有一定程度的资本传递的潜力。就阶级位置代际传递的可能性而言，我们会首先希望将这两种阶级视为特殊的，而且相应地我们把流动表中的第一行第一列单元格（Ⅰ—Ⅰ）与第四行第四列单元格（Ⅳ—Ⅳ）分配到我们所区分的最高密度级别。事实上，正如从表 4.1 中可以看到的，我们将前一个单元格单独放置在第 1 级，而后一个单元格同样单独放置在第 2 级。这种划分基于两个理由：第一，基于 H-G 量表来评判，阶级Ⅰ的位置往往是最值得向往的——因此，阶级Ⅰ的子女们可能被期望维持与他们父亲相当的职业位置，然而阶级Ⅳ的子女们有可能追求更加理想的职业位置，比如阶级Ⅰ；第

二,阶级Ⅰ的出身可以被认为在文化和社会资源方面确实比阶级Ⅳ——或者其他阶级出身——更具优势,因此这样一来阶级Ⅰ的子女们自身获得阶级Ⅰ位置的相对机会就得到加强。

因此,将第一行第一列(Ⅰ—Ⅰ)与第四行第四列(Ⅳ—Ⅳ)的单元格视作特殊情况,并分配给他们两个以最高的密度级别。然后,我们现在能够在流动表中一行一行地处理剩下的单元格了。

至于第一行的人——那些阶级Ⅰ出身但自身不属于在阶级Ⅰ位置的人——我们对他们进行如下的推断。在阶级Ⅰ位置之后,进入阶级Ⅱ的位置通常是最理想的。正如我们先前所暗示的,阶级Ⅰ与阶级Ⅱ可以被视为现代英国社会服务阶级的高层和底层的代表。所以,阶级Ⅰ的子女们如果不能设法跟随他们父亲进入阶级Ⅰ,往往会将阶级Ⅱ位置视作次好的选择,而且他们有比其他人更好的资源来获得这些位置。另一方面,我们可以把阶级Ⅶ看作是所有最不理想的地位组成的,阶级Ⅰ的子女们得益于他们所能够获取的资源,拥有最好的保护以防止降级到阶级Ⅶ。因此,看上去合乎逻辑的是,在我们已经使用两个最高密度级别之后,将第三个最高密度级别放在第一行第二列(Ⅰ—Ⅱ)的单元格——第3级别,而分配给第一行第七列(Ⅰ—Ⅶ)单元格可获得的最低级别——第7级别。由于阶级Ⅵ所组成的位置比阶级Ⅶ位置更加理想,遵循这一相同的逻辑,将处于比第一列第七行(Ⅰ—Ⅶ)单元格更高的级别放入第一行第六列(Ⅰ—Ⅵ)单元格,例如第6级别。但是我们要注意,通往许多阶级Ⅵ的——熟练体力劳动者的——位置的道路上存在障碍,这些位置在阶级Ⅶ的情况下并不存在,即:对一个学徒期或类似培训的要求必须比通常开始的年龄更早,事实上,在此之前阶级Ⅰ的子女们已经完成了全日制教育,即使他们在学业上无过人之处。[14] 考虑到这一障碍的存在,作为一个更好的对阶级Ⅵ位置的补偿,第一行第六列(Ⅰ—Ⅵ)单元格和第一行第七列(Ⅰ—Ⅶ)单元格一样,都最适合归类于第7级别上。此外,还可以提出一个本质上相似的论点,以保证将第一行第五列(Ⅰ—Ⅴ)单元格处理为同样的最小密度之一。虽然一些由阶级Ⅴ组成的技术者位置也要求学徒制,但更重要的是,体力管理者位置通常是通过以往在一般大众体力雇佣中的经验来获得的,而不是基于社会出身所赋予的优势。

因此在表格的第一行我们只剩下两个单元格仍待分配——第一行第三

列（Ⅰ—Ⅲ）与第一行第四列（Ⅰ—Ⅳ）的单元格。我们可以假设，对于阶级Ⅰ的子女们，阶级Ⅲ和阶级Ⅳ位置比阶级Ⅱ位置更不理想，但至少比阶级Ⅴ或阶级Ⅵ位置要理想些，而且通常更容易获得。因此很明显，我们应该把这些单元格分配给第4级别到第6级别范围内的密度级别。然而除此以外，我们没有很明确的理论预期。我们只能较为武断地将第一行第三列（Ⅰ—Ⅲ）单元格分配给第4级别，将第一行第四列单元格分配给第6级别。

对于阶级Ⅱ出身的人，我们假设他们与来自阶级Ⅰ的人对不同位置的相对得向往程度相类似，尤其地，我们发现体力雇佣职位是不受他们欢迎的，而且无论如何，在获得阶级Ⅴ和阶级Ⅵ位置的道路上，障碍或多或少会持续存在。但是与此同时，我们必须承认阶级Ⅱ的子代比阶级Ⅰ的子代优势更少，尤其在经济资源方面，因此他们将比后者更难加入更为理想的白领位置，转而更有可能通过各种途径去追求蓝领职业等级秩序中的最高位置。因此，我们的目的在于，通过将第二行第七列（Ⅱ—Ⅶ）和第二行第六列（Ⅱ—Ⅵ）单元格——如同第一行第七列（Ⅰ—Ⅶ）和第一行第六列（Ⅰ—Ⅵ）单元格——分配给最低密度的第7级别，而将第二行第六列（Ⅱ—Ⅵ）单元格放在第6级别来反映这一现象。阶级Ⅱ的子女们可获得的资源的水平也对第二行第一列（Ⅱ—Ⅰ）单元格的分配产生了影响。一方面，这使得第二行第一列单元格（Ⅱ—Ⅰ）必须明确地放在比第一行第一列（Ⅰ—Ⅰ）单元格更低的级别上，另一方面，更高级别服务阶级位置对阶级Ⅱ的子女们更具有吸引力，在阶级Ⅰ之外，他们获得这些位置的机会比任何其他出身的人们更多。因此，将第二行第一列（Ⅱ—Ⅰ）单元格放在第3级别似乎是合适的。那么第二行仍然有三个单元格有待处理：第二行第二列（Ⅱ—Ⅱ）、第二行第三列（Ⅱ—Ⅲ）和第二行第四列（Ⅱ—Ⅳ）。在它们中，我们应该明确地分配给第二行第二列（Ⅱ—Ⅱ）单元格比其他两个单元格更高的密度级别，因为阶级Ⅱ位置比阶级Ⅲ或阶级Ⅳ位置更加理想；而且有理由给第二行第四列（Ⅱ—Ⅵ）单元格这三者中最低的级别，即：虽然阶级Ⅳ毫无疑问包括比阶级Ⅲ更不理想的位置，但依凭相关的资本要求达到前者的道路上存在障碍。在这种限制条件下，我们选择将第二行第二列（Ⅱ—Ⅱ）单元格放在第3级别，第二行第三列（Ⅱ—Ⅲ）单元格放到第4级别，第二行第四列（Ⅱ—Ⅳ）单元格放在第6级别。

同样地，对于阶级Ⅲ——或者说，低级别的非体力劳动——阶级出身的人,我们也假设各类职位在他们心中值得向往的程度是与阶级Ⅰ和阶级Ⅱ出身的人相同的,但可获得的程度却更低。因此,我们肯定要将第三行第一列(Ⅲ—Ⅰ)和第三行第二列(Ⅲ—Ⅱ)单元格放在比第二行第一列(Ⅱ—Ⅰ)和第二行第二列(Ⅱ—Ⅱ)单元格更低的密度级别上;由于向体力雇佣者的流动可能是难以避免的,我们应该把第三行第六列(Ⅲ—Ⅵ)和第三行第七列(Ⅲ—Ⅶ)单元格分配到比第二行第六列(Ⅱ—Ⅵ)和第二行第七行(Ⅱ—Ⅶ)单元格中比较小的那个稍稍高一些的(密度)级别上。在此,明显地,似乎对于前一对单元格应选择第4级别,而后一对单元格是第6级别。我们不对这几对单元格中内部的两个单元格进行区分,因为我们没有依据判断相对向往程度(relative desirability)和相对障碍(relative barrier)之间的抵消效应可能会如何产生。我们会同时使用一个类似的论点来论证给第三行第四列(Ⅲ—Ⅳ)单元格和第二行第四列(Ⅱ—Ⅳ)单元格相同的密度级别——第6级别,是合适的:在这种情况下,对于阶级Ⅳ位置来说,阶级Ⅲ的子女们比阶级Ⅱ的子女们有更高的相对愿望被抵消,因为就获得阶级Ⅳ位置的相对优势而言,前者仍然比后者更少——资本需求再次成为关键考虑因素。我们就这样在这一行留下第三行第三列(Ⅲ—Ⅲ)单元格和第三行第五列(Ⅲ—Ⅴ)单元格。从我们在级别矩阵中得出的结果来看,前者看似应该有一个不低于4的密度级别,而后者有一个高于6的密度级别。在这些限制条件下,我们有些武断地将这些单元格分别分配给了第4级别和第5级别。

在表的第四行中,我们已经将对角线上的一个单元格分配给第2级别。对阶级Ⅳ出身的人所记录的这种高密度的不流动性暗示着这一行的其他单元格密度要低于预期。首先,虽然至少,我们同意,阶级Ⅳ的子女们的相对优势整体上是与那些阶级Ⅵ的子女们相同的,但是我们认为前者在经济资源方面比后者更具优势,而这些资源与获得阶级Ⅳ位置直接相关,但关于与获得阶级Ⅰ和阶级Ⅱ位置更为相关的文化和社会资源方面的优势较弱。因此,我们分配给第四行第一列(Ⅳ—Ⅰ)和第四行第二列(Ⅳ—Ⅱ)单元格比第三行第一列(Ⅲ—Ⅰ)和第三行第二列(Ⅲ—Ⅱ)单元格更低的密度级别——第5级别。我们也将第四行第三列(Ⅳ—Ⅲ)放入第5级别,不是因为我们认为阶级Ⅳ的子女们与阶级Ⅲ的子女们相比,在阶级Ⅲ位置上的优势要少得多,而是因为我们认为这样的位置对阶级Ⅳ的子女们不具有很强的吸引力,因为他们有更大的优势去获得阶级Ⅳ位置。同样的推论也适用于第四行第五列(Ⅳ—Ⅴ)单元格的情况,所以我们同样地把这一单元格放在比第三行第五列(Ⅲ—Ⅴ)更低的级别上,也就是第6级别。随后我们留下第四行第六列(Ⅳ—Ⅵ)和第四行第七列(Ⅳ—Ⅶ)单元格。无论是在避免体力雇佣的追求上,还是他们为实现这一目的所能利用的资源上,似乎也没有理由认为阶级Ⅳ的子女们与阶级Ⅲ的子女们有所不同:因此我们将所讨论的单元格分配给与第三行第六列(Ⅲ—Ⅵ)和第三行第七列(Ⅲ—Ⅶ)单元格相同的低密度级别,即第6级别。

至于阶级Ⅴ的子代们,我们认为他们从其出身中可获得的资源级别比那些阶级Ⅲ或阶级Ⅳ的子代们要稍微低一些:这就是说,他们可能在文化和社会优势方面不具备阶级Ⅲ的子女们的相对优势,这些优势来自他们白领职业领域的家庭的参与,然而在经济资源方面,尤其是资本的可获得性方面,阶级Ⅴ的子代们落后于阶级Ⅳ的子代们。因此,任何情况下我们都应该将第五行第一列(Ⅴ—Ⅰ)单元格放在一个比第三行第一列(Ⅲ—Ⅰ)单元格更低的密度级别上,因此我们选择第5级别。由于父母进入了蓝领工作,阶级Ⅴ的子女们也有可能认为低层白领位置并不比高层蓝领阶级位置更理想。所以,我们也倾向于给第五行第二列(Ⅴ—Ⅱ)和第五行第三列(Ⅴ—Ⅲ)单元格比第三行第二列(Ⅲ—Ⅱ)和第三行第三列(Ⅲ—Ⅲ)单元格更低的密度级别,我们事实上也把它们分配给第5级别。然而,对于第五行第四列(Ⅴ—Ⅳ)单元格来说,我们会选择与第三行第四列(Ⅲ—Ⅳ)单元格相同的低密度级别——第6级别,而且同样地是因为缺乏所需要的进入资源。还剩下第五行第五列(Ⅴ—Ⅴ)、第五行第六列(Ⅴ—Ⅵ)和第五行第七列(Ⅴ—Ⅶ)单元格。在这里,我们此前的论点将表明,相比前几行中已经被给定的对应单元格更高的密度级别,同时,由于阶级Ⅴ位置更具理想性,我们应当通过赋予第五行第五列(Ⅴ—Ⅴ)单元格更高级别的方式,使其与另外两个单元格区分开来。我们因此将第五行第五列(Ⅴ—Ⅴ)单元格分配到第4级别,将第五行第六列(Ⅴ—Ⅵ)和第五行第七列(Ⅴ—Ⅶ)单元格分配给第5级别。

流动表中剩下的两行——反映阶级Ⅵ和阶级Ⅶ的子代们——被放在一起处理也许更好。这是因为,我们认为,这些出身的人们所能获得的资源,和他们对不同位置相对的向往程度,在很大程度上是相同的。在资源方面,熟练工人的子女们在经济方面可能比半熟练工人和不熟练工人的子女们更具有一些优势，但可以假设，从某种意义上说，他们具有很多相似之处；而前者在文化资源上也可能稍微有些优势，这抵消了许多对阶级Ⅶ职业的偏好，特别是位于第三产业的人们，会基于与他们提供服务的白领世界的联系来提供更好的社会资源。另一方面，所有熟练级别的工人阶级的子代们，在追求最理想位置的竞争中，相对于其他阶级出身的人们，其普遍存在的劣势在本质上是相似的。因为这个原因，相比于在前面任意一行的对应单元格，我们把更低的密度级别给第六行第一列（Ⅵ—Ⅰ）和第七行第一列（Ⅶ—Ⅰ）单元格，也给第六行第二列（Ⅵ—Ⅱ）和第七行第二列（Ⅶ—Ⅱ）单元格，即：第 7 级别——所有级别中最低的级别——给单元格中的第一对，把第 6 级别给单元格中的第二对。这种差异显示了我们的判断：对工人阶级出身的人们来说，进入阶级Ⅰ位置的障碍——经济的、文化的和社会的——将会明显地大于进入阶级Ⅱ位置。基于与第三行第四列（Ⅲ—Ⅳ）和第五行第四列（Ⅴ—Ⅳ）单元格相同的有关经济上的障碍的原因，我们将第六行第四列（Ⅵ—Ⅳ）和第七行第四列（Ⅶ—Ⅳ）单元格也分配给了第 6 级别。

第六行和第七行剩下的单元格显然应该被赋予比那些已经被分配的单元格更高的密度级别，但是在两行之间，我们希望做出的唯一差异需要通过把第六行第六列（Ⅵ—Ⅵ）和第七行第七列（Ⅶ—Ⅶ）单元格分别放在比第六行第七列（Ⅵ—Ⅶ）和第七行第六列（Ⅶ—Ⅵ）单元格更高的密度级别上来得到。我们预期，阶级Ⅵ的子女对于为自己获得熟练体力位置，尤其在他们的文化和社会资源方面，会相对比较有优势，而相应的，阶级Ⅶ的子女们更多地局限于半熟练体力位置或不熟练体力位置。同时，我们应该牢记，此处阶级Ⅲ和阶级Ⅴ的位置对出身于阶级Ⅵ或阶级Ⅶ的人们来说并没有很难逾越的障碍。因此，看来可以以与这些考虑相一致的最小的差异来处理所讨论的单元格，即将第六行第三列（Ⅵ—Ⅲ）、第六行第五列（Ⅵ—Ⅴ）和第六行第七列（Ⅵ—Ⅶ）单元格分配给第 5 级别，并且将第七行第三列（Ⅶ—Ⅲ）、第七行第五列（Ⅶ—Ⅴ）和第七行第六列（Ⅶ—Ⅵ）单元格分配给同一级别；然后将两个对角线上的第六行第六列（Ⅵ—Ⅵ）和第七行第七列（Ⅶ—Ⅶ）单元格，分配给第 4 级别。

我们现在已经描述完了对表 4.1 中级别矩阵的理论基础，所以我们的下一个任务就是检验该模型与实际观察到的流动性模式的拟合程度。显然，在通过这种方式对其进行实证测试之前,对由流动表的设计所显示的社会流动性模式进行广泛的讨论并没有什么意义。然而,也许在这个阶段值得注意的是,不同于我们的阶级图式所呈现的那样,级别矩阵似乎是一个相当不规则的矩阵,而不是某种特定的,只基于一些在人们选择检验流动性的方面已经成型的,例如职业期望、声望或社会经济地位等的单一等级维度的矩阵。[15]

拟合模型

我们的基本代际流动表的豪瑟式模型,其单元格如表 4.1 中那样被分配了各交互级别,生成了一系列"预期值"并在表 4.2 中与实际观察值一起展示。[16] 我们必须确定的问题是,在充分重现或描述经验数据的情况下,模型是否很好地拟合了这些数据。正如上一章所讲,为了评估拟合优度,我们使用了 χ^2 检验的一种形式。

表 4.2 代际阶级流动:基于七级别豪瑟式模型的单元格观测值和单元格预测值

父亲的阶级	子代(即受访者)的阶级							总和
	I	II	III	IV	V	VI	VII	
I	311	130	79	53	33	37	45	688
	311.0	129.7	67.1	38.9	29.8	52.8	58.8	
II	161	128	66	39	53	59	48	554
	161.0	128.3	66.3	38.5	49.5	52.2	58.1	
III	128	109	89	54	89	108	117	694
	138.9	110.7	82.5	47.9	83.4	109.2	121.5	
IV	167	151	106	324	116	192	273	1 329
	189.9	150.5	112.2	324.0	116.5	206.7	230.1	
V	154	147	109	83	170	229	190	1 082
	150.9	120.3	89.7	72.5	175.7	223.8	249.1	
VI	202	228	216	170	319	788	671	2 594
	171.3	229.3	231.7	187.2	326.0	805.0	643.6	
VII	162	194	205	164	311	587	870	2 493
	163.0	218.0	220.5	178.1	310.2	550.2	852.8	
	1 285	1 087	870	887	1 091	2 000	2 214	9 434

需要特别关注的是,模型计算出的值与所观察到的取值之间存在的异质性程度是否显著,这种显著差异不太可能仅仅是抽样误差的结果。正如在表 4.3 的第一行所示,如果我们将检验应用于表 4.2 中所显示的结果,我们实际上会得到一个非常显著的 χ^2 值。所以,在此基础上,我们需要得出结论是:我们的模型对我们数据的拟合度并不令人满意。

表 4.3　对代际阶级流动制度的豪瑟式模型的检验结果

版本	拟合优度			相关性程度可解释的百分比	错误分类个案总数的百分比
	χ^2	df	p		
最初的七级别设计	76.99	30	0.00	95.6	3.0
修订后的七级别设计(四个单元格被重新分配)	45.33	30	0.03	97.4	2.2
八级别设计(六个单元格被重新分配—两个被分至一个新的最小密度级别)	31.44	29	0.35	98.2	1.9

然而,如前一章所述,我们并不希望将统计显著性的检验视为我们对实质性的、社会学意义的显著性的唯一指导。所以在表 4.3 中,我们还报告了另外两个统计数据,我们认为这两个统计结果与评估我们模型的充分性有关。第一个是对模型所占流动表中出身阶级和终点阶级之间相关性的程度大小的测量。[17] 第二个较为简单地展示了在流动表中(N=9 434),模型"错误分类"个案总数的比例——就与它们在表内单元格中观察到的分布相比较而言。这些统计数据表明,虽然我们模型的单元格生成值和单元格观测值之间的差异,可能大于可归因于偶然性的差异,但是它仍然没有那么大,而且我们的模型似乎大体来说是设计正确的。关于这一点,很有必要记录的是,在我们已经拟合了的模型中,密度级别参数的取值完全按照我们的理论论点所指出的顺序,即:第 1 级别的参数是最高值,第 2 级别为次高,依此类推,按照相当规律的间隔,一直下降到取最低值的第 7 级别参数。应该明确的是,在拟合过程中没有什么能够保证或以任何方式能够预设这样的一个结果。所以,在这种情况,应该做的是思考我们的模型是否有可能被稍做修改以改进其拟合度,但同时不严重违反任何指导其最初规范的理论期望。

从表 4.2 可以相当明显地看出,观察值和期望值之间的比较大的差异都发生在流动表的两行中——第一行与第五行。[18] 在第一行,我们的模型最显著地低估了阶级Ⅰ出身的人们到阶级Ⅳ位置的流动性,同时高估了他们到阶级Ⅵ和阶级Ⅶ的流动性。关于改正前一个误差,似乎没有理论性的异议来将第一行第四列(Ⅰ—Ⅳ)单元格提高一个级别——第5级别——因为设计的基本原理所要求的是这个单元格应该落在第4到第6级别的范围内。同样,虽然我们没有预料到这一差异,但是我们提出的理论期望实际上显示出,应该将第一行第六列(Ⅰ—Ⅵ)和第一行第七列(Ⅰ—Ⅶ)单元格放到一个相比于分配到第7级别的其他单元格更低的密度级别上。在此,唯一的缺点是,这将意味着需要创造一个新的第八密度级别,并在此程度上具有更复杂(less parsimonious)的设计。

在表的第五行,错误首先出现在我们的模型对阶级Ⅴ出身的人们流入到阶级Ⅱ和阶级Ⅲ位置的程度估计不足,因而大大高估了进入阶级Ⅶ位置的流动性程度。为了使单元格重新分配给需要减少这些差异的密度级别,就意味着需要对早期表达的理论观点进行某些修正,但可以说,这只是一些非常暂时的进步。虽然我们认为,有充分的理由来将第五行第一列(Ⅴ—Ⅰ)单元格放在一个比第三行第一列(Ⅲ—Ⅰ)单元格更低的级别上——由表4.2结果所表明的决定——我们将第五行第二列(Ⅴ—Ⅱ)和第五行第三列(Ⅴ—Ⅲ)单元格分配给一个比第三行中相对应单元格更低的(密度)级别,因为我们设想,相比于阶级Ⅲ的子女们,对阶级Ⅴ的子女们来说次白领(职业)位置可能更不理想。而且,反过来,我们又将第五行第六列(Ⅴ—Ⅵ)和第五行第七列(Ⅴ—Ⅶ)单元格分配到了比第三行第六列(Ⅲ—Ⅵ)和第三行第七列(Ⅲ—Ⅶ)单元格更高的密度级别。但是,现在看来,我们在此的推测是错误的:实际上,不论如何,阶级Ⅴ的子女们不管是流入阶级Ⅱ和阶级Ⅲ位置,还是流入阶级Ⅶ位置的相对机会,其实似乎都与阶级Ⅲ的子女相差不大。然而我们认为,也许减少对这一论点的讨论对我们总体的理论立场妨碍并不大,因此我们将希望通过将第五行第二列(Ⅴ—Ⅱ)和第五行第三列(Ⅴ—Ⅲ)单元格从第5级别重新分配到第4级别、将第五行第七列(Ⅴ—Ⅶ)单元格从第5级别重新分配到第6级别,来修改我们模型的设计。

前面我们已经表示,可以合理地——对后续解释有适当考虑的情况下——将我们最初的设计转换成两种新的可能的设计中的一种,即:要么将它转换成经过修订的七级别设计,包含流动表第一行的一个单元格的重新分配——第一行第四列(Ⅰ—Ⅳ)单元格从第 6 级别换至第 5 级别——以及我们刚刚所指定的第五行的三个单元格;要么转移到八级别设计,除这些新的分配以外,这一设计涉及一个新的,用来安置第一行第六列(Ⅰ—Ⅵ)和第一行第七列(Ⅰ—Ⅶ)单元格的最小密度级别的引入。从表 4.3 的第二行和第三行中可以看到,通过这些对最初设计的修改,我们模型的拟合度将如何得到改进。通过传统的 5% 的标准来判断,即使从所用的另外两个测量中明显看出观察值和期望值之间的差异并不会很大,但修订后的七级别设计的 χ^2 值仍然显著。另一方面,虽然八级别设计对后一种测量的进一步改进必然是相当轻微的,但模型的这个版本将 χ^2 值降低至明显不显著的数量级上,也因此被认为是为我们经验数据提供了一个在统计上令人满意的描述。[19]

所以,在本章的最后一节中,我们试图呈现我们的建模实践与社会流动的程度和模式的实际问题的讨论的相关性,这一尝试似乎是讨论八级别设计的最好依据。虽然在这种情况下,密度级别的数量超过了阶级的数量,但在(模型)解释上没有出现问题,因为实质上,模型的八级别版本与修订版本之间的差异,或者甚至是与最初的七级别版本之间的差异都是非常有限的。

在表 4.4 中,我们给出了以加法形式(additive form)表达的八级别设计中的密度级别参数值——基于对数形式的(logged)单元格频率的效应(effects)——第 1 级别赋值为 0,而其他值被解释为与第 1 级别的差异。更重要的是,我们还提供了一个用乘法形式(multiplicative terms)来表达这些参数所表示的密度差异性的矩阵。事实上,参数值可以用各种方式计算,这取决于所采用的标准化过程(见本章附录);但是它们之间的乘法的差异是它们的恒定性质(constant property),代表了我们模型所生成的基本定量信息。[20]表 4.4 中的矩阵能够被解读为,例如第一行所示,第 1 级别的密度是第 2 级别的一又三分之一倍,比第 3 级别大一又四分之三倍,比第四级别大二又三分之二倍,依此类推;或者,如第一列所示,第 2 级别的密度是第 1 级别的四分之三,第 3 级别的密度刚好超过第 1 级别的一半,第 4 级别的密度刚好超过第 1 级别的三分之一,依此类推。

表4.4 八级别模型的密度级别参数值(以加法形式)和
级别间密度差异性的矩阵(以乘法形式)[a]

	加法形式参数值	级别	(j)							
			1	2	3	4	5	6	7	8
(i)	0.00	1	1	1.37	1.78	2.66	3.58	4.90	7.68	12.55
	−0.29	2	0.75	1	1.34	1.99	2.69	3.67	5.75	9.39
	−0.58	3	0.56	0.75	1	1.49	2.01	2.76	4.32	7.03
	−0.98	4	0.38	0.50	0.67	1	1.35	1.84	2.89	4.71
	−1.28	5	0.28	0.37	0.50	0.74	1	1.37	2.15	3.49
	−1.59	6	0.20	0.27	0.36	0.54	0.73	1	1.57	2.56
	−2.04	7	0.13	0.17	0.23	0.35	0.47	0.64	1	1.63
	−2.53	8	0.08	0.11	0.14	0.21	0.29	0.39	0.61	1

注：(a) 矩阵的上三角值为 $\frac{D_{(i)}}{D_{(j)}}$；当 $D_{(k)} = e^{x_k}$，x_k 是第(k)级别的加法参数时，下三角的取值为 $\frac{D_{(j)}}{D_{(i)}}$，例如，前者的倒数。作为从加法形式给定的参数(即取对数形式频率的效应)导出乘法项矩阵的示例，第一行中的第一个非对角线项为：

$$\frac{D_{(i)}}{D_{(j)}} = e^{(0.00-(-0.29))} = e^{0.29} = 1.37$$

或者，为最后一行中的最后一个(非对角线)项：

$$\frac{D_{(j)}}{D_{(i)}} = e^{(-2.53-(-2.04))} = e^{-0.49} = 0.61$$

为了进一步帮助将模型应用于实质性问题,我们还在图4.1中给出了基

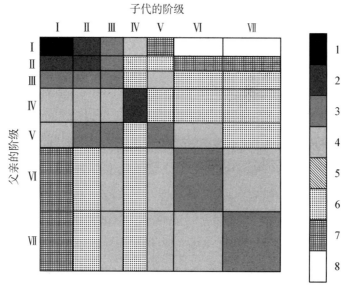

图4.1 八级别模型的级别矩阵的图像化展示,每一个单元格大小按照流动表中
各阶级所占边际的比例(marginal proportions)的幅度绘制

于修订后的级别矩阵的模型的一种图像化的展示。单元格在密度级别上的位置在此直接由它们的阴影密度表示,因此就可轻而易举地看到流动性或不流动性密度的"等高线"。另外,图中单元格的大小是按每个阶级在流动表中所占的边际面积的比例绘制的。

社会流动模式

我们现在拥有一个拟合度良好的基本代际流动表模型,这一模型能够显示独立于其边际效应的阶级出身与终点之间关联性的程度和模式。那么,从这个意义上说,模型所揭示的社会流动性的主要特征是什么?由于模型的最初设计是由某些理论预期指导的——由于这一模型相当好地拟合了我们的经验数据,因此它大体上证实了我们的理论预期——我们可以假设,这些流动性的特征中的大多数,至少在一般情况下,反映在我们早期提出的模型的基本预设中。然而,从我们在经验实证基础上对这一模型的最初设计做了各种修改的模型的最终版本开始,我们应该能够更充分地呈现出这些特征,并且进一步看到它们彼此之间的联系,赋予其一些定量的估计。

在以往大多数关于社会流动性模式的讨论的基础上,在英国或其他现代工业社会中,人们期望突出两个特征。第一个,人们期望在流动表的主对角线上的单元格中找到最高的密度级别——不流动性的密度——因为这一过程有利于阶级位置的"继承";而且,所有朝着不流动性的最强烈的趋势都发生于控制着接近阶级结构顶峰、更具优势且更为强大的群体之中。第二,人们期望,只要流动表的类别分等级地排列,最低密度就会出现在离主对角线最远的单元格中,从而体现出长距离流动的削弱趋势,不管这种长距离流动指的是流入还是流出更高阶级。[21] 在前一章中,当考虑相对流动率趋势的问题时,我们被引导着去评论代内流动和代际流动之间的,在第二章中被我们的绝对流动数据证伪的"平衡"理论,然而如果以一种相对的形式对数据重组,这一理论则可以被视为与我们的研究结果基本一致。[22] 那么很明显,现在出现的问题是,一个类似的重构是否可能不会给在第二章中同样受到严格质疑的其他相关研究,即那些指向阶级结构顶峰的"封闭"与处于中间级别的以高流动率为特点的"缓冲带",封闭了两个阶级位置之间的长距离流动的理论,带来新生。从图4.1可以很轻易地看出,我们的模型实际上明确提出了流动性的一种模式,这一模式与我们先前的期望大体上一致。同时,尽管如此,正如我们的目的一样,出现了各种各样的偏差和阐述:至少在英国阶级结构中,流动模式比一般性的预期所考虑的要更加复杂一些。

在我们的模型中,密度级别最高的是第一行第一列(Ⅰ—Ⅰ)单元格(第1级别),密度级别最低的发生在第一行第六列(Ⅰ—Ⅵ)和第一行第七列(Ⅰ—Ⅶ)单元格(第8级别)。我们可以这么说,密度的最大差异,发生于服务阶级的高阶层之间的不流动性密度与从这种优势社会出身跌落到体力工资收入位置的流动密度之间。从表4.4的矩阵中可以看出,第1级别密度实际上比第8级别高12倍以上;或者,换句话说,结构因素的净影响,那些出身于阶级Ⅰ且之后仍处于阶级Ⅰ的人的趋势,要比他们后来进入阶级Ⅵ或Ⅶ的趋势高12倍以上。

上述差异是以流出的形式表达的;但在流入的角度上看也是如此——沿着列而不是图4.1中所示的级别矩阵的行——密度级别的最大差异涉及的是同一个阶级:在第一行第一列(Ⅰ—Ⅰ)单元格和第7级别的第六行第一列(Ⅵ—Ⅰ)与第七行第一列(Ⅶ—Ⅰ)单元格之间。再一次参照表4.4,我们可以量化这一差异,并指出,在相对流动性机会方面,阶级Ⅰ成员比阶级Ⅵ出身或是阶级Ⅶ出身的人们高7—8倍。

如果我们希望用优势比来表示密度的差异程度,这可以根据前文第116页给出的等式来很容易地完成。最高的优势比——那些最不平等"竞争"的象征——不出意料地,再一次与高级别服务阶级和工人阶级位置之间的流动联系起来。举个例子,我们可以这样写:

$$\frac{F_{Ⅰ-Ⅰ}/F_{Ⅰ-Ⅶ}}{F_{Ⅶ-Ⅰ}/F_{Ⅶ-Ⅶ}} = \frac{D_1/D_8}{D_7/D_4}$$

或者:

$$\frac{F_{Ⅰ-Ⅰ}/F_{Ⅶ-Ⅰ}}{F_{Ⅰ-Ⅶ}/F_{Ⅶ-Ⅶ}} = \frac{D_1/D_7}{D_8/D_4}$$

当然,这会得到相同的取值。从表4.4的矩阵中我们可以计算出,所讨论的优势比实际上是一个近似为36的值。[23] 这也就是说,阶级Ⅰ出身的人们出现在阶级Ⅰ位置上而不是在阶级Ⅶ位置上机会,比出生在阶级Ⅶ的人们出现在阶级Ⅰ而不是阶级Ⅶ的位置上的机会,要高约 36 倍;或者,在阶级Ⅰ被发现的人们是阶级Ⅰ而不是阶级Ⅶ出身的机会,与阶级Ⅶ位置上被发现的人们是阶级Ⅰ而不是阶级Ⅶ的机会相比,高出大约 36 倍。并且,从图 4.1 所示的对级别矩阵的检验中,如果我们同样地考虑类似于阶级Ⅰ和阶级Ⅵ之间的相对流动性机会,我们显然也可以得到完全相同的结果。

在表 4.5 中,我们给出了我们模型中的所有优势比,其中所涉及的出身阶级配对(the pair of origin classes)和终点阶级配对(the pair of destination classes)是相同的。可以看出,在较大范围内,阶级Ⅰ出身的人与阶级Ⅵ和阶级Ⅶ出身的人之间的竞争实际上是最不平等的;更进一步,下一个最不平等的,是那些出生在阶级Ⅰ的人们在阶级Ⅰ而不是阶级Ⅳ或阶级Ⅴ位置上被发现的机会,比出生在阶级Ⅳ或阶级Ⅴ的人们高出近 10 倍。涉及阶级Ⅱ出身与阶级Ⅵ和阶级Ⅶ出身对立的竞争,揭示了中等程度的不平等,所有涉及阶级Ⅳ的竞争也是如此。但值得注意的是,就其余部分而言,不平等程度相对较低,优势比在所有情况下都小于 3。

表 4.5　优势比矩阵,其中出身阶级配对和终点阶级配对是相同的[a]

阶级	阶级					
	Ⅱ	Ⅲ	Ⅳ	Ⅴ	Ⅵ	Ⅶ
Ⅰ	1.78	2.66	9.68	10.38	35.86	35.86
Ⅱ		1.49	7.46	2.76	8.00	8.00
Ⅲ			4.97	1.35	2.49	2.49
Ⅳ				6.80	6.80	6.80
Ⅴ					1.82	2.49
Ⅵ						1.82

注释:(a) 矩阵中的条目显示了某一出身阶级的人相对于另一出身阶级的人在两个相同阶级中的某一阶级而不是另一个的机会。因此,第一行第一列(Ⅰ—Ⅱ)单元格条目 1.78 表明,出身于阶级Ⅰ的人们是出身于阶级Ⅱ的人们在阶级Ⅰ而不是阶级Ⅱ位置上被发现的机会的大约一又四分之三倍——或者相反地,出身于阶级Ⅱ的人们类似地也比出身于阶级Ⅰ的人在阶级Ⅱ而不是阶级Ⅰ位置上被发现的机会更大。

从上述内容可以足够清楚地看到,与阶级Ⅰ相关的相对流动性机会模式是与众不同的。在我们的模型中,阶级Ⅰ不仅是所有阶级中不流动性密度最高的,而且阶级Ⅰ进一步分裂:一方面,作为出身阶级,它某种程度上使该阶级出身的人们流入蓝领雇佣阶级的机会异乎寻常地低;另一方面,作为终点阶级,它某种程度上在至少是体力工资劳动者的子女们进入阶级Ⅰ的道路上施加着异乎寻常的高障碍。然而,虽然在这些方面,我们所建模型的流动性模式可能被认为与早期提出的一般性预期一致,但是我们也可以注意到仍有一些其他特征是这些理论预期所未能完备的。

第一,虽然我们模型中最高密度级别确实在主对角线上的单元格中,而且第一行第一列(Ⅰ—Ⅰ)单元格有着所有单元格中最高的密度,但情况相同的是,这一模型指出了一个很好的阶级之间的不流动性密度的逐步变化。第四行第四列(Ⅰ—Ⅰ)单元格在第二高的密度级别上,即第2级别;第二行第二列(Ⅱ—Ⅱ)单元格在第3级别;阶级Ⅲ的对角线单元格和三个蓝领阶级的对角线单元格在第4级别上。此外,参照表4.4可以看出,这种变化的范围相当可观。阶级Ⅲ、阶级Ⅴ、阶级Ⅵ和阶级Ⅶ的不流动性密度仅仅是阶级Ⅱ的三分之二和阶级Ⅳ的二分之一。这里主要反映的当然是我们自己的理论预期,这一理论预期在我们模型的基本原则中阐明,影响阶级位置"继承"程度的一个关键性因素是实现经济资源通过代际进行传递的可能性,特别是通过严格意义上的继承,即财产和"持续盈利的公司"(的继承)。[24]

第二,应该认识到的是,在我们模型中,不流动性的密度并不总是大于流动性密度,即使在相同的行列中也是如此。正如图4.1所证实的,有三个阶级的代际不流动性的趋势不如其他阶级的流动更强。阶级Ⅱ出身的人们的不流动的相对机会与他们在阶级Ⅰ中被发现的机会相匹配;阶级Ⅲ出身的人们的不流动的相对机会与他们在阶级Ⅱ或阶级Ⅰ被发现的机会相匹配;阶级Ⅴ出身的人们的不流动的相对机会与他们在阶级Ⅲ或阶级Ⅱ被发现的机会相匹配。前两种情况是特别有意义的,因为还可以指出的是,阶级Ⅱ中发现的阶级Ⅰ出身的人和阶级Ⅱ出身的可能性的净边际效应相同,而在阶级Ⅲ发现的人们是阶级Ⅰ还是阶级Ⅱ出身的可能性与阶级Ⅲ出身相同。换句话说,尽管阶级Ⅰ具有高密度的不流动性,但三个白领阶层中却有一种普遍高密度的流动性,不管是向上还是向下的流动。

第三,也许是最重要的一点,我们应该充分注意到我们模型所表达出的流动性制度的一个特点,事实上,这一点我们已经在之前的观察中有某种程度的暗示,即:该模型显示出高度的不对称性。流动表的主对角线两侧的对应单元格被分配到不同的密度级别,从而表明它们之间在一个方向上所发生的流动性趋势比另一个方向更强。表 4.1 中有许多不对称性,它们直接来源于我们最初设计的基本思路;但后来因为实证结果的原因,在对这一设计的修改中引入了其他一些(因素)。[25] 实际上,我们的最终设计规定了在 21 对单元格中的不对称(单元格)多达 12 个。在其中的 10 种情况下,密度的差异只有一个级别,但是在其他两对——第一行第五列(Ⅰ—Ⅴ)与第五行第一列(Ⅴ—Ⅰ)单元格、和第二行第五列(Ⅱ—Ⅴ)与第五行第二列(Ⅴ—Ⅱ)单元格——存在两个密度级别的差异。

这些不对称(单元格)显然是引人注目的,并且对于它们更进一步的思考是,举个例子,在图 4.1 的基础上,更进一步能够揭示出的是,它们在很大程度上被认为符合一个单一模式。在我们的模型中,我们可以说,从我们阶级图式中的三个白领阶层的任何一个——阶级Ⅰ、阶级Ⅱ和阶级Ⅲ,进入三个蓝领阶级——阶级Ⅴ、阶级Ⅵ和阶级Ⅶ的流动的净边际效益(net marginal effects),趋向于比与之相反的流动的净边际效益更少。所以,通过参照表 4.4,人们可以看到,发生于从阶级Ⅰ、阶级Ⅱ或阶级Ⅲ到阶级Ⅵ或阶级Ⅶ(的流动)上,或者从阶级Ⅲ到阶级Ⅴ(的流动)上的代际流动的趋势,仅是相反方向流动强度的五分之三到四分之三;而从阶级Ⅰ或阶级Ⅱ到阶级Ⅴ的流动趋势,大概仅是相反的流动的强度的一半。我们认为,在所考虑的模式中,12 种不对称情况里有 9 种模式[26],主要源于白领和蓝领出身人们的流动性受到不同的优势、障碍和偏好组合的制约。

一方面,正如我们前面所说的,阶级Ⅰ、阶级Ⅱ和阶级Ⅲ出身的人们的优势——在经济、文化和社会资源方面——是如此明显,以至于给了他们维持阶级地位,或者就后两个群体而言,给了他们提升阶级地位的非常有利的相对机会,由此我们就可以假定他们在一般情况下会设法这么做;所以,在我们级别矩阵的左上角上,不流动性和流动性都具有高的密度。同时,如前所述,尽管由于学徒期和工作经验要求,"不成功的"阶级Ⅰ和阶级Ⅱ出身的人们可能面临进入阶级Ⅴ或阶级Ⅵ职业的困境,因此他们可能被迫进入阶级Ⅲ作为一种权宜之计(*pis aller*)。此外,很有可能的是,当白领出身的人们可以选择阶级Ⅲ中更高级别的蓝领工作或更低级别的非体力雇佣的位置时,比起阶级

Ⅲ所构成的职业特权群体所显示的相对较低的"一般的值得向往的程度",他们在更大程度上会选择后者。因此,我们矩阵的左上角的高密度集中会被右上角非常低的密度抵消。

另一方面,就阶级Ⅴ、阶级Ⅵ和阶级Ⅶ出身的人们而言,他们寻求维护他们父亲阶级位置的理由一般较少;至少可以假设,他们中的一些人会积极地追求流动性,不论是在蓝领世界内部还是外部。尤其是在出身上处于不利地位的阶级Ⅵ和阶级Ⅶ的子女们,会在任何长距离流动的尝试中面临重要困境;但是,正如我们已经指出的,进入阶级Ⅱ的障碍比阶级Ⅰ更不可怕,而阶级Ⅲ(和阶级Ⅴ)的位置表现得相当开放。因此,最后(净)结果是,蓝领出身的人们在不同终点阶级中被发现的相对机会,与白领出身的人们的相对机会相比,整体上变化更小,且更加趋于平滑地分级。可以观察到,我们级别矩阵底部的三行不包含任何高密度的流动性或不流动性的单元格,并且所有的这些单元格实际上都被分配到第4级别到第7级别的范围内。因此,矩阵外围的对应单元格之间的不对称性,在很大程度上可以被看作是我们先前所关注的主对角线上及其周围的密度级别差异的程度相似的差异(counterpart)。[27]

综上所述,已经被我们建模的社会流动模式有两个方面似乎是至关重要的。第一,这种模式在某些主要方面符合一般性的预期,即:以我们阶级Ⅰ中更高的专业性、行政性和管理性群体为代表,阶级结构顶峰表现出一种不流动的强烈趋势;以及,正如由我们阶级Ⅵ和阶级Ⅶ所组成的体力劳动者团体所代表的那样,这些群体和底层(the base)之间的不论哪个方向的相对流动性机会都非常低。事实上,如果参照流动性而不是绝对流动率来重新检验封闭理论和缓冲带理论,这些理论仍或许仍有一些价值。

正如我们在第二章和第三章中所呈现的,近几十年来,所有出身的人们,包括工人阶级,都有机会获得更高级别的阶级位置,并且这一绝对值在稳定增加;而在这一阶段,拥有这种位置的人的社会出身异质性会确实随之扩大。然而,正如我们在第三章中展示的,这些发展不仅与相对流动性机会没有变化的情况相一致;而且更进一步来说,在这样一种情况下,这种普遍的机会不平等的现象是相当恶劣的,至少在服务阶级和工人阶级的高层之间。在此,可以说是当代英国社会的现实最引人注目地和最毋庸置疑地偏离了真正开放的理想状态。而且,应该牢记在心的是,我们不仅仅是比较了少数群体在极端阶级位置上的相对机会:我们阶级图式中的阶级Ⅰ占活跃(少数群体)男性人口的10%到15%,阶级Ⅵ和阶级Ⅶ总共约占45%。

第二,很明显的是,流动性模式还有一些显而易见的深层次特征,这些特征来源于我们所区分出的阶级的其他特点,而不仅仅是它们的等级排列秩序,无论这是从不同级别(与类别不同)上考虑的资源,还是他们构成的职业群体的一般希求。从图4.1中以及表4.5的优势比中,我们可以再一次清楚地看到,虽然我们所代表的流动性模式在某种程度上确实具有等级形式,但当然,就如同我们的阶级图式本身一样,这远不是一个绝对的常规模式。实际上,在我们为模型的最初设计而提供的理论基础和我们对其应用于数据时的经验修改的讨论中,我们试图指出同样的观点:我们阶级图式的不同阶级既作为出身,也作为终点阶级与之相关联,其中流动性趋势在某种程度上是特定的,并且它们在等级方面和在其他方面都反映了它们所组成的阶级位置范围的典型特征。

所以,从这个观点来看,不能仅仅由于阶级Ⅰ成员较多的优势和社会力量以及他们所占据位置的理想性,便认为只有阶级Ⅰ是与众不同的。阶级Ⅳ在流动趋势上也相当明显地与众不同,凭借事实,我们可以说,这是一个业主和企业家的阶级,尽管是小型规模的业主和企业家。再一次,正如我们所见的,阶级Ⅱ和阶级Ⅲ展示了在与对方及阶级Ⅰ的关系中与众不同的流动性机会模式;在这三个阶级与阶级Ⅴ、阶级Ⅵ和阶级Ⅶ之间,我们已经发现了一个一贯持续不对称的流动趋势模式,我们认为,这一模式反映了从白领出身和从蓝领出身参与流动的典型的条件差异,包括由不同白领和蓝领位置的准入要求所设定的差异。

总之,我们觉得,可以声明的是,我们的阶级图式在现代英国社会的流动制度的研究中具有明确的启发性和分析价值。正如我们在第一章中所解释的那样,考虑到本研究对于流动性对阶级形成和行动之影响的主要和附加社会学旨趣,我们对我们所研究的社会流动提供了一个阶级的视角——绝对流动率的模式,与这些兴趣是最直接相关的。但是,本章所揭示的是,就我们对开放性以及由此在社会劳动分工中决定的相对流动性机会方面的进一步兴趣而言,阶级视角也是非常具有启示性的。

事实上，显而易见的是，虽然最近的流动研究的主流实践是把职业声望量表或社会经济地位作为分析的唯一依据，但是我们必须引导大家对这类实践提出疑问。而且对这种实践的质疑与其说是基于意识形态的理由，不如说是因为如果这样做，流动过程的重要特征往往被忽视。尽管在这种合成量表（synthetic scales）方面的分析可以极详细地显示一定的等级效果，但它们似乎还是会模糊或混淆那些已经被证明是非常重要的区别：例如，在同一职业区域内，个体户和雇员群体之间的区别；或是在我们编码为白领和蓝领之间的市场和工作环境的群体差异。通过这些方式区分的职业，在很大程度上通过一个合成的量表结合在一起，所有职业在该量表所代表的单一维度上进行排序。这种方法的主要缺点在于，正如韦斯特伽德和亨丽埃塔·雷斯勒观察到的，它们通常将"在生产机构中不同位置的人通过同一种'地位'纽带"组合在一起。[28]

此外——正如这些作者也注意到的那样——这个缺点导致了基于这类量表的流动性分析中潜在的弱点，即：它们将难以妥善处理"与经济转型有关的话题"。[29] 举个例子，职业群体在经济发展过程中是否，以及以什么速率扩大或收缩，与它们所在的社会劳动分工中的特定方式相比，是否与它们的声望或社会经济地位相对地并无多大关系。所以，以声望或地位分类的基础的职业意义上的流动研究，由于受到绝对流动模式的影响，可能无法完全捕捉结构变化的影响；以及，正如我们提到过的，独特的流动性趋势就在阶级结构中所处的位置而言，与职业群体是相关联的，这些研究的方式同样对相对流动率模式，或者换句话说，对社会流动性模式显得不敏感，且也有可能受到劳动收入分配演变的影响。[30]

注释

1. Robert M. Hauser, 'A Structural Model of the Mobility Table', *Social Forces*, vol. 56, 1978. 豪瑟模型实际上是古德曼所提出的更一般性统计模型的一个特殊案例, 'Some Multiplicative Models for the Analysis of Cross-Classified Data' in *Proceedings of the 6th Berkeley Symposium on Mathematical Statistics and Probability*, Berkeley：University of California Press, 1972。
2. 采用"流动比率"这一术语，同样的统计差不多时间被引入美国文献

(American literature)。参见 H. Goldhamer,'The Analysis of Occupational Mobility', paper presented to the Society for Social Research, Chicago, May 1948; Rogoff, *Recent Trends in Occupational Mobility*。

3. 参见 Andrea Tyree,'Mobility Ratios and Association in Mobility Tables', *Population Studies*, vol. 27, 1973。另见 Hauser,'A Structural Model of the Mobility Table'。对联合性指数的第一个重要批评,参见 Billewicz,'Some Remarks on the Measurement of Social Mobility', *Population Studies*, vol. 9, 1955-1956。在对比尔维奇(Billewicz)(同上书)的"回应"中,W. 斯科特(W. Scott)对联合性指数做了最佳辩护,作为一个"描述的",或者事实上的联合性测量,而不是"分析性"的。在前一种情况下,边际比例的大小影响指数的取值是合理的;在后一种情况下,则是不合理的。

4. 使用标准计数法,(联合性)指数可以被表示为第 ij^{th} 单元格:

$$R_{ij} = \frac{f_{ij}N}{f_{i.}f_{.j}}$$

或者,我们可以用乘法形式书写:

$$f_{ij} = a \cdot b_i \cdot c_j \cdot d_{ij}$$

其中 $a=N, b_i=f_{i.}/N, c_j=f_{.j}/N, d_{ij}=R_{ij}$。

5. 'A Structural Model of the Mobility Table', p. 924.

6. 正如豪瑟所指出的,从他的模型中可以推导出一个新的流动比,来计算(流动)表中的每一个单元格。更进一步见下文第 20 条注释。

7. 参见原文第 88 页注释 17。

8. 本章附录提供了一个证明。

9. 特别参见 Harrison C. White,'Cause and Effect in Social Mobility Tables', *Behavioural Science*, vol. 8, 1963。

10. 参见 Pierre Bourdieu and Jean-Claude Passeron, *La Reproduction: éléments pour une théorie du système d'enseignement*, Paris: Les Editions de Minuit, 1970, and Bourdicu,'Cultural Reproduction and Social Reproduction' in Richard Brown (ed.), *Knowledge, Education and Cultural Change*, London: Tavistock, 1973。

11. 参见 Mark S. Granovetter, *Getting a Job: a Study of Contacts and Careers*, Cambridge, Mass.: Harvard University Press, 1974。

12. 豪瑟把这样一个级别矩阵称为"设计矩阵"。我们倾向于使用后一个术语,用以指在对数线性模型中需要被估计的参数的矩阵。参见本章附录。

13. 参见 Bernard and Renaud,'Contre-mobilité et effets différés'。

14. 参见 Keith Hope, 'Quantifying Constraints on Social Mobility: the Latent Hierarchies of a Contingency Table' in Hope (ed.), *The Analysis of Social Mobility: Methods and Approaches*, Oxford: Clarendon Press, 1972, pp. 180 – 181。

15. 例如,为了对格拉斯和霍尔在霍尔-琼斯职业量表的类型基础上报告的英国和威尔士 1949 年数据中潜在的流动性模式建模,豪瑟最初所提出的模型。正如豪瑟所观察到的,展示了相当大的规律性,"连续低密度区域类似于一套同心层,如同一个洋葱"。参见 'A Structural Model of the Mobility Table', p. 933.

16. 为了检验模型,我们已经使用了我们完整(包括农业类别)的样本数据,尽管我们之前评论过那些尚未达到"职业壮年期(成熟)"的人们的数据可能在某些方面制造了对流动的程度和模式的错误图景的可能性(原书第 51、70—71 页)。然而,我们在随后对模型的讨论中,这种可能性一直牢记在心。

17. 这一测量是古德曼提出的,'A Modified Multiple Regression Approach to the Analysis of Dichotomous Variables', *American Sociological Review*, vol. 37, 1972。基于将 χ^2 值作为一种对模型拟合后,剩余的未解释的频数方差的量的表示方法而提出的。测量是在 χ^2 值中通过一个更加复杂的模型得到的减少百分比,当简单独立模型拟合列联表中的每一个单元格时,可以获得这一 χ^2 值。详情参见 Payne, 'The Log-Linear Model for Contingency Tables', pp. 131 – 132。

18. 如果模型中的残差被表示为观察频率与期望频率的比例的自然对数,那么需要注意的是,在这些我们考虑重新分配的行中的单元格都是表中的那些(并且只有那些)残差为±0.2 或更大的(单元格)。

19. 我们应该承认,这一取值是我们设计修改的结果——例如,来自一个重新指定的原假设(respecification)——根据我们使用 χ^2 数据统计量本身作为拟合度标准。因此,令人欣慰的是,在很大范围中,它并不显著。

20. 我们也可以为流动表中的每一个单元格报告由豪瑟提出的新流动率,这可以被表示为第 ij^{th} 单元格:

$$R_{ij}^{*} = \frac{f_{ij}}{F_{ij}} D_{ij}$$

然而,我们事实上并没有展示这些比例,因为,正如豪瑟自己所观察到的,在一个拟合度很好的模型中,流动比例的数组将对级别矩阵和参数中加入很少的已知信息。从前文的表达式可以看出,新的流动率实际上是一个给定单元格的密度级别以及拟合模型下的残差。

21. 这些期望明显地与列于第二章(见原文第 43—44 页)的期望有一个密切的近似关系,就由现代工业社会绝对流动率所假定的一般形式而言。事实上,关于绝对和相对(流动)率并没有被更明确地区别的期望反映,我们相信,这一事实在某些程度上反映出概念未能得到持续的区分——这一点在评论者身上比流动研究者(参见原文第 59 页)表现出来的可能更加常见——并且在另一种程度上反映出这些区分很难应用于经验数据,直到最近我们才掌握了这样做的足够技术。

22. 参见原文第 78 页。

23. 即 $D_1/D_8 = 12.55$,$D_7/D_4 = 0.35$,然后 $12.55/0.35 \approx 36$;或 $D_1/D_7 = 7.68$,$D_8/D_4 = 0.21$,然后 $7.68/0.21 \approx 36$。(由于舍入误差,这种计算结果可能出现细微偏差。)当然,我们可以从表 4.2 的观察单元格取值中计算这个或其他的优势比。但是在获得了一个高拟合度的模型后,我们将遵循通常将模型预测值作为"真实"值的统计实践,使得从我们的样本得到的预测值为一个近似值。

24. 它可以在此添加,但是这种继承倾向于发生在个体工作生活的相对较晚的时期并与逆向流动过程相关(参见原文第 127—129 页),我们的数据涉及所有年龄在 20—64 岁的男性,这事实上可能意味着给定了阶级 Ⅳ 内部的不流动性程度一个过低的印象。

25. 在将第 Ⅰ 行第 Ⅳ 列的(Ⅰ—Ⅳ)单元格从第 6 级别重新分配到第 5 级别时,也有一个被移除了。

26. 其他三个是那些发生在第二行第四列(Ⅱ—Ⅳ)与第四行第二列(Ⅳ—Ⅱ)单元格对、第三行第四列(Ⅲ—Ⅳ)与第四行第三列(Ⅳ—Ⅲ)单元格对和第五行第七列(Ⅴ—Ⅶ)与第七行第五列(Ⅶ—Ⅴ)单元格对之间的。

27. 又可以说,我们所有年龄段的数据都可能低估了所考虑的模式的强度。当然,从先前章节(参见原文第 72 页)所呈现的结论来看,很明显,年轻人将会比年长者更可能出现在第一行第五列(Ⅰ—Ⅵ)、第一行第七列(Ⅰ—Ⅶ)、第二行第六列(Ⅱ—Ⅵ)和第二行第七列(Ⅱ—Ⅶ)单元格中,而更不可能出现在(流动)表左下角的相对应单元格中——由此向上流动在工作生活的过程中得到实现。

28. *Class in a Capitalist Society*,p. 287. 对霍尔-琼斯量表、邓肯量表或 H-G 量表的检验将很容易证实这一说法。这当然不是说这种量表对所有目的都是无效的。举个例子,我们认为 H-G 量表象征着一个职业的一般值得向往的程度,至少可以在职业获得的过程研究中充当因变量。

29. 同上。正如韦斯特伽德和雷斯勒已经意识到的,在这些路线上的争论对简单基于地位或其他类似量表的流动研究而言,是对由特奥多尔·盖格尔

(Theodor Geiger)(为代表的)相对早期的一个进步。参见 *Theodor Geiger, Soziale Umschichtungen in einer dänischen Mittelstsdt*, Aarhus University Press，1951。

30. 有趣的是，布劳和邓肯一度好像在评论中恰好指出这样一个可能性,"最近几十年里,这些依赖于所有权和显露很少流入或流出的职业,要么收缩了规模,要么扩大得比其余者更少,这可能是造成如今大量可观察到的社会流动性的一个原因"。*The American Occupational Structure*，p. 41。但是他们随后分析的主要方式并不至于允许他们来进一步探索这一可能性。在此应该补充的是,独特的流动趋势当然可能与职业上定义的声望或地位群体以及阶级相关。但斯瓦拉斯托加(Svalastoga)提出了其中一种阐明这种声望流动的动力学的尝试,这种尝试在事实上并未通过凯尔·斯瓦拉斯托加所基于的模型化实践得到证实。参见 Kaare Svalastoga, *Prestige, Class and Mobility*，pp. 319 - 327。更近期和更复杂的"社会距离"或"联合"模型都不能在流动表数据的再生产中被证明是显著地更为成功的。

附录　豪瑟模型

我们已经在先前一章的附录中概述了对数线性模型拟合流动数据的主要原则。使用与先前相同的符号,针对双向流动表的豪瑟模型包含 I 个类别的出身(即参与者的父亲的)阶级(P)、J 个类别的终点(参与者的)阶级(S),并且每一单元格安排一个 K 个类别的密度(D):

$$F_{ij} = \eta \cdot t_i^P \cdot t_j^S \cdot D_{ij} \tag{1}$$

$$i=1,\cdots,I; j=1,\cdots,J$$

其中 D_{ij} 选自 K 个密度参数的集合 t_k^D(k=1,…, K)。因此,模型(1)可以以另一种形式呈现:

$$F_{ij} = \eta \cdot t_i^P \cdot t_j^S \cdot t_k^D \tag{2}$$

$$i=1,\cdots,I; j=1,\cdots,J; k=1,\cdots,K$$

等式中可以很容易地显示出的是,(二阶)优势比与密度参数有关:

$$\frac{F_{ik}/F_{il}}{F_{jk}/F_{jl}} = \frac{D_{ik}/D_{il}}{D_{jk}/D_{jl}} \tag{3}$$

其中 i, j 现在指一对出身阶级,k、l 指一对终点阶级——通过将 F_{ij} 从(1)(的形式)替换到(2)的左边部分(的形式),如下:

$$\frac{F_{ik}/F_{il}}{F_{jk}/F_{jl}} = \frac{\eta \cdot t_i^P \cdot t_k^S \cdot D_{ik}/\eta \cdot t_i^P \cdot t_l^S \cdot D_{il}}{\eta \cdot t_j^P \cdot t_k^S \cdot D_{jk}/\eta \cdot t_j^P \cdot t_l^S \cdot D_{jl}} = \frac{D_{ik}/D_{il}}{D_{jk}/D_{jl}}$$

因为所有的 η 和 t 项相抵消。

通过采用自然对数,乘法模型能够被表示成线性形式进行估计。那么模型(2)变成:

$$\log F_{ij} = u + \lambda_i^P + \lambda_j^S + \lambda_k^D \tag{4}$$

其中这些是所对应的 t 项的对数。(所以,例如 $\lambda_k^D = \log t_k^D$ 和 $t_k^D = e^{\lambda_k^D}$)因为只能估计独立参数,模型(4)必须被重新参数化。这里有 I－1 个项的独立参数,J－1 个项的独立参数,K－1 个项的独立参数,以及 1 个均值。重新参数化可以通过各种方式完成。豪瑟强行限制组成一项的参数总和为零,并且指出,基于该方法得到的参数估计,其的流动率是 R_{ij}^*。我们自己已经将这种方法用于第三章中的分析目的,并且这种方法的设计矩阵的构造遵循了该章附录中所概述的原则。然而在目前情况下,我们使用一个不同的、且更方便的再参数化方法。在此,我们通过将参数从评估中删除,限制每一项的第一个类别参数为零;然后将该项中的剩余参数解释为与被删除类别的偏离(deviations)。这一方法在多元回归中是处理独立类别变量的标准化操作。

这一方法的设计矩阵能够通过一个有三个密度级别的 3×3 的流动表表示出来,正如附录表 4.1 所示。

附录表 4.1　一个三密度级别的 3×3 流动表

单元格编号	观测频率	父亲阶级的类别(P)	受访者阶级的类别(S)	密度级别(D)
1	f_{11}	1	1	1
2	f_{21}	2	1	2
3	f_{31}	3	1	3
4	f_{12}	1	2	2
5	f_{22}	2	2	2
6	f_{32}	3	2	3
7	f_{13}	1	3	3
8	f_{23}	2	3	3
9	f_{33}	3	3	3

附录表 4.2 中给出了设计矩阵。对于每一个变量 P、S、D,依次有 $N-1$ 列,其中 N 是每一变量的类别数量(例子中所有变量的 $N=3$)。如果单元格为类别 2,那么每一个变量的第一列记为 1,否则为 0;如果单元格为类别 3,那么第二列记为 1,否则为 0;依此类推。还有一列表示均值。

这里有七个应被估计的参数,并且得到的两个密度参数 D_2 和 D_3 的估计值为加法形式,这是在我们实际将模型应用于表 4.4 左边一列数据的情况下给出的。

附录表 4.2　附录表 4.1 中的例子的密度模型的设计矩阵

单元格	列 比较项	1 均值	2 P_2	3 P_3	4 S_2	5 S_3	6 D_2	7 D_3
1	$\log F_{11}$	1	0	0	0	0	0	0
2	$\log F_{21}$	1	1	0	0	0	1	0
3	$\log F_{31}$	1	0	1	0	0	0	1
4	$\log F_{12}$	1	0	0	1	0	1	0
5	$\log F_{22}$	1	1	0	1	0	1	0
6	$\log F_{32}$	1	0	1	1	0	0	1
7	$\log F_{12}$	1	0	0	0	1	0	1
8	$\log F_{22}$	1	1	0	0	1	0	1
9	$\log F_{32}$	1	0	1	0	1	0	1

用于拟合这一模型的 GLIM（广义线性交互建模）程序（参见原文第 93 页注释 5）能自动为使用者建立这一形式的设计矩阵，使用者只需要依照附录表 4.1 的形式提供数据即可。

第五章

阶级流动：代际与职业生涯模式

（与卡特里奥纳·卢埃林合著）

第二章中，在现代英国的社会流动与阶级结构关系的问题上，我们对马克思主义者和后马克思主义者提出的某些论断进行了批判。我们批判的要点在于揭示这些论断之所以无效，很大程度上是因为他们低估了流动规模，尤其是近几十年来，英国社会发生了大量的向上流动。我们认为之所以造成低估，一部分是因为他们没能足够准确地区分出实际的绝对流动的有限性与相对流动机会的不平等程度之间的差别；另一部分是因为他们没能充分地把握英国劳动力市场上社会分工结构性变化的本质，尤其是自二战以来的这段时期。在第三章和第四章的论述过程中，我们通过提出，如果将社会封闭（closure）、缓冲带（buffer-zone）和平衡论（counterbalance）这些理论通过相对流动而非绝对流动率（即社会流动的模式与趋势）的形式重新表述，就会有更多的发现，来进一步支持了这一点。

然而，与此同时我们有必要认识到，这样一来与这些命题密切相关的势必是英国社会的开放性程度问题，而不是那些作者们——当然包括我们在内——实际所关心的核心问题：即流动对于阶级形成与阶级行动的影响。为了进一步解决后一问题，我们必须重新考察绝对流动率，且需比前人的研究做得更细致。为了完成这一任务，我们尝试全面展开在第二章中批判的，之前的讨论还不充分的另一主题。

在考察了相关作者的研究兴趣后，我们惊讶地发现，他们本应较少关注代内的或职业生涯的流动，因为在代际流动的视角下，流动性在调节阶级流动与固化方面起着重要作用。然而趋势却相反——这在平衡论视角下再清楚不过——他们对于现代社会流动模式的分析愈发趋于简化,认为个人在劳动分工中所处的位置愈发依赖于他们的教育水平和正式资格。因此,有人认为个人在刚入职时,流动机会还是能有效实现的,但随着逐渐脱离教育系统,个人在职业生涯中职业等级或阶级位置发生重大变化的可能性将相应地减少。然而,与此观点相反,我们1972年全国调查的数据表明,过去30年至40年内,代内流动的程度并没有出现任何长期的下降——而且并不令人惊讶的是,它反而增长了,因为在大多数时候,职业结构的演变进程确实至少是比"主流"的教育机构的演变更超前。

因此在本章,我们的目标是进一步考察代内流动与代际流动模式的交互作用,以此来反思阶级形成的潜在动力。这种交互作用不仅贯穿于"社会新陈代谢"(social metabolism)的整个过程中,使个人在职业与阶级结构中的位置随时间推移获得分配和再分配;它更直接影响着这一过程中个人经历的本质,继而有可能成为一个关键性的决定因素,影响着个人如何对他们客观上面对的社会主要结构特征进行主观回应。

数据来源

在很大程度上,我们此处将使用与之前章节相同的资料:即1972年根据我们的阶级图式组织调查所得到的职业流动数据。我们所有报告的分析起点都源于表5.1,这是基于我们合并版阶级图式所绘制的一个三阶段流动矩阵。(这一矩阵通过呈现个体)从出身开始、经过初职、最后到达1972年的位置(之前被用于构建图2.1),完整地呈现了流动的数据和形式。然而,我们需要注意的是,表5.1中单元格的值是以样本总量(N=9 423)的百分数形式表现的,而不是像流动表所常用的那样使用受访者或他们父亲在特定阶级上的数量。我们现在的目标是呈现出由单元格界定的、受访者在一系列流动(或不流动)"路径"上的分布情况。[1] 为了对这些我们将要处理的路径进行系统性的考察,方便起见,我们将阶级Ⅰ和阶级Ⅱ合并为 **S**("服务阶级"),将阶级Ⅲ、Ⅳ和Ⅴ合并为 **I**("中间阶级"),将阶级Ⅵ和Ⅶ合并为 **W**("工人阶级")。因此表中所呈现的27条路径中的每一个都可以通过这些字母的组合进行识别,分别涉及出生、初职以及 1972 年终点的阶级位置。

尽管其数量已经十分庞大了，但表 5.1 中所展示的路径仍然刻画得相对粗糙，因此我们将通过两种不同的方法来表现出更多的细节。首先，在考察任一特定路径时，尤其是在能合适地显示出这些阶级的职业构成的时候，我们会回到我们完整的七分类阶级图式中进行分析。其次，我们在本章中将使用两年后的追踪调查结果对 1972 年调查数据进行补充。我们从 1972 年的受访者中抽取了一定数量的子样本进行重新访谈，收集他们完整的工作史。在 1974 年的调查中（完整结果见本书第一版的附录），出于现实的操作考虑，我们的重点关注对象是那些 1974 年年龄在 25 岁至 49 岁的男性，即出生于 1925 年至 1949 年间的男性；他们的代际流动看上去要么是固化的，要么经历了长距离的流动来流入或流出阶级 I。在表 5.2 中，我们通过追踪调查的 652 名受访者所呈现出的代际流动矩阵中的单元格数值（来呈现这种流动）。可以看到，我们所提供的工作史资料只涉及了所有 49 种可能的代际转向模式中的 16 种，并且由于受访者年龄范围的限制，其价值也相对有限。然而，这些

表 5.1 受访者 14 岁时父亲的阶级、受访者第一份全职工作的阶级以及受访者 1972 年工作的阶级所构成的分布

父亲的阶级	受访者的阶级：第一份全职工作	受访者的阶级：1972			
		I 和 II	III—V	VI 和 VII	总和
		占总体样本的百分比			
I 和 II	I 和 II	3.9	0.4	0.1	4.4
	III—V	2.2	1.8	0.6	4.6
	VI 和 VII	1.7	1.2	1.4	4.3
	总和	7.8	3.4	2.1	13.3
III—V	I 和 II	2.8	0.6	0.2	3.6
	III—V	3.1	4.4	1.8	9.3
	VI—VII	3.1	7.1	9.7	19.9
	总和	9.0	12.1	11.7	32.8
VI 和 VII	I 和 II	2.1	0.5	0.2	2.8
	III—V	2.6	4.6	3.3	10.5
	VI—VII	3.6	9.6	27.4	40.6
	总和	8.3	14.7	30.9	53.9
总和		25.1	30.2	44.7	100.0

注：N=9 423。

表 5.2　1974 年后续调查中受访者父亲的阶级与他们 1972 年自身阶级所构成的分布

(受访者 14 岁时)父亲的阶级	受访者的阶级（1972 年）						
	I	II	III	IV	V	VI	VII
I	1:2　75		1:1　31	1:1ᵃ　6	1:1ᵇ　5	1:1　13	1:1　13
II							
III	1:1　51		1:1　32				
IV	1:1ᵃ　20			1:1ᵃ　31			
V	1:1ᵇ　46				1:1ᵇ　40		
VI	1:1　77					1:4　67	
VII	1:1　57						1:4　88

关键词：再次受访的数量
　　　　相较于 1972 年受访者（25—49 岁）的抽样比
注：(a) 不包含 H‑G 职业表中的第 11、13 类。
　　(b) 不包含 H‑G 职业表的第 15 类。

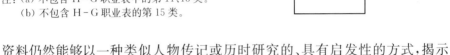

资料仍然能够以一种类似人物传记或历时研究的、具有启发性的方式，揭示出传统流动表背后关键的共时（synchronic）信息。

我们现在继续考察表 5.1 的单元格。这些单元格显示出了：(i) 三个阶级内部的代际流动稳定性存在差异；(ii) 发生于中间阶级和工人阶级之间的代际流动——正如我们之前所指出的那样，我们并不认为它能被有效地描述为"垂直"性的流动；(iii) 向上的代际流动——可以被认为是从其他阶级出身流向服务阶级的一种流动；(iv) 向下的代际流动——可以被认为是从服务阶级出身，流向其他阶级位置的一种流动。

代际稳定的模式

如表 5.1 所示，在我们的 9 423 个受访者中，有 730 人（8%）的父亲处于阶级 I 和阶级 II，并且自己在 1972 年也处于阶级 I 和阶级 II，这个数字是我们样本中所有父亲处于阶级 I 或阶级 II 的子代数量的 59%。在阶级结构的顶点处，我们发现了一种较高水平的代际稳定（模式），这与工业社会以职业为基础的一般流动模式是一致的：那些占据优势地位的人被认为不仅拥有强大的动机保证他们的后代继承这些位置，他们对于物质与文化资源的掌控也使他们能够在大多数情况下实现自己的野心。然而，我们进一步的发现与我们这种一般性的预期(standard expectation)不太一致,事实上这类人中只有一半的人(占总样本 4%)表现出 S-S-S 模式,职业生涯是从阶级Ⅰ或阶级Ⅱ的初职开始的;另一半从更低层次的、由图式中其他的某种阶级所包含的体力或非体力的初职开始工作,遵循 S-I-S 或 S-W-S 模式。换句话说,在我们数据所体现的时代,阶级结构中更高水平处的代际稳定在很大程度上是通过所谓的逆向流动(counter-mobility)来实现的,即:职业生涯的流动中存在这样一种使个体逐渐偏离初职、回归出身阶级的效应。

如果我们在构成阶级Ⅰ和阶级Ⅱ的职业类别层次上考察 S-S-S 路径,那么这个问题会变得更明显。这一路径在很大程度上只局限于某一类人,他们的初职就是服务阶级的某个部门(division)或职位(situs),即专业性岗位和高级技术岗位:那些"成功地"继承他们父亲阶级Ⅰ和阶级Ⅱ位置的人并不是直接地进入相应工种,而是通过专业性和技术性的就业间接实现。在图 5.1 中,阶级Ⅰ和阶级Ⅱ中的专业技术人员与其他群体(主要是行政和管理群体)区别很大。可以看出,S-S-S 模式下超过五分之四的人初职属于前者,并且他们中的大多数人在 1972 年仍处于同一类别。[2]

反过来看,阶级Ⅰ和Ⅱ出身的人之所以能够获得服务阶级的行政管理职位,从而保持代际稳定,逆向流动——S-I-S 和 S-W-S 路径,起到主要作用。图 5.2 说明,尽管通过这些路径最后也有可能获得专业技术职位,但是其中有超过五分之三的人最终仍进入了行政管理类别。考虑到我们的七分类阶级图式,我们进一步认为这种逆向流动是通过某些特定的渠道发生的,后文将完整地阐释其意义。在 S-I-S 路径中,85% 的人初职是阶级Ⅲ的普通白领;在 S-W-S 路径中,68% 的人初职则是阶级Ⅵ的技术体力职位。

为了进一步说明在服务阶级内的这种代际稳定模式,我们现在来分析 1974 年调查的工作史数据,我们关注这样一类群体:出生于 1925 年至 1949 年间,父亲处于阶级Ⅰ,且自己在 1972 年也从事着阶级Ⅰ的职业的男性 (N=75)。根据我们的三节点分析,52 个(69%)人遵循了 S-S-S 路径,而在这些人中,正如我们的一般性结论所预期的那样,大多数人——41 个(79%)——在专业或者高级技术岗位开始工作。此外,工作史资料还说明这些受访者职业生涯的连续性[3]程度很高;只有 8 个人(15%)曾经从阶级Ⅰ的职业降至某个更低等级的职业,并且这种"缺位"(absences)的平均时间只略多于两年[4]（与 18 年的平均职业生涯长度相比很短）。其余那些代表 S-I-S 和 S-W-S 的人也是如此，他们一旦获得阶级Ⅰ的职业，便很少从此位置上离开，事实上 23 个案例中只有 3 个离开了。但是我们的工作史数据还揭示出了这些人在实现逆向流动之前，在不同职业类别间所经历的流动程度。例如，如果对职业类别间的移动进行计数（这需要我们对七分类图式的阶级位置进行转换），我们会发现 S-I-S 和 S-W-S 路径平均每人发生 2.4 次——而 S-S-S 模式只有 0.4 次。[5]

现在我们关注那些流向阶级结构中较高水平的逆向流动，这绝不是一个简单的问题：恰恰相反，它似乎只能通过一系列相对复杂的职业生涯流动来实现。因此高阶级位置后代这种（通过逆向流动）维持代际稳定的模式与之（S-S-S 模式）产生了强烈对比，后者完成全日制教育后可能直接达到与父辈相当的阶级位置。尽管那些遵循 S-I-S 和 S-W-S 路径的人似乎在生涯早期就获得了阶级Ⅰ的职业，平均年龄刚过 25 岁，但他们仍然比 S-S-S 模式的人平均多用了 5 年。事实上，几乎所有逆向流动至阶级Ⅰ的人都在达到最低就业年龄①的两年之内离开了学校；也就是说，他们在实现逆向流动之前，平均工作了约 10 年。

现在我们来看那些代表在中间阶级内代际稳定的路径——Ⅰ-Ⅰ-Ⅰ、Ⅰ-S-Ⅰ 和 Ⅰ-W-Ⅰ 模式。我们首先可以看到，如表 5.1 所示，他们的受访者人数为 1 138 人，相当于总样本的 12%，或是所有父亲处于这些阶级的受访者的 37%。这种职业流动与基于社会流动的一般性预期相一致——意味着在社会分层的中间位置处流动性最大——后一张图说明它的代际稳定性要比阶级Ⅰ和阶级Ⅱ的案例更低。从表 5.1 中我们也能发现，相较于阶级Ⅰ和阶级Ⅱ，这种中间群体的代际稳定更依赖于逆向阶级流动。实际上这类受访者中只有三分之一的人（占总样本 4%）遵循了 Ⅰ-Ⅰ-Ⅰ 的路径。此外，根据我们之前对这类群体异质性的讨论，我们注意到在 Ⅰ-Ⅰ-Ⅰ 模式中，大量流动发生在了相关的七分类阶级图式中的三个阶级之间。事实上，我们发现这种模式中只有小部分人（41%）没有发生跨阶级的代际流动；并且其中只有 25% 的人在此路径的三个时间点上都表现出稳定性。具体而言，这群受访者中有 11%

---

① 15 岁。——译者注

的人出生于阶级Ⅲ、且在1972年也从事阶级Ⅲ的职业,10%的人初职从事的就是这份职业;与此同时,阶级Ⅳ的对应比例分别是13%和3%,阶级Ⅴ的是17%和12%。因此,我们必须意识到,在此情况下,即使代际流动模式根据表5.1的分类法表现出高度的稳定性,但是在这些人中,实际上发生了许多不容忽视的、阶级位置间的流动。

图 5.1—5.6 代际稳定的模式

父亲的阶级	受访者的阶级(或 H-G 职业分类):第一份全职工作	受访者的阶级(或 H-G 职业分类):1972 年
图 5.1 S-S-S (N=365)	Ⅰ和Ⅱ → 82 Ⅰ和Ⅱ(PT[a]类) → 18 Ⅰ和Ⅱ(AM[b]类)	→ 64 } 68 → 4 → 18 } 32 → 14
图 5.2 S-I-S 和 S-W-S (N=365)	Ⅰ和Ⅱ → 56 Ⅲ-Ⅴ → 44 Ⅵ和Ⅶ	→ 18 } 38 Ⅰ和Ⅱ(PT类) → 20 → 38 } 62 Ⅰ和Ⅱ(AM类) → 24
图 5.3 I-I-I (N=413)	Ⅲ-Ⅴ → 61 Ⅲ → 4 Ⅳ和Ⅴ(MS[c]类) → 35 Ⅴ(T[d]类)	→ 30 } 35 Ⅲ → 1 → 4 → 19 } 26 Ⅳ → 7 → 10 → 3 } 19 Ⅴ(MS类) → 6 → 2 } 20 Ⅴ(T类) → 18
图 5.4 I-W-I (N=672)	Ⅰ和Ⅱ → 82 Ⅰ和Ⅱ(PT[a]类) → 18 Ⅰ和Ⅱ(AM[b]类)	→ 64 } 68 → 4 → 18 } 32 → 14
图 5.5 W-I-W (N=309)	Ⅵ和Ⅷ → 68 Ⅲ --- <1 Ⅳ和Ⅴ(MS类) → 32 Ⅴ(T类)	→ 27 } 40 Ⅵ → 13 → 41 } 60 Ⅶ → 19
图 5.6 W-W-W (N=2583)	Ⅵ和Ⅶ → 52 Ⅵ → 48 Ⅶ	→ 33 } 48 → 15 → 19 } 52 → 33

注:(a) PT 类:专家或高级技术类(H-G 职业表:1、2、6、9、10 类)。
   (b) AM 类:行政管理类(H-G 职业表:3、4、5、7、8、12、14、16 类)。
   (c) MS 类:体力监管类(H-G 职业表:17、20 类)。
   (d) T 类:低级技术类(H-G 职业表:15 类)。

从某种意义上来说,像阶级Ⅰ和Ⅱ一样,这一流动量可以通过考察初职的获得模式加以理解。在中间阶级群体内,我们可以像分析服务阶级一样,通过考察个人初职在哪些岗位占比多、哪些占比少,从而更加明确地区分出特定的职业类别。就 I - I - I 模式而言,图 5.3 表明初职中有五分之三是阶级Ⅲ的普通白领人员,超过三分之一的是阶级Ⅴ的低级技术人员(H-G 职业表的第 15 类),而很少有人初职是阶级Ⅳ的自雇者或阶级Ⅴ的体力劳动监管人员(H-G 职业表的第 17 和 20 类)[6]。换句话说,当小自雇者和工头的后代到了离校的年龄,即使他们从事的工作仍属于中间阶级的范畴,但他们几乎都经历了在其他不同的劳动分工位置上进行就业,并非子承父业。

此外,获得阶级Ⅲ—Ⅴ的初职之所以会受限,显然与逆向流动息息相关。对于中间阶级出身的群体,存在着从阶级Ⅰ、Ⅱ、Ⅵ或Ⅶ的初职位置进行逆向流动的可能性。但事实上如表 5.1 所示,前者 I - S - I 模式几乎可以忽略不计,只有不到 1% 的受访者遵循此路径。[7] 因此,大家主要是通过离开体力劳动实现逆向流动、回到中间阶级的位置,比如 I - W - I 的路径就占据了我们总样本量的 7%。从图 5.4 可以看到,此路径下四分之三的人在 1972 年处于自雇者和体力劳动监管人员的位置。相比之下,I - I - I 模式只有不到一半的人,这说明了这些职位的准入性是被有效限制的。另一个同样有趣的发现是,当从体力劳动的初职逆向流动回服务阶级的位置时——如 S - W - S 模式——其中超过三分之二的人初职属于技术类别,而这种人在 I - W - I 模式中只有不到一半。

因此,从我们的三节点分析中可以清楚地发现,中间阶级内部的代际稳定必须被视作一系列职业生涯流动的结果。此外,当我们继续考察后续调查所得到的相关工作史资料时,不仅进一步支持了该结论,并且表明它还需拓展,以揭示出这种稳定性背后的不确定性。例如,当我们考察调查中那些父亲处于阶级Ⅲ且自己在 1972 年也处于阶级Ⅲ职业的受访者(N=32),我们发现这些人中有 21 人(66%)的初职也是这类职业,即代表 I - I - I 模式。但事实上只有 9 个人直到 1974 年仍然处于阶级Ⅲ或其他中间阶级的位置上。有一半人曾从事过体力劳动,并且在我们两年后的调查中已经有 8 个人流动至阶级Ⅰ或阶级Ⅱ的位置。总而言之,职业流动带来了阶级位置的变动,在我们的七分类阶级图式下,平均每人会变动 2.4 次。

现在我们再来考察那些代际稳定于阶级Ⅳ自雇者职业的受访者(N=31,

不包括 H-G 职业表的第 11 和 13 类),我们发现,正如我们之前分析所预测的那样,其中大多数人、有 25 个(81%)遵循了逆向流动,即 I-W-I 路径;然而这个信息本身并没有充分刻画出他们的流动经历,事实上平均每个人职业生涯的阶级位置变化达到了 2.3 次,范围相当广泛。因此我们的结论再次得到支持,逆向流动不应被视作一成不变的直接过程——在我们分析的案例中它也确非如此,它似乎是由资本的转移或"持续经营"(going concern)所导致的。在这 31 个人中(我们需要注意记住,这些人都在 50 岁以下),实际上已经有 6 个人在 1974 年前的职业生涯过程中实现了从自雇者到雇佣阶级的流动。我们在前一章已经说明了,在阶级 IV 内部存在很强的代际固化趋势;但是现在我们可以看到,至少在此阶级的低水平群体中,这种趋势并不等同于代际或职业生涯的连续性。我们只能保守地认为,对于那些曾处于阶级 IV 位置的人,他们的父亲有较高可能性也曾处在这类位置上。

最后,对于 1974 年调查中那些继承了父亲阶级 V 监管类职业的人(N=40),我们发现其中 25 人(63%)的初职是体力劳动类职业,代表着 I-W-I 模式,无论这是否构成逆向流动,他们工作史最引人注目的特征在于其"无序性"(disorderly nature)[8]:在此案例中,平均每人阶级位置的变动高达 3.3 次。特别要注意的是,有 11 人在 1972 年以前流入或流出过监管位置——然后流动回普通的体力劳动职业;有 9 人在 1972 至 1974 年间从监管职位流动至普通或更高水平的位置。

因此,如果用传统流动表的那套方法对中间阶级的代际固化现象进行考察,结果将会比实际情况更为显著。之所以会这样是因为构成这些阶级的职业类别并不像阶级 I 和阶级 II 中的一样,后者离开现有位置的概率很低,因此阶级 I 和阶级 II 的位置可被视为他们职业生涯的"终点"。而中间阶级则与之相反,我们之后将会提到,由于其特殊的结构位置,无论自愿与否,人们通常会离开现有位置。因此,那些在流动调查的特定时间点上与父亲处于同一职业类别、被归类为代际稳定的受访者,实际上必须被视为一个很不稳定的集体——就其构成而言,存在巨大的短期波动。[9]

其余那些表示代际稳定的路径与工人阶级有关——W-W-W、W-S-W 和 W-I-W 模式。从表 5.1 中我们首先可以发现,从数量级上考察,它们远比我们之前所考察的路径更重要——它覆盖了 2915 个受访者,占总样本量的 31%。该数字表明,在阶级Ⅵ和Ⅶ中,代际稳定性水平达到了 57%①,这符合一般性预期,它略低于阶级Ⅰ和阶级Ⅱ,但明显比中间阶级更高。然而,从表 5.1 中我们还能明显地发现阶级Ⅵ和Ⅶ的逆向阶级流动远比阶级Ⅰ和Ⅱ或阶级Ⅲ—Ⅴ的少。在与父亲同样从事体力劳动的人中,有 89%(占总样本 27%)的人初职也是体力职业,即代表 W-W-W 模式。此处一个显而易见的事实是,人们在获得初职时很容易进入阶级Ⅵ和Ⅶ的普通体力职业;也就是说,这类职业所雇佣的人往往不是由其他职位晋升而来的。[10]

如果向阶级Ⅵ和Ⅶ的逆向流动确实存在,那么表 5.1 进一步揭示出,它主要以 W-I-W 路径的形式进行,占总样本量的 3%:W-S-W 模式和 I-S-I 模式一样,几乎不显著。从图 5.5 的更多细节中我们可以发现,W-I-W 模式的受访者所获得的初职范围比 I-I-I 模式的还更有限。在随后的 1972 年,40%的人从事阶级Ⅵ的技术体力职业,60%的人从事阶级Ⅶ的非技术职业。不同于其他阶级背景下所发生的逆向流动,我们认为这种流动模式需要用不同的视角进行考察。他们似乎有这样的一个特征,并不是必然逃脱不了出身阶级,但所有的尝试在他们的职业生涯中都只是在"绕弯路"(detour)而已。从某种意义上来说,他们只会回到那些相似出身者能够直接获得的初职类型。[11]

W-W-W 模式尤为重要,对其进一步的分析表明,尽管阶级Ⅵ和Ⅶ之间发生了相当多的流动,但在七阶级图式下,它的流动程度仍然远低于 I-I-I 路径。W-W-W 模式中,大多数人——58%——和他们的父亲处于同一阶级,并且 42%的人在路径的三个节点上都处于同一阶级。具体来说,28%的人表现出阶级Ⅵ的代际稳定性,21%的人初职是技术(体力)类别;30%的人表现出阶级Ⅶ的代际稳定性,21%的人初职是非技术(体力职业)类别。图 5.6 进一步阐明了职业生涯的流动模式。然而,现在应该明白,我们三节点分析的信度深受被访者的记忆(impression)的影响,因此将这些结果与 1974 年的调查结果进行比对会很有用。

从中我们可以获得那些父亲处于阶级Ⅵ、并且自己在 1972 年也处于阶级Ⅵ职业的子群体工作史;我们同样能获得两者都处于阶级Ⅶ的工作史。

---

① 30.9%÷53.9%≈57%——译者注。

前者(N=67)中除5人以外,93%的人都遵循了 **W-W-W** 模式,其余的人则代表了 **W-I-W** 模式。尽管这些人中只有三分之一的人直到1974年还在从事技术体力职业,但总体而言,导致阶级位置变化的职业流动程度相对较低,平均每人变动1.9次,并且超过60%的流动发生在技术与非技术体力职业之间。事实上,有42个人(相当于所有子群体的63%以及 **W-W-W** 模式的68%)从未以非体力劳动者的身份受雇过;而对于那些受雇过的人,他们从事非体力工作的平均时长也只是刚过3年而已(而他们的平均职业生涯长度达到21年)。顺带一提,阶级Ⅵ内初职为技术职业的 **W-W-W** 转换现出了非常高的连续性,这些人(N=48)的阶级位置平均只变动了1.2次,其中39人(81%)始终从事体力劳动。

阶级Ⅶ中代际稳定的群体(N=88)的连续性程度更低,尽管这不太明显。**W-I-W** 模式再次占据主导地位,共有74人,占总数的84%,但其中只有四分之一的人在职业生涯中始终从事非技术体力职业。平均每人的阶级位置发生了2.3次变动,其中55%流入和流出过技术体力职业。那些工作经历完全局限于体力劳动的人的比例达到了56%,其中66%遵循了 **W-I-W** 路径;并且那些有着非体力劳动经历的人,从事该非体力职业的平均时长也只是刚过4年而已(而他们的平均职业生涯长度达到24年)。

综上所述,我们可以得出以下结论,无论如何,阶级Ⅵ和阶级Ⅶ内部的代际稳定水平都要比在中间阶级内的更高,这与职业生涯的连续性息息相关:逆向流动并不显著,并且一般而言阶级位置的变动更少。而它们与阶级Ⅰ和Ⅱ的对比在某些程度上更为复杂。一方面,以逆向流动形式进行的职业生涯流动对于阶级Ⅵ和Ⅶ内部的稳定性并不重要;但另一方面,阶级Ⅰ的职业并不像体力职业,一旦获得更不容易离开,尽管其内部的"持续性"(retentiveness)也存在明显的差异。

代际流动的模式:工人阶级/中间阶级

在我们9 423个受访者中,有1 385人(15%)的父亲从事体力劳动但他们自己在1972年处于中间阶级的位置,这个数字相当于阶级Ⅵ和Ⅶ出身的人数的27%。如表5.1所示,这些受访者中只有不到三分之一的人(略低于总样本的5％)初次就业就能够直接流动至中间阶级的位置——他们遵循W-I-I路径;而其余那些间接到达此位置的人,初职几乎都是体力劳动——代表了W-W-I模式。W-S-I路径和其他从阶级I或II的初职进行向下流动的路径一样,都可以忽略不计。

如图5.7所示,那些遵循W-I-I路径直接进入中间阶级位置的人,他们的初职仅限于阶级III的普通白领类别或是阶级V的技术类别,就和W-I-W模式的人差不多——尽管他们的初职集中于后一类别而非前一类别。与此同时我们需要注意到,相较于I-I-I或I-W-I路径的人,他们1972年的职业更多的处于低级技术和普通白领职业(见图5.3和5.4)。有10％的受访者遵循间接的W-W-I路径,图5.8说明,尽管相较于I-W-I模式(图5.4)有更多人的初职是技术体力类别,但是他们1972年的职业分布与后者大体相似,都有较高比例的中间阶级职业是无法直接进入的——但相较于通过阶级IV的自雇者类别进入中间阶级,他们更偏向于阶级V的工头类别。

对于表5.1中那些象征代际稳定性的路径,我们系统性地提出这样一个问题,即他们在多大程度上反映了职业生涯的连续性;至于那些象征代际流动性的路径,问题相应地变成了,至少就个人能够泾渭分明地远离出身阶级的意义上而言,这种流动在多大程度上可被视为永久性的。因此,在那些代表W-I-I和W-W-I模式的受访者中,我们想问的是,是否有理由假定他们在1972年所处的位置正是他们想要维持的(或是他们想要离开,到其他同样远离出身阶级的位置上去),另一方面,我们想问他们是否还有可能逆向流动回他们父亲所处的工人阶级职业。

不幸的是,我们1974年的调查并不能提供与这些模式(W-I-I和W-W-I模式)直接相关的工作史资料。然而我们似乎没有理由推翻根据先前这些资料所得出的一般性结论:从中间阶级流动至其他阶级位置的人数远大于从其他阶级流出的人数。我们做了这样一个预设,认为那些遵循W-I-I和W-W-I路径的人在某种程度上希望通过流动至服务阶级的职业来与他们工人阶级的出身划清界限。例如,由于之后会提到的原因,这种情况最有可能发生在W-I-I模式中、初职和1972年职业均是阶级III或阶级VI技术类别的群体之中。[12] 另一方面,在W-I-I和W-W-I模式中,对于1972年职业是阶级IV或阶级V的监管类别的人——这些人数量特别多——他们更有可能流动回工人阶级的位置，尤其是当我们考虑到1974年工作史中那些代际稳定于此类职业的受访者所表现出的无序性。我们假定工人阶级出身的人相较于后者（中间阶级）更有可能流动回体力职业，[13] 之前所报告的数据确实会让人以为W-I-I和W-W-I模式下那些1972年处于自雇者和体力监管类别的受访者中，有三分之一的人之前已经流入或流出过此类位置。

图 5.7—5.10　代际流动的模式：工人阶级/中间阶级

父亲的阶级	受访者的阶级（或 H-G 职业分类）：第一份全职工作	受访者的阶级（或 H-G 职业分类）：1972 年

图 5.7
W-I-I
(N=432)
VI 和 VII → 59% III；1 IV 和 V（MS类）；40 V（T类）
III → 37, 4 } 41 III；9, 5 } 14 IV；10, 6 } 16 V（MS类）；3, 25 } 28 V（T类）

图 5.8
W-W-I
(N=907)
VI 和 VII → 56 VI；44 VII
→ 14, 11 } 25 III；16, 13 } 29 IV；21, 16 } 37 V（MS类）；5, 4 } 9 V（T类）

图 5.9
I-W-W
(N=915)
III—V → 49 VI；51 VII
→ 33, 17 } 50；16, 34 } 50

图 5.10
I-I-W
(N=168)
III—V → 59 III；6 IV 和 V（MS类）；35 V（T类）
→ 19, 2, 16 } 37 VI；40, 4, 19 } 63 VII

我们现在再来看表5.1中与我们刚才所考察的代际流动形式相反的情况——共有1 104人遵循I-W-W、I-I-W和I-S-W路径，相当于总样本量的12%以及中间阶级出身人数的36%。然而我们可以发现其中直接的I-W-W路径是最主要的，占这些受访者的83%。而如表5.1所示，间接性流动主要局限于I-I-W路径。

根据对图5.9和图5.10的进一步分析，我们可以发现I-W-W和

W-W-W路径(图5.6)中发生于技术与非技术体力类别间的职业生涯流动存在高度相似性;而I-I-W与W-I-W路径(图5.5)的相似性至少体现在它们都有较高比例的人在1972年从事非技术体力职业。换句话说,在这一分析层次上来看我们的数据,无论是代际流动的人还是代际稳定于工人阶级位置的人,他们职业生涯的流动模式都是相当近似的。然而从工作史数据中我们可以得知,实际上后者中的大多数人已经在某一时间获得过某种(低级)非体力职业。因此尽管1974年调查仍然没有提供直接相关的信息,但我们可以预测出I-W-W模式和I-I-W模式一样,一些人、也或许是大多数人在我们进行访谈前已经至少完成过一次从体力到非体力职业的流动——此处我们假定中间阶级出身的人相较于工人阶级出身的人更可能进行这种流动。[14] 此外,即使是那些一直从事体力工作的中间阶级出身的群体,至少在他们到达职业生涯的末期之前,我们也很难断言他们完全失去了逆向流动回中间阶级位置的可能性,尤其是阶级Ⅳ和阶级Ⅴ的监管类职业。总而言之,我们保守地认为,遵循I-W-W和I-I-W路径的代际流动模式要比反向的W-I-I和W-W-I路径包含更多的不确定因素。

代际流动的模式: 向上流动

我们将向上的代际流动定义为个人从其他阶级出身上升至阶级Ⅰ和Ⅱ的流动。如表5.1所示,共有1 639个受访者代表了这种流动类型:其中885人,即占总样本量9%的人出身于阶级Ⅲ—Ⅴ,相当于此类出身人数的28%;其中784人,即占总样本量8%的人出身于阶级Ⅵ和Ⅶ,相当于此类出身人数的15%。在前一部分,我们有效区分出了直接流动和间接流动的不同;按此分类,一方面I-S-S和W-S-S路径占总样本量的5%,另一方面I-I-S、W-I-S、I-W-S和W-W-S路径占12%。

对于前者,我们最感兴趣的是遵循这些路径的受访者比例为什么相对较低。一个基本的解释是,阶级出身低还能直接进入阶级Ⅰ和Ⅱ的人,相较于本来就是阶级Ⅰ和Ⅱ出身的人,他们所能从事的职业——令人毫不意外地——仅局限于专业技术类别。这一问题可以通过将图5.11、图5.12和图5.1进行对比来说明。

对于通过间接路径——代表着职业生涯的不断晋升——来获得阶级Ⅰ和Ⅱ的流动案例，更详尽的分析反而有助于简化我们的报告。数据显示，中间阶级和工人阶级出身，且初职为中间阶级或工人阶级的人，经历着相同的职业生涯流动模式，因此，I-I-S和W-I-S、I-W-S和W-W-S路径的数据可以被方便地整合在一起，如图5.13和图5.14。

从前一幅图我们可以看出，遵循I-I-S和W-I-S路径的人初职主要是阶级Ⅲ的普通白领类别——其比例比I-I-I、W-I-W、W-I-I或I-I-W模式都更高，而与阶级Ⅰ和Ⅱ出身、通过S-I-S路径进行逆向流动的模式差不多。和后一幅图相同，图5.2的受访者在1972年大多处于服务阶级的行政管理职业，因此这些构成阶级Ⅲ的职业类别必须被明确视作关键的分水岭（catchment area）。[15] 在图5.14中，我们发现那些初职是体力职业、之后向上流动至阶级Ⅰ和Ⅱ的人大多在技术岗位开始工作——其比例比I-W-I、W-W-W、W-W-I或I-W-W模式都要高，而与通过S-W-S路径逆向流动回阶级Ⅰ和Ⅱ的模式差不多。以体力初职为起点的向上流动和逆向流动（图5.2）还存在这样的相似性，它们相较于以中间阶级初职为起点的同类型流动，现职在专业技术和行政管理类别上的分布更平均。此处的个人案例表明，技术体力职业作为高级技术与工程及相关领域专业的初始培训岗位，在我们所考察的这段时期内具有持久的重要性。[16]

讨论完了通往服务阶级位置的代际流动，我们现在转而观察发生于工人阶级与中间阶级间的流动，我们的数据显示这种流动是持久性的。从表5.1中我们发现，服务阶级的职业实际上具有高度的持续性，那些初职就是服务阶级的人中只有小部分人1972年离开了阶级Ⅰ和Ⅱ。我们现在将进一步地描绘工作史资料，如表5.2所示，1974年调查中从Ⅲ—Ⅴ的出身阶级代际流动至阶级Ⅰ的受访者有117个，而从Ⅵ和Ⅶ的出身阶级流动至阶级Ⅰ的受访者有134个。出于现阶段的研究目的，我们将这些受访者分为100名遵循直接的I-S-S和W-S-S路径的人——他们的初职主要集中于阶级Ⅰ和Ⅱ的专业技术类别——和其余遵循间接路径进行向上流动的人。对于后者，有82人遵循I-I-S或W-I-S路径，其中76%的人初职是阶级Ⅲ的职业；69人遵循I-W-S或W-W-S路径，其中71%的人初职是阶级Ⅵ的技术体力职业。

图 5.11—5.14 代际流动的模式：向上流动

父亲的阶级	受访者的阶级(或 H-G 职业分类)：第一份全职工作	受访者的阶级(或 H-G 职业分类)：1972 年
图 5.11 **I-S-S** (N=267)	→ 85 % Ⅲ—Ⅴ → 15	Ⅰ 和 Ⅱ（PT类）→ 73 }78 5 Ⅰ 和 Ⅱ（AM类）→ 12 }22 10
图 5.12 **W-S-S** (N=202)	→ 84 % Ⅵ和Ⅶ → 16	Ⅰ 和 Ⅱ（PT类）→ 66 }69 3 Ⅰ 和 Ⅱ（AM类）→ 18 }31 13
图 5.13 **I-I-S** 和 **W-I-S** (N=541)	→ 81 Ⅲ—Ⅴ 和 Ⅵ和Ⅶ ⇢ <1 → 19	Ⅲ → 22 }31 9 Ⅰ 和 Ⅱ（PT类） Ⅳ 和 Ⅴ（MS类）→ 59 }69 10 Ⅰ 和 Ⅱ（AM类） Ⅴ（T类）
图 5.14 **I-W-S** 和 **W-W-S** (N=629)	Ⅲ—Ⅴ 和 Ⅵ和Ⅶ → 63 → 37	Ⅵ → 30 }41 11 Ⅰ 和 Ⅱ（PT类） Ⅶ → 33 }59 26 Ⅰ 和 Ⅱ（AM类）

对于遵循直接路径的人来说，我们发现他们一旦获得阶级 Ⅰ 的职业，便就很少会再流动去其他阶级了。100 个人里，只有 21 人发生了这种流动——略高于出身阶级是 Ⅰ 和 Ⅱ 的 S-S-S 模式。此外，与后者相同，这种流动的持续时间相当短，平均少于 3.5 年；而且他们中很少有人会流动回自己的出身阶级，这是我们最关心的问题。超过半数的人流动至阶级 Ⅱ 的职业，并且其中只有 7 个人从事过和父亲相同的职业。也就是说，我们可以认为他们大多数人所进行的流动，确实以一种泾渭分明的方式远离了出身阶级。

当我们对 1974 年调查中那些间接上升至阶级 Ⅰ 的流动路径进行考察，我们发现他们的处境在某些方面与先前所述相符，但在其他方面则大不相同。他们也是一旦达到阶级 Ⅰ，便通常会维持在这个位置。同样只有小部分人——151 人中有 31 个，占 21%——之后会流出此位置；这种流动的平均持续时间很短，少于 2.5 年；其中只有极少数人——9 个，占总样本 6%——流动回自己的出身阶级，并且其中超过一半的人流向了阶级 Ⅱ。简而言之，对于间接上升至阶级 Ⅰ 的职业生涯流动，其持久性与可靠性并不亚于完成全职教育后的直接流动,也都意味着远离自己的出身阶级。

尽管如此,1974年的数据表明了一般情况下间接流动的间接程度。如果像之前那样用七分类阶级图式考察职业变动,我们便能得到这一结论。对于遵循直接的 I-S-S 和 W-S-S 路径的人,平均每人的阶级位置变动了0.9次,其中65%的人是在阶级 I 和 II 的位置间发生变动。相比之下,遵循间接 I-I-S、W-I-S、I-W-S 和 W-W-S 路径的人,对应的平均变动次数为2.1、2.6、2.6 和 3.3 次,并且所有路径在阶级 I 和 II 位置间的变动都不超过20%。然而在这些路径——特别是后三条中,人们在获得任一服务阶级位置之前都经历了大量的职业生涯流动——事实上,这种流动通常是无序的,主要发生于不同等级的体力、低级技术、体力监管以及普通白领职业之间。也就是说,在他们获得阶级 I 或阶级 II 的位置之前,这些受访者的工作史就如我们先前所表明的那样,往往会在中间阶级和工人阶级的位置间摇摆。[17] 正如高阶级出身的人很难通过逆向流动来继承父辈的位置,同样,低阶级出身的人也很难通过间接路径来实现向上流动,从而获得高阶级位置。遵循这些路径的人平均快到29岁才首次获得阶级 I 的位置,相比之下,直接流动至服务阶级的人则不到22岁;与此同时,逆向流动至阶级 I 的路径和 S-S-S 路径的人也只是分别略高于25岁和21岁。

代际流动的模式: 向下流动

根据我们的阶级图式,向下的代际流动指的是那些父亲处于阶级 I 和 II 的位置,而自己却不是的类型。从表5.1中我们立马就能发现,代表这种流动的单元格取值普遍较低。总的来说遵循此类流动的受访者只有512人,尽管这个数字相当于阶级 I 和 II 出身人数的41%,但实际上只比总样本量的5%多一点。从表5.1中我们还能清楚地发现其中大多数人——事实上是92%的人——向下的代际流动表现得非常"直接":也就是说,他们的初职就已经落在中间阶级的某个职业了,如 S-I-I 或 S-I-W 模式所示;或者落在工人阶级的某个职业,如 S-W-I 或 S-W-W 模式所示。

对于前者,我们给出了图5.15和图5.16,以求更详尽地刻画出他们所经历的职业生涯流动。S-I-I 路径更为重要,其最显著的特征是相较于向上流动的 I-I-S 和 W-I-S 路径、甚至是逆向流动的 S-I-S 模式,他们初职落入阶级Ⅲ的比例很高。换句话说,就流动的持久性而言,我们很难排除那些职业生涯遵循 S-I-I 模式,尤其是 1972 年仍从事阶级Ⅲ职业的人之后流动回出身阶级的可能性。[18] 相比之下,S-I-W 模式的人之后似乎不太可能再进行逆向流动。图 5.16(相较于图 5.15)显示,该模式初职中阶级Ⅲ职业的人更少,而阶级Ⅴ技术类别的人更多;此外,与其他从中间阶级初职流动至体力工作的路径一样(参见图 5.5 和 5.10 的 W-I-W 和 I-I-W 路径),其中大多数人(1972 年)从事阶级Ⅶ的非技术类职业。

图 5.17 和图 5.18 呈现了 S-W-I 和 S-W-W 模式的职业生涯流动。这两种路径相较于 I-W-S、W-W-S 和 S-W-S 模式,都有更高比例的人初职从事技术体力职业。图 5.17 中,那些 1972 年从事中间阶级职业的人主要集中于阶级Ⅳ的自雇者和阶级Ⅴ的体力监管类别,这与 I-W-I 路径(图 5.4)有些类似;图 5.18 中,尽管对那些 1972 年从事体力职业的人而言,这一阶段在技术和非技术类别上的分布要比初入职时平均得多,但和其他终点同样是体力工作的路径相比,还是有更多人从事技术职业。至于他们未来发生逆向流动的可能性,我们认为那些遵循 S-W-I 和 S-W-W 路径的人的可能性介于遵循 S-I-I 和 S-I-W 模式的人之间,并且那些保留了阶级Ⅲ或阶级Ⅵ职业的人更有可能最终回到阶级Ⅰ或Ⅱ的位置。

我们再次使用 1974 年数据来对这些猜测进行一定的检验。表 5.2 表明后续调查的受访者中有 68 人父亲处于阶级Ⅰ而自己在 1972 年从事中间阶级或工人阶级的职业。在这些人中,有 9 人初职是阶级Ⅰ或Ⅱ的职业(其中 7 人代表 S-S-I 模式,2 人代表 S-S-W 模式)。其余受访者中共有 23 人遵循我们所关注的 S-I-I 路径,其人数比其他任何路径都更多,并且除一人以外,其他人的初职都是阶级Ⅲ的普通白领职业。

经考察,截至 1974 年,这些受访者的工作史与我们之前的预期相一致,事实上他们并没有那么泾渭分明地远离出身阶级。在七分类阶级图式下,平均每人的职业变动次数为 2.2 次,有三分之一的人曾从事体力劳动,朝向(有时是从那里回来)阶级Ⅰ和Ⅱ位置的流动更频繁。因此,实际上,截至 1974 年我们的调查,23 人中已经有 12 人不再从事他们 1972 年时的职业,除两人以外,其他人 1972 年后的流动都指向服务阶级的职业——也就是说,根据表 5.1 的分类方式,这些人将通过 S-I-S 路径进行逆向流动。

图 5.15—5.18　代际流动的模式:向下流动

父亲的阶级	受访者的阶级(或 H-G 职业分类):第一份全职工作	受访者的阶级(或 H-G 职业分类):1972 年

图 5.15
S-I-I
(N=171)

Ⅰ和Ⅱ → 77% Ⅲ → 54, 1, 1 } 56 Ⅲ
→ 6 Ⅳ和Ⅴ(MS类) → 14, 4, 2 } 20 Ⅳ
→ 17 Ⅴ(T类) → 7, 1, 4 } 12 Ⅴ(MS类)
→ 2, 10 } 12 Ⅴ(T类)

图 5.16
S-I-W
(N=52)

Ⅰ和Ⅱ → 48 Ⅲ → 19, 2, 15 } 36 Ⅵ
→ 8 Ⅳ和Ⅴ(MS类) → 29, 6, 29 } 64 Ⅵ
→ 44 Ⅴ(T类)

图 5.17
S-W-I
(N=117)

Ⅰ和Ⅱ → 61 Ⅵ → 13, 13 } 26 Ⅲ
→ 39 Ⅶ → 27, 12 } 39 Ⅳ
→ 18, 11 } 29 Ⅴ(MS类)
→ 3, 3 } 6 Ⅴ(T类)

图 5.18
S-W-W
(N=130)

Ⅰ和Ⅱ → 67 Ⅵ → 45, 12 } 57 Ⅵ
→ 33 Ⅶ → 22, 21 } 43 Ⅶ

遵循其他向下流动模式的人职业生涯表现出类似的阶级变动频率,但是无论在 1972 年之前还是之后,他们都更少流动至阶级Ⅰ或Ⅱ的位置。对于遵循 S-I-W 路径的 8 人,他们的工作史似乎表现出了与出身阶级最大限度的分离,这与我们之前所提出的假设再次相符:其中只有一人曾从事过服务阶级的职业,而 1972—1974 年间所有人都仍然从事体力工作。至于遵循 S-W-I(N=12)和 S-W-W 转型(N=16)的人,只有 3 人在 1972 年前从事过阶级Ⅰ或Ⅱ的职业,还有 4 人在两次调查的间隔期内完成了逆向流动。

总而言之,在表 5.1 中的那些单元格中,只有占总样本很小比例的人代表着以Ⅰ和Ⅱ的出身阶级为起点的向下流动,并且很明显,他们中很多人的流动不应被视为持久性地脱离了出身阶级。[19] 根据我们1974年的数据,这些人集中于 S-Ⅰ-Ⅰ 模式中;但考虑到其他的转移阶段,我们需要重申之前的结论,即:通常只有经历了一系列复杂且长期的职业生涯流动后,才能逆向流动回阶级Ⅰ和Ⅱ。

基于上述分析,我们希望得出具有重要的实质意义的结论。出于方法论的兴趣,我们首先关注的是如何采用人物传记或历时研究的流动视角,来得出与传统流动表脱离历史发展的截面视角所不同的结论。这样就很清楚地说明了,把传统流动表中主对角线上的单元格解释为完全缺乏流动性,或者就此而言,把副对角线上的单元格解释为永久性流动,可能会有很强的误导性。进一步来说,即使采用表5.1那样的三点分析让我们至少能够区分出代际和代内的转型并建立彼此的关联,但对于个体所真实经历的职业生涯流动的数量和模式,我们的认识仍然很匮乏。

此外,尽管我们的工作史数据针对的只是全国性调查中特定的子样本,但它仍然足以说明,即使职业生涯流动的起点和终点相近,但人们遵循的实际路径和职业生涯流动过程仍然存在大量多样性。因此,这些数据推翻了现有的理论,如一些学者所提出的"标准职业曲线"(normal career curve)。通过参考这些工作史数据,我们能够更好地解释截面数据。[20] 我们的研究结论确实能够明确界定出职业生涯"轨迹"(trajectory)的类型;但是,由于数据中这些类型的人数比较有限,它们是否能够代表整个人口的流动经历还有待考察,对此我们必须持谨慎态度。

因此,相较于传统方法,传记视角(biographical perspective)下英国劳动力的流动经历更为广泛和多样化,我们必须承认,对于流动模式的分析最终并不能触及阶级结构的本质;又或许"一切都在变化"(all is flux)的这一思想,使得对阶级形成概念的使用本身都是成问题的?事实上,我们并不认为我们的研究发现完全支持了此类论辩。虽然必须等到最后一章我们才能充分说明我们对从整个研究中得出的关于流动和阶级结构之间关系的理解,但是基于本章数据,我们可以得出以下观察结果。

首先,在职业与阶级结构中,某些位置的"流通"(flux)状态要比其他位置更明显,并且因此导致这些结构内的阶级流动经历往往在总人口中分布不均。特别要指出的是,构成三类中间阶级的那些职业群体流动最频繁,并且通常表现得无序。如我们所见,它们包括普通白领和低级技术职业,所有阶级出身的人或多或少都通过这些职业获得初职,并且从这些位置开始,他们之后分散至各行各业;此外,对于自雇者和体力监管职业来说,尽管人们往往只能通过职业生涯的流动来获得,但不能将其视为一般意义上"最后的"职业终点。

这些中间阶级位置都有一个共同点,它们之所以倾向于产生流动性,它们的"边际性"(marginality)所在与构成职业分工基础的两个主要的,即科层制和市场的组织原则或形式高度相关。有关文献已经说得很清楚——我们在第二章的阶级图式中已经注意到这点——普通文书、销售人员、初级技术人员、工头这些职业被描述为介于"职员"/"管理人员"和体力劳动者之间的一个模糊且不确定的位置;而小业主和其他自雇者位于企业经济的夹缝地带(interstices),受到诸多限制,甚至无法"独立地"经营[21]。因此我们认为从事这些职业的人很有可能流动走:一方面是因为,无论之后是远离还是回到出身阶级,这些职业能够作为职业生涯规划中的"垫脚石";另一方面是因为这些职业不能提供有力的晋升保障、甚至不能提供安全性保障,因此这些职业生涯中的许多规划(projects)都会不尽如人意或以失败告终,最终会被重新规划或放弃。

因此,我们需要仔细考察流动模式,这对当代英国阶级结构的分析至关重要。在我们数据所涉及的时期内,几乎有三分之一的男性就业人口处于这些中间阶级的位置(参见表 2.3)。考虑到我们之前所呈现的数据,我们必须意识到,就如我们所定义的那样,这些人的阶级流动经历规模很大,并且通常是不完整的;并且,一个更进一步的推论当然是,在任何时候,在中间阶级的职业的工作经历都会在人们的职业生涯中被广泛发现,可能也会在那些稳定于其他阶级位置的人的职业生涯中被发现。因此,从数量上看,1972 年处于阶级Ⅵ和阶级Ⅶ体力职业、且父亲也处于相同阶级的这类人是最多的,根据我们的工作史数据,可以预测出将近一半的人实际上已经有了某种非体力劳动的工作经历。[22]

持续保有较大数目的中间阶级位置的边际性——就我们所界定的意义上——推动了高频率的职业生涯流动,这显然是现代英国社会的一个特征,在评估阶级形成的潜力时必须对它加以考虑。然而，与此同时，我们也划分了主要的流通区域以及流动性较差的区域。最显而易见的是，对于那些代际稳定于阶级Ⅵ和Ⅶ的人来说，我们认为其中半数或以上的人将会完全从事体力劳动——也就是说，即使这些人的职业生涯真的发生了流动，也只会发生于技术和非技术体力职业之间。此外，我们可以再次得出与工作史有关的结论，那就是即使 W - W - W 和 W - I - W 模式的人确实都有非体力劳动的经历，但是对于其中大部分人来说，这也许只是整个职业生涯中一个相对较短的片段。换句话说，如果我们能够界定出一个即使不稳定且处于变动、但是具有一定规模，其成员在中间阶级职业间或在中间阶级与体力职业间进行流动的"中间大众"(middle-mass)[23]，我们便同样能够界定出这样一个共同体，他们无论是代际还是代内流动都非常有限，并且只能在工人阶级位置内进行。当然，随着成员首次流动出工人阶级的范畴（并且由他们的子代所继承），这个共同体的构成也会以相对缓慢的流动速度发生变化；但是从我们之前所汇集的数据中，我们大致估计在过去的几十年中，索罗金所定义的"世袭"且"终身"的体力劳动者在任何时候都占据男性就业人口的五分之一到四分之一。

此外，我们所报告的结果还表明，阶级结构的较高水平处——必须强调的是，此处所涉及的并不是我们通常所使用的一般意义上的较高阶级——流动性受到进一步的重要限制。正如我们之前所述——也如前文数据所揭示的那样——几十年来，专业人员、高级技术人员、行政人员以及管理人员的雇佣模式与任何封闭性的观点都不一致；相反，我们必须意识到，当今英国社会的服务阶级，就其成员的社会出身来说是高度异质性的。此外，在从其他的阶级出身进行向上流动的群体中，服务阶级，尤其是行政管理人员中很高比例的人，在很大程度上，无论是何种阶级出身，都是通过职业生涯的晋升而进入这些职业的。因此从表 5.1 中可以看出，服务阶级中只有小部分人经历了连续性的 S - S - S 模式：其余受雇者都经历了代内或代际的"自下而上的"(from below)流动。然而，我们的数据除了揭示出服务阶级中普遍的向上流动经历以外，还说明了服务阶级的成员具有高度的保障性(security)，能够维持自身现在所处的位置：换句话说，在他们的职业生涯中，离开服务阶级、进行向下流动的可能性是极其有限的。如我们所述，无论出身于什么阶级、通过什么路径取得服务阶级的位置,他们似乎都能为后续的职业生涯提供强有力的保障,使其在此等级上保持连续性——这一现象已被科层制结构所"认可"。

因此我们可以认为,即使是以与我们所界定的体力劳动者不一样的方式,对于那些占男性就业人口四分之一的阶级Ⅰ和Ⅱ群体,在流动模式方面也形成了一个相对独立的集团(bloc)。后者是参考这些成员过去的流动或固化的经历所回溯性地(retrospectively)界定出的,而服务阶级的成员则是以前瞻性的(distinguished)方式被划分出来的:事实上,尽管他们通过各种不同的路径,但他们都达到了同样的位置,在他们未来的职业生涯中,任何过分远离职业和阶级结构中的位置都可以被视作是独特的(exceptional)。

当我们识别出由相对较高的职业生涯流动率所代表的"中间大众"的存在,我们便能指出两条同等重要的不同道路,在这当中我们所研究的群体的职业生涯模式显然有利于阶级形成,即:具有相近阶级位置且具有一定持久性的个体会联合成集体。

然而,最后我们必须明确指出,上述结论仅仅根据基本的流动数据所得出,只能作为所有进行阶级分析的流动性研究的部分尝试。为此,了解个人在劳动分工和阶级结构中不同职位之间流动经历的程度和性质,是我们研究必要的第一步。但是,我们需要继续研究伴随这种流动性而来的广泛后果,因为它们可能发生于除工作环境以外的生活领域——例如,伴随着与亲戚、朋友、休闲伙伴等社会关系的不连续性——此外,当然还要考察我们总结的个体流动程度在多大程度上与他们自己的流动感知相符。根据我们对流动研究的兴趣,我们采用阶级位置图式作为分析的基础,最终我们将会判断这一图式对于流动研究兴趣的启发性和分析性价值。但是,如果我们想了解在何种条件下"客观"共享的阶级位置成为或可能成为社会-政治行动的基础,我们就必须回答流动如何影响个人所参与的现实社会关系以及他们对社会状况的定义。换句话说,我们必须清楚地认识到以下两方面之间的联系,一方面是出于调查目的所建构的个人的阶级流动或固化经历;另一方面是我们调查对象的社会生活与"生活中的"(lived)经历的流动。这种联系我们打算在接下来的三章中继续进行讨论。

注释

1. 与此同时,我们必须意识到,表 5.1 的单元格数值是以受访者的阶级出身、初职以及 1972 年职业的分布所做的条件概率。因此,与表 2.1 和表 2.2 相同,由于算数问题,表 5.1 实际上在代际和代内形式的、向阶级Ⅰ和Ⅱ的净(net)向上流动的显示上存在限制。

    "时期"效应和"生命周期"效应将影响表里每条流动路径中受访者的年龄构成,但实际上在这些样本量超过总样本 1‰ 的单元格中,受访者的平均年龄都在样本均值(41.3 岁)的上下 5 年内。我们在解释时会注意到单元格内和单元格间的年龄差异。

2. 事实上,除了八个人以外,其他所有人都通过 H-G 分类框架中的 2、6、10 三种职业之一获得初职。在整个样本中,1972 年位于阶级Ⅰ和阶级Ⅱ的人,在专业技术和行政管理类别上的分布几乎完全相同。

    正如我们对其他问题的分析一样,我们希望通过七分类阶级图式或者是我们的职业分类框架,对"父亲的阶级"进行更详尽的区分。然而,由于样本规模较小,(太详尽的区分)难以获得令人满意的解释,往往会产生更多的复杂性。我们选择更多对职业生涯的流动模式进行最详细的考察,代价就是对于社会出身的测量不得不保留较为粗糙的指标。

3. 我们在此处和其他地方使用了"连续性"(continuity)一词,指的是个人在一定时间内持续处于某一特定阶级,同时我们使用"稳定性"(stability)一词,指的是个人在两个不同的时间点上处于同一阶级位置(无论期间他是否流动或固化)。

4. 我们应该注意,所有这些基于我们工作史资料所得出的陈述,其限制都取决于人们在我们将他们在每个工作快速变化的时期中所属的某个"典型"的职业类别记载下来的那年,他们是否曾有过三个以上的不同职业。这些案例并不常见,主要发生于非技术体力劳动雇佣的转换之间。

5. 这些数字实际上与到 1974 年为止的工作史相关;但是正如前文所述,当我们考察阶级Ⅰ的职业时,几乎将不会受到 1972 之后发生的职业变动的影响。

6. 在我们所有的样本中,1972 年职业为阶级Ⅲ—Ⅴ的人内,有 30% 是阶级Ⅲ,有 13% 是阶级Ⅴ的第 15 类;而阶级Ⅳ和阶级Ⅴ的 17、20 类的比例分别是 31% 和 26%。

7. 事实上我们可以从表 5.1 中看出,所有表示从阶级Ⅰ和Ⅱ的初职向下流动的单元格取值都很小——部分是因为进入此类职业的比例相对较低,还因为他们一旦获得这类职业,之后出现在其他阶级位置的概率就很低了。由于遵循这几个流动路径的样本量很小,我们之后便不再讨论此类路径,但我们仍需注意这群人(N=185)的总体特征:(i)他们的平均年龄是 36 岁,比样本平均小 5 岁；(ii) 较高比例的人——39%——初职是行政和管理类别；(iii) 后者以及初职是专业技术类别的人中，几乎有一半在 1972 年处于阶级Ⅲ或阶级Ⅴ的监管职业。这些研究结果表明，大多数职业生涯的向下流动都是暂时的，反映了"职业生涯规划"的经历或是服务阶级内由专业技术向行政管理位置的"转移"过程。

8. 我们从韦伦斯基处借鉴了这个术语，用来表示那些个人所从事的不同职业无法被视为连续序列的工作史。参见 H. L. Wilensky 'Orderly Careers and Social Participation', *American Sociological Review*, vol. 26, 1961。

9. 比如：从一个调查到另一个调查。需要额外关注中间阶级的职业，他们职业信息的收集和编码最不可靠。普通白领和高级白领职业间的分界线往往很难确定并且贯彻始终；不同规模的雇主、监管与低级管理位置、低级技术与技术体力职业亦是如此。

10. 在样本的"初职"分布中，构成阶级Ⅵ和阶级Ⅶ的每一种职业类别都至少占 2%，并且除三类以外（H-G 量表第 26、27 和 33 类），其他类别所占比例都比"现职"更高。

11. 我们此处所特别关注的模式是，体力劳动者的后代在办公室或商店以"资历较浅者"(junior) 的身份开始工作，但当他们长大成人后便辞去或终止这些工作，自己从事体力职业的情况。

12. 我们需要注意，这些人比遵循 W-I-I 路径的人小 8 岁左右。（但由于我们的样本针对的是 20—64 岁间的男性，可以认为 1972 年从事阶级Ⅲ职业的人都已成年——也就是说，他们度过了我们之前所强调的非常危险的"资历较浅者"时期，成功获得了白领职业。）

13. 如表 5.1 所示，这一假设至少在初职的流动方面是有效的。由计算可以得出，工人阶级出身且初职为非体力职业的人中有 26% 的人在 1972 年从事体力职业，而中间阶级出身且初职为非体力职业的人中这一数字只有 17%。

14. 从表 5.1 中，我们能够再次清楚地发现这个假设对于从初职开始进行的流动是有效的。事实上中间阶级出身、且初职是体力职业的群体中有 51% 的人 1972 年从事的是非体力职业，而工人阶级出身的这类人比例只有 32%。

15. 更专业的调查所提供的数据，参见 Acton Society Trust, *Management Succession*, London: Acton Society Trust, 1956; Clark, *The Industrial Manager*, ch. V; and Halsey and Crewe, *Social Survey of the Civil Service*, pp. 104-106, 134-137。

16. 参见 Gerstl and Hutton, *Engineers: the Anatomy of a Profession*, chs. 4 and 6。此处我们需要注意的是，如同本章之前所提及的其他几个方面一样，技术与非技术体力劳动之间的区别对于职业生涯来说是至关重要的——相比之下,社会出身(即父亲职业)的重要性就比较有限。

17. 我们需要记住,1974 年数据只涉及那些 1972 年从事阶级Ⅰ职业的人;但我们似乎不能认为向阶级Ⅱ职业的间接流动会通过无序性程度更低的方式实现。

18. 这些人的平均年龄是 36 岁,比总样本的平均年龄小 5 岁。

19. 在此例中,由于我们 1974 年的数据仅限于阶级Ⅰ出身的人,因此有可能放大了逆向流动回服务阶级位置的可能性。在我们 1972 年的样本中,那些阶级Ⅱ出身、且初职为阶级Ⅲ—Ⅴ或阶级Ⅵ和Ⅶ职业类别的人,他们"被观察到"的逆向流动回阶级Ⅰ或Ⅱ职业的比率分别为 44% 和 34%,相较之下,在那些阶级Ⅰ出身的人中,这个数字分别为 51% 和 45%。

20. 参见 Delbert C. Miller and William H. Form, *Industrial Sociology*, New York: Harper, 1951, Part Four,或更复杂的版本参见 Theodore Caplow, *The Sociology of Work*, University of Minnesota Press, 1954, ch. 3。我们此处赞同最近关于流动研究过于依赖截面方法的批评,通过工作史数据的收集和分析,使我们认识到了这种方法的不足。参见 Jorge Bálan, Harley L. Browning and Elizabeth Jelin, *Men in a Developing Society: Geographic and Social Mobility in Monterrey, Mexico*, Austin: University of Texas Press, 1973; and Bertaux, 'Mobilité sociale biographique: une critique de l'approche transversale'。早期关于英国的工作史研究不太受重视,G. Thomas, *Labour Mobility in Great Britain 1945-49*, London: The Social Survey, n. d.(它的结论和我们的非常相似,在一定程度上能够进行比较)。

21. 参见原文第 65 页,注释 9。

22. 参见原文 130—131 页。必须重申一次,我们的工作史数据仅限于那些 25—49 岁之间、代际稳定于阶级Ⅵ或Ⅶ的男性。在这些阶级间发生代际流动的人或多或少都从事过非体力劳动,这似乎不合情理,但因为年长者会有更多时间去获得此种经历,因此这还是有些可能的。

23. 我们再次使用了韦伦斯基的术语,但是赋予了它一个相对不同的、我们认为更有意义的内涵。参见 H. L. Wilensky, 'Work, Careers and Social Integration', *International Social Science Journal*, vol. 12, 1960。同样重要的是,我们这里所讨论的发生于体力与非体力职位间的短距离流动,并不仅仅是有关缓冲区理论的另一个版本。中间位置的社会大众,如我们所描述的那样,必须被视作这样的群体,即在任一时间点上都有相当多的人会参与到最终将被证明是长距离类型的流动中。

第六章

阶级流动与亲属关系

（与卡特里奥纳·卢埃林合著）

目前为止，本书已经就绝对流动率和相对流动率对过去几十年来英国社会盛行的阶级流动的主要模式和趋势等问题进行了分析。在本章和下一章中，我们的关注点会发生改变。我们从之前已经呈现过的研究结果出发继续推进，开始考虑它们的影响：确切地说，我们开始考察流动的后果，或许我们更倾向于说，我们开始考察已经被记录的流动性的伴生物（concomitants），特别是绝对流动模式的主要特征——伴随着比率较高且不断增长的从工人阶级和中间阶级出身到服务阶级的向上流动。我们将从两个层面考虑这种流动性的影响：一是从流动的个体本身；二是从更大的群体层面，也就是阶级，毕竟我们认为这些个体流动正是发生于阶级之间。我们想知道我们之前概念化的阶级结构之内的流动性，在多大程度上与个体主要社会关系上的断裂相关，以及更普遍地，与生活方式上的断裂相关。这意味着，他们的流动确实是发生在具有意义的社会-文化实体中，而不仅仅是发生在我们受理论启发而加诸数据的分类之中。进一步说，我们还要考虑我们所划分的主要阶级的内部同质性程度意味着什么。根据索罗金的观点（参见原文第12页），可以设想现代社会中的职业群体和阶级包含两个不同的要素：一个是或多或少具备某种永久性的"内核"，另一个则由具有相对新近的成员身份和不确定的从属关系的流动个体组成。在这一视角下，同一阶级成员的社会出身便预设具有一定的异质性；但问题在于，表现在规范（normative）和关系（relational）层面上[1]，所发生的社会流动在多大程度上导致了阶级成员在社会生活各具特色的模式上的更为基础的异质性。

我们认为合适的方法是从阶级流动对亲属关系的影响开始考察。至少,近亲之间的社会关系是一种明显的原始类型。而且,正是基于这些社会关系紧密团结的本质,我们才会把家庭,而不是个人,作为阶级或者其他社会分层形式的基本单位。因此,亲属关系可以视为彰显我们研究目的的一个关键或极端情况,在此意义上,如果代际阶级流动对个人的亲属关系具有破坏性影响,并且与个人及其亲属互动模式和互动风格的显著变化相关,那么就可以推测,个体在其他基本社会关系上同样发生着重大而广泛的变化。[2]

理论、方法与数据

在对工业社会中亲属关系特性的理论分析(多源于美国)中,认为"社会流动有损于亲属间社会关系的维持"的观点或多或少已经成为一个标准特征。例如说,帕森斯就曾从功能主义的视角指出,工业社会中典型的相对较高的社会流动会导致扩大的亲属关系系统的不适。相比起核心家庭内部关系赋予的角色来说,这种扩大亲属关系施加给个人的义务是更加宽泛的。[3]再者,施奈德(Schneider)和霍曼斯(Homans)或许更多地受到社会交换理论的影响,他们认为,一般来说,至少以美国现代社会为代表,社会流动性将侵蚀亲属间的团结:"向上流动的人,即使和亲属保持着关系,也都是较浅的关系;而向下流动的人可能会被他们的亲戚忽视。"[4]斯泰西(Stacey)在一篇受到美国理论影响的论文中声称,对于英国来说,"伴随着社会流动,家庭关系会变得越来越少、越来越脆弱",而亲属关系的"质量通常会遭到破坏和改变"。[5]

但是,类似这样的论断从未得到过广泛的经验支持。[6]随着研究的推进,我们至少可以说,社会流动和亲属关系之间的联系显然要比这些论断所认为的更加复杂。首先,一些研究表明,尽管在某些情况下,发生流动的个体与家庭外亲属(extra-familial kin)之间的互动水平会低于未流动的个体,但这并不意味着他们与亲属是全然隔绝的,也不意味着亲属间的义务关系尽数消散;[7]互动的减少更经常被归因于社会流动所伴随的地理流动,而非社会流动本身。[8]进一步讲,即使社会流动与亲属交往差异之间的关联并不源于地理流动,我们依然要考虑是否是流动经历本身在发挥作用。另一种可能性是,差异之所以存在,是因为发生流动的个体不管是从出身阶级、还是终点阶级,都面临着规范性影响,他们是承担着"过渡压力"(cross-pressuring)的主体,而未发生流动的个体不需承担(这种压力)。因此,按照这一视角,如果要理解流动性对亲属关系(或实际上是社会行为的任何其他方面)的影响,我们需要的不是关于流动进程本身或任何其应有效应——比如心理学效应——的知识,而是关于在流动性发生的两个阶级或其他组群中,用以规范社会行为的知识,这就是说,流动行为在某些方面可能反映着、也产生着这两组规范的一些"混合"或"中和"版本。[9]

近年来,关于社会流动对亲属关系影响的探讨无疑也因此变得更加复杂。同时,如果有人的研究兴趣和我们一样,那么他必须意识到这一议题的焦点已经从对群体的关注中转移了出来,我们不仅关注流动性对流动个体的影响,也关注流动性在特定历史语境中对阶级结构的影响。从这种观点看来,试图确定工作中因果关系的准确结构实际上多少有些离题了。回到先前介绍过的差异,真正重要的是特定语境中流动的实际伴生物,而不是严格意义上流动的具体后果。换句话说,描述社会流动和亲属关系模式之间关联的形式和程度要比确定这种关联主要是通过地理流动、心理因素、规范性过渡压力或是其他什么途径为中介来产生重要多了。

同时,我们采用的视角要求我们对某些方法论议题给予比通常更多的关注:特别是,代际流动与代际稳定的个体是基于什么被选为研究对象;以及在这两个广泛的类别中,阶级流动或阶级稳定在不同模式或路径上所需细化的程度。实际上,迄今为止所有关于流动和亲属关系的研究都是取自一个镇子、城郊或者居住区的高度本土化的样本;而且,通常情况下,这些研究将受访者进行简单的四分,即:将"未流动组"的人根据其出身于"高"或"低"阶级(或地位)分为两类,也将"流动组"的人根据其相较于出身是向上还是向下流动分为两类。然而,如果有人试图去探究流动模式的伴生物,而这一伴生物是在广泛的社会基础上被观察,且被认为是反映着宏大的结构变迁的,那么显然他就不该把某个——甚至某些——特殊环境(milieux)中的个体经历作为他的田野调查对象。并且,如果有人关注阶级流动性对阶级内部同质性的影响,那么他必须认识到,将个体的阶级出身和他后来所处的阶级位置进行比对,并不能说明该个体一生的流动路径——而正是关于后者的知识似乎才与决定他们属于哪个阶级的稳定成员、或决定他们属于何种特定类型的流动性类别最为相关。

我们在这里主要依据的是 1974 年的跟踪调查,而这份调查在设计时已经考虑到了上述诸多因素。正如我们在前一章所说的,这次调查包含了对 1972 年国际流动研究中 25—49 岁之间某些子样本的重访,且根据我们的基础流动表,其中既有代际稳定于某阶级位置的人,也有发生了远距离向上或向下流动的人,即流入或流出我们阶级图式中阶级 I 的人(参见表 5.2)。1974 年对这些人的访谈,很大程度上是在收集他们社会关系模式和生活方式的广泛信息;但除此之外,我们没有再询问他们完整的工作历程记录,那是我们在第五章中已然投注过许多精力的。因此,这一源数据尽管在某些我们已指出的方面有所限制,但是通过其中的流动者案例——他们的流动经历可以置于我们已经界定清楚的国家模式和趋势中分析,也可以从毕生的或传记的视角进行分析,这份数据依然能够帮助我们探求社会流动和亲属关系之间的联系。[10]

我们可以按如下方式来考察这些资料。根据索罗金(Sorokin)关于相对长久的阶级核心成员身份的观点,我们首先希望建立由作为核心群组代表的受访者所呈现出的亲属关系模式;[11] 其次,我们将用这些模式,可以说作为基准,去评估那些更具流动性的受访者的亲属模式。在后一类中,我们将把注意力主要集中在那些经历了典型的远距离向上流动而进入阶级结构高位的人,也就是处于上升趋向的人——尤其在我们数据覆盖的出生队列(birth cohorts)中。[12]

阶级与亲属关系

在 1974 年调查中,我们抽取了 1972 年调查时处于 25—49 岁之间的受访者样本,他们在我们阶级图式的阶级 I 或稍低的五个阶级表现出代际稳定(但是在 H-G 分类中的 11 和 13 被从阶级 IV 中排除,H-G 分类中的 15 从阶级 V 中排除)。参考表 5.2,其中会包含采样率和数值。然而,正如在前一章中所示,根据受访者提供的工作史数据,代际稳定绝不意味着阶级位置的高度连续性。这种连续性,以及因此存在的规模相当可观的"核心"群体,在阶级Ⅰ是最明显的,另一明显具有此特征的是阶级Ⅵ和阶级Ⅶ。相比之下,那些我们定义中的三个中间阶级中表现出代际稳定性的人,也显示出相当高的职业生涯阶级流动率——这种流动常常是无序的,而且就他们在构成上相当大的短期波动而言,这三个中间阶级也因此被认为是形成了一个相当不稳定的集合。

因而,我们通过比较如下所示的对三个相当符合传统定义的核心群组的数据,来开始我们对亲属关系的分析。

(ⅰ)代际稳定于阶级Ⅰ的受访者,即经由阶级Ⅰ或阶级Ⅱ位置进入工作的受访者(N=52)。正如我们先前提到的,这些人中只有8个曾经经历过从阶级Ⅰ向下流动至某一更低级别的职业生涯变动——当然那也只是临时性的。

(ⅱ)代际稳定于阶级Ⅵ的受访者,他们从阶级Ⅵ——有技术的体力劳动者——进入工作,且从未进入过除了体力工作,即阶级Ⅵ或阶级Ⅶ以外的职业。

(ⅲ)代际稳定于阶级Ⅶ的受访者,他们经由阶级Ⅶ——非技术的体力劳动者——进入工作,且从未进入过除了体力劳动,即阶级Ⅵ和阶级Ⅶ以外的职业(N=45)。

这些初步分析的结果是,第一组成员的亲属关系模式显然不同于第二组和第三组,而后两组的亲属关系模式则彼此相近。换句话说,一方面,阶级位置更高的服务阶级的亲属关系模式和体力劳动者阶级间差异明显,另一方面,有技术的体力劳动者和非技术的体力劳动者之间却大抵相似,这两者间形成了鲜明对比。

此外,我们对被标为阶级Ⅰ的代际稳定者与阶级Ⅵ或阶级Ⅶ的代际稳定者都做了拓展分析,他们的亲属关系并没有与两个核心群体的基本模式有什么系统性的分化。那就是说,阶级Ⅰ核心的模式,也能在阶级Ⅰ出身而进入工人阶级或中间阶级岗位然后又逆向流动回到阶级Ⅰ的那些人身上体现(N=23)。而阶级Ⅵ、阶级Ⅶ核心的共同模式,也被在某个阶级中代际稳定但初职却非该阶级,或是某些曾经在工作经历中从事过非体力劳动的人所遵循(N=71)。依照之前章节中的两个研究发现来看,这两个结果都是意料之中的。第一,逆向流动到阶级Ⅰ的人,尽管其流动路径往往看似复杂,但是仍倾向于在相当年轻的时候获得阶级Ⅰ的位置——平均来说也就25岁出头——而且相比起直接流入该阶级的人而言,他们不大可能从阶级Ⅰ流出。第二,那些尽管从事过非体力劳动,却仍旧代际稳定于阶级Ⅵ和阶级Ⅶ的人,相比起他们至1974年为止约23年的整个工作生涯年限,实际上其非体力工作的从业时间也是相当短暂的——平均来说在三年半。于是,在表6.1到表6.5,我们列出了所有在阶级Ⅰ代际稳定的受访者的数据;并以同样的方式处理了阶级Ⅵ和阶级Ⅶ代际稳定的受访者。[13]

但另一方面,我们可能会注意到,那些被认为是代际稳定于某个中间阶级——但是没有初具规模的核心群体的中间阶级——的受访者,他们的亲属关系模式会随着职业生涯流动的某些特征而不同。最明显的是,那些从非体力职业进入工作的人(大多是中间阶级,N=47),其亲属关系模式在很多方面都与阶级Ⅰ类似,即使他们中有三分之一都在生命中的某个时间是从事体力工作的工资工人;而那些从体力职业进入工作的人(N=56),其亲属关系模式则接近于阶级Ⅵ和阶级Ⅶ,不管他们是中间阶层出身或现在(1972年)的阶级位置。事实上,我们的假设有足够的根据,这两个群组间最大的不同是,前者比后者有更多成员具有最终跻身服务阶级的良好前景,而且可能有些确实处在跻身服务阶级的康庄大道上。[14] 因此,在表6.1到表6.5中,我们将中间阶级受访者根据其初职特性进行划分,并呈现了统计结果;但是我们将把精力更多地集中在两个基准群体的统计结果上,即在阶级Ⅰ与阶级Ⅵ、Ⅶ中代际稳定的受访者。

表6.1到表6.5的数据涉及亲属关系的三个主要方面:(i)受访者与他们亲属之间的交往程度;(ii)具体而言,其亲属在提供家庭事务(domestic)与家族(family)帮助方面的作用,以及作为闲暇活动的伙伴角色;(iii)受访者的亲属和非亲属频繁联系者之间的熟悉程度。

表6.1中有关亲属交往的结果揭示出某些相当明晰的趋势。首先,分表(A)表明,在与(不同住的)"至亲"日常往来和走动程度上,阶级Ⅰ和阶级Ⅵ、Ⅶ之间存在着相当显著的差异。按照调查目的,"至亲"被定义为受访者的——或者在某些适用情况下也包括受访者妻子的——双亲、双亲的兄弟姐妹及其配偶、本人兄弟姐妹及其配偶;而且,对于已婚的受访者,还包括所

有子孙及其配偶。分表(A)也能看出,在代际稳定于阶级Ⅰ的受访者中,一半以上都没有一周至少会面一次的至亲,但是代际稳定于阶级Ⅵ或阶级Ⅶ的受访者中,这一比例不到五分之一。至于能够报出三个或以上高频率会面的亲属的受访者,这个比例又是颠倒过来的。[15] 但是,表 6.1 中分表(B)和(C)的数据将进一步表明,当考虑到发生在较长时间周期内的亲属交往程度,即低频率的亲属交往程度时,服务阶级与工人阶级间的差异将会消减。因此,由分表(C)可以看出,在访谈前一年中会面至亲的数量差异实际上是相当轻微的。此外,当我们在分表(D)中考察相同时段内和一些远亲之间的交往,我们发现阶级Ⅰ的受访者比起阶级Ⅵ与阶级Ⅶ的受访者似乎要更为广泛。

上述发现于是导向这样一个质疑,即阶级规范是否真的会影响亲属之间的互动频率:在我们两个基准群组之间显示出的种种差异,似乎更容易反映的是现实情境和行动限制之间的差异。尤其是,我们完全有理由假设,阶级Ⅰ内代际稳定的人们很少和亲戚保持每周联络,是与他们的亲属关系网络具有相对高的分散性有关的。因为和从事体力劳动的人相比,他们更容易成为专家或行政管理人员,也更容易发生地理上的流动。[16] 正如先前所言,尽管我们现在主要关注的是阶级流动的实际伴生物,而不是带来该伴生物的过程,但我们接下来的讨论却与之相关,我们将对这一假设进行证明分析并呈现其结果。假如我们像表 6.2 那样,仅仅考虑有至亲住在附近的受访者——也就是"步行十分钟即可到达"的路程以内——我们发现关于"每周会面"的阶级间差异将大大减小。尽管如预期的那样,相比阶级Ⅵ和阶级Ⅶ而言,阶级Ⅰ的受访者毗邻而居的近亲更少,但当这种亲属存在时,他们并没有比阶级Ⅵ和阶级Ⅶ更可能出现与亲属的不频繁互动。[17]

在表 6.3 和表 6.4,我们借助了有关亲属关系相对重要性的数据,首先借助了与在家务或家庭危机中的帮助作用有关的数据,其次是与闲暇时间的伙伴有关的数据。表 6.3 呈现的是我们从对受访者的几个问题中获得的结果,关于他们在某些假设的情境中会向谁寻求帮助;也关于他们在某种特定情境中,即孩子出生时,实际得到过谁的帮助对假设情境的回答显示,无论在哪个情境中,相比起阶级Ⅰ而言,阶级Ⅵ和阶级Ⅶ都更容易把亲属关系想象为一种求助资源,且当一个人从第一种困境,或者更确切地说是烦琐情境,转向另

表 6.1 亲属交往：在阶级位置中代际稳定的受访者

阶级	(A) 通常至少每周见一次面的近亲的数量				(B) 截至访谈时上个月见过的近亲的数量[b]					(C) 截至访谈时去年见过的近亲的数量[c]					(D) 截至访谈时去年见过的其他亲属的数量[d]			
	按见面个数的百分比			均值	按见面个数的百分比				均值	按见面个数的百分比				均值	按见面个数的百分比			均值
	0[e]	1—2	3+		0[e]	1—4	5—9	10+		0—4	5—14	15+	未知等	f	0	1—4	5+	
阶级 I (N=75)	55	27	18	1.5	13	43	36	8	4.9	20	55	21	4	10.2	19	31	50	6.5
阶级 III—V (初职为非体力职业) (N=47)	45	23	32	1.7	19	40	26	15	5.1	28	38	30	4	9.9	26	36	38	4.1
阶级 III—V (初职为体力职业) (N=56)	22	23	55	3.6	9	30	32	29	7.4	11	43	29	18	12.3	31	23	46	6.6
阶级 VI和VII (N=155)	19	30	51	3.6	8	32	35	25	7.0	19	37	29	15	12.3	32	38	30	5.7

注：(a) 此处（对受访者）所问的问题是："以下亲戚（即前文所定义的近亲，出现在亲属关系图中的）——哪些是你每周至少见一次面的？"
(b) 此处（对受访者）所问的问题是："以下哪些人（出现在亲属关系图中的）是你上个月见的？"
(c) 紧跟着备注(b)的问题，further进一步询问受访者："以下有谁（出现在亲属关系图中的）是你在过去一年中见过的？"在分表中所用的数据来源于以下两个问题的答案。
(d) 此处（对受访者）所问的问题是："有没有其他亲戚（不在亲属关系图中）——比如表亲、祖父母，或其他更远的亲戚——是你在过去一年中见过的？"
(e) 由于编码过程的差错，有一些未回答的案例可能被放进了"零"这一类中。
(f) 这一情况多是因为受访者表示由于数量太多，他无法给出一个精确的答案。

表 6.2　每周至少见面一次的近亲的数量：
代际稳定于特定阶级位置且有亲戚住在十分钟路程以内的受访者[a]

阶级	按见面个数的百分比			均值	N	总百分比
	0	1—2	3+			
阶级Ⅰ	12	41	47	3.0	17	23
阶级Ⅲ—Ⅴ（初职为非体力职业）	27	27	46	2.7	22	47
阶级Ⅲ—Ⅴ（初职为体力职业）	4	26	70	3.9	27	48
阶级Ⅵ和阶级Ⅶ	13	30	57	3.3	96	62

注：(a) 所问的问题是："这些（在近亲关系图中的）亲戚有哪个是居住在距离你十分钟步程的？"

外两种更艰难的情境时，这一差异会愈发扩大。同时，当日常需要的帮助变成一种劳心费力的长期需求，那么对亲属的指望程度便会有普遍且相当显著的上升。因此，当陷入分表(C)中的长期卧病情境中时，不管受访者处于何种阶级，他都更倾向于求助亲属而不是其他的社会资源。另一方面，在前两种情境（但不包括第三种）中，如果我们仅仅关注有亲戚住在身边的受访者，那么对亲属依赖程度的阶级差异便会大幅消除。稳定的服务阶级群体和稳定的工人阶级群体，在第一种情境下求助于亲属的比例分别是29%和31%，在第二种情境下分别是71%和79%。最后，在分表(D)中，我们关于孩子降生时得到帮助的调查结果——这一情境中家庭支持不仅是实际需求，而且具有家庭团结(family solidarity)的象征意义，表明亲属关系的重要性是无可比拟的。如此说来，阶级间的差异其实是相当微不足道的。

相比之下，表6.4的数据似乎更直接地指出一些阶级模式的差异。表中显示，阶级Ⅵ、Ⅶ的受访者比阶级Ⅰ更倾向于把亲属作为近期闲暇活动的伙伴。依次地，亲属关系在工人阶级伙伴形式中发挥的作用表现得比在服务阶级伙伴形式中的作用更大。但是，我们必须意识到这些结论直接反映了之前汇报过的、以"每周"为基础与亲属联系的差异程度——就像我们提到过的，这些差异主要源自能够帮忙的亲戚的差异，而不是亲属纽带的规范性定位(normative orientations)。

表 6.3 亲属关系作为帮助资源的相对重要性：代际稳定于特定阶级位置的受访者

阶级	(A) 如果受访者需要借一些工具或材料[a]				(B) 如果受访者（或妻子）要生病几天[b]				(C) 如果受访者（或妻子）要生病几周[c]				(D) （已婚且有子女的受访者）在孩子降生时获得帮助的百分比[e]				
	K	Ne	F	O/DK	K	Ne	F	O/DK	K	Ne	F	O/DK	K	Ne	F	O/DK	N
阶级 I (N=75)	15	52	21	12	46	21	21	12	51	11	13	25	80	5	15	—	41
阶级 III—V (初职为非体力职业) (N=47)	15	51	25	9	66	13	6	15	53	11	13	23	86	0	14	—	21
阶级 III—V (初职为体力职业) (N=56)	20	41	16	23	69	20	9	2	63	7	13	17	84	3	13	—	39
阶级 VI 和 VII (N=155)	26	45	17	12	72	14	6	8	77	15	7	1	83	6	11	—	90

注：(a) 此处所问的问题是："假设你在做一些紧急维修，需要借——比方说——一个扳手或一些工具材料——你会找谁借？"
(b) 可适用的情况下，所问的问题（包括括号内的内容）是："假设你（包括你的妻子两人都）感染了流感，不得不卧床休息几天，那么你会打电话找谁帮你购物、做饭（以及帮助带孩子）等等？"
(c) 向未婚受访者提问："假设你重病住院，需数周才能康复，谁最有可能来照顾你？"向已婚受访者则提问："假设你妻子不得不住院儿周，谁最有可能来你家帮忙？"
(d) "各种朋友"，包括工作上的同事。"其他/不知道"包括少量未回应者。
(e) 此处（对受访者）所问的问题是："你的孩子出生的时候，有没有人来你家帮忙？"，如果有的话，"那人是谁？"。

如果仅仅考虑那些有亲戚住在十分钟路程以内的受访者,那么代际稳定于阶级Ⅰ的人其实比代际稳定于阶级Ⅵ和阶级Ⅶ的人更倾向于与亲属结伴休闲。例如,相比起阶级Ⅵ和Ⅶ中的34%,阶级Ⅰ中只有24%的人声称他们在我们提问所涉及的时间段里与亲属没有闲暇时间的接触。因此,尽管表6.4中体现的两种不同亲属关系模式的实际意义是难以忽视的,但我们依然可以怀疑表中数据是否能够昭示对"把亲属当成朋友"的向往程度存在鲜明的阶级差异,任何表6.4以外的证据都可以揭示出与之截然不同的亲属义务相关的观念。

最后,在表6.5中,我们呈现的是受访者休闲时间最常结伴的个人(或夫妇)与受访者亲属的熟悉程度。这些闲暇时间的伙伴有可能正是他们的亲属,但是,正如表6.4中的最后一列所示,这种情况只占相当小的部分。在表6.5中,最值得注意的是两大基准群组的结果之间所具有的相似性,特别是因为此类差异在很大程度上反映了工人阶级的伙伴更有可能是其亲属。[18] 在两大基准群组中,闲暇时间伙伴很可能并不(十分地)认识哪怕一个受访者亲属,而这些玩伴中的五分之一或六分之一会相当熟识五个及以上的受访者亲属。换句话说,我们也许能说这两个群组很相似,闲暇时间常约的伙伴和亲属之间的熟悉程度,以及受访者社交网络在这方面的"连通性",都处于中等偏高的程度。[19] 这里主要的对比——之后我们将强调其潜在的重要性——存在于那些从非体力工作进入职场、稳定的中间阶级受访者中,这在表6.5中与阶级Ⅰ的(亲属关系)模式大相径庭。这些人在闲暇时间的伙伴很可能并不熟悉受访者的任何一位亲属,更不用说五个及以上了。

综合看来,表6.1到表6.5的数据体现的是两大基准群组在亲属关系模式上的差异,这些差异确实存在,但可能容易被过度解读。在我们能够考虑的亲属关系的诸多方面,确实凸显出一些定义相当明确的差异:因此,我们认为亲属关系在许多重要的方面会随着阶级的不同而不同。但同时我们也必须意识到:第一,这些差异仍不是完整的、本质的(qualitative),而仅仅是我们通过对频率分布和平均数的比较所展示的程度差异;第二,根据我们已有的资料,至少这些差异有直接来源于物理意义上亲属关系的阶级相关的限制,这主要是与亲属(地理)分散程度的差异有关的,而非尖锐分化的阶级准则。[20] 现在转向考察发生了代际流动的受访者这一子样本的亲属关系模式,在与我们两大基准群组进行比较时,我们需要谨记这些原则。

表 6.4 亲属作为闲暇时间伙伴的相对重要性：代际稳定于特定阶级位置的受访者

阶级	截至访谈时，在上一个工作日及周末的闲暇时间与亲属及其他人的联系[a]				
	报告与亲属没有联系的百分比	每位受访者所报告的，作为闲暇伙伴的亲属数量的均值	每位受访者所报告的，作为闲暇伙伴的非亲属数量的均值	亲属在所有闲暇活动伙伴中的百分比	最频繁的闲暇时间伙伴是亲属的百分比[b]
阶级Ⅰ (N=75)	51	1.9	5.8	24	9
阶级Ⅲ—Ⅴ (初职为非体力职业) (N=47)	60	1.5	4.3	26	10
阶级Ⅲ—Ⅴ (初职为体力职业) (N=56)	45	3.1	3.2	50	20
阶级Ⅵ和阶级Ⅶ (N=155)	39	3.0	4.1	42	17

注：(a) 这些数据来源于闲暇时间统计表。该表包含了访问者记录的"当受访者不用工作时如何打发时间"的细节及具体天数。我们集中关注了花费超过一个小时的某项，或某系列相关的活动项目。针对每个时间的"构块"(blocks)，访问者会向受访者询问，如果有人一起的话，那这个人是谁。向受访者询问："你现在想到的，一般来说谁是最常与你共度闲暇时光的人——不算你的直系亲属的人，如果从事某项活动时如果有亲属的话，例如说，是否有谁会面与你每月会面一次以上，或者每月见一两次的——会不会也许你例才已经提到过的人?"提问者会记录受访者提到的最多三个个人或一对夫妇算为一个人次。
(b) 在这里使用的数据中，一对夫妇算为一个人次。

表 6.5　受访者最频繁接触的闲暇时间伙伴与受访者亲属的熟悉程度[a]：代际稳定于特定阶级位置的受访者

阶级	受访者第一次提到的伙伴"熟悉"或"非常熟悉"地认识的百分比			第一次提到的伙伴的数量	受访者提到的所有伙伴"熟悉"或"非常熟悉"地认识的百分比			提到的伙伴的数量
	没有亲属	1—4个亲属	5+个亲属		没有亲属	1—4个亲属	5+个亲属	
阶级 I	47	33	20	58	53	31	16	131
阶级 III—V（初职为非体力职业）	69	23	8	36	65	26	9	88
阶级 III—V（初职为体力职业）	42	41	17	41	38	43	19	90
阶级 VI 和阶级 VII	44	36	20	121	44	34	22	271

注：(a) 表中的数据来源于表 6.4 中给出的问题（见备注(b)），以及以下关于受访者提及的每个闲暇伙伴（或夫妇）的两个后续问题："他/她/他们是否认识你的任何亲戚?"，如果认识的话就会提问："他们之间是熟悉、相当熟悉——还是仅仅稍微认识?"

流动与亲属关系

我们在1972年调查的受访者中抽取发生了代际流动的子样本,其细节已经在表5.2中给出。需要重申的是:这些人都可以视作经历了长距离流动,或是从工人阶级或中间阶级下层向上流入阶级Ⅰ,或是从阶级Ⅰ出身向下流动在1972年身处工人阶级或中间阶级下层。但是,正如提出代际稳定是否如常见流动表所显示的、揭示了阶级位置跨时间的连续性问题一样,我们也看到,思考代际流动是否可能因此是永久性的,也是同样重要的。事实上,正如我们在之前的章节所指出的那样,我们所讨论的向上流动和向下流动的情况在这方面是截然不同的。对1972年数据和1974年访谈中所收集的有关工作史的资料的分析显示,流入服务阶级或更高级别(的情况)更有可能是永久性流动。至少,在发生长距离向上流动时,个体重新流回自己出身阶级的情况是极为少见的。但另一方面,从服务阶级出身向下流动的,特别是工作历程初期的向下流动却往往并不长久。这种情况下,其随后的职业生涯中提升的概率似乎很高——换句话说,通过逆向流动个体将重返其出身阶级。因此,当我们讨论受访者阶级流动的伴生物——不论是关于亲属关系或其他什么方面——我们都将专注于向上流动;更重要的是,出于数据量化的考虑,这里我们只考虑那些我们确信经历过较其社会出身而言具有决定性突破的流动的受访者。

除了帮助我们实现这一点上的建树,我们的工作史数据也使得按照流动路径区分出"不同类型的(向上)流动"成为可能。以前,在处理流动率和流动模式时,我们把直接获取的——直接基于全日制教育而获取更高阶级位置的向上流动,和非直接获取的——在一个相对低层级的初职后,从工作生活的过程中(获得了更高的阶级位置)的向上流动,做出了大量区分。因而在本例中,保持这种区分方式似乎是可取的,特别是最近另一项关于流动伴生物的讨论中也采用了本质上类似的(区分方式)。[21] 然而,为了在不使样本量太少的情况下做到这点,我们只能从两种广泛的出身类别,即从中间阶级和工人阶级开展工作——换句话说,我们必须把出身于阶级Ⅲ、阶级Ⅳ和阶级Ⅴ的受访者放在一起处理,把出身于阶级Ⅵ和阶级Ⅶ的受访者放在一起处理。但幸运的是,数据检验的结果显示,我们不会因此忽略掉向上流动的亲属关系中任何显著的或系统性的变量。我们在表 6.6 到表 6.10 中列出了相关结果,并将向上流动者分成四组:(i)出身于中间阶级、现处于阶级 I 的人,他们通过直接流动进入全日制雇佣的服务阶级,也就是说其初职属于我们阶级图示中的阶级 I 或阶级 II(N=52);(ii)出身于中间阶级且通过非直接流动进入阶级 I,也就是说在经历过中间阶级或工人阶级职位后才发生的流动(N=65);(iii)出身于工人阶级、现处于阶级 I,且通过直接流动进入服务阶级的人(N=48);以及(iv)出身于工人阶级且通过非直接流动进入阶级 I 的人(N=86)。

在此,我们或许会回忆起,在前一章的分析中,直接或间接流动进入服务阶级似乎与招纳进入该阶级的不同组成部分有关。直接进入者是由专业和技术岗位入职,且大多数会留在此类岗位;而非直接进入的大多数是在行政或管理岗位。但另一方面,在我们向上流动的受访者中,直接流动或是间接流动并不会对他们维持服务阶级位置或至少是阶级 I 位置的连续性造成什么影响。这两种流动中,都仅有约五分之一的人流出阶级 I,而其中一半以上是流向阶级 II 的,且他们的"缺席"多数时候只是暂时性的。

表 6.6 的数据来源于与表 6.1 相同的访谈项目,我们将表中流动受访者亲属交往的数据与我们设为基准群组的两个群组数据进行比较。这个表中所显示的最重要的结论是,数据通常并不支持"流动者在与亲戚的疏离程度上是不同的"这一观点。最明显的是,流动者的每一个群组都表现出与亲属的联系在一个相对频繁的程度,正如分表(A)和(B)中显示的,(这种联系的频繁程度)大致落在表 6.1 阶级稳定的群组所呈现的两个不同水平中间的某处。因此这里最值得关注的是,数量上具有绝对优势的向上流入阶级 I 的群组,无论处于何种情形——无论其遵循哪种流动路径——他们与至亲的联系都多于那些成功承袭父辈阶级 I 位置的人。[22]

另一方面,如果我们试着将向上流动的受访者与在出身阶级(而不是终点阶级)稳定的(受访者)代表进行比较,那么我们确实能找到证据证明,流动会伴随着某些亲属互动关系的疏离。对于中间阶级出身的人,困难在于我们对所要指代的对象缺乏一个定义明确的基准群组;但对于工人阶级出身的人,我们的数据显示他们中向上流动者联系亲属的频率会低于阶级稳定者,

表 6.6 亲属交往：代际流动的受访者与代际稳定于阶级 I 和阶级 VI、VII 的受访者

流动模式	(A) 通常至少每周见一次面的近亲的数量 按见面个数的百分比				(B) 截至访谈时上个月见过的近亲的数量 按见面个数的百分比					(C) 截至访谈时上一年见过的近亲的数量 按见个数的百分比					(D) 截至访谈时上一年见过的其他亲属的数量 按见过个数的百分比			
	0	1—2	3+	均值	0	1—4	5—9	10+	均值	0—4	5—14	15+	未知等	均值	0	1—4	5+	均值
稳定于阶级 I (N=75)	55	27	18	1.5	13	43	36	8	4.9	20	55	21	4	10.2	19	31	50	6.5
直接流入阶级 I，中间阶级出身 (N=52)	52	25	23	1.5	6	46	31	17	5.5	25	50	19	6	10.1	13	31	56	7.5
间接流入阶级 I，中间阶级出身 (N=65)	32	34	34	2.1	11	40	35	14	5.4	28	51	15	6	9.2	26	38	36	5.4
直接流入阶级 I，工人阶级出身 (N=48)	46	17	37	2.4	23	33	25	19	5.7	19	50	21	10	10.3	15	54	31	4.6
间接流入阶级 I，工人阶级出身 (N=86)	45	26	29	2.0	7	38	35	20	6.3	20	53	26	1	11.2	23	37	40	5.6
所有流入阶级 I (N=251)	43	26	31	2.0	11	39	32	18	5.8	23	51	21	5	10.3	20	40	40	5.8
向下流出阶级 I (N=68)	44	13	43	2.4	10	41	17	12	5.4	25	41	22	12	8.9	21	41	38	5.6
稳定于阶级 VI、VII (N=155)	19	30	51	3.6	8	32	35	25	7.0	19	37	29	15	12.3	32	38	30	5.7

（见表 6.1 注释）

尤其是以"周"(weekly)为单位的联系。比方说，前者有三分之一到一半的人声称自己并没有"每周"见面亲属，而后者只有五分之一。[23] 但是我们的数据模式也表明（同时也得到表 6.7 的证实）：亲属地理分散的差异也依然是重要的。

表 6.7 中明显看出，当仅考虑那些有亲属住得较近的受访者时，阶级流动组在与亲属"每周"联系的程度上，通常与阶级固化组并无二致。就当前的研究目的而言，该表中体现的最重要的事实是，阶级流动组中那些拥有可求助亲属的流动受访者比例——不到总体的三分之一——更接近于稳定的阶级Ⅰ受访者的比例，而不是固化于阶级Ⅵ和阶级Ⅶ的受访者。在此我们重申，问题的关键在于获取服务阶级职业通常会强制引发的地理流动需求。

表 6.7　每周见面至少一次的至亲数：亲属住在 10 分钟路程以内的代际流动受访者与代际稳定于阶级Ⅰ和阶级Ⅵ、Ⅶ的受访者

流动模式	按见面个数的百分比			均值	N	总百分比
	0	1—2	3+			
稳定于阶级Ⅰ	12	41	47	3.0	17	23
直接流入阶级Ⅰ，中间阶级出身	22	33	44	2.7	9	17
间接流入阶级Ⅰ，中间阶级出身	19	33	48	3.1	21	32
直接流入阶级Ⅰ，工人阶级出身	15	31	54	3.2	13	27
间接流入阶级Ⅰ，工人阶级出身	11	37	52	3.1	27	31
所有向上流动至阶级Ⅰ	16	34	50	3.0	70	28
向下流出阶级Ⅰ	17	22	61	3.4	23	34
稳定于阶级Ⅵ、Ⅶ	13	30	57	3.3	96	62

（见表 6.2 注释）

最后回到表 6.6，我们可以看到分表(C)中流动者以年为频率发生交往的至亲，先前我们并没有在这一点上发现显著的阶级差异，而现在我们依然不认为它们与通常的普遍模式有任何显著的或系统性的不同。而分表(D)中展现的是与更远一些的亲属的联系，最值得注意的是，虽然向上流动的四个群组中有三个群组的互动频率比在阶级Ⅰ稳定的群组低（而在阶级Ⅰ稳定的群组的互动频率要高过两个基准群组），但是差异都相对较小。如果向上流动实际上与亲属的"减少"趋势有关，例如 G.C. 霍曼斯和 D. 施奈德的观点，那么在远亲身上这一趋势就会表现得更加明显，因为远亲不会有那么强的义务感。

在表 6.8 和表 6.9 中，我们转向亲属作为帮助来源和闲暇时间伙伴的数据，并以与表 6.3 和表 6.4 相同的形式进行呈现。就发生流动的受访者而言，表 6.8 中所列出的调查结果与我们刚才考察了亲属交往程度的那些人高度一致。在分别回答我们关于家务或家庭危机中潜在帮助来源的三个问题时，除仅有的两个小例外以外，发生流动的群组相较于代际稳定于工人阶级位置的群组，更不会轻易向亲属寻求帮助，但又比代际稳定于服务阶级位置的群组更可能向亲属寻求帮助。换句话而言，我们可以说向上流入阶级Ⅰ的受访者绝不是与亲属相断绝的，相比起本就出身于阶级Ⅰ的人，他们更加依赖亲属。而且，通常随着所需帮助程度的提升，亲属相对重要性的差异逐渐增大——类似于我们两个基准群组之间的情形。因此在分表（C）中，当处于长期卧病的情境下，不管是工人阶级还是中间阶级出身，向上流动者向亲属寻求帮助的程度会愈发接近稳定在工人阶级位置的人。进一步来说，对向上流动者，亲属至少是有着作为支持来源的特殊重要性的，我们可以注意到，就那些有亲属住在身边的受访者而言，在我们的三种假定情况下，向上流动者都比稳定于阶级Ⅰ或是阶级Ⅵ、Ⅶ的人更可能作出求助亲属的回答——第一种情况下，向上流动者的比例（在所有向上流动者的总和中）是 37%，两个阶层稳定群组分别是 29% 和 31%；第二种情况下，比例分别是 84%、71% 和 79%；第三种情况下为 83%、53% 和 80%。

最后，表 6.8 的分表（D）中关于孩子出生时实际获得的帮助同样具有一定的重要性。这种结果意味着，如果说流动群组的受访者与两个基准群组表现出来的模式不同，而在两个基准群组中亲属关系依然是举足轻重的，那么在向上流动群体中从亲属这一来源获取帮助的程度还要更大。依据以上研究结果，我们认为，巴里·斯泰西提出发生流动的夫妇们常常在"确实有求于亲属"时发现自己无人可找的观点，并引用一些某些亲属明显断裂的情境来证明这一束缚，是不堪一击的。[24]

因此，我们迄今为止从数据中得出的推断，大多都在引导我们弱化阶级流动对亲属关系的影响。然而，表 6.9 中关于闲暇时间伙伴的内容，却和本章前述表格呈现出了全然不同的模式，这可能警示着我们任何过于简化的视角都是危险的。那么，至少对于从工人阶级出身向上流入阶级Ⅰ的人而言，相比起稳定于阶级Ⅵ、Ⅶ的受访者，他们的阶级流动与亲属相对重要性的减弱

表 6.8 作为帮助来源的亲属关系的相对重要性：代际流动的受访者与代际稳定于阶级Ⅰ和阶级Ⅵ、Ⅶ的受访者

流动模式	(A) 如果受访者需要借一些工具或材料				(B) 如果受访者（或妻子）要生病几天				(C) 如果受访者（或妻子）要生病几周				(D) （已婚且有子女的受访者）在孩子降生时获得帮助百分比			
	K	Ne	F	O/DK	K	Ne	F	O/DK	K	Ne	F	O/DK	K	Ne	O/DK	N
稳定于阶级Ⅰ (N=75)	15	52	21	12	46	21	21	12	51	11	13	25	80	5	15	41
直接流入阶级Ⅰ，中间阶级出身 (N=52)	13	52	27	8	50	21	21	8	71	6	10	13	86	0	14	28
间接流入阶级Ⅰ，中间阶级出身 (N=65)	18	59	18	5	69	23	6	2	69	8	8	15	97	0	3	39
直接流入阶级Ⅰ，工人阶级出身 (N=48)	27	48	19	6	60	23	13	4	65	4	13	18	85	0	15	27
间接流入阶级Ⅰ，工人阶级出身 (N=86)	16	59	13	12	56	30	9	5	71	6	6	17	85	6	9	53
所有向上流动至阶级Ⅰ (N=251)	18	56	18	8	59	25	12	4	69	6	9	16	88	2	10	147
向下流出阶级Ⅰ (N=68)	22	43	26	9	56	20	12	12	59	10	9	22	80	3	17	30
稳定于阶级Ⅵ、Ⅶ (N=155)	26	45	17	12	72	14	6	8	77	15	7	1	83	6	11	90

亲属(K)、邻居(Ne)、朋友(F)、其他(O)/不知道(DK)等，你会向谁求帮助

（见表 6.3 注释）

存在一定的关联(同时,还有证据表明,阶级流动造成了以"每周"为单位的亲属交往的减少)。此外,当我们"控制"了亲属的即时可得性,所揭示的情况则与视亲属为帮助来源时大不一样。在有亲属住在十分钟以内路程的受访者中,流动群组的成员在闲暇活动中与亲属交往的可能性最小。例如,相比起24%的稳定在阶级Ⅰ的人和34%的稳定在阶级Ⅵ、Ⅶ的人,在中间阶级出身而向上流动的人、工人阶级出身而向上流动的人、和工人阶级出身向下流动的人中,分别有57%、40%和52%的人声称在我们的问题所涉及的三天内并没有这样与亲戚的交往。因此,我们可以得出的结论是,发生流动的受访者在闲暇活动背景下,与亲属的互动水平相对较低,对此并不能仅仅由与亲属的物理分隔(physical separation)来解释,因为这既反映着选择,也反映着约束。

按照这一视角,表6.9中的数据还有一个更有趣的现象。从表中第三列可以看出,至少当亲戚具有明显的可及性时,由工人阶级出身向上流动的人比其他"流动者"更有可能与亲戚发生闲暇时间的接触。而且平均下来,他们非亲属的闲暇时间伙伴也是最多的。有人可能因此认为,这些人比起从中间阶级向上流动的人或者阶级稳定群体的人,更有可能把同事、邻居和其他朋友作为他们亲属的替补,因此对他们来说,即使并非完全排除,亲属在这方面的相对重要性也非常低——正如表6.9第四列中所示。

按照表6.5的模式,表6.10完整呈现了我们的研究发现。后者提醒我们,关于受访者是否会把亲属作为闲暇时间最常接触的伙伴,两大基准群组之间的差异是非常细微的。我们的数据表明,不管是服务阶级还是工人阶级的社会网络,都在这方面显示出一种中等强度的连通性(connectedness)。但是,表6.10表明,流动的受访者在阶级相似性(class similarity)方面上比其他群体都更独特。对于每个发生流动的群体,不管是受访者最先提到的闲暇时间伙伴的比例,还是所有这些伙伴中并不很熟悉受访者亲属的比例,都大于任何一个基准群组,同时他们伙伴中熟悉五个以上亲属的比例更小。换句话说,我们有根据认为,至少是在我们数据所涉及的相对长距离(流动)的情况下,流动的一个伴生物是:流动的个体比起那些组成工人阶级或服务阶级核心的个体,更倾向于有一个有较低连通性、或者说更分割的社会网络。鉴于以上,需要补充的是这意味着我们现在更透彻地理解了表6.5中看似"偏离"

的结果,即对于那些初职是非体力工作且稳定于中间阶级位置的人,他们的闲暇时间伙伴和他们的亲属互相认识的情况会比其他阶级稳定者要更少。正如我们前面也提到的,在这一组群中相当一部分的人,以及那些可能经历过为数不少的短距离流动的人,有很大比例将成为潜在的长距离流动者、并最终流向服务阶级位置。

表 6.9 亲属作为闲暇时间伙伴的相对重要性:代际流动的受访者与代际稳定于阶级Ⅰ和阶级Ⅵ、Ⅶ的受访者

流动模式	截至访谈时,在上一个工作日及周末的闲暇时间与亲属和其他人的联系				
	报告与亲属没有联系的百分比	每位受访者所报告的,作为闲暇伙伴的亲属数量的均值	每位受访者所报告的,作为闲暇伙伴的非亲属数量的均值	亲属在所有闲暇活动伙伴中的百分比	最频繁的闲暇时间伙伴是亲属的百分比
稳定于阶级Ⅰ (N=75)	51	1.9	5.8	24	8
直接流入阶级Ⅰ,中间阶级出身 (N=52)	52	2.5	5.0	33	6
间接流入阶级Ⅰ,中间阶级出身 (N=65)	52	1.8	3.9	31	7
直接流入阶级Ⅰ,工人阶级出身 (N=48)	56	2.1	8.3	20	7
间接流入阶级Ⅰ,工人阶级出身 (N=86)	48	2.1	6.1	26	12
所有流入阶级Ⅰ (N=251)	51	2.1	5.7	27	8
向下流出阶级Ⅰ (N=68)	57	1.6	4.9	24	9
稳定于阶级Ⅵ、Ⅶ (N=155)	39	3.0	4.1	42	17

(见表 6.4 注释)

表 6.10 受访者最频繁接触的闲暇时间伙伴和受访者亲属的熟悉程度：
代际流动的受访者与代际稳定于阶级 I 和阶级 VI、VII 的受访者

流动模式	受访者第一次提到的伙伴"熟悉"或"非常熟悉"地认识的百分比				受访者提到的所有伙伴"熟悉"或"非常熟悉"地认识的百分比			
	没有亲属	1—4 个亲属	5+ 个亲属	第一次提到的伙伴的数量	没有亲属	1—4 个亲属	5+ 个亲属	提到的伙伴的数量
稳定于阶级 I	47	33	20	58	53	31	16	131
直接流入阶级 I，中间阶级出身	59	33	8	39	67	28	5	102
间接流入阶级 I，中间阶级出身	58	33	9	45	67	27	6	112
直接流入阶级 I，工人阶级出身	65	24	11	37	68	23	9	84
间接流入阶级 I，工人阶级出身	61	24	15	70	60	28	12	164
所有流入阶级 I	61	28	11	191	65	27	8	462
向下流出阶级 I	50	38	12	56	57	35	8	125
稳定于阶级 VI、VII	44	36	20	121	44	34	22	271

（见表 6.5 注释）

那么，我们如何最好地汇总之前段落中那些研究发现的意义——首先考虑它们对流动者个体的影响，其次考虑阶级构成的问题？首先，我们会概括性地陈述我们研究发现的几个点，即：我们的数据结果强烈地反对"阶级流动有损于亲属关系的维持"这个论断。需要记住的是，流动者和相对长距离的流动者，并没有与他们的亲属疏离——除非这种疏离实际上等同于地理距离；他们与亲属互动的程度也没有系统性地表现出比那些阶级稳定者的程度更低。而且，在向上流动的受访者中，没有发现亲属倾向有"减少"（drop）的证据，但是另一方面，却有迹象表明对这些人而言——不管其遵循怎样的流动路径——亲属始终是社会支持特别重要的一项来源。[25]

同时我们千万不能以为我们的研究结果意味着阶级流动对亲属关系的影响或多或少是微不足道的。第一，我们已经提出了一些根据，支持了那些进入服务阶级位置的向上流动者（至少就工人阶级出身者而言）在相当频繁

的基础上伴随着亲属互动的减少——主要是源于地理隔离。第二,有证据表明,这既是某种程度的选择也是一种限制,向上流动者比那些代际稳定者更不可能把亲属作为闲暇时间伙伴,而且他们(连同向下流动者)更不可能有熟识自己亲属的闲暇时间伙伴。

因此,如果我们想要发展出一种一般性的理论,来取代原先"阶级流动有损于亲属关系,发生阶级流动的个体或多或少会与亲属疏远"的看法,那么,这一新理论无论如何也不能更简化了。这些研究结果实际上提醒着我们,至少向上流动者并不是简单地和亲属疏远,他们通常会典型地被卷入两套或者可能更多截然不同的一系列初级社会关系中,一套由亲属等人构成,另一套由非亲属的邻居、同事、朋友等人构成。先前说过,不管是在亲属义务的概念上,还是"把亲属当成朋友"的期望上,我们两大基准群组之间并无本质差别。现在在我们要进一步指出,虽然前者并没有受到跨阶级之间流动经历的太大影响,但是后者被证明是更加多变的。在闲暇或者说"空闲"时光里——尤其是不涉及义务的,亲属通常不会成为向上流动者青睐的玩伴,他们倾向于寻找属于另一个"社交世界"的玩伴作为补充。因此不妨这样讲,对于初级社会关系而言,向上流动对流动者个体的主要影响是使流动个体的社会结构更为分散,因而也可能更为费力维持。如果流动造成了人际问题,那这些问题与其说是纽带破裂带来的,不如说是由经营同时卷入的两个或更多的广泛分离的社会网络的困难带来的。[26] 不过,我们也推测以下事实造成了这种"经营"的困难性,即向上流动的个体通常不会留在与他大部分亲属距离相近的社区中,这意味着他对亲属网络的参与和其他社会网络的参与往往存在时空上的隔离。[27]

我们概括的命题对向下流动个体的初级亲属关系是否如向上流动者一样适用还很难说。因为,正如我们先前指出的,至少在我们所呈现的数据中,向下流动是一个疑虑尚存的现象。从我们所知的逆向阶级流动模式,我们必须假设在向下流动的受访者中,有相当一部分实际上并没有决定性地脱离他们的社会出身,也有相当一部分会在职业过程中回归到阶级Ⅰ的位置。于是就有这一种可能,在"真实的"向下流动发生的地方,有些亲属,特别是远亲,的确存在着关系破裂的趋势,但是在表6.6的数据中,这一趋势被向下流动组中那些只是暂时离开阶级Ⅰ且亲属关系遵循阶级Ⅰ核心模式的人所模糊了。而另一方面,尽管表6.8中的亲属关系作为一种帮助来源,它对向下流动者的重要性要远大于稳定在阶级Ⅰ的人。这种帮助或多或少是决定性的,而不仅仅是短暂的存在,从本阶级向下流动的人极其依赖亲属的社会支持。最后,依照相同逻辑来分析表6.9和表6.10的话,可以得出这样的推断:对于从阶级Ⅰ向下流动的人,亲属在他们闲暇活动中承担的角色日趋削减,而且他们最常相处的空闲时间的伙伴也并不熟悉他们的亲属。

如果现在回到我们的研究发现对于阶级构成问题的意义,那么首先要想起的是我们研究的阶级流动在量上的差异,即向上流动比向下流动要频繁许多。站在流入的视角,一方面,我们发现1972年调查时所有处于阶级Ⅰ位置的受访者中,有52%从代际来说是出身于阶级Ⅵ、Ⅶ或者来自阶级Ⅲ—Ⅴ[28]的其他较低等级(而从阶级Ⅰ出身的只有四分之一);另一方面,在阶级Ⅵ和阶级Ⅶ中由阶级Ⅰ向下流入的不到2%,在阶级Ⅲ和阶级Ⅴ中由阶级Ⅰ向下流入的不到6%。[29]因此,即使有人是永久性向下流动(我们知道并非如此),这也不过只占工人阶级和中间阶级中很小的一部分,由此所造成的内部同质性微乎其微。但是,那种跨越长距离而向上流入阶级Ⅰ的大量流动却必然会为该阶级创造相当可观的异质性潜力异质性——可以假设,这种异质性的程度和形式在很大程度上取决于个体在其初级关系水平上的流动经历。

因此,我们在此所能提出最实用的问题是,就服务阶级上层中社会-文化的多样性而言,我们关于阶级流动和亲属关系的研究发现具有何种重要性。

由于基准群组成员的数据表明,在对亲属的规范性取向(normative orientations)上,阶级差异并不显著,所以流向服务阶级的高流动率未必在这一方面造成显著的分化。事实上,至少是在亲属义务的观念方面,我们随后通过把向上流入阶级Ⅰ和在阶级Ⅰ内代际稳定的人相比较的方法,实质性地呈现出了一些数据,这些数据大致也证实了这一预期。但我们也认为,作为阶级流动的伴生物,亲属的可及性(availability)和希望亲属作为闲暇活动伙伴的愿望(desirability)显然都将下降;而且,随着亲属关系和其他初级社会关系的大幅脱节,向上流动者的社会网络趋于分裂,这也将对规范性转变(normative shift)产生一些相关的后果。服务阶级成员中稳定者和流动者在生活方式上的差异,在某种程度上表明了,后者仍然保有一些未能完全被同化的特质。

　　此外，在这方面，比初级社会关系的结构差异更重要的是参与者本身的差异。阶级流动并不像过去常常以为的那样会侵蚀亲属关系，这个事实所蕴含的寓意远比流动者的个人处境更深远。于是，很有可能那些通过长距离流动进入服务阶级的成员——正如我们所见，这个比例正在攀升——通过与和他们自己的阶级位置很不相同的人有相对亲近的社会联结，而与该阶级的核心成员有所差别。再次回顾全国调查的数据，我们或许能从中获得一些启发：亲属关系，特别是原生家庭，可以提供这种"跨阶级"纽带。例如我们注意到，在1972年样本里，按照他们14岁时父亲的职业进行编码，所有从工人阶级或者中间阶级下层进入阶级Ⅰ的人中，有多于80%的人的父亲仍然处于1972年时所处的阶级位置上，或者，如果他们在1972年后已经去世或不再工作的话，则仍处于其最后一个阶级位置上。进一步说，我们估计约有一半的流动者有处于低层级位置的兄弟——这个比例在由中间阶级向上流动的人中占40%，而在由工人阶级向上流动的人中高达60%以上。[30] 就发生流动的受访者而言，我们尚未掌握他们与亲属的跨阶级互动实际程度的实证材料。这种"差异交往"的可能性确实存在，因为流动者也许和那些自身也在一定程度上发生流动的亲属交往更多，而和滞留在出身阶级的亲属交往更少。但需要补充的是，理查森（Richardson）提供的数据表明，这个趋势或许存在，但一点也不明显，而流动确实能通过亲属关系创造大量的跨阶级纽带。[31]

　　这样一来，如果我们认同在服务阶级内至少是有这么一个有实质意义的、不断增加的少数群体，他们会通过有效的亲属关系而和滞留在阶级结构较低层级的人联系起来，那么思考以什么样的框架来解释这一事实就很有意思了——考虑到理论和经验研究都有较好的根据来推断，社会关系对个体的态度和行为的有力影响正是通过他的初级社会关系施加的。这里强调了流动的综合功能，既允许来自弱势社会背景的、有能力有进取心的个体意识到自己正当的雄心抱负，也有助于增加跨越阶级分化的社会纽带——那么，跨阶级流动的存在是否能够模糊阶级界限，缩短不同阶级成员之间的"社会距离"，并减少破坏性阶级冲突发生的概率？或者，扩大的服务阶级不成熟的、尚未成形的性质——"从下层阶级吸纳"得太过广泛的后果，会造成无法有效同化新成员，可能会成为引发社会-政治不稳定的潜在因素？

但是，在利用这些推断之前，我们还需拓展对流动伴生物的探讨，而不止局限于亲属关系。就像先前所说的，亲属关系之所以被视作一个举足轻重的部分，是因为如果连原生社会纽带都被阶级流动性侵蚀，那么其他初级社会关系似乎也没理由能够幸免于难。但既然我们已经得出结论，社会流动不见得真的会伤害亲属关系——尽管社交内容可能会被改变，那么我们必须以相同的逻辑接受这一事实：阶级流动是否会带来其他方面的相关后果仍然是悬而未决的问题。例如说，流动性通常会有一种"游离"（dissociative）效应，而且亲属关系因为牵涉到作为重要因素的义务（obligation），在承受张力的能力上是非同一般的。这一议题显然只有对经验材料进行更深入的分析才能解决，我们将接下来的章节加以分析。

注释

1. 这一划分的集大成者，参见 John H. Goldthorpe and David Lockwood, 'Affluence and the British Class Structure', *Sociological Review*, n. s. vol. 11, 1963。
2. 我们大体遵循 C. M. 库利的思路，把基本社会关系，定义为以面对面交流为基础的（a face-to-face basis）、经常性的，而并不是因为某些特定事务性的原因才会发生和维持的社会往来。
3. Talcott Parsons, 'The Social Structure of the Family' in Ruth N. Anshen (ed.), *The Family: Its Function and Destiny*, New York: Harper, 1949; and 'A Revised Analytical Approach to the Theory of Social Stratification' in Bendix and Lipset (eds.), *Class Status and Power*, 1st edn.
4. David M. Schneider and George C. Homans, 'Kinship Terminology and the American Kinship System', *American Anthropologist*, vol. 57, 1955, p. 1207. 也可以参见 Sorokin, *Social and Cultural Mobility*, pp. 522–525, 544。
5. Barrie Stacey, 'Some Psychological Consequences of Inter-generation Mobility', *Human Relations*, vol. 20, 1967. 斯泰西所说的位置，应该说，比作者们之前提过的更极端许多。他似乎是误解了帕森斯的——众所周知晦涩不清的——论断。后者尝试重述，参见 'The Normal American Family' in S. M. Farber (ed.), *Man and Civilisation: The Family's Search for Survival*, New York: McGraw-Hill, 1965。
6. 表示出部分支持的（但绝不是广泛而明确的）研究源于 Robert P. Stuckert,

'Occupational Mobility and Family Relationships', *Social Forces*, vol. 41, 1963; A. M. Mirande, 'The Isolated Nuclear Family Hypothesis: a Reanalysis' in Edwards (ed.), *The Family and Change*, New York: Knopf, 1969;and Britain Peter Willmott and Michael Young, *Family and Class in a London Suburb*, London: Routledge, 1960, ch. vii and Appendix 3。

7. 参见 Eugene Litwak, 'Occupational Mobility and Extended Family Cohesion', *American Sociological Review*, vol. 25,1960。

8. 参见 B. N. Adams, *Kinship in an Urban Setting*, Chicago: Markham, 1968。

9. 这一"流动效应"的方法基本源于 O. D. Duncan, 'Methodological Issues in the Analysis of Social Mobility'。它在阶级流动与亲属关系研究中最主要的应用,参见 Michael Aiken and David Goldberg, 'Social Mobility and Kinship: A Re-examination of the Hypothesis', *American Anthropologist*, vol. 71, 1969。但这一方法并不是没有概念和方法上的问题。参见 Keith Hope, 'Models of Status Inconsistency and Social Mobility Effects', *American Sociological Review*, vol. 40,1975。

10. 该领域诸多研究的另一个问题在于关于亲属关系的信息多是从有妻子的男性受访者处获取的,就像尼古拉斯·塔瓦斯基(在一篇未发表的论文,题为'Mobility and Family: Problems and Prospects'中,第11页)强调的,"虽然发生流动的是丈夫,但是一直谈论的是妻子"。实际上多数情况下我们的访谈都有受访者的妻子在场,都被鼓励和其他人一起加入关于亲属关系的(调查)环节。

11. 就像索罗金中肯地指出:"倘若我们想知道农民特有的态度,我们不该去找只做了几个月农民的人,我们该去找一生都在做农民的人。"*Social and Cultural Mobility*, pp. 509-510. 我们相信,相同的方法能够指导我们寻求阶级态度和行为模式的决定性特点。

12. 尽管这种方法必然要求我们比较基准群组和流动群组之间的数据,但不应该把统计显著性检验作为评估差异的办法。在这一持续有争议的议题上,简单地说,我们的立场如下所示。第一,我们认为这样的社会调查中的统计检验是有最大价值的,即在一个给定总体中做简单随机抽样或其他更复杂的抽样,并对其进行分立的、明确定义的假设检验。不过,设计效应的检验也是可能的。在我们第三章和第四章的分析中使用显著性检验时,这种情况明显占了上风——在诸多我们该如何解释我们结果的可能的指示中,这种方法只是其中一种。第二,尽管在这些条件很大程度上不适用的情况下:例如,在本章和下章的分析中——我们相信显著性检验几乎不能做出贡献,能最好判断统计数据"显著性"的,是看整个数据集所揭示理论兴趣特定模式的程度,以及这些模式是否符合同议题其他调研的程度。换句话说,有根据的(informed)——当然,同时也要可改善(corrigible)的——判断必须先于统计论证。对这一立场的说明,参见 Morrison and Henkel (eds.), *The Significance Test Controversy*,特别是霍格本、李普塞特等人、卡米列里和编者自己的相关贡献。

13. 注意,虽然我们随后会把这两个群组称为核心工人阶级,但是他们并不包含熟练和非熟练工人阶级之间的代际流动,这是 1974 年调查并未覆盖的群体。但是,既然固化于阶级Ⅵ和阶级Ⅶ的人,在我们关心的方面不存在系统差异,那么我们认为在这两个阶级内稳定和在这两个阶级内流动的人之间也不可能存在系统差异——特别是我们已经知道前者中大部分人的工作生涯都是在熟练和非熟练职业之间流动的。参见原文第 129—131 页。

14. 那些初职是非体力工作的人中,约有 90% 实际上代际稳定于阶级Ⅲ或阶级Ⅴ,但那些初职是体力劳动的人中,约有 90% 是代际稳定于阶级Ⅳ或阶级Ⅴ。

15. 我们发现,不管是对于阶级Ⅰ还是阶级Ⅵ、Ⅶ的受访者,那些每周见面的至亲几乎都是(i)父母、(ii)岳父岳母、(iii)兄弟姐妹或(iv)妻子的兄弟姐妹。阶级Ⅰ的受访者在这些亲属类别中每周至少见一人的比例分别是 27%、21%、15% 和 8%。而阶级Ⅵ、Ⅶ的受访者分别是 45%、44%、36% 和 29%。

16. 例如,参见 Harris and Clausen, *Labour Mobility in Britain, 1953–63*, and F. Musgrove, *The Migratory Elite*, London: Heinemann, 1963。注意这里所说的是因为家庭成员间高比例的、整体性的地理流动而导致的离散,而不仅仅是个体或者一对夫妇离开他们的亲属。因此,就有可能是一个个体或一对夫妇实际上保持地理位置不变动,却在空间上疏远了其他亲戚。

17. 在表 6.1 和表 6.2 的对比中,可以推测在没有亲属住在 10 分钟以内步行路程的受访者中间,工人阶级与亲属"每周"联系的要多于核心服务阶级。事实上,相比于后者有 67% 的比例报告说没有这种程度的联系,前者只有 29% 的比例。但我们可以推测,对于那些不住在 10 分钟步行路程以内的亲戚,工人阶级受访者普遍离他们比服务阶级受访者离他们更近。比方说,我们知道,只有 10% 的工人阶级没有至亲住在 25 公里以内的,有 51% 有 10 位或 10 位以上的亲戚住在这个半径距离内,而在服务阶级受访者中,这一比例分别是 36% 和 8%。

18. 如果我们从闲暇时间伙伴的分析中排除亲属,我们发现,稳定于阶级Ⅰ的受访者报告 53% 的玩伴不认识他们任何亲戚,有 14% 认识 5 个或以上。与此形成对比的是,稳定于阶级Ⅵ和阶级Ⅶ的受访者中这一比例分别是 48% 和 16%。

19. 这里所说的"连通性"(connectedness)现在可能更常见的说法是社会网络理论

所指涉的"完整性"（completeness）或者"紧密度"（density）。参见 J. Clyde Mitchell：'The Concept and Use of Social Networks' in idem（ed.），*Social Networks in Urban Situations*，Manchester University Press，1969。

20. 这些结论基本符合科林·罗瑟和克里斯托弗·哈里斯在英国做的关于阶级和亲属关系的最详尽的社区研究，罗瑟和哈里斯发现亲属交往最重要的阶级差异发生在母女关系中，而我们的数据并没有涉及，或至少是没有直接涉及这一点。Colin Rosser and Christopher Harris, *The Family and Social Change*, London：Routledge, 1965, pp. 220-201.

21. 参见 Earl Hopper, 'Educational Systems and Selected Consequences of Patterns of Mobility and Non-Mobility in Industrial Societies：a Theoretical Discussion' in idem（ed.），*Readings in the Theory of Educational Systems*, London：Hutchinson, 1971; and C. J. Richardson, *Contemporary Social Mobility*, London：Francis Pinter, 1977.

22. 这里可以反驳说，如果我们集中关注受访者"自己的"亲属——也就是血亲，而削减与姻亲的联系，结果会有所不同：毕竟发生流动的是受访者自己，而不必然是他们的妻子。但是，如果我们在这个问题上以这个方式改变我们的分析，结果还是一样：相比起代际稳定于阶级Ⅰ的人，在阶级Ⅰ中向上流动的人和他们（自己的）亲属相对频繁的联系要更多——尽管少于稳定在阶级Ⅵ和阶级Ⅶ的人与亲属的联系。基准群组中和流动群组中在与血亲和姻亲的一般形式上并无太大差异，这个发现的含义实际上也与关于双边亲属体系的人类学理论相吻合。

23. 注意，像这样的数据本身只能说明与亲属互动有减少的趋势，却不能令人信服地证明事实确是如此。比如，这也可能因为，通过某些过程或者那些向上流动者更可能从在出身阶级中一开始就与亲属互动程度不高的人中被选择出来。

24. 'Some Psychological Consequences of Inter-Generation Mobility', p. 6.

25. 在上述几个方面，尽管采用的数据和分析方法不同，但得出的结果和之前引用的利特瓦克（Litwak）、亚当斯（Adams），和艾肯（Aiken）与戈德堡（Goldberg）的作品中关于美国所报告的内容大致相符。也和理查森（Richardson）在最近基于伦敦都市圈地区收集的样本的一项英国研究中所汇报的内容相符，参见 *Contemporary Social Mobility*, pp. 219-220。让人特别感兴趣的事，我们的研究结果证实了理查森的推测，即就亲属关系而言，通过某种间接的，或者用他的话来说，"非赞助的"（non-sponsored）路径获得的向上流动，没有直接获得的向上流动那么有损于人际关系——和霍普尔（Hopper）得出的结论以及理查森自己似乎也部分接受的相反。参见上述注释21。

26. 我们确实问了受访者"是否有亲戚是你一度觉得非常亲近,但现在却已经很久不怎么见面的,他是否出现在这张(展示了至亲)的表上?"发生流动的受访者并不比代际稳定的受访者更可能汇报这种与亲属的"破裂"。比方说,在稳定于阶级Ⅰ,或稳定于阶级Ⅵ、Ⅶ,向上流入阶级Ⅰ和从阶级Ⅰ中向下流动的受访者中,声称有过这一情况的比例分别是59%、63%、58%和47%。

27. 相比起前述的关于城市-工业社会里初级群体关系的"结构分化"这一概念的观点,由利特瓦克(Litwak)在'Occupational Mobility and Extended Family Cohesion'中提及并由利特瓦克和伊万·塞勒尼(Iván Szelényi)进一步发展,见'Primary Group Structures and their Functions: Kin, Neighbours, and Friends', *American Sociological Review*, vol. 34, 1969。

28. 即我们1974年调查所覆盖的那些人,参见表5.2。

29. 这些差异自然既受到所涉阶级规模差异的影响,也是因为向上流动的比例比向下流动更高,这反映着服务阶级成比例地扩张和工人阶级的收缩。整体看来,1974年调查的出生队列向上流动比率和向下流动比率之间的差异要大于1972年的调查样本。参见第三章原文第73—74页。

30. 如果受访者有一个或多个(在世的)兄弟,我们会询问他的兄弟在1972年所从事的职业方面的信息。如果有多个兄弟,则随机抽取其中一个兄弟进行相关询问。

31. 参见 *Contemporary Social Mobility*, pp. 240-242。

第七章

阶级流动与社会参与

（与卡特里奥纳·卢埃林合著）

在上一章中，我们分别从不同的理论立场出发，进一步完善了那些认为社会流动对亲属关系具有破坏性的论断。一方面，帕森斯（Parsons）等学者认为，以工业社会为典型的高流动性会使扩展型的（extended）亲属关系系统在功能上变得不适；另一方面，施奈德（Schneider）和霍曼斯（Homans）等学者认为，亲属纽带之所以会被社会流动所削弱，显然是因为社会流动往往会破坏社会交换的"平衡性"。而在他们看来，任何稳定的社会关系都必须建于其上。我们与其他学者发现，许多经验资料并不支持这类观点。并且进一步地，我们也意识到，这类观点在一个重要方面的分析同样有所欠缺：从社会行动的角度来看，他们并没有明确地解释，为什么随着社会流动的发生，亲属关系会被忽视或中断。这种解释通常只被隐晦地提及，尽管涉及理论上的差异，但实际上它似乎在很大程度上来源于学者们对现代社会分层与流动的本质所做出的"理所当然"的假设。

然而，如果现在的分析中，这些假设的内容大多都是根据推测的话，那么一些更具野心、试图从整体上把握社会流动对于初级关系的影响的尝试中，实际上更关注的是其中所涉及的人际互动过程。在这些分析中——主要还是受到美国学者的启发，我们发现一种假设，它与那些似乎对社会流动与亲属关系做出了可靠讨论的假设非常相似，但某种程度上阐释得更加充分。因此，出于本章的研究目的，这些更完善的解释将成为有益的理论起点。

理论视角

首先,应该指出的是,迄今为止大多数有关社会流动对于初级关系结构影响的讨论,都认为社会流动是在社会分层的框架中进行的,而其形式本质上是根据社会地位(status)建构的。如果着重考察阶级不平等的话,至少从经验角度来看,现有研究认为它们与地位紧密相关,两者相差甚微。其次,这些研究假定,地位秩序(status order)对于社会行动者来说也是一个基本现实(reality):也就是说,社会行动者被认为具有高度发达的地位意识(status consciousness)。他们敏锐地意识到亚文化特质是以怎样的方式界定社会地位的,并且高度关注自己的生活方式与结社模式如何影响他们处心积虑想要提升的地位处境(status position)。最后,对于以职业形式或阶级形式进行流动的个体来说,关键的问题被假定为他的地位群体隶属关系(status group affiliations)随之产生的变化,换言之,即职业或阶级的流动在多大程度上能够有效地转化为地位的流动。

基于以上假设,我们足以证明为什么流动应当被认为可能会对亲属关系产生紧张关系。对于流动的个体而言,他的地位处境至少将会与其大多数的亲属不尽相同,这种情况通常会损害或至少无益于亲属关系中任意一方对于地位的考量(status concerns)。与亲属保持紧密的联系并不能帮助向上流动的个体建立起比他原生家庭更高的地位水平,并且如果要达到这一目的,意味着要花时间培养新的生活方式和熟人群体。反之,对于向下流动者的亲属来说,与他保持紧密的联系无益于提升他们的地位处境,并且可想而知,这对其反而是有害的。

当然我们同样能够清楚地预测到,有关流动个体的其他初级关系的类似论断将如何进一步发展——这涉及与休闲及工作伙伴、朋友、邻居等人的关系。因此,从我们目前进行的分析中可以得出这样一个命题,即社会流动破坏的不仅是个体的亲属关系,甚至是他的整个社会生活模式:社会流动被认为具有一种普遍的"分离"(dissociative)效应。此外,对地位考察的重要性直接推动了进一步的命题:初级关系随着个体流动而被破坏,这不是一个暂时性的阶段,而是会使个体陷入一种具有潜在持续性的社会隔离状态,或者至少会被边缘化。对于向上流动的个体而言,那些因流动而被忽视或打破的社会联系——与那些无法分享其成功的原有伙伴的联系——将无法轻易地被他所认可的、与自己现有地位相当的人所取代。当暴发户(arriviste)进入一个新的社会环境(social milieux)中时,即使他没有真正地被排斥,但通常也会遭受其他人的冷遇,因为他很有可能会对他们的排他性(exclusiveness)原则构成挑战,从而威胁到那些他们内部"业已建立"的地位秩序。另一方面,向下流动的个体并不希望在衰落后的环境中建立新的社会纽带,因为他会宁愿相信这种(向下)流动只是一种短期现象。但与此同时他也会发现,自己很难再维持自己衰落之前所涉及的那些初级关系。

此外,另一个经常被提出的命题是社会流动——由于其强加的压力——很有可能与某种形式的个人与社会失调(disequilibrium)相关。这有可能表现为不安全感和焦虑感,甚至是更为严重的心理障碍;也有可能表现为普遍怨愤(pervasive ressentiment)、暴力的社会偏见(social prejudices)和政治极端主义(political extremism)

正如我们在引言中所描述的那样,在美国学者之中,对这些问题研究阐释得最完善的要数李普塞特与他的合作者们。[1] 在此需要补充的是,近年来,一些英国社会的评论家就流动效应提出了各种相似观点。比如,斯泰西(Stacey)认为那些经历了社会流动的人在当今的英国"往往……正在承受被边缘化的痛苦",并且相较于那些没有流动的人,"他们的生活通常更加孤独";显然,他认为是地位的动态变化决定了这种模式。[2] 同样地,穆斯格罗夫(Musgrove)也认为,那些向上流动至专业、行政以及管理职位的人正面临着严峻的"社会隔离问题"。社会流动加雇佣关系所带来的地理流动,两者的破坏效应共同强化了他们所身陷的"郊区化孤独"(suburban loneliness)的处境。然而,穆斯格罗夫认为"毫无疑问,社会流动,无论是否发生地理流动,都与较高比例的精神障碍相关",因为它引发了人际关系的问题。[3]

另一个特别值得关注的学者是霍珀(Hopper),他致力于英美的比较研究(Anglo-American comparisons)。他将自己的研究问题直接总结为"地位固化"(status rigidity),换言之,便是"经由经济上的社会流动在地位层级上获得合法位置"的难易程度。[4] 显然,尽管霍珀认为美国等级秩序的固化程度先天就比英国的更弱,但就个体的流动经历来说,他仍视个体所遵循的流动路径类型为关键的变量,具体分为教育、培训和选拔过程。举例来说,在他看来,那些通过"主流"的教育途径实现向上流动的人,相较于通过其他路径实现这一流动——至少在最初的教育系统内缺乏成功经历的人,更不可能是"病态"(pathogenic)的,也就是说他们更不可能遭遇"人际关系的隔离和社会支持的缺失"。对于英国社会来说,前一种流动类型和美国相比,其中的个体病态程度确实更低,因为社会的"支持"(sponsorship)程度更高,并且由此产生了"地位培训"(status training)的需要。但总体而言,英国社会相较于美国社会,它的向上流动通常会产生更多的社会心理问题,因为这种流动更多是通过"一开始就被拒斥"(initial rejection)的路径而发生的,而这些路径更有可能将个体暴露在人际关系的困境之中。相较于"一开始就被选中"(initial selection)的路径,这些路径并没为他们将来应对流动所引发的社会风险提供适当的准备:"这些(向上流动的人所参与过的)职业培训与地位培训经历是为较低社会阶级的人所准备的,并不适用于尽管一开始被排斥(这种说法实际上并不正确)但还是实现了向上流动的人。"[5]

因此,社会学界不乏这样的观点,认为社会流动具有普遍的分离效应,其主要依据是地位秩序对人际关系所施加的影响,尤其是通过那些以提升或维持地位为导向的社会行动模式。然而至今为止,这方面的讨论除了一些在与社会流动与亲属关系有关的差异上具备足够的经验证据来推动这一领域的研究,在其他方面都做得并不好。但至少,事实上,社会流动与亲属关系的某些研究也能提供可比较的经验支持。

在这方面,人们首先会注意到,即使社会学家们认为流动往往会破坏初级社会关系,但他们同样也认为这并不必然会导致流动个体遭到社会隔离。为了补偿自己在初级水平(primary level)所遭遇的困难,流动个体在一定程度上会加入贾诺威茨(Janowitz)所说的"次级群体结构"中去——当地社区、俱乐部、利益群体组织、政党和其他类型的所谓"自愿性结社组织"(voluntary associations)。因此,贾诺威茨对美国社会做出了这样的论断,认为至少在短期内"社会流动将会(通过对初级关系所施加的影响)使个体与全社会发生广泛的功能性障碍,有足够的证据表明社会流动会在社区和大型功能性组织内创造出新的社会关系,从而对个体与全社会进行整合"。[6]

然而进一步来看,那些认为社会流动必然会使初级关系发生恶化的观点本身也存在问题。举例来说,利特瓦克(Litwak)与其他学者认为,至少就向上流动的个体而言,尤其是那些在科层制环境下工作的人,他们在职业生涯中往往会精进社交技能,使其较快建立起彼此投缘且相互支持的社会关系,从而改善地理流动与社会流动所带来的破坏效应。此外,这一过程还会被现代工业社会所推动,即便是长距离的社会流动也绝非偶然现象。而当我们考虑到那些将流动个体彼此聚集到一起的雇佣模式与住房模式时则更是如此。在这些条件下,如果还认为那些暴发户被孤立、在排他的社会环境与明确界定的地位群体中寻求社会认同的话,就显得不太合适了。[7]

最后,我们之前所提到的邓肯与其合作者们提出了可能是最为激进的观点之一,他们认为现代社会的分层本质上是一种去结构化的社会经济连续体,而不是地位群体所构成的层级。反过来说,他们认为社会流动只会对规范水平(normative level)产生直接的、系统性影响,而不会对关系水平(relational level)有影响。也就是说,他们认为社会流动对于个体社交模式的影响只能通过界定和调整了可被接受的社交形式的规范的变化来实现;并且他们进一步认为,这些变化将趋近于社会经济连续体水平上所普遍存在的规范的某种中间版本。因此,举例来说,他们认为流动个体的交友模式、邻里模式或者自愿性结社组织的参与模式并不必然取决于他们所遵从的流动路径类型,也不取决于因他们流动所引发的物理或社会约束,而是取决于——看上去是以一种高度自愿的方式——他们在这些方面所达成的对于特定规范的"妥协"。[8]

接下来,我们将评估这些观点是否至少适用于当下的英国社会。实际上,我们将继续使用与前一章相同的方法。也就是说,我们首先将建立代表着1974年调查中代际稳定者的社会参与模式,尤其是那些在七分类阶级图式中稳定于阶级Ⅰ或阶级Ⅵ、Ⅶ的男性所构成的两类基准群体。[9] 然后我们将以这些模式作为基础,对不同类型的代际流动模式进行比较评估,重点考察初级关系的破坏与社会隔离在多大程度上可被视为流动的伴随物。如果存在任何能够表明这种联系的证据,我们会追问它在多大程度上是出于地位的考虑;如果不存在这种证据,我们将探究为什么地位的动态变化并没有以上述学者所预测的方式运作。最后,无论结果如何,我们将重新审视这些发现对于社会层面与个人层面的意义,尤其是关注它们和与阶级形成之间的关系。

我们现有的关于受访者的初级社会关系与次级社会关系的数据主要分为六种。对于初级关系，我们在以下方面掌握了大量的信息，包括(i)那些与受访者交往最频繁的闲暇伙伴(可以是个人也可以是夫妇)，以及(ii)那些即使可能不常见面但仍属于"好朋友"的人。对于这类群体，我们关注以下两方面的数据：受访者与他初次建立关系的方式和时间，以及双方所属的阶级。此外，我们还掌握了(iii)闲暇伙伴之间的熟悉程度和"好朋友"之间的熟悉程度，以及这两类不同人群之间相互的熟悉程度。但对于初级关系，我们对以下信息——主要是交往频率的数据——的掌握程度相对有限：(iv)受访者与他们的同事在业余生活中的关系如何，以及(v)他们与邻居的关系。对于次级关系，我们掌握了有关于(vi)受访者参与自愿性结社组织情况的大量信息。我们主要关注他们所属社团的数量、参与的频率、任职情况以及社团类型。

阶级与社会参与模式

在表 7.1 和表 7.2 中，我们展现了与代际稳定者交往最频繁的闲暇伙伴和其他"好朋友"的相关数据。在前一张表内，那些代际稳定于阶级Ⅰ和阶级Ⅵ、Ⅶ的两类基准群体在分表(A)闲暇伙伴的数量和分表(C)认识时间长度都不存在显著差异；[10] 并且在分表(B)闲暇伙伴与受访者的关系来源分布中，这两类群体除了亲属的比例以外，所呈现出的模式大致相当。正如我们之前所观察到的那样，亲属在工人阶级社交模式中的比例要比在服务阶级中更高——尽管它在两种模式中都并不是最重要的。

事实上，只有在表 7.1 的分表(D)闲暇伙伴的阶级分布中，两类基准群体的模式才有显著的差别。我们的结果与之前的各种其他研究一样，都说明了现代英国不同阶级间的隔离程度或者说是高度异质性的交往模式已经成为社会结构的主要特征。[11] 然而，根据数据，我们为此增加了一个限制，那就是在整个阶级结构中，这种隔离程度不尽相同。对于那些代际稳定于中产阶级位置的人(当然我们也知道，他们总体上在职业生涯中经历过大量流动)，他们的闲暇伙伴在分表(D)内我们所划分的三个广泛的阶级类型中，实际上分布得非常平均，因此导致我们的两个基础群体在此处的分布偏度显得更大。[12]

然后我们来看表 7.2 中关于受访者的"好朋友"的数据，我们发现这里的阶级差异变得更大。很明显,相较于代际稳定于阶级Ⅵ、Ⅶ的受访者来说,代际稳定于阶级Ⅰ的受访者会更多地与相同阶级的人交往;尽管在交往年数上他们不存在非常大的差异,但非常有趣的是,在关系的来源上他们存在明显差异。特别的是,在分表(B)中,稳定于服务阶级的受访者相较于稳定于工人阶级的受访者,他们的"好朋友"更不可能是亲属或者老同学,而更有可能被归入"其他"类型——也就是说,他们的关系来源更加多样化。事实上,我们的访谈记录显示,对于稳定于阶级Ⅰ的受访者来说,尽管专业联系、商业联系(除了直接的同事)以及"社交"场合的相互引荐都很重要,但他们仍然与原先的熟人建立起了一种非常多样化的联系。最后,我们从表7.2的分表(D)中可以发现,两类基准群体在"好朋友"的阶级构成方面的差异甚至比在闲暇伙伴中还要大得多。尤其值得注意的是,代际稳定于阶级Ⅰ的受访者的社交模式表现出了排他性,他们有五分之四的"好朋友"同样也处于服务阶级,而其中体力劳动者只占二十分之一,两者形成鲜明对比。[13]

我们在表7.3中完善了闲暇伙伴和"好朋友"的相关数据的呈现,以检验两类群体内部的熟识程度以及互相的熟识程度。从分表(A)中我们可以发现,代际稳定于阶级Ⅵ、Ⅶ的受访者相较于代际稳定于阶级Ⅰ的受访者来说,他们的闲暇伙伴更有可能相互认识。用专业术语来说,在报告了至少三个闲暇伙伴的条件下,工人阶级受访者的社交网络相较于服务阶级的更可能是"完全连锁"(completely interlocking)的模式(如图7.1a所示),更不可能是"部分连锁"(partially interlocking)的模式或"辐射"(radial)的模式(图7.1b—d)。[14] 实际上,如果我们将表7.2和表7.3中的数据合并起来,可以发现,在那些报告了三个闲暇伙伴的人当中,这种以受访者为锚点(anchor)、完全连锁的社会网络模式在代际稳定于阶级Ⅵ、Ⅶ的受访者中占77%①,而在代际稳定于阶级Ⅰ的受访者中只占35%②。

---

① $\frac{88 \times 0.52}{155 \times 0.39}$。——译者注

② $\frac{42 \times 0.26}{75 \times 0.41}$。——译者注

表 7.1 最频繁接触的闲暇伙伴：在阶级位置上代际稳定的受访者

阶级	(A) 所报告的数量[a] 按报告数量的百分比					(B) 所有报告的数量的百分比分布，按关于的来源[b]							(C) 所有报告的数量的百分比分布，按认识的年数[b]				(D) 所有报告的数量的百分比分布，按阶级[b]			
	0	1	2	3	均值	亲属	学校	邻居	工作	业余伙伴	其他	N	少于5年	5—10年	大于10年	N	I—II	III—V	VI—VII	N
阶级 I (N=75)	23	21	15	41	1.8	9	15	8	22	12	34	130	34	28	38	125	63	28	9	123
阶级 III—V (初职为非体力职业) (N=47)	23	11	21	45	1.9	10	7	5	24	28	26	85	42	28	30	83	30	42	28	82
阶级 III—V (初职为体力职业) (N=56)	27	16	27	30	1.6	20	10	13	16	13	28	90	13	39	48	82	25	36	39	76
阶级 VI, VII (N=155)	22	21	18	39	1.7	17	10	5	25	15	28	268	33	18	49	247	13	22	65	243

注：(a) 受访者被问道的问题是："现在，大致想一想，谁是你最经常一道度过闲暇时间的人——不多虑直系亲属的话？例如，有没有你通常会一周见一次，或一月见几次的人——他们可能是你刚才已经提到过的人？"访谈员为每位受访者记录至多三个人或夫妇，一对夫妇被算作一个样本。
(b) 那些在以上的问题中列举了至少一个人的受访者会被继续追问："他/她(他们)是你的亲戚吗？"并且，如果不是的话，就问"你们是怎么认识彼此的？"；"你们在哪一年相见的？"；并且接下来会问与具体的职业，雇用状态等有关的问题。

表 7.2 "好朋友"：在阶级位置上代际稳定的受访者

阶级	(A) 所报告的数量 按报告数量的百分比					(B) 所有报告数量的百分比分布，按关于f的来源[b]							(C) 所有报告数量的百分比分布，按认识的年数[b]				(D) 所有报告的数量的百分比分布，按阶级[b]			
	0	1	2	3	均值	亲属	学校	邻居	工作	业余伙伴	其他	N	少于5年	5–10年	大于10年	N	I—II	III—V	VI—VII	N
阶级 I (N=75)	3	13	23	61	2.4	3	9	7	23	8	50	181	15	25	60	180	81	14	5	173
阶级 III—V (初职为非体力职业) (N=47)	17	30	17	36	1.7	9	12	9	22	10	38	81	21	27	42	79	30	44	26	69
阶级 III—V (初职为体力职业) (N=56)	30	13	27	30	1.6	9	23	10	20	5	33	88	14	20	66	85	29	45	26	73
阶级 VI, VII (N=155)	41	21	20	18	1.2	11	23	10	25	6	25	177	8	29	63	169	17	28	55	144

注：(a) 沿着与最频繁接触的闲暇时间伙伴有关的一系列问题，受访者会被问道："有没有哪些人，是你可能不太经常见，但仍然会视为关系很近的朋友的？"访谈员为每一位受访者记录至多三个人或夫妇。
(b) 那些在以上的问题中列举了至少一个人的受访者会被继续追问一系列与表 7.1 的注释中提到的那些问题完全相同的问题。

表 7.3 最频繁接触的闲暇时间伙伴与"好朋友"的相熟程度：在阶级位置上代际稳定的受访者

阶级	(A) 受访者的伙伴组的百分比分布，即按所报告的连接，"熟悉"或"非常熟悉"地相互认识的伙伴组的数量（至少报告了两个伙伴的受访者）[a]				(B) 受访者的"好朋友"组的百分比分布，按所报告的连接，即"熟悉"或"非常熟悉"地相互认识的朋友组的数量（至少报告了两个朋友的受访者）[a]				(C) 受访者的"好朋友"和伙伴组的百分比分布，按在这两类人之间所报告的连接，即"熟悉"或"非常熟悉"的相互认识的朋友与伙伴的数量[b]							
									(1) 至少报告了一个伙伴和一个朋友的受访者				(2) 至少报告了一个伙伴的受访者			
	0	1-2	3	N	0	1-2	3	N	0	1-2	3-9	N	0	1-2	3-9	N
阶级 I	17	57	26	42	38	49	13	63	46	33	21	58	46	33	21	58
阶级 III—V（初职为非体力职业）	16	49	35	31	31	38	31	26	46	21	32	28	57	17	26	35
阶级 III—V（初职为体力职业）	12	47	41	32	48	43	9	32	38	28	34	29	56	20	24	41
阶级 VI, VII	13	35	52	88	41	40	19	59	49	25	26	73	69	15	16	118

注：(a) 对于每一对可能的伙伴和朋友，受访者会被问道："他们之间有关系吗？"并且，如果没有的话，会问："据你所知，他们互相之间认识吗？是熟悉还是非常熟悉？还是有点认识？还是完全不熟？"在各图中，被标示为相关的伙伴或朋友他们都是"熟悉"或"非常熟悉"地认识的。
(b) 受访者关于每一个伙伴—朋友对会被问到与上述相同的问题。

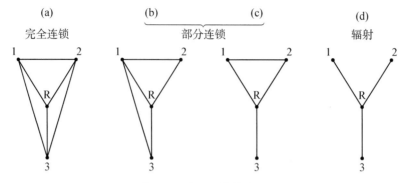

图 7.1 人际网络的类型

关键词：R　　　=受访者
　　　　1,2,3 =闲暇时间伙伴
　　　　—　　=熟悉（"熟悉"或"非常熟悉"地互相认识）

在分表(B)"好朋友"之间的熟识程度中，两类基准群体的模式几乎没有显著差异，并且如我们所料，它们在数值上普遍要低于交往最频繁的闲暇伙伴。然而，如果我们再次聚焦那些报告了最多"好朋友"（三个）的受访者，我们仍然会发现，阶级Ⅵ、Ⅶ的受访者相较于阶级Ⅰ的更有可能处于完全连锁的社交网络中——前者占39%，后者占17%——当然我们需要注意，从一开始来说前者就更不可能报告有三个"好朋友"。

最后，当我们考察分表(C1)在闲暇伙伴和"好朋友"这两个分类中都报告了至少一个个人（或一对夫妇）的受访者时，发现他们的闲暇伙伴与"好朋友"之间的熟识程度并没有表现出阶级差异。从表中我们可以看到，在两类基准群体中，大约有一半的受访者报告了一个及一个以上的关系链接。然而，如果我们像分表(C2)那样，考察所有至少有一个闲暇伙伴的受访者，会发现他们交往最频繁的闲暇伙伴与不怎么交往的"好朋友"之间的熟识程度表现出了相对不同的模式——也就是说，在后一类关系的分析中，稳定于阶级Ⅰ的受访者比稳定于阶级Ⅵ、Ⅶ的受访者有着更高的关系强度。这种情况下，就社会关系而言，稳定于工人阶级的受访者所拥有的社会网络关联性更弱或者说更不发达。总之，尽管工人阶级的社交模式相较于服务阶级的模式，个人与交往频繁的闲暇伙伴的关联程度更高，但另一方面，他也更不可能参与到大范围的——尽管可能是以一种更为松散的连接方式——由交往频繁的闲暇伙伴与其他好友同时构成的社交网络中。

关于受访者初级关系的其他数据,即表7.4中与同事和邻居的联系,则证明了服务阶级的社交圈通常要比工人阶级的更广。表7.4的分表(A)显示,尽管我们的基准群体中大多数人没有能在工作时间以外频繁交往的同事,但代际稳定于阶级Ⅰ的人所报告的平均数仍然是稳定于阶级Ⅵ、Ⅶ的两倍。更令我们惊讶的是,分表(B)显示,受访者对于邻居——大体上定义为住在"距自己家十分钟步程"的人——的熟识程度表现出了更为显著的差异。密集的"邻里生活"是工人阶级社交的重要组成部分,这个观点被大家广为接受(尽管它并没有得到很强的数据支持),但事实上稳定于阶级Ⅰ的人要比稳定于阶级Ⅵ、Ⅶ的人更可能与邻居发生频繁的互动并保持密切的联系。[15] 我们的访谈记录从更偏定性的角度也揭示出,差异同时存在于非工作时间与同事的互动以及邻里之间的互动。对于服务阶级的受访者来说,这种联系往往是出于社交目的而专门做出的安排——下班后一起喝咖啡或是举行葡萄酒和奶酪派对等,而对于工人阶级的受访者来说,这种联系更加非正式——比如"在酒吧偶遇"或是其他偶然发生的社交行为,发生于"花园篱笆两侧""大街上"或是"比赛中"的偶遇。[16]

最后,我们将讨论数据中受访者"次级群体结构"(secondary group structures)的参与程度,事实上这涉及他们参与自愿性结社组织的各个方面。在表7.5中,我们展示了这种参与程度的数据。正如之前研究所预期的那样,阶级差异仍然很明显。代际稳定于阶级Ⅰ的人会比稳定于阶级Ⅵ、Ⅶ的人加入更多的自愿性结社组织;他们在这些组织的公共事务上会投入更多的时间,并且更有可能拥有正式职位。[17] 此外,表7.5的分表(D)表明,服务阶级的组织成员中有更高比例的人是在近期加入的:其中有53%的人在访谈前的5年内加入,而工人阶级中的组织成员只有28%。我们认为,在典型的服务阶级生活方式中,个人会更频繁地加入(新的)自愿性结社组织,从而在其生命历程中不断累积更多的成员身份——即使由于地理流动,在获得新成员身份的同时,会丢弃一些旧成员身份。相比之下,在典型的工人阶级生活模式中,个人加入结社组织的频率要低得多——可能集中于成年初期,但平均而言,他们的成员身份会维持更长时间。[18]

表 7.4 与同事和邻居的联系：在阶级位置上代际稳定的受访者

阶级	(A) 在工作以外"十分有规律地"见面的同事的数量[a]				(B) "熟悉"地认识或"十分经常"见面的邻居的数量[b]			
	所报告的百分比			均值	所报告的百分比			均值
	0	1—4	5+		0	1—4	5+	
阶级 I (N=75)	54	27	19	2.4	37	43	20	3.2
阶级 III—V (初职为非体力职位) (N=47)	47	40	13	2.0	60	30	10	1.8
阶级 III—V (初职为体力职位) (N=56)	64	32	4	0.7	57	32	11	1.8
阶级 VI, VII (N=155)	55	37	8	1.2	60	32	8	1.4

注：(a) 受访者被问道："在与你一起工作的人当中，有没有因为一些原因会在工作之外十分有规律地见面的人？"
(b) 所问的问题是："现在我想是同一下居住在你的邻里社区中的人；距离你的住处十分钟步程的那些人。除了那些你在街上住住惯常地见到的，有没有哪位邻居是你非常了解且十分经常见面的？"

表 7.5 自愿性结社组织参与：在阶级位置上代际稳定的受访者

阶级	(A) 所从属组织的数量[a]					(B) 受访者每月至少参与2个小时的组织数量[b]					(C) 担任或曾担任过组织中职位的百分比[b]	(D) 组织成员身份的百分比分布，按参与的年数分布[b]		
	按从属组织数的百分比					按参与组织数的百分比								
	0	1-2	3-4	5+	均值	0	1	2	3+	均值		少于5	5-10	大于10
阶级 I (N=75)	4	31	33	32	3.6	32	36	27	5	1.1	52	53	24	23
阶级 III—V (初职为非体力职位) (N=47)	15	62	21	2	1.7	53	28	15	4	0.6	17	50	33	17
阶级 III—V (初职为体力职位) (N=56)	18	66	14	2	1.6	62	32	4	2	0.5	23	45	29	26
阶级 VI, VII (N=155)	25	53	18	4	1.5	61	25	9	5	0.6	19	28	31	41

注：(a) 所问的问题是："现在我想问一下与你可能从属的，或以某些方式有关联的俱乐部、协会、组织等的问题。比如说，你是不是某个（出示提示材料）体育爱好俱乐部、教育或文化小组、社交俱乐部、教堂或教会组织、政党、工会或专业性组织、慈善组织、家长—老师组织、租户组织、居民组织、在这当中是否有与你有联系的人？"对于肯定的回答，受访者也会被问道："你是在哪一年参加人的？"；"粗略估计一下你每年或每月会花多少时间在与你有联系的（组织的名字）上？"；"你对每一个所提到的组织的名字会被记录，并且所提到的协会的数量会被计数。
(b) 对每一个所提到的组织，受访者也会被问道："你是在哪一年参加人的？"；"粗略估计一下你每年或每月会花多少时间在与你有联系的（组织的名字）上？"；"在这当中是否有你有正式职位，或服务于哪一个委员会？"以及，如果没有的话："你曾经这样做过吗？"

表 7.6 所从属的自愿性结社组织的种类：在阶级位置上代际稳定的受访者

所有组织成员身份的百分比分布，按组织类型[a]

阶级	社交	体育(1)[b]	体育(2)[b]	教育文化爱好	职业	政治、居民、家教、慈善等[c]	其他	所报告的成员身份的总数
阶级 Ⅰ (N=75)	2	15	11	9	28	16	19	272
阶级 Ⅲ—Ⅴ（初职为非体力职位）(N=47)	13	6	23	6	18	15	19	78
阶级 Ⅲ—Ⅴ（初职为体力职位）(N=56)	12	6	23	4	26	16	13	90
阶级 Ⅵ, Ⅶ (N=155)	28	3	15	5	30	10	9	240

注：(a) 本表的数据来源于表 7.5 注释中所给出的问题。
(b) 根据我们的划分，体育(1)仅限无论是经济是文化、有相对高程度的排他性特征的体育俱乐部，即：与高尔夫、壁球、橄榄球、竞技钓鱼、赛艇、曲棍球、拉力驾驶、飞行和滑翔。体育(2)包括其他所有体育俱乐部。
(c) 包括所有广泛意义上的"兴趣小组"。

表 7.6 展现了代际稳定的群体在不同类型的自愿性结社组织中的分布，这有助于我们深入理解正在讨论的这种差异。一方面，对于代际稳定于阶级Ⅵ、Ⅶ的受访者来说，有两类结社组织加起来超过了半数：一是社交俱乐部（social clubs），它在很大程度上是工人阶级的俱乐部；二是职业协会（occupational associations），即具有压倒性力量的工会（trade unions）。他们在工人职业生涯的早期更有可能同时成为这两类结社组织的成员。另一方面，对于稳定于阶级Ⅰ的受访者来说，他们的社团参与模式明显更多元化。职业协会——在这种情况下主要是专业群体——的成员资格对他们非常重要，就和对工人阶级的受访者一样；尽管他们加入纯粹的社交俱乐部的数量几乎可以忽略不计，但在我们所区分的、其他类型的自愿性结社组织中，他们的参与数量都是比较显著的。[19] 我们可以进行推测，对于服务阶级的受访者来说，随着生命周期的不断推移，他们的社团参与会随自身兴趣而发展。但很显然，服务阶级的社会参与模式无论是在初级层次还是次级层次上，也无论是否比工人阶级的社会参与模式更密集，肯定是更广泛和多样的。

在第六章中，我们觉得有必要提醒大家亲密关系的阶级差异往往是被夸大了的，我们所观测到的那些差异更多的是一种与阶级相关的物理约束所产生的结果，而不是相异的阶级规范（norms）所导致。很显然，当前环境下的阶级差异和规范基础的差异都是非常明确的。在那些构成我们两个基准群体的受访者的生活方式中，社会交往和社会参与的结构通常显示出非常鲜明的对比特征。此外，我们揭示出这些差异往往与高度的社会隔离相伴而生。特别是代际稳定于阶级Ⅰ的人，他们强烈地倾向于从那些与自己的阶级位置大致相同的人中选择闲暇伙伴与"好朋友"，因此他们非常缺乏与工人阶级的这类社交纽带。在这种情况下，对于发生流动特别是向上流动至阶级Ⅰ位置的受访者来说，显然他们的地位提升很有可能会伴随着社会文化的断裂（discontinuities）；因此反过来看，任何关于他们被吸纳（assimilation）至新阶级中稳定的"核心"位置的问题，显然都需要同时从规范和关系这两个方面加以考虑。

流动与社会参与模式

在表 7.7 和表 7.8 中,我们展现了代际稳定的两类基准群体和其他发生流动的群体关于闲暇伙伴和"好朋友"的数据。基于这些表格,我们首先可以发现,社会流动往往会导致社会隔离的论断并没有得到数据的支持。从表 7.7 的分表(A)中,我们可以发现所有发生流动的群体都没有比我们的基准群体报告更少的闲暇伙伴,而且前者被社会隔离——从无法报告出任何闲暇伙伴的意义上——的人口比例也并不比后者更高。[20] 在表 7.8 的分表(A)中,发生流动的群体确实比稳定于阶级Ⅰ的群体平均报告了更少的"好朋友";但与此同时,他们比稳定于阶级Ⅵ、Ⅶ的人平均报告了更多的"好朋友"。因此证明,至少对于从工人阶级出身、向上流动至阶级Ⅰ的人来说,他们的社会流动不但不会导致社会隔离,而且还可能会形成一种更加发达的社交模式。

表 7.7 和表 7.8 中关于受访者闲暇伙伴和"好朋友"的关系来源的进一步数据有助于我们理解为什么社会流动在这些方面不会产生显著的分离效应。因此,当我们考察闲暇伙伴时,表 7.7 中的分表(B)说明向上流动的受访者相较于那些代际稳定的人更不可能选择亲属或老同学——那些在他们生涯早期就认识的人——作为补偿,他们会更多地选择同事和通过自愿性结社组织认识的人。同样的,当我们考察"好朋友"时,表 7.8 的分表(B)说明尽管发生流动的受访者相较那些稳定于阶级Ⅰ的人,"好朋友"的来源更窄——在该模块中分配给"其他"类型的比例更低——但根据同一标准,他们"好朋友"的来源要比那些稳定于阶级Ⅵ、Ⅶ的更多样化。事实上这恰恰说明了,之所以较之于服务阶级的"规范"(norm),流动群体平均报告的"好朋友"数字更小,很大程度上是因为他们选择的来源更有限;反过来看,之所以较之于工人阶级的"规范"时数字更大,是因为他们更倾向于从比家庭、学校和邻居还要大的社交圈中招募"好朋友"。

然后我们再来看有关于与闲暇伙伴和"好朋友"认识时间长度的数据,我们发现此处的证据再次否定了那种认为社会流动本身就具有或者会带来分离效应的观点。从表 7.7 的分表(C)中我们可以得出结论,流动群体与闲暇

表 7.7 最频繁接触的闲暇伙伴：代际流动的受访者与代际稳定于阶级Ⅰ和阶级Ⅵ、Ⅶ中的受访者

流动模式	(A) 所报告的数量						(B) 所有报告的数量的百分比分布，按关系的来源						(C) 所有报告的数量的百分比分布，按认识的年数				(D) 所有报告的数量的百分比分布，按阶级		
	按报告数量的百分比				均值	亲属	学校	邻居	工作	业余伙伴	其他	N	少于5年	5—10年	大于10年	N	Ⅰ—Ⅱ	Ⅲ—Ⅴ	Ⅵ—Ⅶ N
	0	1	2	3															
稳定于阶级Ⅰ (N=75)	23	21	15	41	1.8	9	15	8	22	12	34	130	34	28	38	125	63	28	9 123
直接进入阶级Ⅰ，中间阶级出身(N=52)	25	10	10	56	2.0	6	4	9	22	22	37	102	56	26	18	101	60	32	8 101
间接进入阶级Ⅰ，中间阶级出身(N=65)	31	8	20	42	1.7	7	12	11	27	21	22	111	32	32	36	112	51	33	16 109
直接进入阶级Ⅰ，工人阶级出身(N=48)	23	21	15	42	1.8	7	8	8	34	21	22	84	38	28	34	79	62	28	10 80
间接进入阶级Ⅰ，工人阶级出身(N=86)	19	16	21	44	1.9	12	7	11	33	13	24	164	36	26	38	155	51	31	18 150
所有进入阶级Ⅰ (N=251)	24	14	17	45	1.8	8	8	10	29	18	27	461	40	28	32	447	55	31	14 440
向下流出阶级Ⅰ (N=68)	18	24	16	43	1.8	9	12	11	26	16	26	122	46	23	31	120	35	42	23 105
稳定于阶级Ⅵ、Ⅶ (N=155)	22	21	18	39	1.7	17	10	5	25	15	28	268	33	18	49	247	13	22	65 243

（见表7.1注释）

表 7.8 "好朋友": 代际流动的受访者与代际稳定于阶级 I 和阶级 VI、VII 中的受访者

流动模式	(A) 所有报告数量的百分比，按报告的数量					(B) 所有报告数量的百分比分布，按关系的来源							(C) 所有报告数量的百分比分布，按认识的年数				(D) 所有报告数量的百分比，按阶级			
	0	1	2	3	均值	亲属	学校	邻居	工作	业余伙伴	其他	N	少于5年	5—10年	大于10年	N	I—II	III—V	VI—VII	N
稳定于阶级 I (N=75)	3	13	23	61	2.4	3	9	7	23	8	50	181	15	25	60	180	81	14	5	173
直接流入阶级 I，中间阶级出身 (N=52)	15	14	31	40	1.8	3	13	3	31	9	41	102	16	25	59	100	69	23	8	94
间接流入阶级 I，中间阶级出身 (N=65)	11	20	25	44	2.0	9	12	9	36	9	25	132	11	26	64	131	61	29	10	121
直接流入阶级 I，工人阶级出身 (N=48)	19	10	19	52	2.0	9	22	2	18	20	28	98	5	29	67	93	66	29	5	90
间接流入阶级 I，工人阶级出身 (N=86)	19	23	24	34	1.7	7	13	13	27	11	29	149	8	26	65	144	55	33	12	139
所有流入阶级 I (N=351)	16	18	25	41	1.9	7	14	8	28	12	31	481	10	27	63	468	62	29	9	444
向下流出阶级 I (N=68)	22	20	24	34	1.7	9	21	10	25	3	32	115	25	29	46	112	35	39	26	101
稳定于阶级 VI、VII (N=86)	41	21	20	18	1.2	11	23	10	25	6	25	117	8	29	63	169	17	28	55	144

(见表 7.2 注释)

伙伴的认识时间比代际稳定于阶级Ⅰ或阶级Ⅵ、Ⅶ的人都要短,但五个流动群体中有一个,也只有一个表现出了非常显著的差异。此外,表7.8分表(C)中关于"好朋友"的相应数据呈现出一个明显不同的模式。尽管向下流动的群体与"好朋友"认识时间要比代际稳定群体更短,但是那些向上流动的群体却不是这样。我们发现向上流动的群体中,每一类都有约五分之三或以上的"好朋友"认识时间超过了十年。如果社会流动真的像人们所预期的那样,会破坏流动个体的人际关系并且使他们或多或少地遭到永久性的社会隔离,那么我们的数据就不会是现在的这种模式。

事实上,如果我们在个体层面上将结识闲暇伙伴和好朋友的时间与完成向上流动的时间——比如,他们首次获得由阶级图式中阶级Ⅰ或阶级Ⅱ构成的服务阶级位置的时间——联系在一起,那么我们便能产生更直接相关的证据支持上述结论。这样做之后,我们发现对于向上流动的群体来说,尽管只有19%的闲暇伙伴是在获得服务阶级位置之前就认识的,但在"好朋友"中却占45%。但与此同时我们也应该注意到,正如我们所预料那样,后一个数字掩盖了某种相当大的差异,完成全日制教育后直接流动至服务阶级的人与通过间接路径完成这种流动的人是不一样的:前者有36%的"好朋友"是在他们进入服务阶级之前就认识的,但后者却有51%。

表7.7和表7.8的分表(D)呈现了关于受访者闲暇伙伴和"好朋友"阶级归属的数据,表格数据提醒了我们,不出所料的话,两类基准群体在这方面存在巨大差异。流动群体相应的数据反而不是很引人注意,通俗地来说便是社会流动在某种程度上有利于发展跨越阶级边界的闲暇伙伴关系和"好朋友"关系。事实上,我们得到的这一结论几乎已经被之前的研究作为常识。[21] 但是出于更进一步的兴趣,我们会关注一些数据中特别的要点。

第一,我们可以看到,就闲暇伙伴和"好朋友"的阶级构成而言,无论受访者的出身阶级是什么,直接流动至阶级Ⅰ的都要比间接流动的更接近于稳定于阶级Ⅰ的群体。但第二,我们也发现,即使是间接流动至阶级Ⅰ的群体,他们的闲暇伙伴和"好朋友"也至少有一半处于阶级Ⅰ或Ⅱ的位置——也就是说,比在工人阶级的基准群体或代际稳定于中间阶级的群体中的相应比例高得多(见表7.1和表7.2)。因此,虽然我们的发现清楚地说明了向上流动会在一定程度上削弱个人与其他仍停留于其出身阶级的成员的人际关系,但并不代表他们与其终点阶级成员的这种关系也会被切断。[22]

我们关注的第三点便是向下流动的受访者。正如我们之前所述,我们很难判断他们的这种流动在多大程度上算是彻底地离开了出身阶级,而不是一次会被特定的逆向流动过程所抵消的短暂流动。虽然我们不能根据表7.7和表7.8来解决这一难题,但仍然值得注意的是,尽管从阶级Ⅰ向下流动的人与向上流动至阶级Ⅰ的人相比,肯定看上去更不可能与出身阶级的人断开联系,但是他们所报告的、处于服务阶级位置的闲暇伙伴和"好朋友"的比例确实远低于后者。如果有人主张——我们也这么认为——这些向下流动的群体有很大的机会实现逆向流动,那么与此同时他们也必须承认,逆向流动之前的向下流动的意义不仅仅只是职业生涯中的一个离开以往的社会处境的阶段这么简单。[23]

如果我们接下来从一个不同的视角对流动群体闲暇伙伴和"好朋友"的阶级构成进行重新分析,那么我们之前所提到的这些细节将更加突出:也就是说,我们基于个体所报告的闲暇伙伴和"好朋友"所构成的组(sets)来展示它们在不同群体中的同质性程度,而不再对单独组别进行考察,如表7.9所示。

基于此表,我们首先能够发现,就社交关系而言,直接流动至阶级Ⅰ的,尤其是那些出身阶级为中间阶级的人,大部分已经成功"融入"了服务阶级(对应表格的前两列);但与此同时也有一小部分、约为十分之一的人完全无法融入(对应表格最后一列)。[24] 尽管在那些通过间接路径向上流动至阶级Ⅰ的受访者中,这种融入程度明显更低,但大多数人仍与其他服务阶层成员有一些接触,完全无法融入的情况占五分之一。从这个角度来比较间接流动至阶级Ⅰ的人与那些从阶级Ⅰ向下流动的人将最具启发性:至少在社交关系方面,后者与服务阶级的这种联系被切断得更为明显。尽管我们仍然不知道这种向下流动在多大程度上是永久性的,但是社会流动仍然显得更有可能与其流出群体的关系相抗衡,而非阻挡与流入群体的联系的形成。

还有一个问题有待说明。我们已经指出,向上流动至阶级Ⅰ的受访者中只有小部分人完全没有与其他的服务阶级成员建立社交关系;同样的,在所有向上流动至阶级Ⅰ的群体中,大多数人所报告的闲暇伙伴和"好朋友"处于阶级Ⅰ和阶级Ⅱ。但是我们之前已经提到,至少就"好朋友"而言,这种关系的持续时间往往很长,通常能够追溯到初次获得服务阶级位置的时间点之

表 7.9 流动的受访者所报告的闲暇时间伙伴和"好朋友"组的阶级构成

流动模式	所报告的伙伴和朋友的组的阶级构成 百分比				N^a
	所有都是服务阶级	大多数是服务阶级，其余为中间阶级	其他：一些服务阶级	其他：没有服务阶级	
直接流入阶级Ⅰ：中间阶级出身	25	39	28	8	49
直接流入阶级Ⅰ：工人阶级出身	35	19	34	12	48
所有直接流入阶级Ⅰ	30	29	31	10	97
间接流入阶级Ⅰ：中间阶级出身	25	18	36	21	63
间接流入阶级Ⅰ：工人阶级出身	20	18	42	20	81
所有间接流入阶级Ⅰ	22	18	40	20	144
向下流出阶级Ⅰ	10	16	33	41	61

注：(a) 所有报告了一个或以上伙伴或"好朋友"的样本。

表 7.10 向上流动的受访者所报告的闲暇时间伙伴的分布，按阶级和建立关系的时间

流动模式	在进入服务阶级之前遇见 百分比			N	总百分比	在进入服务阶级之后遇见 百分比			N	总百分比
	I－II	III－V	VI－VII			I－II	III－V	VI－VII		
					伙伴					
直接流入阶级 I (N=100)	36	46	18	11	6	63	29	8	170	94
间接流入阶级 I (N=151)	42	33	25	73	28	54	31	15	186	72
所有流入阶级 I (N=251)	42	34	24	84	19	58	30	12	356	81
					朋友					
直接流入阶级 I (N=100)	73	22	5	67	36	64	28	8	117	64
间接流入阶级 I (N=151)	54	34	12	132	51	62	28	10	128	49
所有流入阶级 I (N=251)	60	30	10	199	45	63	28	9	245	55

前。那么，如何将这两个结论进行联系呢？在实现向上流动之前所建立的这种联系，其对象是否比在之后建立的更可能是非服务阶级的群体？如果成立，那么是否能用来解释为什么间接流动的群体对于服务阶级的融入程度更低？

虽然这些推断貌似合理，但我们可以从表 7.10 中发现，现实情况比这要复杂得多。确实，间接流动至阶级Ⅰ的受访者有 28% 的闲暇伙伴是在达到服务阶级之前就认识的，而对于直接流动至阶级Ⅰ的受访者来说，这个数字只有 6%；并且之前就认识的这些闲暇伙伴相较于之后才认识的，更不可能在 1974 年就处于服务阶级的位置。另一方面，我们发现遵循直接路径的人相较于遵循间接路径的人，他们在流动后的闲暇伙伴更有可能是服务阶级的成员。与此同时，从总体上来说，很少有证据表明流动前的"好朋友"相较于之后认识的更可能在 1974 年处于服务阶级的位置。直接流动的群体要比间接流动的拥有更多服务阶级的"好朋友"，这是因为尽管他们流动后的"好朋友"阶级分布相差无几，但是间接流动的群体在流动前的"好朋友"通常更不可能处于服务阶级的位置，而直接流动的群体的这部分好朋友却更可能处于服务阶级的位置。

总之，我们的结论表明，在解释向上流动群体的闲暇伙伴和"好朋友"阶级构成的差异时，无论这种关系是他们获得高水平阶级位置之前还是之后建立的，其结果都与许多前人研究的理论推导不一致。[25] 尤其是，并没有证据表明在向上流动之前所建立的这种社会关系中，对方的阶级位置就一定比自己的更低。即使是对于间接流动至阶级Ⅰ的人来说，有证据表明他们在流动前、与更低阶级位置的人所建立的闲暇伙伴关系通常具有"延续性"（carried-over），并且他们所认识的、处于服务阶级的闲暇伙伴中，有四分之一是在他们流动之前就认识的。

此处存在两种情况，一方面，作为某种预期社会化（anticipatory socialization）过程的一部分，向上流动的群体在到达该阶级位置之前，会频繁地与那些"已经流动至"（established）服务阶级的人建立关系；另一方面，正如我们通常认为更重要的那样，他们那些认识多年且目前处于服务阶级的闲暇伙伴和"好朋友"与他们的流动路径相似，也是从较低阶级流动至服务阶级。因此无论是在受教育期间还是在职业生涯初期，他们可以在近似社会平等的基础上与这些闲暇伙伴和好朋友建立社会关系。如果我们对之前的数据（参见表2.1和表5.1)进行回顾,会发现这种现象很常见。在1972年全国调查时处于阶级Ⅰ和阶级Ⅱ的人中,出身阶级就是Ⅰ和Ⅱ的比例很小,事实上还不足三分之一——同样的,在这群人中,初职就是阶级Ⅰ或Ⅱ岗位的只有一半;与此同时,在1974年调查中,有58%的向上流动的群体来自较低的出身阶级。[26]

因此我们认为,之所以在我们的调查中社会流动导致社会排斥与隔离的观点不被数据支持,主要是因为在当今的英国社会中,已经有足够多的人实现了到服务阶级的向上流动,即使他们还难以与服务阶级的核心成员建立关系,但至少彼此之间拥有充分的建立社交关系的可能性。换句话说,此处我们赞成利特瓦克等学者的观点,在扩展型工业社会中,其较高的向上流动率使得流动群体所面临的融合问题要比在其他低流动率的社会中小得多。流动个体作为一个显而易见的外人,在进入既定社交圈时并不必然会遇到认同障碍,但是他们很难在其中找到有着自己影子的同类,这和面对那些稳定的个体时所面临的问题并无本质差异。

最后,我们基于表7.11,考察流动者的闲暇伙伴与"好朋友"内部以及相互的熟悉程度。我们之前认为两类基准群体的区别主要在于,工人阶级的社交模式往往是由闲暇伙伴之间高度关联的熟人网络所构成的;而服务阶级的这种模式涵盖范围更广、网络结构更松散,由与他交往最频繁的闲暇伙伴和他认可的其他"好朋友"所组成。那么对于发生流动的群体来说,他们的社会网络结构会与这两种模式产生怎样的对比呢?

我们从表7.11的分表(A)中可以发现,就闲暇伙伴之间的熟识程度而言,发生流动的受访者大致处于"中间"水平。特别地,每个流动群体所报告的三个彼此"熟悉"或"比较熟悉"的闲暇伙伴的比例要高于稳定于阶级Ⅰ的基准群体,但要低于稳定于阶级Ⅵ、Ⅶ的受访者。如果将样本限定为所有报告了三个闲暇伙伴的人,那么我们会发现这类"完全连锁"的网络模式在向上流动和向下流动的受访者中分别占55%和44%,相比之下,在稳定于服务阶级和工人阶级的受访者中分别占35%和77%。

然而,当我们考察"好朋友"之间以及闲暇伙伴与"好朋友"之间的熟识程度时,发现情况又有所不同。如表7.11的分表(B)所示,发生流动的受访者相较于两类基准群体来说,他们"好朋友"之间相互认识的可能性更小;此外,如

表 7.11　最频繁接触的闲暇时间伙伴和"好朋友"之间的熟悉程度：代际流动的受访者与代际稳定于阶级Ⅰ和阶级Ⅵ、Ⅷ中的受访者

流动模式	(A) 受访者的伙伴组的百分比分布，按所报告的连接，即"熟悉"或"非常熟悉"地相互认识的伙伴组两个伙伴的数量（样本：至少报告了伙伴和一个伙伴的受访者）				(B) 受访者的"好朋友"组的百分比分布，按所报告的连接，即"熟悉"或"非常熟悉"地相互认识的数量（样本：至少报告了两个朋友的受访者）				(C) 受访者的"好朋友"和伙伴组的百分比分布，按在两类人之间所报告的连接，即"熟悉"或"非常熟悉"地相互认识的好朋友与伙伴组的数量 (1)（样本：至少报告了一个朋友与伙伴组相互认识的受访者）(2)（样本：至少报告了一个伙伴的受访者）			
	0	1-2	3	N	0	1-2	3	N	0	1-2	3-9	N
稳定于阶级Ⅰ	17	57	26	42	38	49	13	63	46	33	21	58
直接流入阶级Ⅰ，中间阶级出身	21	41	38	34	58	28	14	36	64	18	18	39
间接流入阶级Ⅰ，中间阶级出身	10	54	36	41	50	39	11	46	74	13	13	45
直接流入阶级Ⅰ，工人阶级出身	11	52	37	27	44	41	15	34	60	16	24	37
间接流入阶级Ⅰ，工人阶级出身	7	52	41	56	40	42	18	50	62	24	14	70
所有流入阶级Ⅰ	11	50	39	158	48	38	14	166	64	19	17	191
向下流出阶级Ⅰ	12	58	30	40	41	49	10	39	48	27	25	56
稳定于阶级Ⅵ、Ⅷ	13	35	52	88	41	40	19	59	69	15	16	118

（见表 7.3 注释）

分表(C1)所示,如果将所有向上流动的群体看作一个整体,那么他们所报告的闲暇伙伴与"好朋友"之间的联结也比在两类基准群体中更少。反过来看,当我们以分表(C2)为基础,考察这些受访者实际在多大程度上涉入了这种由与他交往最频繁的闲暇伙伴和他所认可的其他"好朋友"所构成的网络连接中,会发现向上流动的受访者比代际稳定于阶级Ⅰ的受访者更少涉入。与此同时,他们在这方面确实和代际稳定于工人阶级的受访者非常相似,尽管根据我们之前所观测到的数据,平均而言他们会比后者报告更多的"好朋友"。

因此,我们进一步认为——尽管我们所讨论的这种差异并不是非常显著——至少就向上流动而言,初级社会关系的断裂与其说是向上流动的伴生物,不如说是向上流动的一部分(segmentation)。之前我们提供证据说明尽管这些向上流动的人通常不会与他们的亲属相分离,但他们相较于那些代际稳定的人,更不可能挑选亲属作为闲暇伙伴的来源,他们的亲属也更不可能被那些与他们交往最频繁的闲暇伙伴所熟知。现在我们再来考察那些与向上流动的受访者交往最频繁的闲暇伙伴,尽管相较于代际稳定于阶级Ⅰ的受访者的闲暇伙伴,他们彼此之间会更加熟悉,但是相较于两类基准群体中任意一个的闲暇伙伴,他们与其他"好朋友"的联系都更不密切。那么这样一来,我们对流动群体的社交模式有了更深的认识,这些流动群体被卷入到不同的"社交世界",彼此之间就算有联系也相当微弱。[27]

接下来,我们可以比较流动群体与两类基准群体在与同事、邻居交往这方面的初级关系,如表7.12所示。我们再次发现,发生流动的群体处于一个"中间"的水平,在他们已经建立起的社交关系中,同事和邻居的平均数量要比稳定于阶级Ⅰ的群体中更少,但要比稳定于阶级Ⅵ、Ⅶ的群体中更多。[28]这分别适用于每一类流动的群体,但对于那些遵循直接路径流动至阶级Ⅰ的人而言,与遵循间接路径的人相比,他们报告了更多的、至少是与同事的联系。因此,就"好朋友"的数量(参见表7.8)而言,我们有证据表明向上流动至服务阶级,尤其是从工人阶级流动至服务阶级,将不会导致隔离,而是导致更发达的,或者更广泛的社交模式,这种社交模式以服务阶级核心成员的社交模式为蓝本。换句话说,这种流动与社交关系的规范转变高度相关,从而通常能够抵消或补偿其他伴随流动而来的对于社会关系的破坏。

表 7.12 与同事和邻居的联系：代际流动的受访者与代际稳定于阶级Ⅰ，和阶级Ⅵ、Ⅶ中的受访者

流动模式	(A) 在工作以外"十分有规律地"见面的同事的数量 所报告的百分比				(B) "熟悉"地认识或"十分经常"见面的邻居的数量 所报告的百分比			
	0	1—4	5+	均值	0	1—4	5+	均值
稳定于阶级Ⅰ (N=75)	54	27	19	2.4	36	41	23	3.2
直接流入阶级Ⅰ，中间阶级出身 (N=52)	60	27	14	2.1	52	29	19	2.5
间接流入阶级Ⅰ，中间阶级出身 (N=65)	46	45	9	1.8	51	34	15	2.2
直接流入阶级Ⅰ，工人阶级出身 (N=48)	48	37	15	2.2	46	31	23	3.1
间接流入阶级Ⅰ，工人阶级出身 (N=86)	56	31	13	1.5	43	42	15	2.9
所有流入阶级Ⅰ (N=251)	53	35	12	1.8	47	35	18	2.7
向下流出阶级Ⅰ (N=68)	50	37	13	2.1	38	54	7	2.1
稳定于阶级Ⅵ、Ⅶ (N=155)	55	37	8	1.2	60	32	8	1.8

(见表 7.4 注释)

我们之前已经提出,社会流动通常会导致分离现象的观点之所以不被数据支持,主要原因是在当前的英国社会中,构成服务阶级的成员大多是向上流动而来,从而使他们所面临的"融入"问题变得可能不再那么严峻了。我们现在要对其原因再做一些补充说明,即:由于向上流动至服务阶级的过程事实上确实代表了迄今为止最常见的长距离流动形式,所以总的来说这种流动所蕴含的规范性逻辑有利于社交关系的扩大化和多样化,而非断裂化(rupture)或收缩化(contraction)。然而对于从服务阶级进行的向下流动来说,它所蕴含的规范性逻辑将会强化隔离效应;但是我们之前也已经说明了,这种流动类型是相当少见的。此外,我们必须承认,与向上流动相比,向下流动通常更不彻底,持续时间也更短。因此,作为补充说明,我们完全不必对表7.11和表7.8的分表(A)中所呈现的模式感到惊讶。尽管向下流动的受访者已经在某种程度上偏离了阶级Ⅰ的模式,但他们和向上流动的受访者一样,都处于"中间"的水平。

为了总结本节所展示的数据,如表7.13和表7.14所示,以自愿性结社组织为例,我们的关注重点从初级关系转向"发生流动的受访者"对"次级群体结构"的参与情况。我们之前已经提到,某些作者认为流动个体的社会参与模式在初级层次和次级层次上将会完全不同——这是因为他们通常在前一个环境中遇阻,只能退而求其次,更多地参与后一种。然而我们目前已经报告的结论表明,事实上社会流动无论是与特定的人际交往障碍还是社会隔离都是无关的。反过来说,表7.13和表7.14的数据也并不支持流动群体的社会参与度会在次级层次上更高的这样一个预测。我们认为这些数据的主要意义在于它们进一步佐证并说明了我们在前几段中所得出的主要结论。

首先我们可以从表7.13中发现,在我们关于自愿性结社组织参与程度的几个指标中,发生流动的受访者群体都占据了介于两个基准群体之间的"中间"位置。他们的参与度通常要比代际稳定于阶级Ⅰ的人更低,但要比稳定于阶级Ⅵ、Ⅶ的人高得多。同样的,表7.14的数据说明发生流动的群体所参与的组织多样性也处于"中间"位置——尽管这些成员落在"体育(2)"和"教育""文化""兴趣"类组织中的比例要比任意一种代际稳定的群体都高。[29]然而与此同时,表7.13和表7.14中的证据表明,总的来说,那些向上流动至阶级Ⅰ的人要比从阶级Ⅰ向下流动的人更接近服务阶级核心群体的参与模式;并

表 7.13 自愿性结社组织参与：代际流动的受访者与代际稳定于阶级 I 和阶级 VI、VII 中的受访者

流动模式	(A) 所属组织的数量					(B) 受访者每月至少参与 2 个小时的组织数量					(C) 担任或曾担任过组织中职位的百分比	(D) 组织成员自身的百分比分布，按参与的年数		
	按从属组织数的百分比				均值	按参与组数的百分比				均值		少于 5 年	5—10 年	大于 10 年
	0	1—2	3—4	5+		0	1	2	3+					
稳定于阶级 I (N=75)	4	31	33	32	3.6	32	36	27	5	1.1	52	53	24	23
直接流入阶级 I，中间阶级出身 (N=52)	6	40	33	21	3.0	38	38	14	10	1.0	46	47	31	22
间接流入阶级 I，中间阶级出身 (N=65)	8	46	32	14	2.5	51	29	12	8	1.0	32	48	27	25
直接流入阶级 I，工人阶级出身 (N=48)	8	44	27	21	2.8	40	37	17	6	0.9	38	45	35	20
间接流入阶级 I，工人阶级出身 (N=86)	15	35	36	14	2.4	47	36	14	3	0.8	31	50	33	17
所有流入阶级 I (N=251)	10	40	33	17	2.6	45	35	14	3	0.9	36	48	31	21
向下流出阶级 I (N=68)	25	49	23	3	1.7	49	26	22	3	0.8	28	53	26	21
稳定于阶级 VI、VII (N=155)	25	53	18	4	1.5	61	25	9	5	0.6	19	28	31	41

(见表 7.5 注释)

表 7.14 所从属的自愿性结社组织的类型：代际流动的受访者与代际稳定于阶级 I 和阶级 VI、VII 中的受访者

流动模式	所有组织成员身份的百分比分布，按组织类型							所报告的成员身份总数
	社交	体育(1)	体育(2)	教育文化爱好	职业	政治,居民,宗教,慈善等	其他	
稳定于阶级 I (N=75)	2	15	11	9	28	16	19	272
直接流入阶级 I，中间阶级出身 (N=52)	4	13	17	7	32	15	12	155
间接流入阶级 I，中间阶级出身 (N=65)	5	15	22	10	20	15	13	165
直接流入阶级 I，工人阶级出身 (N=48)	3	13	21	10	31	12	10	136
间接流入阶级 I，工人阶级出身 (N=86)	6	12	19	6	26	17	14	205
所有流入阶级 I (N=251)	5	13	20	8	27	15	12	661
向下流出阶级 I	14	5	28	11	18	12	12	114
稳定于阶级 VI、VII	28	3	15	5	30	10	9	240

（见表 7.6 注释）

且在前者中,所有通过完成全日制教育而直接流动至阶级 I 的人最接近于此模式。

总而言之,这些发现更加符合如下理论观点:伴随社会流动而来的最典型的产物便是终点阶级现行规范所发生的某种相当普遍的转向——虽然其程度取决于流动的模式——而不是一开始那些假设所认为的那样,所有类型的流动都会或多或少地使初级关系产生严重阻碍。反过来说,对于当今英国社会,情况已经足够清楚了:就相对长距离的流动而言,数量最多的流动是进入服务阶级的流动——这种流动无论在初级层次还是次级层次上,都使个体的社会参与模式倾向于扩大化和多样化,而不是被破坏。

现在我们将尝试回顾上述分析带给我们的一些结论。首先,来看本章最开始所提出的一组相互矛盾的观点,它们的关注点都是流动对于流动个体社会处境的影响。其次,尽管也许是自以为是,但我们的研究意义在于对我们的终极关切的追求,即流动和个人生活中典型的流动伴随物在社会层面上所产生的影响,具体来说便是阶级形成的过程。

我们在对自己的研究发现进行评论时,一个经常出现的论点便是,这些发现不仅不支持任何声称流动个体通常会面临社会隔离和边缘化的观点,事实上通常还与之相反。诚然,我们发现证据表明至少向上流动的人可能会或多或少地与其出身阶级的非流动成员脱离关系,但这通常并不造成他们的社会隔离,就算造成了也一定不是永久性的。事实上,可以认为许多人已经成功地融入了服务阶级,并且大多数人已经与其他服务阶级的成员建立了一定程度的社交关系。我们认为此处至关重要的便是近几十年来向上流动至服务阶级的实际数量。这意味着向上流动的个体绝不是少数情况;相反,在大多数情况下——在工作场合和居住所在地等——是被其他许多遵循类似社会轨迹的人所包围着的。因此在这种情况下,美国学者所提出的职业流动在多大程度上能够转化为地位流动的问题非常重要也非常恰当,这也构成了对相对有序且稳定的地位群体结构的潜在假设。即使我们承认服务阶级的核心成员或是其中更小部分的群体仍然坚持维持他们的地位排他性原则并且拒绝接受外来者,但这仍然无法说明后者将被剥夺与终点阶级成员社交的机会。当然,当流入服务阶级的比例达到较高程度时,本身也会加大维持地位屏障的难度,尽管与此同时也会增强他们这么做的欲望。[30]

我们反复强调的一个观点便是流动群体在社交方面的影响通常不能和所有代际稳定的群体进行整体比较,而必须将之视为介于由两类基准群体①所显示的两种普遍不同的社会参与模式之间的中间模式——我们将这两种社会参与模式视作服务阶级和工人阶级核心群体的独特模式。该结论适用于"好朋友"的数量及其来源的多样化程度、密切交往的同事和邻居数量,以及自愿性结社组织的参与程度。因此,我们的结论从不同的角度来说都与下述论断高度一致,即:在现代社会中,流动不会对人际关系方面产生任何巨大的影响,这可以归因于流动经验本身;但其典型的伴随物将是一个相对渐进的规范变化过程,流动个体根据其所跨阶级内所流行的不同规范,创造出一系列中间版本或者说是混合版本。

然而,尽管我们的数据提供了充分的证据说明了这种规范的改变,但与此同时它们也表明,伴随流动而生的规范性变化和关系性变化无法像人们有时所假设的那样轻易地被区分开来。一方面来说,随着向上流动群体在服务阶级中所占比例越来越高,服务阶级在针对向上流动群体的这块规范发生了变化,其内容有利于高度的社会参与,这是抵消社会隔离或社会边缘化可能性的主要原因。但另一方面,我们发现那些向上流动的群体内部还存在着差异,他们融入服务阶级的程度会根据所遵循的流动路径类型而有所不同。在间接流动至阶级 I 的群体中,他们与服务阶级社交规范的相符程度要低于那些直接流动的人,并且我们发现在前一个群体中有更多人几乎没有与其他服务阶级成员产生社交联系,就算有也是非常少的联系。因此我们难以反对这样的结论,即:不同的向上流动模式意味着人们在其生命里处于不同的社会背景和社会关系之中,而这些社会背景和社会关系将在不同程度上促进他们采用终点阶级的规范——人们可能会认为,消耗在阶级结构较低层次的时间,比起(例如)在全日制高等教育中的所花的时间,是更不利于预期社会化的。

回想一下,这实际上是霍珀所提出的观点;[31] 但是我们想要强调的并不是霍珀所认为的间接流动会比直接流动更可能导致"人际隔离和社会支持的缺失",因为我们找不到证据表明这些结果是任何一种流动的典型伴随物。与

---

① 稳定于服务阶级的群体和稳定于工人阶级的群体。——译者注

之相反，我们想要提出的一个观点是，规范适应的过程不会在关系真空的环境中持续下去，而且其结果并不仅仅取决于个体流动的距离，同时还取决于他们实现流动的特定模式。[32]

最后，我们注意到，虽然流动群体表现出较高水平的社会参与，并且往往会或多或少地向终点阶级的社交规范靠拢，但是我们发现在社会交往的关系结构方面，至少大多数向上流动的群体要比代际稳定的基准群体更具差异性。也就是说相较于后者，向上流动至阶级Ⅰ的人将拥有更加细分的社会网络。特别地，那些他们在休闲活动中交往最频繁的人通常更不可能与其亲属和所认可的其他"好朋友"产生亲密联系。此处所讨论的这些差异其实并不大，由于缺少更为细节的考证，准确来说我们只能推测它们为什么发生——或许按照默顿的区分，是因为向上流动的人要比那些代际稳定的人更可能成为"世界主义者"（cosmopolitans）而非"地方主义者"（locals）。[33] 原先人们认为流动通过地位的动态变化，内在地破坏了社会关系，后来又认为它只不过是经历了一些去结构化的社会经济地位连续体，完全不会产生对于社会关系的特定影响。无论如何，这些发现确实警醒了我们，看待流动问题的视角若从一种极端转向另一个极端是非常危险的。

现在，为了转向阶级形成的问题，可以回顾一下我们关于流动对亲属关系影响的分析，我们首先强调了将相对流动量（the relative volume of mobility flows）纳入考虑的重要性；其次我们强调不仅要知道流动模式整体上多大程度地减少或模糊了阶级差异，而且还要全面考虑这是否会在一定程度上成为社会整合与稳定的一个因素。

向上流动相较于向下流动，对于阶级构成具有更重要的意义，这一点可以用纯粹的数学方式进行证明，不需要再一次次地强调了。然而我们或许应该注意到，我们在某一方面所报告的结果确实是被用一种更加专门的社会学方式进行证实的。我们发现在现代英国社会中，代际流动更有可能会削弱个体与其出身阶级中非流动成员紧密的社会联系，而不是阻碍他们与其他终点阶级成员建立关系，但我们从数据中进一步观察到，这种趋势在向上流动的群体中明显要比向下流动的更显著（参见表7.7和表7.8）。因此，从较低阶级出身进入服务阶级的比例并不只是在数量上比从服务阶级出身进入工人阶级的比例更重要；此外，后者所涵盖的流动并不一定就到此为止了,从某种意义上来说,它并不必然导致关系的中断。当然,这正是我们所期望的,因为我们之前认为这种起始于服务阶级的向下流动相较于到服务阶级的向上流动更不会明确地中断,同样也因为它更可能被潜在的逆向流动所抵消。所以到目前为止,我们一共从两个角度说明了这种向下流动会更不彻底的特征,它对于工人阶级内部同质性的影响势必会比我们单独根据流动表数据所得出的结果还要低;对于我们所表明的"自上而下"的流入程度,即使已经相当小了,但仍然会夸大那些构成永久性降级(déclassé)的(阶级)成分的重要性。

事实上如果我们所讨论的这种向下流动对于阶级形成确实有意义,那么我们认为它对终点阶级构成方面的影响要小于它对服务阶级本身的影响。正如我们之前所强调的那样,向下流动的受访者会更少与服务阶级成员产生社交关系,而和其他阶级成员交往更多。因此我们几乎不能认为他们的流动总体来看是虚假的——比如仅仅将它视为职业生涯的一个阶段,而不会产生更广泛的社会影响,尽管我们可能会做出相当合理的假设,认为在许多情况下它最终会被扭转。就之后所发生的逆向流动而言,它会将这些人带回服务阶级,甚至进入代际稳定的那一部分群体中,这些人相较于那些直接流动至服务阶级位置的人,通常会拥有不一样的社会经历和社会关系。因此,从这个角度来看,有必要回顾一下在我们数据所涉及的时期内,逆向流动在维持服务阶级代际稳定性方面所起到的重大作用;虽然事实上近几十年来逆向流动至阶级Ⅰ和阶级Ⅱ的绝对数量并没有减少,但是它相较于"直接获得"的路径来说,对代际稳定性的贡献正在慢慢减少。

现在我们来考察我们最关心的一种流动类型,即向上流动。首先我们将考察它们在规范层面对于阶级形成的影响:也就是说,随着服务阶级的不断扩大,它们在不同生活方式中所表现出的、对于规范多样性的影响。就亲属关系而言,我们认为朝向服务阶级的这种流动、即使是较长距离的,也不可能表现得多样化,因为不同阶级之间关于亲属义务的概念并不存在显著的差异。向上流动至服务阶级位置的人只有在将亲属选为闲暇伙伴的这方面与稳定于服务阶级的人所表现出的规范性取向上略有不同。然而,就更广义的社会参与模式而言,阶级差异非常明显,特别是在更高的服务阶级核心群体和工人阶级核心群体之间,因此向上流动对于服务阶级内部社会文化同质性的影响可能会进一步发展。事实上,我们发现流动个体通常会在某种程度上对规范"妥协",而这引出的推论便是服务阶级作为近几十年来流动的主要接受方,其规范多样性将会大大增加。换句话说,我们可以认为在当今的英国社会中,服务阶级并不仅仅像我们之前所表明的那样在成员的社会出身方面存在高度异质性,并且这种异质性会进一步地延伸至其成员生活方式的各主要方面。

其次我们转向关系层面的考察,此处的中心问题在于向上流动在多大程度上通过增加不同阶级成员之间密切的社会联系的频率而模糊了阶级分化的界限。在我们关于流动与亲属关系的讨论中,我们认为事实上流动并不会内在地破坏亲属关系,相反,朝向服务阶级的向上流动可能会促进它,从而使更高比例的服务阶级成员建立起跨阶级的亲属联系。然而与此同时,我们也可能会被质疑亲属关系有多大可能是一种特殊的情况,因为在被规定的义务程度方面,亲属关系要比其他大多数关系更能抵抗流动对其施加的压力。

就本文的研究结果来看,很难对后一问题给出非常明确的答案。确实,对于向上流动的受访者来说,大多数密切的闲暇伙伴和"好朋友"在调查时处于服务阶级的位置——也就是说我们可以放心地假定他们比近亲或有效亲属(effective kin)的比例更高。无论如何,我们关于这些关系持续时间的数据并不足以说明这些向上流动的人会比那些代际稳定的群体更可能"抛弃"闲暇伙伴和"好朋友"。尽管我们无法排除这种可能性,即他们更偏向于与高阶级位置而非低阶级位置的人保持关系,但正如我们所注意到的那样,他们更可能与他们经历了相同向上流动过程的人保持长时间的联系。

此外,我们在这里无论如何都应该记住,在向上流动的群体内部,所报告的跨阶级关系的程度有着很大的不同。我们已经从"融入"的角度讨论了通过*间接路径*而非直接路径向上流动至服务阶级的人——这些人在其一生中有更长的时间位于较低的阶级——拥有更高比例的、处于中间阶级和工人阶级的闲暇伙伴和"好朋友"。然而从现在的视角来看,这一发现有着更深远的意义。我们认为,由于意识形态和社会影响,朝向服务阶级的代际间接流动特别不利于阶级形成。一方面,它比直接流动表现出了更惊人的社会晋升机会，说明即使是出身阶级低下、职业生涯起点较低的人也仍然能够上升至阶级结构的顶峰；另一方面，正如我们所发现的那样，它也比直接流动更可能建立除亲属关系以外的社会关系，这意味着跨越阶级边界的人际团结。

最后，在此背景下，我们有必要重申这一事实，即在我们数据所涉及的时期，遵循间接路径而流入服务阶级的比例在数量上要比遵循直接路径的重要得多。举例来说，在1972年调查的所有代际流动至阶级Ⅰ和阶级Ⅱ的受访者中，只有29％的人初职是阶级Ⅰ或阶级Ⅱ的岗位；而与1974年调查的所有向上流动的受访者中相同的是，有60％的人虽然同属于较低的出身阶级、但通过的是间接路径流动至阶级Ⅰ和Ⅱ。然而，对于这段时间的明显趋势，我们此处还要增加一个限定条件。正如对于阶级Ⅰ和阶级Ⅱ出身的人来说，逆向流动回这些阶级的路径相较于直接流动的路径（在数量上的）重要性在降低——尽管它的实际数量并没有发生多少变化——同样的，我们知道，它相较于从较低出身阶级间接向上流动至这些阶级的相对重要性也在下降。

因此我们有必要做出结论，首先，在现代英国社会中，流动对于阶级形成的影响方向并不是完全相同的。跨阶级的流动率和流动模式正在以非常复杂的方式进行变化，此外，在不同的流动模式或流动路径中，即使他们的出身阶级和终点阶级相近，也往往会在个人和社会层面产生不同的伴随物。也许仅在一个方面我们可以不用严加限制：在我们所证实的关于长距离流动的广泛影响中，即使不是全部也至少有大部分和这些流动本身的模式一同指向了一个日益同质化的工人阶级。我们通常认为长距离流动至工人阶级的情况在其阶级构成中只占小部分，而且这种流动相对来说是非永久性和非确定性的。然而，对于服务阶级来说，我们分析所得的情况则明显复杂得多，我们可以识别出许多不同甚至是相互冲突的趋势。无疑，作为近几十年来流动的结果，服务阶级内部无论从成员的社会出身还是由其所导致的生活方式来说，都变得愈发具有异质性。所以这种假设似乎是合理的，可以认为现在处于服务阶级位置的人比以往更频繁地参与了跨阶级的社会关系，无论是以亲属关系为基础还是单以社交为基础。但与此同时我们也已注意到，尽管服务阶级招募模式的变化可能不会减少其成员社会出身的多样性，但从长期来看，很可能会强化而非减少其亚文化的独特性以及其成员与阶级结构中其他位置的人所产生的社会隔离。

因此，鉴于这些随着服务阶级发展而生的相互矛盾的趋势，我们要想判断流动对社会整合与社会稳定的影响这一更大的问题是非常困难的。无论是否能够给出非常明确的答案，我们最终将尝试面对这一问题。但是在此之前，我们可以通过一个不一样的视角——流动个体或不流动的个体本身——来检验流动和非流动所带来的伴随物，以补充相关资料。根据我们所区分的阶级分类框架，在不同阶级间发生流动或稳定在某一阶级的这些群体，正如我们在本章和前一章所发现的那样，在社会关系方面表现出相当程度的系统性差异，这本身便说明了我们所观察到的这种流动不仅不是虚假的，而且反映了在有意义的社会文化实体间的流动。也许我们还需进一步追问，我们所观察到的这些流动和那些人真实经历的流动之间究竟存在怎样的关系。这将是第八章所关心的。

注释

1. 详见原文第 17—20 页。一篇更具影响力的论文，参见 P. M. Blau, 'Social Mobility and Interpersonal Relations,' *American Sociological Review*, vol. 21, 1956。这篇论文写于布劳与邓肯合著的《美国的职业结构》(*The American Occupational Structure*)一书之前，并且相较于后者，采用了更加强调地位或声望的社会学视角："职业流动——无论是向上还是向下——都对建立人际关系与社区融入造成了特殊的困难。与社会经济地位相关的特质和取向并不能为流动个体的社会接纳提供明确标准。这些人被边缘化，从某些方面来看，他们与职业等级中新旧两个阶层的其他人都格格不入……向上流动的人要么得放弃将职业成就转化为更高声望群体的社会认可的希望，要么得牺牲自己所重视的社会联系与惯习以获得这种认可。向下流动的人得冒着风险去承担超出自己财力的社会义务，否则就只能失去与更高声望群体的社会联系。"进一步可以参见 Bruno Bettelheim and Morris Janowitz, *The Dynamics of Prejudice*, New York: Harper, 1950; Janowitz, 'Some Consequences of Social Mobility in the United States' in *Transactions of the Third World Congress of Sociology*, London: International Sociological Association, 1956; and Melvin M. Tumin, 'Some Unapplauded Consequences

of Social Mobility in Mass Society', *Social Forces*, vol. 36, 1957。

2. 'Some Psychological Consequences of Inter-generation Mobility', pp. 5-6.

3. Musgrove, *The Migratory Elite*, p. 119.

4. 'Educational Systems and Selected Consequences of Patterns of Mobility and Non-Mobility in Industrial Societies: a Theoretical Discussion', p. 301.

5. 同上书,第330—332页。

6. 'Some Consequences of Social Mobility in the United States', p. 199.

7. 参见 Eugene Litwak, 'Reference Group Theory, Bureaucratic Career, and Neighborhood Primary Group Cohesion', *Sociometry*, vol. 23, 1960, and Phillip Fellin and Litwak, 'Neighborhood Cohesion under Conditions of Mobility', *American Sociological Review*, vol. 28, 1963。同样可以参见 Gino Germani, 'Social and Political Consequences of Mobility' in Smelser and Lipset (eds.), *Social Structure and Mobility in Economic Development*。

8. 参见 Duncan, 'Methodological Issues in the Study of Social Mobility',同样可见 Donald J. Treiman, 'Industrialization and Social Stratification' in Edward O. Laumann (ed.), *Social Stratification: Research and Theory for the 1970s*, Indianapolis: Bobbs Merrill, 1970。

9. 如果严格按照我们最先所做的基准群体和其他群体的定义(见原文第150页),我们会发现在亲属关系的数据中,(代际稳定于)服务阶级和工人阶级的这两类核心群体间并不存在系统性的差异。然而,在代际稳定于三类中间阶级的群体间却存在着细微的差异,根据初职是否是体力劳动而有所不同。因此,在呈现这些人的数据时,我们根据初职类型进行了区分。

10. 小部分人无法说出交往最频繁的闲暇伙伴,这是因为他们虽然有很多闲暇伙伴但是无法从中挑出三个"交往最频繁的"。稳定于阶级Ⅰ的人比稳定于阶级Ⅵ、Ⅶ的人更可能出现这种情况。然而,即使将这些受访者算作有三个闲暇伙伴,前一个群体中每个受访者的平均闲暇伙伴数也只上升至2.0,而后一个群体仍是1.7(保留小数点后一位)。

11. 最系统的论述,参见 A. Stewart, K. Prandy, and R. M. Blackburn, 'Measuring the Class Structure', *Nature*, no. 245, 1973。

12. 在评估这种分布的意义时,一个自然而然的问题便是交往对象在不同阶级上的相对数量。事实上,我们并不清楚这是否是研究阶级隔离问题的关键因素;但如果我们将1972年全国调查样本中的阶级分布作为计算"期望"值的合理基础,那么在假设受访者与其闲暇伙伴的阶级统计独立的情况下,便能得到如下图所示的观测频次与期望频次的比值。

代际稳定的组别	伙伴的阶级		
	Ⅰ—Ⅱ	Ⅲ—Ⅴ	Ⅵ—Ⅶ
阶级Ⅰ	2.5	0.9	0.2
阶级Ⅲ—Ⅴ(初职为非体力职业)	1.2	1.4	0.6
阶级Ⅲ—Ⅴ(初职为体力职业)	1.0	1.2	0.9
阶级Ⅵ和阶级Ⅶ	0.5	0.7	1.5

考虑到受访者为其闲暇伙伴和"好朋友"所报告的职业和其他数据的信度问题,一般认为下文的数据是比较可靠的,参见 Edward O. Laumann, *Bonds of Pluralism*, New York: Wiley, 1973, pp. 29-32。

13. 对于受访者"好朋友"的阶级,我们按照上一条注释的计算方法做出了观测频次与期望频次的比值,如下图所示。

代际稳定的组别	朋友的阶级		
	Ⅰ—Ⅱ	Ⅲ—Ⅴ	Ⅵ—Ⅶ
阶级Ⅰ	3.2	0.5	0.1
阶级Ⅲ—Ⅴ(初职为非体力职业)	1.2	1.5	0.6
阶级Ⅲ—Ⅴ(初职为体力职业)	1.2	1.5	0.6
阶级Ⅵ和阶级Ⅶ	0.7	0.9	1.2

"好朋友"的阶级隔离程度比交往最频繁的闲暇伙伴更大,这并不使我们感到意外:"好朋友"所包含的社交对象是相对特殊而非弥散性的——比方说,他可能是受访者在一个"纪律严明"(serious)的运动队或文化团体中的队友,又或者是在某个组织化的利益集团中的同事。

14. 参见 Laumann, *Bonds of Pluralism*, p.113(图 7.1 直接来源于此)。

15. 相关讨论,参见 Josephine Klein, *Samples from English Cultures*, London: Routledge, 1965, vol. i, pp. 131-142。

16. 特别参见 Graham Allan, 'Class Variations in Friendship Patterns', *British Journal of Sociology*, vol. xxviii, 1977, p.391。表 7.4 的数据基本被关于闲暇时间的访谈记录所证实,我们详细记录了受访者在访谈之前一周的周末和工作日的非工作时间如何度过以及和谁一起度过。就在这些天里一起活动的同事和邻居来说,代际稳定于阶级Ⅰ的受访者平均每人报告了 1.2 个,而代际稳定于阶级Ⅵ、Ⅶ的受访者只报告了 0.8 个。

17. 参见 C. G. Pickvance, 'Voluntary Associations' in E. Gittus (ed.), *Key*

Variables in Social Research vol. 2, London：Heinemann，1974。我们所使用的自愿性结社组织的定义改编于皮克万斯(Pickvance)的定义，即：一个非法定的、非商业的、具有正式结构(即名称、章程、领导和成员)并且其成员无偿工作的组织。

18. 在有关自愿性结社组织的访谈的最后部分，受访者被问道："你是否曾活跃于某些俱乐部、社团以及其他这类组织，但在最近五年内不再参加活动了？"代际稳定于阶级Ⅰ的受访者平均每人报告了 0.9 个这类社团组织，相比之下，代际稳定于阶级Ⅵ、Ⅶ的受访者只报告了 0.4 个。

19. 许多社交俱乐部，尤其是运动俱乐部，确实为弥散性的社交活动提供了充足的机会。

20. 虽然相较于稳定于阶级Ⅰ的群体来说，这些向上流动的群体的确或多或少更不可能将说不出闲暇伙伴的原因解释为闲暇伙伴实在太多，但仍有一小部分是这么解释的。如果将做出这一解释的受访者算作拥有三个闲暇伙伴，那么向上流动的群体平均每人所报告的数字就会上升至 1.9 个，而稳定于阶级Ⅰ的群体报告的是 2.0 个(参见上述注释 10)。

21. 例如，参见 Richard F. Curtis, 'Differential Association and the Stratification of the Urban Community', *Social Forces*, vol. 42, 1963; and Edward O. Laumann, *Prestige and Association in an Urban Community*, Indianapolis：Bobbs-Merrill, 1966, pp. 130 - 132。

22. 我们根据与代际稳定的受访者相同的方法(参见上述注释 12、13)，做出了流动群体的闲暇伙伴和"好朋友"在不同阶级分布下的观测频次与期望频次的比值，如下所示。

流动的组别	伙伴的阶级		
	Ⅰ—Ⅱ	Ⅲ—Ⅴ	Ⅵ—Ⅶ
向上—直接	2.4	1.0	0.2
向上—间接	2.0	1.1	0.4
向下	1.4	1.4	0.5
	朋友的阶级		
	Ⅰ—Ⅱ	Ⅲ—Ⅴ	Ⅵ—Ⅶ
向上—直接	2.7	0.9	0.1
向上—间接	2.3	1.1	0.2
向下	1.4	1.3	0.6

23. 参见原文第 125—126 页。
24. 也许我们需要注意,对于阶级Ⅰ基准群体来说,在闲暇伙伴和"好朋友"的组合中,有 69% 的组合主要由服务阶级位置的人构成且完全没有工人阶级群体,只有 1%——1 个人——的组合中完全没有服务阶级的人。
25. 尽管与我们现在所讨论的问题不直接相关,但我们认为此处一个非常重要的因素便是教育经历。直接向上流动至服务阶级的群体在流动前与 1974 年便处于服务阶级的人所建立的这种关系,起始时间大多集中于全日制教育的最后几年。
26. 很不幸,我们无法专门收集关于受访者闲暇伙伴和"好朋友"的流动信息。一些试点工作表明,大多数受访者并不知道有关于他们社会出身的确切信息。
27. 但与此同时,我们必须注意到,我们并没有完整呈现这里所讨论的,那些代际稳定于中间阶级位置、且初职是非体力岗位的受访者中,大多数人正处于向服务阶级流动的过程这一部分初级关系,比如亲属与闲暇伙伴之间的关系。
28. 对于代际稳定的受访者来说,此处所讨论的数据基本可以被关于休闲时间的访谈记录所证实。向上流动的群体和向下流动的群体平均每人分别报告了 1.1 个和 0.9 个与他们一起活动的同事和邻居,相比之下,之前服务阶级和工人阶级的基准群体平均每人分别报告了 1.2 个和 0.8 个(参见上述注释 16)。
29. 我们对发生流动的受访者近五年内不再参加的具体组织的频次做了进一步统计,发现结果也是一致的。对于向上流动和向下流动的受访者来说,这种终结现象(termination)的平均数量都是 0.7 个,而稳定于服务阶级和工人阶级的群体分别是 0.9 个和 0.4 个(参见上述注释 18)。
30. 若要寻找关于现代英国社会地位秩序衰退的一般性讨论,请参见 John H. Goldthorpe, 'The Current Inflation: Towards a Sociological Accounts' in Fred Hirsch and Goldthorpe (eds.), *The Political Economy of Inflation*, London: Martin Robertson, 1978。如果仍然能够从英国社会发现高度排他的地位群体的话,那么他们更可能与我们所提出的服务阶级中的精英相关——而不是整个服务阶级——其成员的补充模式是完全封闭的。理查德森(Richardson)在伦敦大都会地区的研究中,得出了与我们大致相似的结论,即流动不会导致社会隔离或边缘化。参见 *Contemporary Social Mobility*, chs. 9 - 11。
31. 参见原文的第 177 页。
32. 在邓肯提出新方法(参见原文第 172 页的注释 9)后,这一问题似乎在关于代际流动效应的讨论中被完全忽视了。新方法实际上关心的是怎样用适当的模型来明确地识别,在给定了影响流动个体态度和行为的社会出身和现在位置之后,流动群体的相对权重。然而"文化适应"(acculturation)理论似乎才是邓肯方法的基础,它清楚地表明流动的路径、背景、时间序列等因素和起点、终点位置同样重要,参见 Germani,'Social and Political Consequences of Mobility'。

33. 参见 R. K. Merton,*Social Theory and Social Structure*,Glencoe:Free Press,1957。

第八章

社会流动的体验

在设计1974年的后续研究时,对我们来说,一件显然非常重要的任务是通过某种方法进一步研究我们全国调查中的受访者对流动或不流动的主观体验。在对诸如由标准调查程序所进行的流动研究的批评中,一个曾多次被指出的问题是研究者经由自己的研究假设所观察到的职业或阶级群体之间的流动性或不流动性与受访者自身的实际感知是否相符。事实上,有证据表明,在某些情况下,这两类感知的匹配程度可能十分低,低到足以质疑这种研究的有效性,至少在那些核心问题是流动性对社会行动和社会结构的影响的研究中是如此。[1] 显然,如果研究者和行动者之间对"何者可以算是流动"①存在着广泛的分歧,那么对流动的后果或其伴生行为的任何方面的研究,问题就会前所未有的严重。此外,即使研究人员基于理论,更倾向于采用自己对行动者所进行的分类而非受访者心目中的分类,两组结构②之间存在的差异的程度和性质本身也仍然是一个有待进一步调查的无法忽视的问题。

研究方法中的问题

鉴于我们的分析需要给予受访者对于自身流动的觉察和理解以更多的

---

① 引号为译者加。
② 指研究者和行动者对于流动的理解。——译者注

位置,我们在这方面所面临的主要问题是数据的收集。较之于在超过10 000个样本中进行调查,基于比1972年抽取的调查样本的数量更小的样本的追踪调查,我们可以获得更多的详细信息,以对1972年所收集的数据形成补充。由此,在几百个受访者中收集和处理这类数据更为可行。但使用子样本有一个不可避免的后果,即被选中进行再次访谈的男性受访者可能位于1972年调查中的417个基本抽样单元的任何一个,因此,从英格兰到威尔士,他们的分布远广于在调查研究中所常见的那种范围已被设定(planned)的情况。这意味着,我们亲自部署田野调查队伍来进行追踪调查在经济上和程序上都是不可能的。所以,我们采用了一所拥有全国性田野调查组织能力的、可靠的社会调查事务所的调查服务。就目前我们对于我们所关心的关键性事实信息的收集情况来看,这种手段被证明并不是一种劣势:我们所合作的这一事务所所雇佣的访员具备高水平的、通过一系列往往是非常复杂和细节化的结构性问题进行访谈的能力。然而,由于我们的访员大部分都没有经过专门的社会学训练,在一些我们本可以采用更不结构化的访谈方式的情境下,其局限性也是显而易见的。尤其地,我们的田野能力使我们只能放弃当初更倾向于采用的那种用于调查受访者主观流动体验的方法,即采用"知情的"探测法('informed' probing)的开放性问题的研究方法。因此,我们被迫以一种替代性的、次优的方式来进行研究。

在这种情况下,显然,也许最应该做的事是编写一套我们的田野人员有足够能力执行的结构式的访谈题项(interview items)。然而,出于充分的考虑,我们决定放弃这一选择,因为我们对于这样获得的数据的可信度感到怀疑。很明显的是,根据我们已进行的各项试点调查,我们可以预期的是,在流动对于我们的受访者的意义,以及他们赖以获得这些意义的语境和相关信息中,能够发现大量的差异。那么,相应地,看上去我们很难设计出任何一种在可以作为结构式访谈的基础的同时,也能够展现我们的受访者的观点,并避免于严重扭曲这些观点的风险的概念图式。当然,我们可以从我们自己的理论旨趣的角度出发,提出一系列与流动意识等有关的,并且受访者一定能回答的"封闭性"(closed)问题。但在我们试图调查的过程中,这些答案可能会形成非常可疑的数据。确切地说,在流动性方面,我们所划分的流动意识类别和我们的受访者实际的分类情况可能不一致。

由此,看起来,无论是结构式访谈还是非结构式访谈都不能成为用以获取我们想要的研究材料的令人满意的方式,这意味着,研究材料需要通过一些访谈以外的途径来获得。在这种情况下——作为在社会调查的历史上对于访谈(或问卷)的经典替代方法,显而易见能够想到的方法是"个人文档"(personal document)法,尤其是以个人"生活史"形态而存在的那些个人文档。更重要的是,这一方法可被视为一种特别适合于探索我们的受访者们自身对于流动的理解的方法。例如,安格尔(Angell)将个人文档定义为"表现了受访者对于他的经历的看法的材料",并且他表明(represented)收集此类文档的目的是"借此得知社会处境在行动者的内心如何呈现,以及各类因素对于受访者有怎样的意义"。[2] 相似地,贝克尔(Becker)明确地比较了"根据(社会学家们)自己的理论体系的抽象范畴所设定的数据",即调查研究所收集的数据,与从生活史中那类由"看上去与人们更相关的那一类材料"来表达的研究材料的特质。贝克尔认为,生活史研究的最显著特征是"赋予人们对于他们的体验的阐释以最重要的地位",并且它最显著的价值是"在已被多次研究过的制度化过程的主观方面给予我们洞见"。[3]

因此,我们决定尝试尽可能地将我们的基本调查方法与聚焦于受访者对于流动的体验的生活史材料相连接,并且将以下的方式来呈现事实。在访谈结束时,每一个我们的追踪调查的受访者都被询问是否愿意通过帮我们写下一组被我们称作"生活史笔记"(life-history notes)的材料来帮助我们的进一步研究。受访者会收到一本用于解释我们的想法,并且包含了一些我们希望他们填答的问题的小册子。小册子开头的两段话和问题列表将在下文中列出。我们在小册子中保证,研究团队将对所有材料保密,并且研究材料不会在任何能被识别出受访者个人身份的情况下被使用。我们会向那些同意填写答案的受访者提供贴好邮票的信封,用以将册子寄回给我们,并且我们也告诉了他们碰到问题时怎样联络研究团队的成员。

生活史笔记小册子的节选

你已经向我们提供了大量的关于你的教育、工作、家庭等的基本信息。接下来,我们想让你告诉我们,你对于你的生命阶段的模式、转折点、高潮和低谷的看法。

以下是一系列问题。你在每个问题后写下的文字能够为我们提供想要的信息。另一方面,你也可以以你自己的方式来安排所写的答案,并仅仅将这些问题当作与我们的研究兴趣相关的一种参考(guide)。(记住,在任何情况下,你都不必再次提供你已向我们提供过的基本信息)……

我们希望你填写的生活史笔记问题

1. 你14岁时,你的父亲(或者你家庭的主事人)的工作和生活方式与你现在的工作和生活方式的最大区别是什么?你认为导致这些区别的原因是什么?

2. 自你第一份全职工作以来,你的职业生涯的主要模式是什么?是向更好的工作稳步上升?一系列的失望?反复的起起落落?还是一系列只是互相不同,并无好坏区别的工作?或是一些其他的模式?

3. 你觉得你的工作生活中有任何重要的转折点或大的危机吗?如果有,它们是什么?

4. 在工作中,与其他事情(诸如家庭背景、成长方式,或是你自身的性格和能力)相比,你认为运气有多重要?你觉得绝大多数人都是这样,还是你的情况与众不同?你能举一个运气或其他任何什么类似的东西对你起了作用的例子吗?

5. 工作对你整体的生活而言有多重要?别的事一定要让位于它吗?或者,你从事你的工作是因为它们向你提供了做其他事的机会吗?你曾因为某份好工作意味着你需要放弃某些更重要的事而放弃它吗?

6. 你在工作生活中最重要的目标是什么?是为了从事令你感兴趣的某件事?为了挣更多钱?为了提供更好的未来?为了能够以一种特定方式,或在一个特定的地方生活?还是为了其他的什么?

7. 你在何种程度,以及何种方式上视自己为在工作或生活中的其他方面中是"成功的"?或者,如果有的话,在何种方面上视其为"失败的"?你认为你在工作中的成功比起其他事情上的成功是更重要,还是更不重要?

8. 你更认同你在职业生涯中的成功对你工作之外的生活有好处,还是更在意这些成功背后的代价?你在工作中可能的失败对于你工作以外的生活有影响,或者有其他事能够弥补它吗?例如,工作中的成功或失败怎样影响了你的家庭,或你所结交的朋友的类型?

由此可见,我们希望受访者思考的问题都是以日常生活中的语言呈现的,并且采用一种完全开放的形式。我们希望以这样一种方式来鼓励受访者"讲出他自己的故事"。为了基于我们所获得的笔记材料进行判断,我们所使用的问题总体来说都是有实际意义且确实有启发性的。很少有人以敷衍的方式来回答它们,并且绝大多数人的笔记能写到 500—1 500 词的长度。一些人填写的回答长达数千词,堪比自传概要(autobiographical sketches)。更重要的是,从这些笔记中最终被摘录的部分来看,很明显的是,本次研究的观察和表述都显示出明显的清晰度,并且几乎对流动的所有方面都打开了新视角。

然而,在接下来的过程中,我们预期到,并且也确实出现了的问题在于如何告诉受访者怎样去填写笔记。只有少部分人在一开始时就拒绝填写,但大部分人即便是同意照着规则填写,在提醒了两次,有时是三次的情况下,还是没能照着我们所给出的要求填答。最终,247 人提供了能够被使用的笔记,这个数字代表了从 1974 年的研究中所选出的 652 个受访者中的 38%,或者说,是从 1972 年的调查中所选出的 926 名再次访谈的人中的 27%。[4] 代际稳定与流动的组别所提供生活史笔记的比例差异情况见表 8.1。

因此,我们所获得的是一些内容充实的,并且显然也有力地阐明了那些经历过流动的人的体验的材料。他们只与子样本中的少部分人相关,所以考虑到代表性问题,这些材料需要在使用时特别小心。因此,正是这一缺陷极大程度上制约了我们基于对他们的分析所做出的结论。例如,将我们的生活史材料(life-history material)作为我们可能从访谈材料中所获得的那些材料的直接替代品,并且运用系统的定量手段去分析它——例如内容分析的技术,似乎是意义不大的。换句话说,鉴于我们的材料仅来自相对较小比例的受访者,尝试从中提取那些可能与他们的其他属性,例如用我们之前的阶级分类展现的流动经历相关的态度和信念,来作为特定个体的属性,似乎也是不合适的。由此,从一种定量的立场来看,我们的生活史材料不得不只能以一种粗糙并且更具有局限性的方式被使用。唯一看上去行得通的目标是,对于每一组稳定的或流动的受访者,即使只是通过我们不完美的数据,我们也可以识别出他们的生活史笔记中的话题和主要差异,给出一些整体性的主题；或者，如果他们生活史的多样化程度相当大，大到已识别不出支配性的主题（dominant theme），我们也可以将展示出我们的数据所允许的最大的多样性作为研究目标。

表 8.1　根据流动模式分组的生活史笔记回收情况统计

流动模式	回收的可用生活史笔记数量	在所有被回访者中的百分比(1974)	在所有选中被回访的人中的百分比
稳定于阶级 I	33	44	32
稳定于阶级 III—V	35	34	26
稳定于阶级 VI 和阶级 VII	53	34	23
直接流入阶级 I	33	33	—[a]
间接流入阶级 I	68	45	—[a]
所有向上流入阶级 I	101	40	33
向下流出阶级 I	25	37	27
总计	247	38	27

注：(a) 直接流动与间接流动的区分方式在 1974 年重新访谈的样本的选择过程中未被采用。

然而，对于我们来说，尝试着同时以定性和定量的途径来利用我们的生活史材料也很重要。尤其地，我们不仅要将这些材料用于描述受访者基于他们自己的观点的流动体验，更要使这些体验"能够被理解"。个人文档（personal document）被广泛地视为一种处于社会结构中不同位置的个人借以相互沟通的手段：用贝克尔的话来说，"它告诉我们，成为一种我们从未面对面见过的人意味着什么"[5]。然而，为了让这样的沟通变得有效，我们显然需要一些理解赖以生成的基础，即一些能将文档写作者和它的观众的主观世界（subjectivity）的"鸿沟"（gap）给"连接"起来的手段——显然是需要的。从这种意义上来说，我们能够作出的核心假设如下：就其所能达到的程度而言，最终实现"连接鸿沟"过程的媒介是一种理性的理解（rational intelligibility）。换句话说，我们想主张的是，在某种程度上，一个人在声明对于信仰、态度、行动，或更一般地来说，对于事件和他人境遇的回应的理解程度时，其实是在声明，在给定的情境中，他们在理性的意义上是能够理解某个人的。一旦情境中的事实被纳入考虑，由于行动者也许能建立这些事实，至少从被观察的行动者自身的立场来看，观察者其实是在阐释他们的信仰、态度、行动等，是怎样看上去与他们的情境以一种理性的方式相互联系的。[6]

因此，在接下来的部分，我们对于每一组的受访者，都应该尝试着尽可能地去揭示他们基于思考所呈现的生活史材料的"主观逻辑"（subjective logic）：一方面，生活史材料中的支配性主题和相关受访者的流动性及当前社会状况的某些事实方面之间存在着可被理解的关系（或许是比定量分析的实证经验更重要的）；另一方面，生活史材料中支配性的话题至少与它们中的一些变体之间存在内在一致性。也就是说，我们应该尝试着去阐释那些不同组别的受访者生活史材料中有集体性反响的内容，从而使我们对于这些内容的可理解性的认知变得更清晰。然而，与此同时，我们希望，我们在此处所提供的大量纯描述性材料能与我们在前几章中所提供的数据一道，为读者们衡量这些阐释的恰当性提供充分的佐证。最后，在这种情况下，我们也许应该注意到的是，我们收集的生活史笔记的不完整性对我们解释性努力的影响比对定量分析的影响的严重性要小得多。这是因为，如果我们将要采用的数据事实上是没有代表性的，它本身并不会使所提供的解释无效；相反，这至多意味着，由于我们的数据并没有被完整呈现，而使我们的受访者对于流动的体验仅仅是某些方面未被阐释而已。

在前两章中，我们首先将在阶级Ⅰ和阶级Ⅵ、Ⅶ中保持稳定的人作为基准组，来呈现那些代际稳定①的受访者的数据。然后针对这些发现，将其与发生代际流动的受访者进行比较。在本章中，我们将采用一种不同的比较模式，即分三个部分来处理我们的生活史材料，并且将每一组中的受访者与其他各组进行比较。在第一个部分中，我们将关注我们的受访者对于流动性或不流动性的感知（awareness）②，材料主要获取于生活史笔记的问题列表中前三题中所填答的内容。在第二个部分中，我们将关注人们如何解释他们相信自己所经历的这种流动，或者我们也许可以将其命名为流动的意识形态（mobility ideologies）。这一部分将再次使用前三题的内容，并且也使用第四题的内容。在第三部分中，我们将关注他们对自己感知到的流动所赋予的意义。这部分的材料主要来自关于人们的职业生涯（working lives）的文本，即我们在生活史笔记中所提出的后四个问题。

---

① 指相较于父辈未发生社会流动，后文简称为"代际稳定"。——译者注
② 与"阶级意识"（class awareness）中 awareness 译为意识的情况不同，在本章中，根据语境，awareness 将被统一译为"感知"。——译者注

对流动的感知

在设置题项中的前三个问题时,无论是参照他们的家庭出身,或者是他们自身的职业生涯而言,我们的目标都是让受访者表达出他们处于社会流动过程的所有感知。我们在此处首先考察的是在阶级Ⅰ保持代际稳定的人(N=33)的生活史笔记。

在这些人对他们自身和父辈所作出的比较中,主要值得注意的是,他们提到自身和父辈在工作和生活中就算在阶级位置上有差异,很大程度上这种差异也仅仅是微小的,这一现象也经由我们的视角经过了再次确认。例如,比方说,最常被提及的不同种类的工作之间的区别,是专业型和管理型的工作,或是公共部门和私人部门的管理工作之间的区别——换句话说,人们联想到的不是阶级位置的差别,而是服务阶级中的所处位置(situs)的差别。同样,生活方式的差异主要是源自不同的家庭状况、个人价值观,或是最常见的在地理和物理的流动。[7]

> 我的父亲和我自己都基本上从事专业人员的工作,拥有非常相似的生活方式,并且有非常相似的人生观……我父亲一直想成为一名外科医生,而这恰恰就是他最终从事的职业……我呢,从一个差不多的年纪(reasonable age)开始,有一次,有了放弃学医的想法,并且意识到我想成为一名会计,而且这就成了我最终从事的职业……
> 〔088-2129:会诊外科医生(consultant surgeon);见习职员(articled clerk)——注册会计师(chartered accountant)〕

> 我的父亲是一个自雇的牙医,和一个搭档还有两个雇员一起工作。我是一个大型国际企业的工薪职员。他在安排工作时间时有大得多的个人自由,但要负责牙科治疗。
> 〔109-1302:牙医(dental surgeon);化学研究员(research chemist)——化学研究主任(Director of Chemical Research)〕

在我 14 岁时,我的父亲是一个律师(solicitor),是伯恩茅斯(Bournemouth)一家公司的合伙人。由于我也在伯恩茅斯工作,是一个注册会计师,所以在很多方面,我们的职业生涯是相似的……我们最主要的区别可能是,我的父亲大部分的时间都在伯恩茅斯度过……而我发现我总是旅行……并且我的客户遍布全国。

〔595-1111:律师(solicitor);见习职员(articled clerk)—注册会计师(chartered accountant)〕

到目前为止,就阶级位置而言,我们将这些人归为代际稳定,并且主观体验比较一致的组别。然而,当我们转向同一个人对自己的职业生涯给出的描述时,情况就不再那么简单。无论是"稳步上升"抑或伴随着关键的"转折点",无论是被表述为专业成就、组织地位或是商业成功,这些叙述中的主要话题[8] 十分明显,即向上升迁或取得成就。此外,这一特征不仅仅在那些被我们视为发生了逆向流动的人身上体现出来,也在那些跟随父亲进入服务阶级(这也被我们视为一种直接流动)的人身上体现出来。

我的职业生涯几乎全部在一家注册会计师企业中度过:一开始是当见习职员,之后当注册会计师,再之后是初级合伙人,现在就是高级合伙人了。可以说,我这是在向着更好的工作稳步推进。

〔595-1111:律师(solicitor);见习职员(articled clerk)—注册会计师(chartered accountant)〕

我的职业生涯的开局非常糟糕……在当了几个月的劳工之后,我心不甘情不愿地成为一名学徒瓦工……然而,当我在建筑业立足后,我对建筑业产生了浓厚的兴趣,并且全力以赴地了解这一行业的各方面实践和理论。这样做的好处(net effect)是,当我到达见习期的终点时,我已经充分准备好了晋升……再加上企业里当时缺乏优质的管理人员,我得以很快地升到一个相当高的职位。

〔558-2713:国内土木工程承包商代理人(civil-engineering contractor's agent);学徒瓦工(apprentice bricklayer)—国内土木工程承

包商代理人(civil-engineering contractor's agent)〕

我通过公司的奖学金完成了教育。我从一名冶金专业学生起步,每两三年就会在钢铁行业的技术领域内稳步向更高级别的工作发展。

〔193-7547:建筑承包商(building contractor);研究型冶金师(research metallurgist)—研发部主管(Head of Research and Development Department)〕

我的职业生涯的模式与大多数拿到了行医资格证的人一样,是一个岗位接一个岗位地上升,直到会诊外科医生的地位。我在这个过程没遇到什么大的阻碍。

〔264-2962:工厂经理(works manager);家庭外科医生(house-surgeon)—会诊外科医生(consultant surgeon)〕

从我们作为研究者的理论立场来看,区分受访者在广泛定义的职业组别之间的流动与在阶级组别之内职业组别之间的流动是很重要的。而我们的研究着重地聚焦在前一种流动上,而并不在也许可以被命名为职业内流动(*intra*-occupational mobility)的那种流动上。然而,从那些被我们视为在服务阶级中代际稳定的受访者的角度来看,这种区别意义不大,而这其实并不令人意外。对他们来说,看上去,他们所体验到的职业内或职业外的变化的意义,基本上都是在职业的背景下被解读的——他们将这些变化的意义理解为职业进步中的代表步骤、任务或转折点。即使是在被我们定义为"逆向阶级流动"的人中,那些带着他们跨越了阶级边界的职业流动也通常不会在阶级的意义上被他们理解。例如,他们不会真的流露出他们是从父辈那里"再次获得"(regaining)阶级位置的。正如我们所观察的那样,逆向阶级流动的程度在他们的生活史笔记中实际上是在"职业"(career)的意义上被表达的:例如,被他们定义为"结束训练""成为有资格的人"(becoming qualified)"被晋升为管理层",等等。

在讨论完阶级Ⅰ中代际稳定的受访者之后,我们接下来将转向那些在阶级Ⅵ、Ⅶ中保持稳定的受访者(N=53)的生活史笔记。在阶级Ⅵ、Ⅶ中保持稳定的受访者对于自己和父亲的比较中,与在阶级Ⅰ中保持稳定的受访者相似的是,他们在行业的意义上是不流动的,这很大程度上印证了我们对他们的分类。就工作差异而言,他们几乎都从事干体力活挣工资的工作中的不同种类。或者,较之于他们的父亲,受访者会将他们的工作评价为需要更少的体力劳动的"更简单"的工作。与此同时,与那些稳定于服务阶级位置的人相比,这些稳定于工人阶级的受访者,可以说是在代际流动的意义上显示出了一种普遍的共识,即:比起他们的父亲,他们享受着大幅增长的薪酬和总体来看大幅提高的雇佣环境和生活水平。

> 我不认为我现在的工作和我 14 岁时我父亲所做的工作有什么大的区别。它们是不同的行业或者工作类型,但事实上它们都是体力活,这使得它们可以被归为同类。我父亲的生活和工作方式更艰难,但他的薪酬和生活水平远不及我今天所拥有的。
>
> 〔663 - 1330:自动工具安装工(auto tool-setter);电气安装焊接工(electrical fitter-welder)——燃气安装焊接工(gas fitter-welder)〕

> 我的父亲每天工作 12 个小时,每周工作 6—7 天。他的社交生活就算有也是很少的,而我每周工作五天,每周工作四十个小时,有很多空闲时间,并且我有更好的生活水平。
>
> 〔064 - 2723:碎渣机操作员(slag-crusher operator);钢厂工人(steelworks labourer)—道路工人(roadwork labourer)〕

> 我与我父亲的主要区别在于我的工作时间和假期更长;还有,我拥有很多我父亲视为奢侈品的东西,比如汽车、赴国外度假等。而我现在认为拥有这些是理所当然的。
>
> 〔484 - 3435:排字员(compositor);印刷工学徒(apprentice printer)—排字员(compositor)〕

> 我现在的生活的不同之处在于,我有更多的钱,更好的工作条件,并且,如果我愿意,还有更多的闲暇时间……当我 14 岁的时候,人们必须长

时间工作——大多数工作周都要每天工作12小时,且工资很少。

〔199-3957:办公室清洁工(office cleaner);牛奶配送员(milk roundsman)—公交车司机(bus driver)〕

这样的答复令人几乎不感到惊讶,但是这类回答的反复出现为工人阶级的生活史笔记注入了一种他们正处于一种大的社会变迁阶段的感受,这与赖特·米尔斯(Wright Mills)所提出的"个人经历与历史的交叉"[9]相呼应。而这在稳定于阶级Ⅰ的那些人之间很大程度上是缺乏的。

然而,当我们转向职业生涯中关于流动感知的问题时,这两个组别间的对比明显具有完全不同的基础。当我们的服务阶级受访者们显示出一种与他们对个人职业的体验相联系的,对于(向上)流动的强烈感受时,工人阶级的人所展示出的主要话题则是一种重要的不流动性:他们要么终其一生停留在种类高度相似的工作中,或者,即使他们在不同种类的工作中转换,这些工作间也没有任何的升迁。工人阶级所关心的话题中仅在薪酬水平方面具有重要进步,而职业水平没有上升。

我做过很多工作,虽然它们大部分都在大公司里,但很显而易见的事情是,无论我走到哪里,我永远也不会达到更高的职位,因为那些身居高位的人不愿意给任何人更好的机会。无论我做什么,我总是大多数人中的一员。

〔385-2238:仓库保管员(warehouseman);代销员(consignment clerk)—钣金工人(sheetmetal worker)〕

我的职业生涯是由一系列不同的工作组成的。比如,电梯服务员、窗口清洁工、一般打工者(general labourer)等。它们几乎都是单调重复又枯燥乏味的职业。

〔476-8855:码头工(dock labourer);电梯乘务员(lift attendant)—巴士售票员(bus conductor)〕

我的工作有所不同……当我离开学校以后,我学习了五年的绘画和装饰。当我结束学习之后,我转行做了喷漆工。然后我得到了一份重型车司机的工作。所有这些工作只是给了我更多的钱以争取一个好的生活水平。

〔498－0160:卡车司机(lorry driver);喷漆装饰工学徒(apprentice painter and decorator)—卡车司机(lorry driver)〕

除了被GPO雇佣的时期,我的职业生涯是被金钱因素决定的。由于我的必要工作很少,所以我喜欢户外生活和结识他人。当我结婚的时候,我意识到我有了额外的责任,有必要多挣钱——从那时开始,我找了一份更好的工作,但我始终关心钱的问题。

〔047－1266:货车修理员(wagon repairer);货车修理员(wagon repairer)—钢厂员工(steel-mill hand)〕

最后,在考察了这些代际稳定的人以后,我们将考察在中间三个阶级中的那些过得像他们的父亲一样的人身上所发现的那些对于流动的主观体验。在我们的生活史笔记中,这类提供了受访者(N=35)在对他们自身和父辈的比较中呈现出了大量的多样性。像我们的其他代际稳定的组别那样,该组受访者中很少有人自认为在行业的层面上有所流动。然而与此同时,他们大多数人可能会认为自己或多或少地在生活方式上与父辈是基本保持一致的,但这一类人很明显没有在阶级Ⅰ中那么多。此外,像在阶级Ⅵ、Ⅶ中稳定的人那样,压力水平的减少根本上提高了他们的生活质量。就工作生活中的流动而言,受访者的应答在一定程度上呈现出混合特征,并且,我们明显发现,核心服务阶级和工人阶级组别的受访者对于这一议题都做出了不错的回应。此外,我们在这里可以确定的是,中间阶级组别的受访者们或多或少地会作出一种特有的回答,反映了一种明显"不合理"或"失序",并与选择的不确定性或外界因素的强制力相联系的流动体验。

我的职业生涯的模式多种多样,由完全不同的工作组成。当我离开学校时,我不知道想干什么;当我17岁时,我还是不知道……我在我的职业生涯中没有任何目标,因为我不知道我想要什么。

〔622-7144：仪表观测员（meter reader）和图表保管员（chart keeper）；修理工学徒（apprentice fitter）—记录员（records clerk）〕

（总体来说我的职业生涯是上升的，）但由于我在雇佣我的三家公司中都被裁员，我的工作是经历了起起落落的。不过我离开企业时总是能做到领班的位置。*

〔108-2631：铁路工头（railway ganger）；见习汽车技工（trainee car mechanic）—电线工领班（foreman wire man）〕

* 事实上，因为这些工作中有两个是助理领班级别，所以我们以这种方式编码。

我的职业生涯模式从我的第一份工作起变化了许多……我曾有过一两个工作，但我都没有适应。到了18岁，我参加了皇家海军，并且在战争年代一直服役。离开海军后，我和我的哥哥开始做运输合同业务，看上去是在向更好的生活稳步前进。但在几年越来越努力的工作之后，攀升的物价、沉重的税负让我们的工作逐渐失败，发生了许多起起落落和令人失望的事，然后我们的生意崩溃了……当时我以为那会是一个让我的生活变得更好的转折点，然而不幸的是……所发生的意料之外的事对我非常不利。

〔601-9814：蔬菜水果商（greengrocer）；助理蔬菜水果商（greengrocery assistant）—废铁商（scrap-iron dealer）〕

正如我们之前提到的那样，在任何中间阶级位置上所达到的代际稳定，都可能是许多次职业生涯期间的流动的结果，这在中间阶级和工人阶级中都是如此。[10]

鉴于上述情况，我们也许可以总结出以下几点。第一，基于在职业的劳动分工和阶级结构中的大致位置，这些受访者可被归类为代际稳定的组别，但我们在进行这样的分类时，可能没有将他们自己对流动的体验纳入主要的考虑范围。第二，我们也必须认识到，在我们所考察的每个组别的受访者中，存在着一些以其他形式存在的、对于已发生了的流动的强烈感知。我们不应预设这种感知在任何意义上是虚假的,或者是认为它反映的社会过程在某种程度上比起我们首要关心的那些是更不"真实"的。相反,我们在这一问题下的发现也许指向这样的一种事实,即:虽然所有种类的流动都可被视为发达工业社会所必需的流动,但我们的研究所关注的其实仅是多种流动过程中的某一种。当然,在今天的英国,对于往往发生于行业内的职业流动的体验在服务阶级的成员中是完全可以被理解的,他们的工作生活很大程度上是被科层制形塑,而且是典型的不断扩大的科层结构。同样可以理解地是,人们普遍能感受到体力劳动工人阶级内部在雇佣情况和消费情况上的代际改善。在战后几十年,这些人的市场位置由于经济增长和社会政策的影响显著地改善了。即使是中间阶级对于工作生活中的失序流动的体验,似乎也在显示,在社会劳动分工背后最主要的两种组织形式的关系,即科层制与市场的关系中,前者较之于后者处于边缘位置。[11] 那么,重要的是,我们应该用代际稳定的人对于社会流动非常普遍的体验,来部分地构建那些用于理解被我们归类为显示代际流动的受访者的流动感知的语境,而且是相对更长距离流动的那种。

根据我们的分类图式,当考察向上流动到阶级Ⅰ的人时,我们也许首先要说,与稳定于阶级Ⅰ的那些人形成对比的是,在所有提交了生活史笔记的那些向上流动到阶级Ⅰ的人(N=101)中,我们发现他们与父亲之间普遍存在重要的社会差异。他们所考虑的主要话题不仅强调他们更高的收入和生活水平,还更加强调他们所参与的是不同的,并且事实上是更高水平的工作。并且,针对后一类话题,我们也许应该指出,他们对于流动的感知当然与那些稳定于更低阶级的人不同。更重要的是,这两者之间主要的区别,或者说向上流动到阶级Ⅰ的人的体验中所具有的额外话题是,较之于父辈,他们对于完全不同的社会和文化世界的流动有十分明确的认知,而这在出身于工人阶级的那些个案中更为明显。

> 我父亲的工作基本上是体力活……他对(他的)雇主不负责任,并且事实上他似乎也有一种抵抗管理的态度。而我发现自己是管理者和雇佣者中的一分子……父亲每周更愿意花时间在(个人)生活上。他的工作时间和收入非常不固定……就像在邻里和同时代中(很普遍的)的工人阶级模式那样,一周中的大部分时间都是工作和"男人的逍遥时光"

（men's pastimes）……而我倾向于在家里和花园里待着，而不是和其他人在一起。

〔058-9704：码头工人（dock labourer）；实验室助理（laboratory assistant）—国防部首席科学官员（Principal Scientific Officer Ministry of Defence）〕

我父亲的职业生涯始于一个煤矿，也终于一个煤矿。并且在其他（手工的和非手工的）工作上也花费很长的时间，他对这样的工作情况从来就不满意。因此，我的父亲与我最大的区别就是我的父亲从来没在工作中获得任何充实感。他只是诸多鞭策自己养家糊口中的一个例子……而我自己的职业是完全不同的，我感觉我获得了比父亲多得多的东西，并且我从充满挑战的工作中获得了很大的满足感……我的职位有优渥的月薪，（并且）我有与父亲不同的社交生活，我喜欢外出就餐，和朋友一起喝酒，还参加多种多样的活动。

〔512-5323：煤矿计日工（colliery datal worker）；铁路职员（railway clerk）—英国铁路局行政官员（Administrative Officer, British Rail）〕

（我和我父亲的生活）是无法进行比较的。我父亲是半瘫痪的，只能做办公室工作，例如出纳。他的收入比起我低一些，（并且他）不得不关注钱是怎么花的……而我生活在一个不同的、生活水平更高的世界里……现在我能够拥有我十五年前所梦想拥有的那些奢侈的东西。

〔068-1050：煤炭商的职员（coal merchant's clerk）；学徒钳工（apprentice fitter）—土木工程师（civil engineer）〕

我的父亲……从15岁起就开始从事钢铁行业，并且不得不经常变动工作……我的父母往往觉得生存很难……他们的生活……主要是一种维持于只能花很少的钱在娱乐、假日和奢侈品上的生活。而在一个律师事务所里工作，我的工作是专业性的，并且我能挣到比我父亲能挣到的多得多的钱，见到来自各行各业的人。我也能够享受到一些奢侈的东西，诸如跑车、海外度假、外出就餐、昂贵的衣服、音响、录音带等。

〔645-9408：钢板工（sheet-steel worker）；律师事务所职员（clerk in solicitor's office）—法律行政人员（legal executive）〕

由于向上代际流动的体验，向上流动的受访者与那些稳定于阶级Ⅰ的人有明显的区别。进一步地，我们必须指出当再次将他们与稳定在出身阶级的人相比时，这两者对于职业生涯中的流动的感知具有本质上的可比性。尤其是在他们对于职业生涯中显著的上升的觉察中，他们对于行业内和行业外的流动的区分很大程度上被一种"职业"的视角所削弱。此处，在阶级Ⅰ中稳定的成员与流动的成员之间，或许唯一需要关注的差异是，对于后者，尤其是那些沿着间接流动路径流动的人，他们会将自己的上升阶段表达为不稳定或突然的，而不是稳定的，并且他们会更多地强调职业生涯中的"转折点"和意外事件。

> 我的……至今为止的职业生涯可以被描述为一种典型的职业生涯……唯一真正的失望或挫折……是二十岁时我所得的疾病。它导致我脚部永久性的残疾，并使我离开工作岗位一年多……我的病让我不能再在足球上花那么多时间……并导致我将大部分精力投入到职业生涯中……（另一个转折点是）五年前离开会计专业工作并加入一个商业组织的决定……我现在是伦敦最大的商业银行之一的集团总会计师，所以，我的野心几乎已经实现了。
> 〔266-2584：货车司机（lorry driver）；见习职员（articled clerk）—集团总会计师（Group Chief Accountant）〕

> 我的职业生涯的早期部分是重复的、枯燥的、工厂里的那种工作。从我27岁起……我找到了自己的定位（niche），并取得了稳步和有意义的进展……我的职业生涯的（转折点是），在考虑结婚两年后，我决定离开工厂做些更好的事情，因此我辞职并加入了一家大型销售公司。
> 〔144-6745：缝纫机操作员（slitting-machine operator）；仓库员（warehouse boy）—销售经理（sales manager）〕

在我的铁路职业生涯的早期阶段,我常常想找其他的工作,因为我认为我注定要做更伟大的事情。但是由于我晋升的速度比我的同龄人要快,我就安定下来,从那时起,我就稳步地取得了更好更有趣的工作……一个重要的转折点是……我很幸运地被录用为管理培训生——一类通常保留给大学毕业生的位置。

〔512-5323;煤矿计日工(colliery datal worker);铁路职员(railway clerk)—英国铁路局行政官员(Administrative Officer,British Rail)〕

那么,虽然我们在那些被我们归类为代际稳定的人中也发现了广泛分布的对于社会流动的感知,但是我们也认为,那些被我们定义为向上流动的受访者们具备一种更完备,更有决定性,并且也更容易被理解的对流动的感知。不同于代际稳定的组别中的成员,这些向上流动的人都同时体现了对职业生涯和代际向上流动的感知。这反映出的事实是,无论他们所经历的流动是否包含职业生涯中跨越阶级边界的流动,他们在职业或阶级结构中从低到高的转换都将他们带到了某个范围之内的新职位上。这种职业发展并不是受限的或不确定的,而是在某种程度上趋向于制度化。

在这一节中仍有待考察的是,那些被我们归类为从阶级Ⅰ向下流动的人(N=35)是否也存在同样能够被明确定义的,对于流动的感知?然而实际情况是,我们从这类受访者那里获得的生活史笔记的数量尤其少,因此,从他们那里获得可靠的结论就比一般情况更难。更重要的是,至少就我们此处关心的问题而言,向下流动的受访者呈现出一种巨大的多样性。在他们对自己与父亲的比较中,他们当中没有人明确表示比自己的父亲拥有更高的行业或阶级位置,并且比起其他组别中的人,他们认为自己在某种程度上处于劣势的职场位置的特征更加明显。但与此同时,这种反向比较的基础是多样化的,涉及工作的类型、生活方式,以及生活标准有关的差异。更重要的是,很多受访者都会提及他们在上述方面中的一种或所有种类中与父辈相似的方面,并且,受访者也会认为自己强于父亲,尤其是就物质条件而言。相似地,对于我们关于职业生涯模式的问题,向下流动的人给出了不同的想法。我们之前所阐述的其他组别中的所有的主要话题在向下流动的组别中事实上都被呈现了,包括职业上升、非流动性,以及失序的流动。此外,一些例子也反映出了自愿的向下流动，但它们本质上往往是临时性的，例如，为了获得更广泛的工作经验来逃离过劳的工作，或者为了获得更多机会来发展工作之外的兴趣。

在被我们归类为向下流动的受访者案例中，我们无法断言一种与向上流动的受访者相对应的主观流动体验。这一结论并不令人诧异，因为我们之前的那些章节中的分析本身就能使我们明白，向下流动的组别中具有高度的异质性。虽然也许可以肯定的是，该群体中包含一定比例的人，这些人的降级是明显的，但是同样明显的是，在更多脱离出身阶级的成员当中，他们的降级只是程度问题，并且逆向流动的可能性是真实存在的，尽管逆向流动本身也是多样的。因此，我们可以将在这一群体中所表现出来的流动意识的多样性看作既反映了和我们的分类相联系的情景的多样性——正是这些情景使得这些人进入向下流动的状况，也反映了他们未来脱离这种状况的可能性。

流动的意识形态

在要求受访者们评论他们所感受到的，自己与父亲在工作和生活方式上的主要区别的同时，我们也问了他们将何者视为导致这种差异的原因。并且，在我们问完关于他们职业生涯的问题后，我们进一步关注于，与更多其他的决定性因素（诸如个体特质或家庭背景）相比，他们认为运气在形塑他们这种模式中的重要性。我们的目的是基于我们由这些问题所获得的材料，去归纳一些关于流行于我们的受访者的"流动的意识形态"的观点。通过他们自身的认知和评价模式方面的概念，我们试图"理解"他们对于流动的体验。

我们已经看到，在稳定于阶级Ⅰ和被归类为向下流出此阶级的人的两个组别中，并没有显示出普遍的或统一的，对于代际阶级位置的差异的感知。既然我们关心受访者对此提供的解释中的差异，我们必须关注剩下的组别所提供的生活史材料。我们也许最好从稳定于阶级Ⅵ、Ⅶ的受访者开始。在他们之间，整体来看，我们观察到了广泛的对于薪酬、雇佣环境和生活水平的向上流动的感知。

这些人很大程度上将这类流动的体验解释为不证自明的（self-evident）：他们认为，对一种集体层面的经济增长的参与，实质上暗示了向上流动的原因，并且大部分人都满足于给出一种这样的理解。然而，这类人当中能发现一种明显的特例,他们会在提及更高的消费水平的同时,特地提到工作环境的改善。这是在强调工会的角色以及工人阶级不断增长的力量和期望。

> 我认为工人阶级的稳步上升应该很大程度上归功于工会——这并不是说我认为工会的所作所为都是正确的。总体而言工会的想法是好的,但工会的负责人有时候会被误导。我很肯定的是,如果没有工会的话,只要仍然处于资本主义社会,这个国家的工人会遭受比起现状来多得多的剥削。
> 〔664－0780:退火炉铸造工(foundry annealer);电气装配工(electrical assembler)—曲轴磨床工(crank-shaft grinder)〕

> 权力已经由雇佣者转移到了被雇佣者那里,有了大大增强的工会,被雇佣者不再惧怕雇佣者的权力……现在从学校毕业的孩子受过更好的教育,并且不会再遭受我父亲那样的生活条件了。
> 〔484－3435:排字员(compositor);印刷工学徒(apprentice printer)—排字员(compositor)〕

> 在(我的父亲的)大部分职业生涯中,他都在工作的时候被监督,而我很少见到我的工头或工长。这不过是因为现在我们让管理层认识到,那些有责任管理自己工作的工人,会因为他们没有被监视而做得更好更准确。我和父亲在对工作的看法上也不同——他在成长过程中相信自己能工作是种幸运,而我和我这一代人则认为工作是我们的权利……
> 〔047－1266:货车修理员(wagon repairer);货车修理员(wagon repairer)—钢厂员工(steel-mill hand)〕

这样看来,工资劳动者所经历的在社会中的上升也被表述为他们自身努力的一部分,而不仅是由一段时间内的经济增长所带来的自发结果。然而,重要的是要注意到,这仍然被视为一种集体性的过程,涉及整个工人阶级,或者至少是工人阶级中的一大部分。

我们也许首先该指出,与之形成对比的是,在那些稳定于中间阶级的受访者所表达出的,较之于父辈的生活水平的提高的感知中,他们没有提及过工会,并且他们会更多地提及诸如"增长的商业活动"或"经济的增长"之类的长期历史原因。其次,正如所预期的那样,最重要的反差来自那些被我们归类为在阶级位置上向上流动的人的流动体验。当然,在他们的案例中,正如我们所见到的,尤其需要解释的是,代际的提升不仅在于生活水平,更在于职业等级秩序中的位置。相应地,这些人所提供的叙述往往呈现出更复杂的形式。虽然在向上流动的群体中世俗的社会变迁倾向也会被觉察,而且会被强调,但关于自身变化的问题在他们看来,与其说是一类集体的过程,毋宁说是一种个体性的上升:此处的主要话题不是收入或消费的增长,而在于机会的增长。对于我们的向上流动的受访者来说,他们自身与父辈的区别主要在于,他们认为自己拥有父辈并未拥有的"机会"。在那些沿着直接的路线流动(direct mobility routes)的人当中,他们所能想到的几乎全都是教育和各种各样的培训机会的扩张,但在那些非直接(indirect)流动的人之间,我们有时会发现更多样的观点,在这些观点中,高级就业机会的扩张也会被强调。

造成(我与我父亲之间的)差异的主要原因是,我在最广泛的意义上相信教育。我以"O"级的成绩离开了学校,然后通过全脱产的学习获得了进一步的资格证书,它成为我能够开始更进一步职业生涯的阶梯。而我的父亲则是从最底部的学徒开始做起的。

〔684-6952:车辆检验员(vehicles inspector);塑料技术员(plastics technologist)—销售经理(sales manager)〕

毋庸置疑,(我能拥有高级的工作和生活水平)的主要原因是我得到了去重点中学(Gramnar School)的机会,并且在离开学校后,我在地方政府的资助及课程等的支持下继续深造。并且……而我的父亲从来都未曾拥有过机会,他总是站在我身后,看我抓住每一个机会。

〔645-9408:钢板工(sheet-steel worker);律师事务所职员(clerk in solicitor's office)—法律行政人员(legal executive)〕

我父亲在"过去的美好日子"(good old days)中长大,那时缺乏教育设施,并且家里的所有人都要出去工作挣钱。在1914年(我的父亲开始工作的时候)时,机会是非常少的,很难让所有的人都拥有获得更好的东西。幸运的是,当我在1953年开始工作的时候,我在当地的技术学院有脱产学习和兼职夜校学习的机会,并且能够完全根据个人的愿望来运用教育系统(提升自己)。

〔033-4163:车库领班(garage foreman);制图员(draughtsman)—开发工程师(development engineer)〕

我认为(我父亲的职业水平和我自己之间的)差异的主要原因是我在一段合适的经济活跃期中开始工作……那时有获得好工作的机会,并且我在收入很低的学徒阶段"坚持"了下来。

〔657-4722:造纸厂工人(paper-mill labourer);工程学徒(engineering apprentice)—合同经理(contracts manager)〕

在"机会的扩张"这一主题下的主要差别,或者实际上往往是对这一主题的补充,来自一些参照物(reference),即:对于个体或者家庭,某些属性对被访者实际获得的教育或职业上的成功来说,被认为是至关重要的(正如上面的访谈摘录说明的那样),或者说,人们认为最重要的就是受访者能否利用现有的机会。然而,只有在我们下一步的工作中,即我们试图展示受访者从职业生涯的角度来理解的流动经验,特别是对于运气的作用的理解时,在(经历了)流动的群体中普遍存在的这种流动的意识形态才会充分地被展现。

回顾前文,在稳定于阶级Ⅵ、Ⅶ的受访者中,典型的经历特征主要是职业生涯中的不流动性。在这种意义上,他们仅仅能在工资水平上,而不是在他们所从事的工作中看到改善。我们可能会假设这些人倾向于认同这样一种观点,即:至少就个人的提升而言,他们的运气似乎一直就不好——他们"从来就没有机会"。然而,即使这种观点(在稳定于阶级Ⅵ、Ⅶ的人中)普遍存在,人们也往往是含蓄地,而不是直接地将它表达出来。这些人给出的对于运气的作用的评估,实际上显示了很大程度的多样性,但是大多数人倾向于弱化或最小化它的重要性。部分原因是,运气有时仅仅被简单地认为是好运;但是对于我们的研究目的而言,更为重要的是,我们的工人阶级的受访者,除了他们日益提高的生活水平以外,显然没有看出他们的职业生涯方面基本上没有进步的特征。但无论是运气还是其他的因素,这一现象都需要具体的解释。相反地,他们将运气视为他们的社会位置中的一种或多或少给定的,且不能克服的特征——不管最后他们判定运气可能是重要还是不重要,这种想法反过来又被用来界定他们对命运在他们生活中所扮演的角色的概念。

因此,例如,当一个人认为运气相对来说不重要的时候,这可能主要是出于两种原因:要么是因为工人阶级本身或多或少地否认了(好)运气可能进入他们的生活的可能性,至少是在改变他们的处境的意义上;或者,更多的时候,是因为他们现在的状况很明显是跟任何好运都没有关系——没有任何好运气对他们有过任何好处,为了实现和维持他们所拥有的东西,他们被迫依靠自己的努力和能力。

> 我不相信运气在我的工作生活中起过作用。如果一个人是下层工人阶级,那他几乎不可能咸鱼翻身(to be anything else)。
> 〔624-1315:电力局工人(Electricity Board labourer);新闻站助理(news-stand assistant)—工艺人员(process worker)〕

> 我不认为像我所在的这样的工人阶级家庭会有任何运气,运气仅仅是生命中的过客。
> 〔476-8855:码头工(dock labourer);电梯乘务员(lift attendant)—巴士售票员(bus conductor)〕

> (我的职业生涯)由一系列只是相互不同——但没有什么大的危机或重要的转折点——的工作组成。依我看,它和运气没什么关系。你必须尽自己最大的努力去做自己的事情。
> 〔147-9598:钻井操作员(drill operator);肉店学徒(butcher's apprentice)—机器模塑商(machine moulder)〕

> 我的一生中没有好运。所有我曾经拥有或得到的,我不得不付出努

力去获得它们,不然我就无法拥有。就这么简单。

〔199-3957：办公室清洁工(office cleaner)；牛奶配送员(milk roundsman)—公交车司机(bus driver)〕

同样,虽然下面这些工人阶级的受访者认为,运气在他们的生活中是重要的,但他们普遍认为,他们的运气不仅没有给他们带来升迁,反而让他们在工资工人的地位上无法脱身,或者使他们失业、生病或残疾。好运在工作生活中的作用是以某种方式帮助他们的雇佣状态免于被打断；而坏的运气则是使这类打断雇佣状态的事件更可能发生。

与我现在的生活方式有关的一切都是我从没有中断过工作的结果……我觉得自己在英格兰东南部起家是很幸运的……在未来工作的前景方面,也似乎并不存在像苏格兰、北爱尔兰或威尔士部分地区的"贫困地区"那样的不确定性。

〔469-4768：装修工人(painter and decorator)；档案管理员(filling clerk)—装修工人(painter and decorator)〕

我总是认为我直到现在都是幸运的。我认为生活中最重要的事之一是拥有好的健康状态——这正是我所拥有的。当一个人身体好的时候,他们就可以为他们可能追求的任何目标而努力。

〔602-0726：建筑工人(building labourer)；信差(messenger boy)—柴油机测试员(diesel-engine tester)〕

我觉得运气在我的生活中很重要,因为我从来没有受到过严重的伤害。

〔399-3967：挖掘机驾驶员(excavator driver)；煤矿地面工作人员(colliery surface worker)—煤矿工人(colliery face worker)〕

运气不好曾导致我由于健康原因失去工作……由于重大的健康危机,(一次发生于1974年的)很大的危机。当时我每周只工作三天,后来我住院了。

〔161-1379：（制鞋）遥控工人（clicker [shoe manufacturing]）；牛奶递送员（milk roundsman）—制鞋机械师（shoe machinist）〕

现在，我们转而讨论那些向上流动的人。我们首先可以注意到，他们也像我们的稳定于工薪阶层的受访者一样，更坚定地赞同这样一种观点，即运气在他们的职业生涯中没有起到重要作用。虽然，正如我们所看到的，这些人往往愿意承认，他们在比他们的父辈拥有更广泛的机会方面是更幸运的，但是，在他们考虑自身的职业生涯中的升迁，并将其作为自身的流动感知中的主要部分时，他们显然希望把这些成就主要归功于他们自己。当然，这里不存在真正的矛盾，而且我们可以通过再一次将受访者所处的情境与他们主观上存在的突出特征联系起来，从而很容易理解他们的普遍观点。

正如我们之前所说的那样，就他们的职业生涯而言，这些向上流动的人所面对的主要现实（reality）是他们在现在的专业、行政和管理职业中"为自己创造的"职位。当然，这些机会最首要的功能是保障了他们进入服务阶级的稳定通道。在他们的一生中，这种流动的机会可能增加了，尽管如此，这些机会仍是需要努力把握的：更具体地说，他们必须通过考试，获得相应的资格，赢得晋升的机会等来"保住"新的职位。显然，机会的存在本身并不能保证任何特定的个体取得成功。因此，从这一角度来看，这些人不把运气作为他们提升的重要原因，是不令人感到奇怪的。他们更愿意强调他们个人的努力和个体的特质，也许还会加上家庭的协助，这些条件使他们经常能在冗长的时间内维持自己的志向。更有趣的发现是，就像我们的工人阶级受访者那样，当这些向上流动的人在意识到自身的流动，而去考虑运气的作用时，它的作用本质上是根据他们所面临的主要现实来定义的。也就是说，我们所引用的关于运气，虽然是好的运气要多于坏的运气的案例，很大程度上都涉及职业上的意外事件，并且事实上，它们很大程度上都用各种方式说明了"在正确的时间出现在正确的地方"所带来的好处。

我真的不认为运气在我的职业生涯中起了很大作用。我非常努力地工作，以确保我有足够的经验和知识来满足我所担任的每一个职位的要求……我放弃了所有的空闲时间——包括四年内的所有傍晚和周末——来为我的会计资格考试学习。并且我从那时起,花了很多时间阅读和学习,以跟上时代的步伐……我相信,通过(我自己的)能力,我已经在稳步前进了。

〔005-0404:救援总监,A. R. P(Rescue Superintendent,A. R. P.);初级业务员(junior clerk)—大型酿酒公司分部行政经理(Divisional Administrative Manager, large brewing company)〕

我很早就选择了我的职业生涯,(在这一过程中,)运气完全不是最重要的因素,工作能力和让自己放松的能力才是最重要的因素……我们家的一个想法是,如果你想要某样东西,那你就必须为之努力去得到它。

〔638-10310:装配工工头(foreman fitter);入伍新兵(army apprentice)—陆军上尉,R. E. M. E.(Captain, R. E. M. E.)〕

我坚信,如果需要的话,你必须要抓住任何一点的机会来改善你的职业或生活方式。你会在生活中为自己创造好运……当我上一份工作的销售经理要求我成为技术代表,而不是助理生产经理时……这完全改变了我的职业(发展轨迹)……当时,我(在销售方面)没有经验,也没受到过训练,但我接受了通往更好的自我的挑战——(所以我的成功)显然不是因为运气。

〔684-6952:车辆检验员(vehicles inspector);塑料技术员(plastics technologist)—销售经理(sales manager)〕

我一直认为,我的工作生涯中的一个重大转折点是一位年长同事的不幸逝世……我受邀担任他的职位,但我显然完全是一个新手……自从进入这个职位以来,我从来没有回过头……但是我可以用这个明确的例外来说明……我通过艰苦的、长时间的工作,以及可能适合这种特别不稳定的职业的个性,从而达到了我目前的地位。

〔234-4705:塑料厂领班(foreman in plastics factory);采购员(order clerk)—飞机制造公司(aircraft manufacturing company)高级合

同管理员〕

最后,通过比较的方式,如果回过头来看在我们本章中很大程度上忽视的剩下那些被访者群体的生活史笔记,那进一步得到的启示是,职业晋升的经验根本上影响了向上流动的受访者的流动意识形态。一方面,我们可以观察到,和我们向上流动的受访者一样,在阶级Ⅰ中保持代际稳定的那些人中也显示出了对工作与生活中的进步的普遍感知,但他们同样也强烈地倾向于表现出不认为运气在他们的进步中具有重要地位。正如我们之前所看到的,这些人大多或明或暗地承认他们的父辈的阶级地位、生活方式和他们自己的阶级地位之间有连续性,但事实上,比起向上流动的人,他们很少将他们的职业生涯的成就归功于他们出生时的好运,或者从他们的家庭背景中可能得到的任何好处。相反,对他们来说,主观上至关重要的显然还是达成一番事业(making a career)的经验——这在于克服取得职业资格或"攀登"科层制中的"金字塔"(bureaucratic "pyramid climbing")的过程中的连续障碍或挑战。同时,他们对自己所取得的进步的解释仍然重点强调努力和能力,有时也会提到他们如何"尽最大努力处理"任何在他们的生涯中出现的运势"突变"(break)。

另一方面,即使我们的抽样存在很大的选择性问题,我们仍可以从在中间阶级职位中保持代际稳定的人,或向下流出阶级Ⅰ的人所提供的生活史笔记中获得有用的信息。如前所述,这些受访者如何看待自己的工作生活模式方面显示出很大的差异,但与其他组别一样,他们大部分都在淡化运气的作用——典型的工人阶级或典型的服务阶级观点。就像我们所展示出的那样,这取决于他们的感知主要在于职业生涯的不变性还是进步性。然而,在这些组别中也发现了一些工作生活在事实上很大程度上由运气决定的案例,我们认为,可以说几乎所有的流动的"路线"都未遵循一系列职业阶段的形式。这些存疑的案例(the case in question)是那些在我们阶级Ⅳ——自雇和小业主岗位中,就像他们的父亲一样成功自我实现的人,或者是由于创业失败而从阶级Ⅰ向下流动的人。在这些受访者的想法中隐含,个人努力较之于"偶然"事件可能微不足道,后者会带来非常具有决定性的影响。

运气是我事业成功的主要因素。在我努力(为流动售货汽车店)工作的第一个月里,我只获得了不温不火的成绩(a moderate success)。但是我的前雇主给我带来了好运。我开始(工作)的地方是一个也被我曾经工作过的一家面包店雇佣过的流动面包贩卖汽车司机的地盘。我的老上司,面包贩卖车的经理,听到这个消息来看我。作为一种让步,他把该地区的所有客户都提供给了我,只要我卖他们生产的面包和蛋糕。这就像梦想成真,并且我的生意从未再退步过。

〔213-7628:杂货店店主(grocer);店员(shop assistant)——手机店老板(mobile-shop proprietor)〕

(我的职业生涯中的危机)是45岁时的心脏病发作。由于他人的贪婪,我在做生意时运气也不好:例如,制造商通过在工厂自己开店铺来获取商店和企业的收益……在我生病之前(我的目标)是为了未来(努力)。从此以后,这是没有希望的。现在,工作中的成功是一个遥远的梦想。

〔598-4277:工程经理(works manager);包装工学徒(apprentice packer)——服饰销售(haberdasher)〕

由此可以指出,至少在现今社会,不是私营企业,而是高层次的领薪雇佣本身在为一种独特的"任人唯贤"的流动性意识形态提供主要的社会背景。换句话说,不是"自由市场"本身,而是官僚机构、公共和私人领域提供了"任人唯贤"的流动性意识形态。[12]

也许从本节的讨论中得出的最重要的结论是,受访者们对于自身流动体验的解释具有完全不同的性质,这取决于他们是以代际流动还是职业生涯的角度来观察他们的流动。如果人们试图解释自己和父亲的社会地位之间的差异,那么他们很容易"诉诸历史",并认识到在经济大增长时期社会变化的世俗趋势的重要性,也就是说工人阶级的进步、流动机会的扩大已经被他们把握住了。但对于个体来说,就算有的话,所做出的贡献也可以忽略不计。相比之下,他们把自己目前的职位作为他们自身的职业生涯的结果来考虑,并且他们更有可能在某种程度上考虑个人所承担的责任——他们在自己遇到的实际情况中自我规划(conduct themselves)的方式:例如那些跟随父亲当雇佣工人的人就会回应"努力才能挣钱"的交易理念来自我规划,即使这样的规划在他们努力的过程中始终变化,它仍占据他们工作处境的核心地位;或者对那些从事专业、行政或管理职业的人来说,他们会通过利用教育和培训设施的发展以及新职位的出现来自我规划。

因此,正如我们以前所做的那样,当社会学家寻求将他们所观察到的流动率和模式与职业和阶级结构的形式及其变化联系起来时,重要的是,他们应该看到那些"经历流动而仍幸存"('live through' the mobility)的个人可能很大程度上借此对于宏观社会因素有了更深刻的认识,他们的这种认识构成了一套以自我行动为中心的(对于流动的)解释。而且,我们可以补充一点,那些通过职业上的成就来解释流动过程,并且在这个过程中认为运气是很重要的因素的那些社会学家也应该反思一下这样的可能性[13],即大多数他们所研究的个体可能与这些社会学家自身有严重的分歧。

流动的意义

我们在第三部分中展示的生活史资料来源于我们向被访者提出的四个问题,每个问题都以某种方式涉及工作在他们的生活中所具有的地位和意义。通过这些问题,我们试图了解他们已经意识到的各种流动或不流动性所具有的更广泛的意义。实际上,我们应该集中关注受访者们赋予工作的,对于生活的重要性,以及出于何种原因——出于对何种目标的追寻,这些方面被认为是重要的。我们也关注他们在达成这些目标时所取得的成功的程度;我们还关注他们在工作之外的生活中的成功与失败的实际影响。正如第一部分一样,我们最好先考虑代际稳定的受访者群体的想法,然后再考虑那些流动的组别。

对于那些在阶级Ⅰ中保持代际稳定的人来说,关于工作的主要话题是作为一种"人生的中心兴趣"的工作。[14] 事实上,这些人往往认为工作是他们生活中的主要义务,所有其他的事情都必须次之。他们在工作中所追求的目标可以说基本上是自我实现的目标——无论是通过专业的声誉、晋升还是业务成功,或者仅仅是通过熟练地完成工作任务来实现。令人满意的金钱回报往往被视为实现这些主要目标的一种自然的伴生物。虽然对于工作的义务在任何情况下都理应被履行，但它也通常关乎对于家庭的责任，也就是说，这些人会在意对于工作上的一些目标的追求会在多大程度上威胁家庭生活。只要工作上的成功能带来更高的收入和家庭生活水平的提高，工作上的利益和家庭的利益其实也可以被视为是互不冲突的。然而，这些受访者往往声称自己感受到工作和家庭之间至少是可能存在严重冲突的——工作要么要求时间和精力，要么是要求地域流动。

工作显然是我生活中的主要组成部分，我的大部分休闲活动都与此有关。我觉得自己非常幸运，因为我有一份给了我很大的满足感的工作。我也有一些其他的活动，比如评论和写作，我也很享受它们，并且它们也让我进入一个令我非常愉悦的社交世界……我的主要目标是以特定的方式生活，这种生活方式由特权以及金钱组成。

〔179－9069：燃气工程经理（Gas Works Manager）；管理培训生（management trainee）—博物馆馆长（museum curator）〕

在私营部门里工作时，工作是至关重要的。无论你多么不喜欢它，其他的事情也往往都要排在第二位。我最大的目标是，为了我的客户的利益，尽我所能执行我的专业工作和职责，同时努力争取最好的生活，并让我自己和我的家庭的生活达到最高标准。

〔595－9540：律师（solicitor）；见习职员（articled clerk）—律师（solicitor）〕

我的工作非常重要，并且大部分事情都要为它让路。当你开始竞争的时候，你必须做好准备，努力工作，并且到达下一次晋升的地方……但我的第一个妻子……不能忍受这种节奏……这项工作从智识的角度来说是无聊的（intellectually boring），但这是必须接受的。在设定好自己和别人的目标，并最终到达目标的途中，会产生很多满足感。所以我一直努力争取成为给别人发号施令的人。

〔596－4811：百货店经理（Department-store manager）；印刷公司集团助理（assistant company secretary）—印刷公司集团董事长（Chairman of group of printing companies)〕

（我工作的目标是）有一个有趣、多样的工作；并为公司的目标做出贡献……我被同事尊为专家，也在国际上享有名誉。金钱上的回报和地位显然是重要的——但不如享受工作重要……我承认对工作的义务必须与家庭义务相平衡——但随着资历的增加，这变得越来越困难。升迁可能涉及搬迁，这将是一个困难的决定——特别是有三个孩子因为上学而定居时。

〔193-7547：建筑承包商（building contractor）；研究型冶金师（research metallurgist）—研发部主管（Head of Research and Development Department）〕

虽然有时也为工作对家庭的影响感到怀疑和担心，但稳定于阶级Ⅰ的受访者对他们生活中工作的中心性的强调也被纳入他们对于自己的个人事迹在何种程度上可以被视为成功或失败的评价中。正如所预期的那样，由于他们对职业发展的普遍认识，以及他们倾向于将其归因于自己的努力和能力，大多数人已经在职业生涯中或多或少地认为自己是成功的：例如，他们会认为自己在取得专业资格和能力，达到或超过匹配其年龄的晋升水平，或是赢得同事的尊重等方面是成功的。另外一种说法在更普遍意义上对其作为补充，而不是替代，大意是他们的成功之处在于，通过他们在工作中的成就，为家庭提供了相对较高的物质享受和安全保障，以及有丰厚回报的生活方式。然而，与此同时，这些人对他们的工作和家庭生活之间的关系主要展示了这样的担忧：对于少部分人来说，工作的成功不利于家庭生活取得成功，或者说确实阻碍了家庭生活的成功。

我觉得自己在职业生涯中取得了成功，并为我的家庭提供了良好的生活水平。我的妻子说我没有给我的家人足够的时间，在我为职业生涯而努力的时期这当然是真的。但我希望有时间解决家庭生活中的压力。我的主要遗憾是，工作和家庭之间似乎存在冲突和竞争。我为家人而努力工作，希望在有压力的时候感受到他们的支持，而不是因为由于让他们觉得(我)因为没有时间而在他们那里是失败的。

〔343-6056：特许会计师（Chartered accountant）；建筑师助理（architectural assistant）—建筑师（architect）〕

在过去六七年中，我的工作稳步发展，并直到现在都在我的生活中发挥了更重要的作用。不幸的是，"我的人生"……从社交的缺乏来看，工作让我付出了相应的代价（work has taken its toll），因为我没有足够的时间和朋友一起度过，而我也许已经忘记了如何享受自己。然而，我最大的遗憾是没有足够的时间陪伴我的妻子。现在回头看，这听起来很荒唐。但是一个人肯定会越来越深入地参与到激烈的竞争中；起初没有意识到，但当你最终这样做了，就为时已晚。

〔542-2040：种子邮购公司董事总经理（Managing Director, seed mail-order company）；园丁（gardener）—种子邮购公司执行董事（Executive Director, seed mail-order company）〕

此处更明显的是，这些来自阶级Ⅰ受访者的特点与阶级Ⅵ、Ⅶ中的人具有相反的特点。首先，工作对于后者，显然不是像前者一样的"人生的中心兴趣"。这并不是说工作对我们阶级Ⅵ、Ⅶ的受访者来说不那么重要，而是因为他们参与的工作大部分是一种不同的、且更受限制的工作。工作不是他们生命的终极目标所在的领域；相反，这些终极目标落在他们的工作之外，主要是在他们家庭和家庭生活中，而工作的重要性在于它是使家庭目标实现的基本手段。必须强调的是，这种"工具性"取向的优势并不意味着这些被调查者对直接从工作中获得满足感的可能性并不知情或不敏感。相反，他们经常提到的是对于有趣的和内在的有价值的工作的期望。我们认为，只有少数人（主要是技术人员）会将工作本身表达为实际的目标。这种状况不能被看作是选择上有自由的表现，而是反映了对于工人阶级状况的一个基本限制，即：缺乏实现自我实现的目标和收入相对较高的工作的机会。[15]

工作是重要的。其他的都应次之。我的目标是尽可能多地赚钱，以便为我的家庭提供基本的必需品，一个体面的家，以及能够提供的最好的食物和服装。如果可能的话,还有一年一次的假期,从例行工作中获得一些休假的机会。

〔469-4768:装修工人(painter and decorator);档案管理员(filling clerk)—装修工人(painter and decorator)〕

我只是有工作就干而已。我认为大多数人和我自己工作的唯一理由是为了更好的生活……我的主要兴趣是赚取更多的收入,来为家庭带来美好的未来。

〔502-3899:煤矿工人(colliery face worker);商店跑腿(errand boy)—煤矿井下工人(colliery underground worker)〕

教育和从业资格能为你提供良好的工作机会,而我两个都没有,所以我更换工作以提高我的工资。我出去工作,因为我想要钱,以努力给予我的妻子和孩子我从来没有的东西:一个体面的家、衣服、教育……虽然我喜欢做一些令我感兴趣的事情,但我不能否认,我会把我的劳动力卖给出价最高的人。

〔411-7554:纺织工人(textiles worker);(羊毛工业)环锭细纱机络纱工(ring doffer [wool industry])—专职司机(lorry driver)〕

我的工作对我来说非常重要的主要原因只有一个,就是金钱——这样我的家庭就能够一星期一星期地过下去。我的工作以前是,现在仍然是达到这一目的的手段……很久以前我就意识到我不具备足以使我能够挑选工作的必要的教育或社会资格。我在二十出头的时候承担起了责任——养活一个妻子和一个婴儿。因为我只读到了初中,所以我注定要成为与数百万其他人相似的工人阶级,并不是我不喜欢去选择某个特定的职业……

〔664-0780:退火炉铸造工(foundry annealer);电气装配工(electrical assembler)—曲轴磨床工(crankshaft grinder)〕

那么,我们可以通过对比稳定的服务阶级和稳定的工人阶级受访者来继续考察工人阶级受访者对他们自己的成功或失败程度的判断。实际上,他们在大多数情况下也希望看到自己的成功。然而,与他们对工作中的基本态度一脉相承的是,他们声称,除非有可能精通工作,并且能够维持自己的挣钱能力,他们自己的成功其实不在于工作本身,而是在工作之外的生活中,并且这些成功绝大部分在于实现他们对于家庭幸福的目标。因此,我们可以说,这些人与稳定在阶级Ⅰ的那些人不同,他们并没有意识到,或是担心工作和家庭生活之间存在着重大的紧张关系。相反,如果他们的职业生涯被认为是成功的,那么这种成功最终只能体现在他们的家庭所获得的物质和社会的利益的程度上。[16]

241　　　工作对我的家庭生活非常重要……当我能回到我心爱的房子和家庭中时,我认为我自己是成功的。我不认为工作上的成功对我有好处。我有其他的东西(自由)……我觉得,通过拥有自己的房子、好车和好朋友,我的家庭是受人尊重的。

〔141-3668:木材抛光员(french polisher);木工学徒(apprentice carpenter)—木工(carpenter)〕

我不在乎我自己的感受,我认为我有责任尽可能地给家人最好的一切。(我的目标是)赚更多……从而能够去任何地方做任何事情,尽可能地取悦我自己。我感觉很成功,因为我有一个住处、一个幸福的家庭、一辆汽车,而所有这些都是我(通过)为自己工作(而得到)的。我做任何事都不必求人。

〔385-2238:仓库保管员(warehouseman);代销员(consignment clerk)—钣金工人(sheet metal worker)〕

如果我只和自己的阶级以及与我有相似背景的人比,我认为自己是相当成功的……我有成功的婚姻和家庭生活……从我,以及我所知道的大多数工人阶级的人的观点来看,工作中取得的成功都是以周薪水平来衡量的。

〔664-0780:退火炉铸造工(foundry annealer);电气装配工

(electrical assembler)—曲轴磨床工(crank-shaft grinder)〕

最后,在阶级Ⅲ至阶级Ⅴ的受访者所提供的职业取向中,我们也发现了与其他代际稳定的受访者基本相同的主题,尽管它们经常以一种有趣的混合形式出现。对我们正在研究的这类人来说,工作至少在职业生涯中是最重要的。就和工薪阶层的回答者一样,工作是提高家庭生活水平的手段。然而,与工人阶级不同,稳定在中产阶级的人通常不满足于将他们的工作目标限制在实现相对较高的金钱收益水平上,并且,他们的职业目标往往包括得到能使他们获得某种内在的满足的工作。尽管他们的愿望在这方面比那些典型的体力劳动者更为明确,但与在服务阶级中站稳脚跟的男子一样,他们在很大程度上没有实现,也不可能有实现这种愿望的希望。反过来,我们在稳定于中间阶级的受访者中发现,与我们其他稳定的群体相比,他们明显会以相对谨慎或矛盾的方式来表达对于成功的评价。

我的工作一定要让我有一定的兴趣,否则我很快就会寻找别的什么工作来干。尽管如此,我对于工作的想法仍是挣足够的钱,使生活更舒适,摆脱金钱忧虑,也为未来做准备。虽然我不认为自己是失败的,但我发现我很难衡量自己成功的程度。我想,在我看来,工作上的成功就是,我知道我的工作在没有监督(的情况下)就能做得很好。如果我在任何事情上失败了,那就是我自己没能把自己"推到"聚光灯底下。我认为工作上的成功不如家庭生活的成功重要。

〔100-3156:股票职员(stock taker's clerk);电报投送员(telegraph boy)—工资和计时职员(wages and time clerk)〕

我工作的主要目的是……做不让我厌烦的工作,挣足够的钱,舒舒服服地生活,为一家会为我的未来安排的公司工作——这也是我正在做的事。在我的工作中,我在我自己的眼里一直是"成功的",一般情况下我在做我想做,并且以我想要的方式来做的事。我相信,自从我开始工作以来,我已经成功地过上了幸福的家庭生活,从未有哪一周断过工资。我不认为我自己"失败",这可能是因为我没有雄心壮志……任何认为我

"失败"的看法都来自那些认为我应该在公司里升得更高的局外人,而不是我自己或家人。

〔017 - 7974：货场工头(goods-yard foreman);餐厅服务员(restaurant porter)——货场工头(goods-yard foreman)〕

通过与代际稳定的受访者的背景信息进行对比,我们现在可以考察经历了流动的人,尤其是向上流动到阶级Ⅰ职位的人的生活史笔记。

关于这些人的工作在生活中的意义,可以说他们的典型观点与我们的稳定于阶级Ⅰ的受访者们的主流观点非常相似。他们的实际工作任务和角色显然是他们主要的关注点,也是内在满足感的来源。但同时,不言自明的是,关于家庭生活的主张得到更普遍的认同和优先考虑。换句话说,向上流动的人的工作取向不应被视为是以工具性为主的。与工人阶级的受访者类似,较之于像父亲那样稳定于服务阶级的人,他们在工作中的目标看起来并不那么突出地集中在自己职业抱负的实现上,而是往往明确地把家庭的福祉和幸福作为主要的因素来考虑。

> 工作非常重要,但我不会为了工作牺牲我的家庭。我最近拒绝了一个需要搬迁到威尔士的晋升……我的目标是拥有一个令人满意的——创造性的、负责任的——工作,从而为我的家庭提供一个舒适的生活标准。我从来没有为自己长期且明智地设定过任何目标。

〔032 - 3755：点燃街灯的街夫(lamplighter);制图员学徒(apprentice draughtsman)——大型化工厂设备工程师(Plant Engineer, large chemical plant)〕

> 工作非常重要。当然,大多数其他的事情比起工作只能占据第二位。但是我认为,我的优先级还是非常明确的：妻子和孩子第一位,工作第二位(因为它主要是对于生活的辅助功能),爱好和其他兴趣则排在最后。(我的)生活工作方向的主要目标是赚更多钱,也同时为了未来。如果工作同时还能有趣,那就更好了。

〔502 - 9324：店员(store man);管工钳工学徒(apprentice fitter and

turner)——制药厂经理(pharmaceuticals plant manager)〕

我的工作非常重要,为了取得成功并取得学历,我没有时间进行其他的活动……(现在)我的主要目标是赚取足够的钱,使我的妻子和家人有一个尽可能舒适的生活。然而,我要求我的工作既令人满意又具有挑战性。

〔514 - 10044:货车司机(lorry driver);建筑师助理(architectural assistant)—建筑师(architect)〕

直到我快四十岁的时候,我都认为工作确实是第一位的。但在那以后,我拒绝了两个很好的工作,因为接受其中任何一个都意味着打乱家庭和家庭生活。我现在意识到自己已经得到了一切,我想要享受家庭生活,并且丰富社会活动。我也想回家看看,享受我们女儿的成长。我已从工作中获得了巨大的满足感。我努力做到最好,从而为我的家庭的现在和未来提供良好的生活水准。

〔005 - 0404:救援总监,A. R. P(Rescue Superintendent,A. R. P.);初级业务员(junior clerk)—大型酿酒公司分部行政经理(Divisional Administrative Manager, large brewing company)〕

我们在代际稳定于阶级Ⅰ的人与从外部被招募进这一阶层的人之间所发现的这种主要差异并不是很难理解:向上流动的人有机会从他们的社会出身,以及在很多情况下从他们早期的职业生涯中领会工作的意义,即使这些工作的意义很少或并不能直接令他们满意,但它们对于追求工作之外的进步至关重要。他们的流动性使他们摆脱了那些缺乏优势的阶级状况,在这种情况下,强有力的制约因素很可能导致他们认为改善阶级状况是工作的唯一或最重要的含义。但是,在他们的自传的语境中,这仍然是他们难以忽视的一点。换言之,与服务阶级的第二代成员相比,他们不太可能想当然地认为工作应该具有内在的回报,也不太可能认为它同时也或多或少地能提供相对较高的收入。相反,正如上述摘录中所说明的那样,向上流动的受访者会重点追求既可以兼顾兴趣和能力,又可以稳步提高家庭生活水平的工作。

反过来说，人们可能会认为，在已经达到了能够实现这一目标的那种职业的情况下，向上流动的人在寻求持续的职业前进时，会感受到比稳定于服务阶级的人更少的压力——着重发展他们的职业生涯也许会损害家庭关系。正如我们所看到的，后者主要倾向于通过他们在职业内部取得的进展来判断他们成功的程度。我们发现，认为自己成功的论断几乎都是由我们不断上升的受访者提出的。并且正如预期的那样，他们的成功反映在他们所广泛感知到的职业-行业流动，或真实的阶级流动及其伴生物上。因此，作为专业、行政或管理人员，即使在他们的成就或潜力相对较小的情况下，他们仍然可以通过参照其家庭起点，以一种高度赞赏的态度评估自己的生命历程。而且，对于那些过去沿着间接路线流动的人来说，这些人也仍然可以通过参照他们开始职业时的低职业水平来赞赏性地评估他们的生命历程。[17]

十年来，(我一直在)努力地推着自己向上走。在建筑行业中，我作为工作人员的辛苦劳作(对此我感到陶醉而不是后悔)很快就被注意到了……在我最初的那些没有前途的工作过后，我觉得我很有收获……在我早年的生活中，我工作是为了获得周薪，我们每个人也都是这么做的。然而现在我发现，在从事一个好的工作的过程中我获得的更多是充实感，并且它也带来回报。我刚刚开始意识到，与我小时候认识的其他人相比，我的生活真的很成功。

〔265-295〕：工厂领班(factory foreman)；装配工学徒(apprentice fitter)；建筑和土木工程公司工地工程师(site engineer, construction and civil engineering company)〕

我想大多数人都在寻求经济保障，而我也不例外，但是……不应该把工作看作是需要去忍受的事情。我认为工作是一件有趣、富有挑战性和精神回报的事情。它某种程度上赋予了我重要性和地位。与我的学校朋友和我出生的环境相比，我取得了巨大的成功。(虽然)在我职业生涯的某个阶段，我认识到自己的能力，并认定自己非常难以达到最高水平。然而潜意识里，我认为我已经取得了小小的成功(moderate success)。

〔512-5323：煤矿计日工(colliery datal worker)；铁路职员(railway clerk)——英国铁路局行政官员(Administrative Officer, British Rail)〕

在我的职业生涯中，我的主要的目标是：赚更多的钱从而更好地生活，获得工作保障，获得满足感，以及一份充满挑战且有趣的工作……我认为自己是成功的……因为我没有经过任何正式的培训，就已经从车间工人晋升到高级管理层——(不过)这可能就我是所能达到的最高职位了。

〔219-6182：管工和钳工(turner and fitter)；印刷工学徒(apprentice printer)——大型印刷公司工程经理(Works Manager, large printing company)〕

最后，与被我们归类为向上流动的受访者在工作中的典型目标相一致的是，这些由外部上升至阶级Ⅰ的人没有像阶级Ⅰ里那些代际稳定的人一样，为事业上的成功对家庭和家庭生活的影响表现出焦虑。在这方面，他们思考的主要话题实际上是，他们在工作中取得的成功的影响大体上是有益的：家庭生活的物质水平和生活质量得到了提升，并且，更重要的是——与前两章的分析一脉相承——他们经常参照更广泛的(不是那类总经历剧烈变化的)朋友和熟人，以及更多样化的"社会上的"活动来界定自己在工作中取得的成功。虽然事业的进步有时可能导致他们与前任同事失去联系，但与稳定的服务阶级成员一样，在提到任何社会关系的实质性中断时，都主要与地理上的流动相关联。

我发现，虽然占用了我更多的时间，但是在工作中取得相当的成功确实是有回报的，而且这对我的工作环境之外的生活也有很好的影响。我们可以在家里娱乐，而且我们的社交生活相当繁忙，并且，当然，我们每年都能在国外很好地度假。回想起来，我们也有很多我认为是非常亲密的好朋友。

〔473-0564：公共汽车售票员(bus conductor)；外贸职员(export clerk)——酒商船务经理(Shipping Manager, wine merchants)〕

工作上的成功意味着要遇到更多三教九流的人。我在学校的日子里所结交的朋友主要在车间工作(有些人是店铺管家)。有一些人则是我在获得更高的位置以后结交的朋友,例如经理、工程师。而且,在我们居住的区域中,邻居和朋友主要是专业人士。当我在大家都毕业于公学(Public School)或大学的公司里工作时,我有的时候会为自己的背景而忧虑(我没有大学学历)。(但是)总的来说,我感觉职业生涯中的成功对于我工作以外的生活有很积极的影响。我有很多朋友,并且我的家庭有积极而充实的生活。

〔032-3755:点燃街灯的街夫(lamplighter);制图员学徒(apprentice draughtsman)—大型化工厂设备工程师(Plant Engineer, large chemical plant)〕

我在工作上的成功对我工作之外的生活有很积极的影响。它使我能够到欧洲和美国旅行……(并且),由于工作,我也能够见到更多人,更多粗鲁的、文盲的体力劳动者和公司董事以外的人。事业上的成功并没有影响我的家庭关系,并且我也仍然有一些当年在学校里结交的朋友。

〔578-6434:锅炉制造(boiler maker);实验室助理(laboratory assistant)—首席研发化学家(Chief Development Chemist)〕

在工作中取得成功意味着我不得不搬家。这不可避免地意味着和老朋友失去联系。不过,我觉得成功对于我的家庭……在物质财富方面是有益的,并且在全国各地生活给了他们更多的自信。

〔514-0035:钣金工(sheet-metal worker);电工学徒(apprentice electrician)—C.E.G.B.电气工程师(electrical engineer C.E.G.B.)〕

总而言之,基于我们的生活史资料,我们显然挑战了一种被广泛接受的、对于向上流动的人的刻板印象,即:一种过于雄心勃勃的、不断努力的、职业上的成功往往以在家庭关系中的压力和贫瘠的社会生活为代价的"努力的海狸"(eager beaver)①。在前面的章节中,我们已经注意到现代英国流动模式的某些特征。正如我们自己所描述的那样,这些特征降低了以往研究所假定的那种可能性——流动性将导致社会边缘化或孤立的发生。此外,我们现在可以指出,从向上流动的个体的角度来看,从相对不利的出身上升到职业和阶级结构中较高层次的位置,这本身就足以满足他的雄心,并且给他的个人史以一种可以接受的意义。事实上,较之于那些把这种职位作为起点,在工作生活中争取进一步发展的人,他们的动机会更弱。特别是,当威胁自己和家人享受已经取得的流动的物质和社会回报时,他不会倾向于再进一步追求自己的职业生涯,因为这种家庭的福祉很可能从一开始就在他希望从工作中获得的东西中占有重要地位。

为了完成本节,我们必须简单地考虑一下类似的问题在我们的向下流动的受访者中是怎样被考虑的。事实上,如果回忆一下前文的话,正如我们在前文中对逆向流动现象的分析所预期的那样,这些人显示出的对于流动的感知有相当大的差异。相应地,我们也在他们的工作目标,以及对成功实现这些目标的思考中发现了很多的差异。虽然我们没能界定出明确的主题,但可以提出两点基于观察所得出的结论。

第一,在向下流动的人之间,对于工作,似乎只有一小部分接受了在代际稳定的工人阶级中最具有主导性的工具性取向,而这正是我们代际稳定于工人阶级的受访者之间所采取的典型做法。换句话说,尽管在稳定于中间阶级职位的受访者中,对于工作,能够提供内在满意度和充足的金钱收益的目标仍然大部分得到保留,但是对于这个目标是否实际上已经达到或者已经在望来说,他们的论断仍然是高度混合的(very mixed)。

第二,值得注意的是,除了一两个经历过自己的企业倒闭的人之外,我们的向下流动的受访者不愿意认为自己是彻底失败的。尽管在这个组别中,受访者直截了当地认为自己成功的次数显然比其他任何的组别都少,但是他们有一系列的说法可以说明,那些对于失败的不准确的界定(unqualified judgement)是不合适的:例如,觉得目前就谈论自己的职业生涯可能如何发展还为时过早,或者会说自己对成功的兴趣不大,传统意义上的成功的重要

---

① 英俚语,指做事特别卖力气的人(特别指做事过于卖力气以讨好上司的人)。——译者注

性次于其他的目标——例如文化、体育、精神等。

> 我不认为自己是成功或是失败的。我始终保持开放的心态……我仍然在寻求能够使我获得成功的职业。在目前这个时候,我打算再次改变自己的工作,希望能成为一个自营的运输承包商。
> 〔280-5057:印染公司总经理(Managing Director, dyeing company);钳工学徒(apprentice fitter)—销售培训生(trainee salesman)〕

> 我真的不能说自己是有抱负的,或者老实说,是对钱敏感的。我的主要目标是找到一个合适的职位,一个稳定的,可靠的,不是太苛刻,但同时能让我保持一定兴趣的工作……我的做法是仅为工作献出部分的自我……且我做好了面对任何可能的失望的思想准备。
> 〔151-0623:合同经理(Contracts manager);印刷工学徒(apprentice printer)—排字员(compositor)〕

> 我喜欢用工作以外的领域衡量成功,因为我喜欢休息和放松。但当我参加很多运动时,我是为了胜利而比赛,享受和满足次之。我是一个成功的曲棍球队队长……我倾向于不把我的工作带到工作以外的生活中。
> 〔248-2455:军官(Army Officer);预算控制职员(budget control clerk)—旅行推销员(travelling salesman)〕

当然,这样的叙述在某种程度上可能实际上是在为他们所深刻感受到的失败找借口或合法化。然而,这些叙述往往是与受访者的自传和现状中所描述的一些事实保持一致的。无论如何,这些事实证明了我们先前的观点,即无论是根据我们的分类还是他们自己的主观评估来思考他们的流动模式或前景,我们都不能把我们的向下流动的受访者视为一个同质的群体。

本章的主要目的是根据我们之前在1972年和1974年所开展的调查,来研究我们对现代英国社会流动进行的分析与受访者对于流动或不流动性的实际体验之间的关系。由于我们所提到的数据收集问题,我们所收集的材料——也就是由247人(1974年再次访谈的38%)写的生活史笔记——是不如已有研究所收集的材料可靠的。我们进一步执行的艰巨任务是,使用这些材料来解释,而不是简单地描述我们的受访者主观上经历的流动方式。因此,我们在本章中得出的结论,较之于之前所得到的大多数结论显然具有更高的不确定性和争议性。然而无论如何,我们不认为提供生活史笔记的那些受访者是非常没有代表性的,或者我们也不应认为对他们的思考的错误解读是错误的。所以这些结论也不会是极具误导性的结论。相反,我们倾向于接受它们是有效的,至少在广义上说是有效的,而且我们认为它们实际上具有更普遍的意义。也就是说,在很大程度上,它们证实了我们研究流动性的基本方法是由我们自身的理论和其他旨趣引导的——在阶级立场之间流动的角度来看,并且是一个与我们的受访者本身的理解不相悖的方法。

可以肯定的是,我们发现,在那些反馈了生活史给我们的人中,包括那些我们认为在阶级地位上是稳定的人,都有一种非常普遍的认识,即自己以某种方式进行过社会流动。换句话说,我们必须承认,除了我们选择注意的那些外,还有其他类型的主观意义上的流动性。但是,就此而言,我们应强调两个进一步的发现。

首先,我们可以注意到,在每一种情况下,代际稳定的组别对于流动的主要体验,即个人在职业分工中的流动,还有对于那些他们的市场和工作情况发生重大变化的事件的体验,都明显地区别于我们曾经预设的流动体验。例如,在稳定于阶级Ⅰ的人中,对于流动的感知主要是以职业晋升的形式出现的。这在很大程度上是在行业内发生的,而且不会造成他们的阶级身份的任何断裂(即使是在发生逆向流动的情况下)。同样,尽管是以代际流动的形式,在稳定于阶级Ⅵ、Ⅶ的受访者中被广泛识别出的流动往往意味着集体意义上的,而不是个人的进步。事实上,这与整个工人劳动阶级职位状况的普遍改善相关,而不是在于逃离这种地位。此外,在那些我们认为是发生了阶级流动的人中,或者在大多数向上流动的人中,对于流动的体验显然是不同的,这些人的流动体验更全面地涉及对代际和职业生涯的提高的感知。而且,基于我们的定义,从代际的视角来看,阶级位置的差异对于流动性的表达是更加明显的。我们的这些向上流动的受访者,大多数都认为自己与他们的父辈不同，不仅是享受更高的收入和更大的消费能力，或者换句话说，拥有更高的市场地位，他们还认为自己从事更高级别的职业——能提供更大的自主权和权威以及直接的满足感的机会，换句话说，就是拥有一个更优越的工作环境。

此外，应该承认，采用"阶级"视角的人绝不仅限于那些特别地表达出了阶级流动体验的受访者。相反，为了解释他们的流动经历，并解释他们所追求的目标，我们的受访者经常提到他们的阶级地位的组成部分或特征，即：那些通过影响他们在劳动力市场的机会，从而影响了他们获得某一特定类型工作的机会的因素。因此，晋升至服务阶级的人把他们的进步归因于教育和培训设施的扩张以及更高层次的就业机会，以及他们在获得从业资格、利用职业空缺等方面取得的成功。但是，代际稳定的服务阶级成员也认为自己"干出了"事业（"made" careers），而不是以某种半自动（quasi-automatic）的方式复制父亲的地位，因为他们也具备了从事专业、行政或管理职位所必要的资格和工作经验。此外，我们稳定于工人阶级的受访者提到了有利于劳动力的市场条件的长期变化，以及他们的组织①实力的增加。可能是因为他们缺乏教育和其他从业资格，以及由此导致无法获得可同时实现其他目标的工作，他们关注工作中的经济回报。

同样，我们可以观察到，当我们的受访者讨论他们意识到的流动的更广泛意义及其对他们生活的影响时，他们的注意力再次集中于讨论他们的市场和工作处境，以及这些因素的更直接的影响。因此，（向上）流动的主要收益被认为是更高的收入、生活水平的提高和更大的保障，并且，向上流动的收益也在于能够获得更大的外在奖励，同时执行本质上更有价值的工作任务和角色。生活方式的变化也被提及。但值得注意的是——与生活水平的提高被提及的方式大致相同，这些变化被提及的方式似乎更多地关乎自身的利益，而不是在于地位的提高。事实上，流动体验很少在具体的"地位"的意义上被讨论。换句话说，无论如何，我们也许都可以断言，我们的生活史资料不会与那种"认为流动的本质上的语境是普遍认可的地位等级，并且将职位所具有

---

① 指工会。——译者注

的特权视为个体在职业体系中所占据的位置的最主要意义"①的理论方法保持高度一致。对于我们研究的对象来说,至少职业带来的一些其他回报,特别是与所进行的工作直接相关的经济和心理奖励,似乎更重要。

相应地,我们进一步发现,如果出现我们的受访者提到的所谓"流动的代价"的情况,那他们主要是指他们的工作消耗了他们太多的时间和精力,或者需要多次变换居住地点。这对他们的家庭和家庭生活会产生不利的后果。因此,这些问题主要与职业发展的急迫性有关,而不是与代际流动有关。稳定于阶级Ⅰ的人实际上会比从更低的阶级被招募到这一阶级的人更频繁地遇到这种情况。我们向上流动的受访者的生活史笔记确实表明,他们大多不会认为自己的流动体验是充满压力的。尤其是,他们很少提及在管理结构中的差异,或是将职业变换转化为地位上升的问题。

因此,当我们指出——我们的受访者在很大程度上以"阶级"的视角来看待他们的流动体验时——我们当然不是想说它们在任何意义上与马克思主义的"阶级意识"相吻合,也不是想说他们是在常规地(regular)和明确地使用类似于我们所规定和分析的阶级的概念。我们此处想要提出的观点更具有限定性,即:这些人最经常讨论的,他们自身的流动,以及它发生的不平等的结构,实际上都聚焦于相同的基本要素上——市场和工作情境的特征。这是我们采用的理论方法的关注点,它区别于那些将诸如等级秩序之类的因素作为核心观点的理论旨趣。因此,我们坚持认为,我们在前几章中所进行的那些主要是通过我们的阶级图式来进行表达的分析基础,可以不仅仅是纯粹的理论证明:它也可以被看作是组成了一种"第二层次"(second order)的结构,并与某些"一阶"(first order)结构②具有明显的相关性。它们确实呈现为这些一阶结构的系统化的发展,而我们的研究对象本身恰恰是通过这些一阶结构来试图理解他们自己的社会生活过程的。

注释

1. 例如,参见 Arnold Rose,'Social Mobility and Social Values', *Archives*

---

① 引号为译者加。
② 指受访者对于自身的流动的体验。——译者注

Européennes de Sociologie, vol. 5, 1964; 以及，特别参见 K. U. Mayer, 'Soziale Mobilität und die Wahrnehmung gesellschaftlicher Ungleichheit', *Zeitschrift für Soziologie*, vol. 1, 1972; and *Ungleichheit and Mobilität im sozialen Bewusstsein*, Dusseldorf: Westdeutscher Verlag, 1975。

2. Robert Angell, 'A Critical Review of the Development of the Personal Document Method in Sociology, 1920 – 1940' in Louis Gottschalk *et al*., *The Use of Personal Documents in History, Anthropology and Sociology*, New York: United States Social Science Research Council, 1945, pp. 177 – 178.

3. H. S. Becker, *Sociological Work*, Chicago: Aldine, 1970, ch. 4, 'The Life History and the Scientific Mosaic', pp. 64 – 72.

4. 受访者未能完成笔记的主要原因似乎是遗忘和拖延。每一轮提醒都(使受访者)产生了新的反馈，但由于成本原因，通过电话进行的第三轮提醒不幸终止。

5. *Sociological Work*, p. 70.

6. 我们不打算在这里详细说明这种方法——实际上，这是一个长期存在的，关于一项意欲成为理解社会学(verstehende sociology)的研究究竟应该如何进行的问题。事实上，我们认为，它在波珀和加维耶最近的作品中得到了最好的发展〔尽管它在舒茨的著作中也以另一种不同的哲学语言(philosophical idiom)的形式出现〕。特别参见 Karl Popper, *Knowledge*, Oxford: Clarendon Press, 1972, ch. 4 esp.; and I. C. Jarvie, *Concepts and Society*, London: Routledge, 1972, ch. 1。然而，有一点需要澄清的是：根据哲学上可辩护的真理标准而言，认为试图将信仰理解为实际上是理性的，并不意味着接受信念作为认识上的理性(epistemically rational)。一些对于实践合理性和认识合理性(practical and epistemic rationality)的有用的讨论，参见 S. I. Benn and G. W. Mortimore (eds.), *Rationality and the Social Sciences*, London: Routledge, 1976.

7. 此处及之后从被访者的生活史笔记中引用的摘录，是为了阐释位于摘录之前的文本中的描述或解释。可以看到，我们对所提交的生活史笔记进行了相对大范围的引用。但有些受访者的笔记被多次引用，部分是为了对其思考的连续性有所了解。在使用摘录时，我们已经纠正了拼写和语法上的小错误，并偶尔改动了细节，以预防任何受访者的身份被认出来的可能性。每段访谈摘录后的详细资料格式如下：(被访者参考编号；被访者14岁时父亲或其他家庭主事人的职位；被访者的第一个全职职业—被访者1974年的职业)。

8. 我们可以认为，那些被视为主要话题的内容，至少在三分之二的相关的人的生活史笔记中得到了承认。

9. C. Wright Mills, *The Sociological Imagination*, New York: Oxford University Press, 1959, ch. 1.
10. 参见原文第128—129页。
11. 参见原文第140—141页。
12. 在这方面,值得注意的是,因为它所产生的社会不平等,自由市场经济的更老练的捍卫者(sophisticated defenders)实际上已经拒绝了将"任人唯贤"的意识形态合法化的想法,这很大程度上是因为在市场运作中分配利益和回报中有时纯粹是运气起作用。例如,参见 F. A. Hayek, *The Constitution of Liberty*, London: Routledge, 1960, ch. 6 esp。
13. 参见原文第16—17页。
14. 关于这个概念,请参见 Robert Dubin, 'Industrial Workers' Worlds: a Study of the "Central Life Interests" of Industrial Workers', *Social Problems*, vol. 3, 1956。
15. 有关此限制的进一步讨论,请参见 John H. Goldthorpe, David Lockwood, Frank Bechhofer, and Jennifer Platt, *The Affluent Worker: Industrial Attitudes and Behaviour*, Cambridge University Press, 1968, ch. 2; and *The Affluent Worker in the Class Structure*, Cambridge University Press, 1969, ch. 3。
16. 在这类问题里,仅有的被问或提出的导致紧张关系的是加班和更换工作。但后者如果能使日间的休闲时间更多,也会被视为有利于家庭生活的因素。
17. 从职业生涯角度来看,正如之前所指出的那样,我们往往无法区分行业间和行业内的流动;但向上流动的受访者自己所声称的成功,事实上通常是指前者。在陶斯基和杜宾(Tausky and Dubin)的术语中,人们可以说这些人通常展示一种"向下的职业锚定",即根据距离某个起点的距离来评估他们的成就。与此相反,在阶级Ⅰ中保持代际位置稳定的成员往往是"向上的职业锚定",这意味着他们对于成功的判断是基于他们与行业巅峰的距离而判定的。参见 Curt Tausky and Robert Dubin, 'Career Anchorage: Managerial Mobility Motivations', *American Sociological Review*, vol. 30, 1965。

第二部分

英国的阶级流动：
当代议题

第九章

1972—1983年的阶级流动趋势

（与克莱夫·佩恩合著）

在第一部分中，一个反复出现的主题是20世纪中叶英国不断变化的代际阶级流动模式。第三章致力于根据出生队列分析，仔细观察这一时期的流动趋势。我们将1972年调查中的受访者依据出生日期分组（以十年为界），并由此构成连续的出生队列，跨越这些出生队列的个人流动经历的比较得以展开。正如之前提到的那样（参见原文第69—70页），这一种方法无疑有不完善的地方及弊端。首先，我们不是在操作真正的出生队列，而仅仅是这些队列中经过了死亡及迁徙损失后的幸存者。更进一步来说，有关结果的可靠阐释总是被趋势分析主要关切的时期效应影响，它跟年龄（或称生命周期）或队列归属本身相混淆。然而，尽管我们肯定无法认为完全绕过了这些障碍，但我们觉得，仍然可以提供一份至少在主要结论上不会具有误导性的、关于我们数据所涵盖的时期的阶级流动趋势的说明。这些结论可以总结为以下几点。

（i）至少从两次世界大战期间的年代一直到1972年调查开展的时间里，所有阶级出身的男性逐渐更有可能流入专业、行政和管理职位，或者，我们可以说，流入了现代英国社会的服务阶级；同时，他们变得更少可能处于赚取体力工资的工人阶级职位。

（ii）这些趋势可以或多或少归因于阶级结构形态的变化——也就是服务阶级的增长以及工人阶级的收缩；换句话来说，它们是客观流动机会变化的结果，并且没有反映出相对流动概率的或朝着更加机会平等或者"开放"方向的任何变化。

(iii) 因此，在连续的出生队列中，尽管从其他阶级出身流入服务阶级的向上流动逐渐增加，从服务阶级向其他阶级位置的向下流动却逐渐减少；相应地，尽管工人阶级某种程度上代际变得更不稳定，服务阶级的稳定性却增强了。

由此，本章的核心关注点是弄清楚代际阶级流动模式中的这些变化或不变的成分在1972年后的十年是否持续。事实上，那一年有理由被视作"长期繁荣"的战后时期的最后一年——在这一时期里，资本主义经济持续的和相对平衡的增长已经成功地制度化了。1973年10月，战事在中东爆发了，1973—1974年的冬天见证了第一次大幅的油价上涨。在接下来的夏天，自1929年以来最严重的国际经济危机发生了。从当下的形势出发，这看起来似乎标志着西方世界经济历史的一个新阶段：它以更难驾驭的通货膨胀和失业之间的宏观经济关系还有大体上降低的增长率为特征。更进一步来说，在这个新背景下，尤其是在去工业化和裁员的方面，英国比其他大多数西方国家经历更为糟糕。不仅仅是失业率一度不同寻常地高（官方数据显示，1983年这一比例达到了12%以上），更进一步来说，大约从1975年之后，长期失业的人数稳步增长。在1983年，一百万人被登记为失业了一年或更久。一直持续到1972年的结构性改变是影响流动模式的关键性因素，也通常被认为是全面经济扩张的一个特征。因此，一个明显的问题是：在当下普遍的经济情况下，结构性变化导致有利的流动机会的产生是会继续保持，还是逐渐受到限制，然后流动的不利结果的风险由此增长？

方法和数据

为了解决上述问题和其他与之相关的问题，在这里我们采用了一种调查流动趋势的方法，这种方法至少在原则上比出生队列分析要好，即：比较来自两个不同调查的数据。我们试图通过将1972年调查的相关数据与后来我们从另一个通过对全体英国选民中具有代表性的样本进行访谈的全国调查，即1983年英国大选研究（the British General Election Study，BGES）中提取的流动数据进行对比，来佐证代际阶级流动趋势是否存在。[1]

毫无疑问，基于两个不同年代所进行的调查来检验趋势的主要优势在于不同时期的影响可以被分离。我们可以在保持年龄和出生队列不变的情况下，对两个不同时间点的人的流动经历进行比较。然而，这样做最主要的不利条件是，在利用不同时期并且通常由不同的研究小组出于不同的目的所进行的调查时，我们几乎无法避免数据集的不可比较性（non-comparability）这一实际问题。因此，我们认为BGES的一个主要局限性是没有收集受访者第一次进入劳动力市场时或者其他任何时间的职位或雇佣状态，只有调查时的。因此，通过运用这一研究，我们只能从唯一的一个阶段（transition）来观察代际流动——也就是从受访者的阶级出身（由受访者14岁时，受访者的父亲或其他一家之主的阶级位置所确定）到受访者"现在"的阶级位置的这一阶段。

更进一步来说，出现的另外一个更加普遍的问题是：1983年调查收集的所有职业信息是根据人口普查局（the Office of Population Censuses and Surveys，OPCS）1980年引入的职业分类新体系编码的[2]，而1972年调查里相应的数据是根据1970年的OPCS体系编码的。显而易见的是，在从BGES提取来的数据和1972年收集的数据能够结合起来使用之前，必须进行大规模的重新编码操作。

通过与负责BGES实地调查和数据准备的社会与社区规划研究（Social and Community Planning Research，SCPR）合作，我们将重编码操作设计为两个部分，并由SCPR的工作人员根据以下提纲来实施。

（i）对于BGES中的所有受访者：他们当时的阶级位置的信息、他们父亲职位的信息和他们配偶的职位信息，根据1970年OPCS体系重新编码。

（ii）对于1972年调查中当时的阶级位置和父亲的职业信息都可得的，占六分分一受访者样本（N=1522）：根据1980年OPCS体系重新编码。

如果1980年OPCS雇佣地位的编码没有重大变化，那么按照之前（i）中的职业的重新编码来把BGES的受访者及其父亲分配到根据阶级框架的阶级位置是可行的——这些阶级框架是为了分析1972年的数据而设计的，并且，由此来构建一个和1972年可利用的相同的1983年的代际阶级流动表就是可行的。然而，为了增强可比性，我们专门设计了一个新版本的阶级框架，来和根据1980年体系编码的职业数据结合使用。这个新版本的目标和老版本（参见原文第40页）完全一样，旨在不同的各个阶级中对职业和雇佣地位的组合进行整合，并使这些组合的成员具有大致相似的市场和工作境遇，但是，我们希望1980年更加精练的职业分类能使这个目标完成得比之前更加令人满意一些。[3] 这个新版本的阶级框架接下来可以被用于进一步描绘两个代际阶级流动表格，还可以做1972年和1983年之间的比较：一个基于BGES数据，采用最初编码方式，另一个如前文中(ii)所示，基于1972年记录的数据，根据1980年的体系进行重新编码。

在表9.1中，基于1972年的数据，我们呈现了一个分析，来展示两个版本的阶级框架是怎样彼此相关的。可以看到的是，除了阶级Ⅳ，无法忽略的改变在的所有阶级的构成里都发生了，但是同时也应该补充的是，在两个版本中，所有案例里超过80%仍然都落在同一个阶级里。

表9.1 根据1970年和1980年体系来编码的，由1972年调查的受访者的子样本（N=1522），按阶级分类交互（cross-classification）来展示的阶级图式新旧版本之间的关系：左上数据按行显示了从"旧"阶级到"新"阶级的百分比分布；右下数据按列显示了从"旧"阶级的"新"阶级的百分比构成[a]

旧图式	新图式							总百分比
	Ⅰ	Ⅱ	Ⅲ	Ⅳ	Ⅴ	Ⅵ	Ⅶ	
Ⅰ.高级专业、行政和管理人员	77.3	20.3	0.5	0.5	*1.4*	0	0	13.6
	89.9	18.8	1.0	0.7	*2.0*			
Ⅱ.低级专业、行政和管理人员	8.1	85.0	3.5	0	*2.9*	0	*0.6*	11.5
	7.9	65.9	5.9		*3.4*		*0.2*	
Ⅲ.常规非体力雇员	2.1	13.5	63.8	0	9.9	0	10.6	9.2
	1.7	8.5	88.2		9.5		3.6	
Ⅳ.小业主和自雇者	0	2.1	0	97.9	0	0	0	9.4
		1.3		99.3				
Ⅴ.低级技术人员和体力劳动监工	0	5.3	0	0	63.9	27.2	3.6	11.6
		4.0			73.5	14.3	*1.5*	
Ⅵ.熟练的体力劳动者	*0.3*	0	*0.3*	0	3.7	76.8	18.9	21.2
	0.6		*1.0*		8.2	78.3	15.0	
Ⅶ.半熟练和不熟练的体力劳动者	0	*0.8*	1.1	0	1.4	6.6	90.0	23.5
		1.3	4.0		3.4	7.5	79.6	
总百分比	11.7	14.7	6.7	9.0	9.7	21.1	27.1	

注：(a) 斜体的数字来自根据两套编码方案编码不一致的案例。总共有15个这样的案例，不超过总体的1%。

因此，我们两方面的重新编码操作为我们提供了将我们两个时期的流动数据的也许可以称之为"双重拼接"(double splice)的方法。如表 9.2 所总结的那样,基于两套不同版本的阶级框架以及最终两套不同的职业分类体系,我们得以使用两对不同的但具有可比性的流动表。

表 9.2 比较性的流动表的样本数,1972—1983 年

	1972	1983
旧版本的阶级图式(1970 OPCS 体系)	纳菲尔德样本,原始编码 (N=9 434)	BGES 样本,重新编码 (N=1 173)[a]
新版本的阶级图式(1980 OPCS 体系)	纳菲尔德样本,重新编码 (N=1 522)	BGES 样本,原始编码 (N=1 173)[a]

注:(a) 为了保证和 1972 年调查覆盖的人口的可比性,选取居住在英格兰和威尔士的 20—64 岁男性。

那么,这样一来,我们就获得了一个得以校验我们结果的稳健性的好处:最明显的是,我们可以主要关注那些基于两种基准来比较时都相同的结果。但是,重新编码操作本身的信度的问题显然还存在。在继续呈现主要发现之前,我们将报告针对这一问题所进行的两个不同的检验。

第一,在根据 1970 年的体系对 BGES 职业数据开始重新编码之前,SCPR 工作人员对 300 个从 1972 年采访安排里随机抽取的职业条目进行了试验性的编码,这些职业条目被和 1972 年研究里的原始编码进行了比较。在 SCPR 编码里,有 277 个(92%)与 OPCS 体系 3 位数编码的(3-digit)职业群体的水平(level)的原始编码相一致,并且只有 9 个(3%)不一致从而导致阶级框架的分配不同。因此,我们有理由自信地认为,基于 1970 年体系,使用了两个不同的编码团队生产的职业数据的比较,在阐释 OPCS 编码规则时没有产生重大区别。

第二,两个重新编码任务一完成,我们就对结果中来自 1972 年调查的年龄在 20—64 岁的男性受访者(在 14 岁的时候)的父亲们与来自 1983 年调查的年龄在 31—75 岁(并且居住在英格兰和威尔士)的男性的父亲们的阶级分布进行了比较。我们接下来可以预期(expect)的是,不同的死亡率和迁移效应的净效应的分布都会受到抽样错误的限制。我们发现,实际上,基于 1980 年版本的阶级框架,他们之间的差别显然是不显著的,并且基于有大得多的个案数的 1970 年版本(10 472 个样本较之于 1980 年的 2 560 个样本)[4],差别也刚好在 5%的置信水平上缺乏显著性。更进一步来说,正如表 9.3 中

所显示的那样,二者的显著区别是,1983年的分布相对于1972年的分布来说,有着更多的阶级Ⅰ和更少的阶级Ⅶ的父亲。这一点与其说是反映了编码操作上一致性的缺失,倒不如说更应该被看作不同的死亡率以及不同阶级对社会调查回应率差异的结果。总之,我们的重新编码操作看起来是达到了一个令人满意的可信度标准,并且我们可以有所保证:至少就这方面来说,1972年和1983年流动表格所揭示出的任何差别都不会是严重虚假(artefactual)的。[5]

表9.3 摘自1972年调查的20—64岁受访者的父亲和摘自1983年调查的31—75岁受访者(居住在英格兰和威尔士)的父亲的阶级分布

阶级	1972年的父亲(20—64岁男性)	1983年的父亲(31—75岁男性)
	百分比,按列	
	旧图式	
Ⅰ	7.3	9.7
Ⅱ	5.9	6.9
Ⅲ	7.4	6.8
Ⅳ	14.1	14.9
Ⅴ	11.5	11.3
Ⅵ	27.5	26.6
Ⅶ	26.4	23.7
	新图式	
Ⅰ	7.0	9.7
Ⅱ	7.5	7.6
Ⅲ	4.4	5.0
Ⅳ	13.7	14.4
Ⅴ	10.3	11.5
Ⅵ	26.6	25.3
Ⅶ	30.5	26.5

相对比率,1972—1983年

在第三章中,我们一开始就讨论了关于阶级流动的绝对比率(即流入和流出的百分比)的趋势,接着,正如被流动表的边缘分布所调节的那样,考虑了这些趋势在多大程度上反映了相对流动比率的改变,还是说——正如案例研究事实上所呈现的——这些趋势其实是反映了阶级结构的变化必然导致的结果。在这里,逆转这种流程会令我们更方便。我们应该将对相对比率的思考当作开始,并且要专门提出这样一个问题:我们在这些比率的规律里发现的基本稳定性,或称为20世纪中期的社会流动性,是否延续到了80年代。

当之前我们通过出生队列分析,来检查可能存在的相对比率改变时,我们把能够定义流动表格内出身阶级和终点阶级间的联系的优势比(odds ratios)当作一种合适的测量。接下来,我们通过将统计模型拟合到连续出生队列的流动表中,检验了这样一个假设:相对比率随时间推移没有发生变化。这个模型假定:(i)出生队列和阶级出身、阶级终点之间的联系是存在的;(ii)阶级出身和阶级终点之间的联系是存在的;然而(iii)后一种联系本身并不随着出生队列变化。换句话来说,这一统计模型允许结构性改变,也允许这样一个事实,即流动性将不会是完美的——相对流动机会将会是不均等的。但是,正如在优势比里表现出的那样,它要求这些不均等的机会从一个队列到另一个队列应该是一样的模式。

在我们目前的分析中,基于不同时期流动表的相对比率比较,我们可以应用这一相同的"持续不变的社会流动"模型(在第三章的附录中有正式说明),只是在术语的命名上用"出生队列"(cohort)取代"调查"(inquiry)。因此,现在模型所包含的假设便是:由我们1972年和1983年调查的流动表而得出的社会流动模式是不变的,并且所有相应潜藏于这些表格里的优势比应该是一样的。

在表9.4,我们展示了当模型能拟合我们的数据时所得到的结果。在我们之前的出生队列分析里,为了避免不可靠的过小的单元格频数(avoid unreliably small cell frequencies),我们有必要运用合并过的三分类阶级框架版本。因为在BGES里,落在像1972年被研究的各人群的受访者的数量,即20—64岁居住在英格兰和威尔士的男性,并不是都那么多(N=1173),且1972年被重新编码过的受访者的样本其实也没那么大(N=1522),所以除了完整的七分类形式的阶级图式,我们在这里也使用了合并版本。因此,总的来说,我们对模型进行了四项检验,假定1972年和1983年之间存在持续不变的社会流动:也就是,我们将模型同时应用在了基于旧的1970年和新的1980年版本的合并的及未合并的阶级分类图式中。

表 9.4　将"持续不变的社会流动"模型运用于 1972 年和 1983 年调查的
代际阶级流动数据的检验结果

		χ^2	df	p
旧图式(N=10 607)	3 阶级	0.08	4	0.99
	7 阶级	41.57	36	0.24
新图式(N=2 693)	3 阶级	2.52	4	0.64
	7 阶级	31.12	36	0.70

正如我们可以从表 9.4 看到的那样,持续不变的社会流动性假设,或者说持续不变的相对比率假设,得到了很强的支持。即使这个模型呈现出与假设有任何出入,这些偏差也非常轻微。并且从对残差的检验来看,似乎没显示出遵从任何社会学意义的模式。举例来说,我们在这四个检验中,都无法找到在之前的出生队列分析中所呈现的那种值得质疑的趋势,即:相较于服务阶级和中间阶级(原文第 83—85 页)以上出身的男性的机会而言,工人阶级出身的男性在服务阶级被发现的机会变得更小的任何迹象。[6]

在表 9.5,关于我们的三阶级分析,我们展示了所拟合模型中的完整优势比。它们代表了我们对 1972 年到 1983 年实际上持续不变的社会流动模式的样本估计。正如预期的那样,这个模式和呈现在表 3.5 中的,我们的出生队列分析里的优势比相比较而言非常接近。[7]尤其值得注意的是,到目前为止,流动机会方面最大的不平等再一次出现在服务阶级出身的男性和工人阶级出身的男性竞争进入服务阶级位置的竞争而非工人阶级位置的竞争中——优势比以超过十比一的比例偏向前者。

表 9.5　1972—1983 年的相对代际流动机会,以优势比的形式进行估计:
上层数据用旧的阶级分类图式进行计算,下层数据用新的阶级分类图式进行计算

"竞争中的"出阶级对	"为之竞争的"终点阶级对		
	Ⅰ和Ⅱ/Ⅲ—Ⅴ	Ⅰ和Ⅱ/Ⅵ和Ⅶ	Ⅲ—Ⅴ/Ⅵ和Ⅶ
Ⅰ和Ⅱ vs. Ⅲ—Ⅴ	3.00	5.00	1.67
	2.64	3.61	1.37
Ⅰ和Ⅱ vs. Ⅵ和Ⅶ	3.96	14.27	3.61
	3.15	10.19	3.23
Ⅲ—Ⅴ vs. Ⅵ和Ⅶ	1.32	2.85	2.16
	1.19	2.82	2.37

当然，可能又有人会争论：如果比较来自两个仅相差10年的调查的流动数据，那就不能指望任何种类的重大差别会出现，因为两个调查的人口中将会存在大量重叠，而在这段时间它们的成员中都会发生重大流动经历。出于对这一要点的重点关注，我们进一步改良了"持续不变的社会流动"模型，将1972年和1983年的流动表格（的合并形式）拆分成三个不同年龄组：20—34岁，35—49岁和50—64岁。正如表9.6所示，对于每一个年龄组来说，采用两个版本的阶级分类图示模型都能再一次非常好地被拟合。换句话说，我们有理由自信地认为，模型对所有1972年和1983年年龄在20—64岁的男性的流动数据都能作出令人满意的拟合，不会在特定年龄范围掩盖相对流动机会的转变。一个尤其令人信心倍增的事实是：模型在20—34岁年龄组和两个更老的年龄组都一样是可接受（acceptable）的。

表9.6　将持续不变的社会流动模型运用于1972年和1983年调查的代际阶级流动数据，按年龄组

	年龄组	χ^2	df	p
旧图式（3阶级）	50—64	1.46	4	0.83
	35—49	0.68	4	0.95
	20—34	1.98	4	0.74
新图式（3阶级）	50—64	2.64	4	0.62
	35—49	2.41	4	0.66
	20—34	1.83	4	0.77

总之，接下来我们可以对本节一开始的问题给出一个相当明确的答案了。我们关于1972年数据的分析显示，在战后时期结束后的第一个十年里，代际阶级流动的相对比率或机会的稳定性没有被大幅度打乱，且至少回到了20世纪20年代的水平。

绝对比率，1972—1983年

既然我们要采用"持续不变的社会流动"模型处理这一段时期的相对流动比率，我们就必须将所有绝对比率在1972年至1983年间的明显改变都视为被流动表格的边缘分布而调节掉的结构变化。因此，我们从这里重新开始

考虑这些分布是有好处的,像表9.7展示出的那样。表格的上层分表数据根据合并后的分类图示(新旧版本都有),展示了那些出现在比较性表格里的男性的阶级出身和终点,并且,一幅非常清晰的图景出现了。如果有人检验1972年和1983年阶级终点的分布——两个国家调查里受访者"当时的"阶级位置,很明显我们在第一部分强调过的阶级结构的长期变化在持续。服务阶级进一步扩张,工人阶级进一步收缩。如表9.7所示,因为之前提到过的可能在不同阶级间不同程度(class-differential)增多的(对社会调查问题)不作应答的情况,这些变化可能会在某种程度上被夸大,但是这些变化的真实性仍然毋庸置疑的。事实上,他们与1981年人口普查报告的估计高度一致。[8] 在表9.7下层的样本数据里,我们可以看到,相同的分布出现在七个阶级里。在

表9.7 受访者的分布以及受访者父亲(在受访者14岁的时候)的分布,调查于1972年和1983年,同时根据新旧版本的阶级图式

阶级	旧图式				新图式			
	父亲		受访者		父亲		受访者	
	百分比,按列				百分比,按列			
	1972	1983	1972	1983	1972	1983	1972	1983
Ⅰ和Ⅱ	13.2	17.3	25.1	33.1	14.5	17.9	26.4	33.6
Ⅲ—Ⅴ	32.9	31.7	30.2	32.3	28.5	29.6	25.4	26.6
Ⅵ和Ⅶ	53.9	51.0	44.7	34.6	57.0	52.5	48.2	39.8
Ⅰ	7.3	9.8	13.6	16.9	7.0	9.7	11.7	16.0
Ⅱ	5.9	7.6	11.5	16.2	7.5	8.2	14.7	17.6
Ⅲ	7.4	6.6	9.2	9.3	4.4	5.1	6.7	6.7
Ⅳ	14.1	14.6	9.4	12.0	13.7	14.0	9.0	11.6
Ⅴ	11.5	10.5	11.6	11.0	10.3	10.5	9.7	8.4
Ⅵ	27.5	25.9	21.2	18.0	26.6	25.0	21.1	19.6
Ⅶ	26.4	25.1	23.5	16.6	30.5	27.5	27.1	20.1

父亲和受访者分布的△[a]

	旧图式		新图式	
	1972	1983	1972	1983
3阶级	11.9	16.4	11.9	15.7
7阶级	13.8	18.9	14.2	17.3

注:(a) △是相异指数(dissimilarity index),展示了为了让两个分布相同,在一个分布里必须要再分配多少百分比的个案到其他类别。

半熟练和不熟练组成的阶级Ⅶ比熟练工人(这些人可能再一次部分反映了不同的不回应率)组成的阶级Ⅵ收缩得更厉害的迹象之外,此处我们主要关心的是中间阶级。当阶级Ⅲ已经在规模上稍许改变,阶级Ⅴ已经稍微收缩时,包含有小业主和自雇者的阶级Ⅳ明显增长,并且进一步的分析显示:这一增长在有雇员的自雇者中最为明显。[9]

表9.7中,还有一点值得注意。正如相异指数所指出的那样,无论根据什么来考虑,阶级出身和阶级终点分布之间的差别随着时间增大了。换句话来说,在男性劳动力样本里,相较于1972年的情况来说,1983年受访者的阶级分布更加不同于他们父亲的分布。这将意味着,在其他条件不变的情况下,整个代际流动比率——所有被发现处于一个不同于他们父亲的阶级的男性所占的比例——已在一定程度上上升。

事实上,考虑到相对比率的恒定性以及阶级结构变化的稳步持续,绝对流动比率在模式上的变化大体上变得容易预测:它必然遵循1972年被揭示出的相同的规律。从表9.8中也能看到事实确实是这样。这股趋势再一次展现出的主要特征——除了预期的整体流动性的轻微增长——是所有阶级出身的男性变得更容易被发现处于服务阶级位置,而更少可能被发现处于工人阶级位置。进一步地,当我们在表9.9再一次探索了1972年和1983年流动比率可能的差别,即在保持年龄组不变的情况下,差异在很大程度上仍然是这样。这里特别值得关注的是我们对最年轻那个年龄组的分析结果。我们可能会假设,鉴于经济形势的恶化,1983年年龄在20—34岁的男性的代际阶级流动体验会比1972年相似年纪的男性更加不利。然而,基于表9.9的证据,我们无法断言这样的下滑。至少,当使用新版本的阶级分类图式时,服务阶级和中间阶级出身的年轻男性被发现位于服务阶级位置的机会实际上确实并没有表现出改善。但是两个版本的阶级分类图示揭露了工人阶级出身的年轻男性流入服务阶级的流动比率的持续上升,并且也揭露了他们留在工人阶级可能性的持续下降。

当然,我们也可以检验在表9.8和表9.9中,在七大阶级的基础上被整理出来的相同的数据。然而,相关表格在这里并没有呈现(可应请求提供),因

表 9.8 受访者按父亲阶级(划分)的阶级分布,调查于 1972 年和 1983 年,根据新旧版本的阶级分类图式

父亲的阶级	图式	调查	受访者的阶级			
			I & II	III—V	VI & VII	N
			百分比,按行			
I 和 II	旧	1972	58.8	26.0	15.2	1 242
		1983	65.1	24.7	10.2	204[a]
	新	1972	57.7	23.2	19.1	220
		1983	62.0	22.2	15.8	210
III—V	旧	1972	27.6	36.7	35.7	3 105
		1983	34.4	38.3	27.4	372
	新	1972	31.2	31.9	37.0	433
		1983	34.2	34.3	31.5	347
VI 和 VII	旧	1972	15.5	27.2	57.3	5 087
		1983	21.5	31.2	47.3	598
	新	1972	16.0	22.7	61.2	867
		1983	23.6	23.8	52.6	616

总流动比率(流动表中不在主对角线上的单元格%)

	1972	1983
旧图式	49.3	52.5
新图式	47.6	51.1

注:(a) 此处和接下来 BGES 数据的所有个案数都是加权后取最近整数的数值(参见本章注释 1)。

为它们的单元格频数,至少是以年龄划分的单元格,通常太小以至于不可靠。我们将简要概括四项对于所有年龄的七阶级表格已报告的发现的改进,并且这些成果事实上大致与表 9.7 所指出的,正在变化的阶级结构内相对流动比率持续不变的状况相一致。

(i)服务阶级内部不流动性的增加更多是较低层的服务阶层的特征,而不是较高层的服务阶层的特征——也就是说,更多是阶级 II,而不是阶级 I 的特征。

(ii)各阶级出身流入工人阶级的减少在流入阶级 VII——半熟练和不熟练的工人,比流入阶级 VI——熟练的工人的过程中,更加明显。

表 9.9 受访者按父亲阶级(划分)的阶级分布,分年龄组,调查于 1972 年和 1983 年,根据新旧版本的阶级分类图式

年龄组	父亲的阶级	图式	调查	受访者阶级			
				I & II	III—V	VI & VII	N
50—64	I 和 II	旧	1972	58.3	26.1	15.6	314
			1983	70.7	21.6	7.7	52
		新	1972	54.2	25.4	20.3	59
			1983	64.5	24.7	10.8	57
	III—V	旧	1972	25.3	38.2	36.5	970
			1983	31.7	37.2	31.1	95
		新	1972	28.5	35.4	36.2	130
			1983	31.6	32.1	36.3	101
	VI—VII	旧	1972	14.4	28.6	57.0	1 661
			1983	19.3	33.8	46.9	187
		新	1972	14.0	24.1	61.9	286
			1983	18.9	30.2	50.9	179
35—49	I 和 II	旧	1972	64.0	22.5	13.5	378
			1983	70.7	22.9	6.4	61
		新	1972	62.9	22.9	14.3	70
			1983	67.0	20.5	12.5	63
	III—V	旧	1972	29.9	37.2	32.9	1 056
			1983	35.6	37.9	26.5	136
		新	1972	31.2	34.8	34.0	141
			1983	37.2	34.3	28.6	117
	VI—VII	旧	1972	16.3	28.9	54.8	1 705
			1983	21.6	32.8	45.5	203
		新	1972	14.9	27.0	58.1	289
			1983	26.3	23.5	50.1	220
20—34	I 和 II	旧	1972	55.5	28.4	16.2	550
			1983	58.0	27.7	14.3	60
		新	1972	56.0	22.0	22.0	91
			1083	56.9	21.7	21.3	90
	III—V	旧	1972	27.3	34.8	37.8	1 079
			1983	35.0	39.3	25.7	141
		新	1972	33.3	26.5	40.1	162
			1983	33.5	36.0	30.5	129
	VI—VII	旧	1972	15.6	24.2	60.2	1 721
			1983	23.4	27.2	49.4	208
		新	1972	19.2	17.1	63.7	292
			1983	24.6	18.9	56.5	220

(iii) 表9.8展现出的中间阶级内部不流动性的轻微增加,事实上是阶级Ⅵ,即小资产阶级的特征,但在阶级Ⅴ——蓝领精英——中完全不明显。

(iv) 表9.8展现出从工人阶级出身流向中间阶级位置的流动性的轻微增加,(在这样的现象中)最清楚的趋势就是更多的流动性发生在从阶级Ⅵ和阶级Ⅶ出身流向阶级Ⅳ自我雇佣的职位当中;在两个版本的阶级分类图式中,这一流出比率都从1972年的大约6%上升到了1983年的大约9%。

还有一种更进一步的方法可以对表9.8中报告的绝对比率给出有效的解释。事实上,为了这样做,我们必须回到相对比率,但是在第二章和第三章中引入的差异比率(disparity ratio),而不是优势比(odds ratios)所衡量的那种。在对边际分布的敏感程度方面,差异比率和优势比不同,但是正因为这个原因,有时差异比率在阐明结构性变化如何影响观察到的流动模式上很有用。

在分析1972年流动数据的过程中,我们使用了差异比率来展示不同出身的个体被发现处于特定终点的机会(或风险)。因此,使用合并过的三阶级分类图式,我们观察到服务阶级、中间阶级和工人阶级出身的男性进入服务阶级位置的各自机会比率接近于4∶2∶1,而相应的被发现处于工人阶级位置的机会比率大约是相反的——1∶2∶4(在每种情况下,最低的机会比率被设定为1)。这些比率可以很容易再次通过呈现在表9.8中的,基于老版本的阶级分类图式的1972年的流出百分比进行计算。进入服务阶级的服务阶级、中间阶级和工人阶级出身的男性的百分比分别可以被看作是58.8%、27.6%和15.5%,而进入工人阶级的百分比是15.2%、35.7%和57.3%。接下来,我们感兴趣的就是去检验1983年的同类比率。在表9.7中,和上述数据相对的1983年的百分比(即也是基于老分类图式)是65.1%、34.4%和21.5%,以及10.2%、27.4%和47.3%。接下来,简单的计算将会显示:一种变化已经发生了。已经发生的是,成为服务阶级的机会不平等被发现已经稍微减少了,而成为工人阶级的机会不平等则扩大了。在之前的情况中,差异比率已经从1972年大约4∶2∶1变成更为接近的3∶1.5∶1,而在后一种情况中,是从大约1∶2∶4转变到了几乎1∶3∶5。并且,我们可能要补充道,如果有人采用相同的比率但是基于新版本的阶级分类图式,会得到一个相似的结果,尽管总体上比率会稍微更低一点。

应该清楚地认识到的是,由差异比率测量得出的结果发生了变化,而由优势比测量出的结果没有变化的情况是不矛盾的。正如之前展示过的那样(参见原文第88页注释17),事实上优势比是两个互相补充的差异比率的产物。所以在这里我们发现的是:事实上,在代际阶级流动优势比的不变性之下——或者是我们可以解读为整体机会不平等的不变程度,尽管代际阶级流动本质上是保持平衡的,但是在更加具体的流动机会的变化趋势中有特定的阶级差别。重复一下,进入服务阶级位置的相对机会已经稍微地变得更加平等了,但是被发现处于工人阶级位置的相对机会或者说风险已变得更不平等了。实际上,这类的结果并不是矛盾的,在不变的优势比和持久的阶级结构转型并存的背景下,必然会发现上述结果,同时这种转变会深刻影响阶级的相对规模。

到目前为止,本章我们集中于只采用流出的视角看待流动趋势。不过,在最后我们可能也要采用一种流入的视角来运用已有的来自两个不同时间点的调查数据。从这个角度来说,我们的关注点不会集中在个人流动机会的变化,而会集中于将阶级作为分析单位,关注其人员招募模式的变化。因为我们有来自1972年和1983年调查的具备可比性的数据,正如表9.10里所做的那样,我们就可以通过将两套数据的流入比率彼此参照来确定。[10]

表9.10 按父亲阶级的受访者阶级构成,调查于1972年和1983年,根据新旧版本的阶级分类图式

父亲的阶级	受访者的阶级					
	Ⅰ和Ⅱ		Ⅲ—Ⅴ		Ⅵ和Ⅶ	
	1972	1983	1972	1983	1972	1983
	百分比,按列					
	旧图式					
Ⅰ和Ⅱ	30.8	34.1	11.3	13.3	4.5	5.1
Ⅲ—Ⅴ	36.1	32.8	40.0	37.5	26.3	25.1
Ⅵ和Ⅶ	33.1	33.1	48.6	49.2	69.2	69.7
N	2 372	389	2 848	379	4 214	406
	新图式					
Ⅰ和Ⅱ	31.7	33.0	13.2	14.9	5.7	7.1
Ⅲ—Ⅴ	33.7	30.1	35.8	38.2	21.8	23.5
Ⅵ和Ⅶ	34.7	36.9	51.0	46.9	72.4	69.4
N	401	394	386	312	733	467

我们对1972年流动数据检验流入形式的过程中，(参照前文第53—58页)，我们特别分析了两种特征：第一，是服务阶级非常广泛的人员招募，和随之而来的成员的社会出身和背景的异质性；第二，工人阶级在很大程度上实行自我招募，这也意味着至少在它的人员构成上，具有压倒性的"二代"(second-generation)特征。从表9.10，我们可以看出这两种特征在1983年仍然很明显。事实上，表格产生出的大致图景就是基本没有变化(可能要补充道，七阶级表格也给出了同样的图景)。然而，有一种趋势，尽管很轻微，但用新旧版本的阶级分类图式来分析时都很明显，似乎值得注意，即：其他条件一样的情况下，服务阶级出身的男性在所有三大阶级的组成中变得更为重要，事实上，这正是预料之中的，是在其他不变的情况下，由于这一阶级的持续扩张导致的。此趋势当然显示服务阶级的自我招募现在正在增加。尽管在它的组成上仍然非常混合，并且从任何意义上来说它都没有展现出"封闭性"，但服务阶级——正如之前基于1972年的数据事实上预期的那样——正在缓慢地自我巩固(consolidating)。同时，虽然它在继续增长，并且社会流动模式保持不变，但事实上它必然会如此发展。

失业的影响

在前面的分析中，我们没有考虑失业。在1972年的调查中，被访时失业的受访者基于他们之前的职位，被给定了"当时的"阶级位置，同时我们也对1983年调查里失业的受访者做了相似的处理。然而，这种做法很可能适用于某些情况时，却不适用于另外一些情况。在1972年，官方失业率仍然低于4%，且1972年调查的受访者里只有5%说他们目前没有工作——这包含了之前被安排了工作，正在等待就职的男性。[11] 更进一步来说，此时我们应该认为，这些失业人员当中的许多人是处于"职业间隙"而非长期失业，而且他们终将回到和之前受雇过的职业相似的类型的工作。因此，基于这些情况，根据他们之前的职业来认定失业人员的阶级分配的做法大概率上没有误导性。[12] 但是在1983年，一种非常不同的情形出现了。正如已经指出的那样，失业率已经超过了12%，并且长期失业现在被认为是一个普遍问题。在BGES的样本中，排除了那些等待就职的人，年龄在20—64岁且居住在英格兰和威尔士男性中几乎有 9% 说他们失业了,且有 5% 声称已经失业了一年及以上。[13] 另外,有证据表明,在当下的经济环境下,在一段时间的失业后又回去工作的男性通常会经历职业水平的向下流动。[14] 很明显,用处理 1972 年数据那样相同的方式来处理 1983 年的流动数据中失业人员的数据,而不考虑这样做是否会扭曲我们的结果,将会是不明智的。更具体地来说,看上去重要的是需要检验如果失业或者至少长期失业本身被当作一种流动"状态"或结果,将会对 1983 年的流动表产生什么影响。

在这一点上,我们首先可能会问,如果我们根据他们的最后一份职业决定 1983 年样本中失业的男性的阶级,那他们会是什么阶级?进一步地,在他们的阶级中,失业人员占了总体的多少比例?表 9.11 提供了这些问题的答案,并且不出所料,失业人员主要来自工人阶级,并且失业状态在工人阶级中明显比在中间阶级或服务阶级中更普遍。此外,我们可以看出,在长期失业的情况下,这种阶级倾向性(class bias)表现得更为突出。

如果将失业人员视为拥有确实不同的阶级位置,那么 1983 年的流动模式又改变了多少呢?表 9.12 提供了相关信息。同样,呈现的结果可能看起来相当循规蹈矩。但是,对于我们当前的研究目的来说,事实上,一个重要的结论能够被得出,这个结论不是立马就显而易见的,只有当在表 9.12 中的流出百分比被拿来和表 9.8 做比较时才能得出。接下来呈现的就是一些意料之外的结果:即使将 1983 年的表中的失业状态当作一种独立的流动状态,基于表 9.8 的关于自 1972 年以来的阶级流动趋势的主要发现仍然是维持不变的。也就是说,所有阶级出身的男性已经变得更加可能被发现处于服务阶级位置并且更少可能被发现处于工人阶级位置的情况仍然存在。前一种趋势确实是稍微减弱了,但是毫无疑问它仍然存在。此外,如果表 9.12 的数据是按年龄组分类的,以便与表 9.9 的数据进行比较(相关表格可应请求提供),在这种情况下,我们同样可以说,即使考虑到失业的情况,也并不会让我们对之前关于特定年龄流动模式变化的论断进行重大修正。

表9.11 按最后一份工作的失业人员分布，调查于1983年

阶级	所有失业人员的百分比		阶级中失业人员的百分比	
	旧图式	新图式	旧图式	新图式
	（括号中为长期失业的数据）			
Ⅰ和Ⅱ	15.9(10.4)	16.9(12.1)	4.1 (1.5)	4.3 (1.8)
Ⅲ—Ⅴ	20.0(15.4)	10.0 (5.0)	5.3 (2.3)	3.2 (1.0)
Ⅵ和Ⅶ	64.1(74.3)	73.1(82.9)	16.0(10.6)	15.8(10.3)
Ⅰ	7.1	5.1	3.6	2.8
Ⅱ	8.8	11.8	4.7	5.8
Ⅲ	7.1	1.2	6.6	1.5
Ⅳ	5.2	4.1	3.7	3.1
Ⅴ	7.7	4.7	6.1	4.8
Ⅵ	31.4	30.8	15.0	13.5
Ⅶ	32.7	42.1	17.0	18.1

表9.12 失业人员单独进行处理，受访者按父亲阶级（划分）的阶级分布，调查于1983年，根据新旧版本的阶级图式

父亲的阶级	图式	受访者的阶级					
		Ⅰ和Ⅱ	Ⅲ—Ⅴ	Ⅵ和Ⅶ	U[a]	UL[a]	N
		百分比，按行					
Ⅰ和Ⅱ	旧	63.1	23.2	9.3	4.4	(2.5)	204
	新	60.1	21.2	14.3	4.3	(2.4)	210
Ⅲ—Ⅴ	旧	32.7	36.2	22.8	8.2	(5.2)	373
	新	31.9	32.9	26.2	9.0	(6.0)	350
Ⅵ和Ⅶ	旧	20.5	29.5	39.5	10.5	(5.9)	599
	新	22.6	23.1	44.0	10.2	(5.5)	616

注：(a) U=调查时失业的所有人员；UL=调查时失业超过一年。

尽管这些结果可能之前不是被广泛期待的，但稍作反思我们也能发现这些结果并不存疑。由于失业主要集中在那些之前处于工人阶级位置的男性之中，因此在其他条件不变的情况下，将失业人员单独处理，就会相较于其他阶级而言更多地成比例弱化向工人阶级的流动。相应地，由于服务阶级的失业率最低，流向服务阶级位置的流动将会受到最少的影响。因此，向工人阶级位置的流动的减少实际上更明显了，而向服务阶级的流动变得更不明显，但没有完全消失。只有当其他条件不一样时，这一结果才会有所不同：例如，

如果阶级出身独立于个人之前职业性质对失业产生有力的影响时。但是事实上,情况并不是这样。进一步的分析揭示出,表9.12展现出的阶级出身和失业之间的联系是阶级出身和"现在"阶级之间,以及后者和失业之间存在关联的产物。不谈这点的话,阶级出身和个人失业的可能性并无联系,这是一种没有任何"延期"效应("carry-over" effect)的相当不寻常的情况。[15]

为了说明这点,我们可能要考虑工人阶级出身的男性流入服务阶级位置的流动比率。在表9.8中,如果采用新版本的阶级分类图式的话,在1983年的样本里这一比率显示为23.6%,而1972年样本是16.0%;在表9.12里,当1983年的数据将失业单独处理,重新分析后,这一比率仅仅下降到了22.6%。这个下降主要来自那些数量不多的,从服务阶级位置直接走向失业的,从而导致被转换为"失业"类别的男性。我们的数据中没有明显趋势显示从工人阶级出身代际流动进入服务阶级的男性相较于从中间阶级出身流向服务阶级或在服务阶级内部保持代际稳定的男性变得更有可能失业。

那么,就现有水平的失业率对代际流动模式发展的影响而言,人们可能会很容易形成夸大的观点(exaggerated idea)。然而,这并不是说失业对流动就没有影响。事实上,在这里,主要观察到的是最司空见惯的一种情况:即使失业率处于比较高的水平,它依然大部分会落到工人阶级的头上。因此,尽管自1972年后向上流动进入服务阶级位置的机会就没有下降过,而且事实上还继续上升了,但在我们的数据中同样明显的是:大量失业的卷土重来已经造成一种只能被视为一种向下流动的严重新风险——并且这种风险对于工人阶级位置的男性来说比其他任何人都更大,无论他们是从什么路线进入工人阶级位置的。[16]

因此,就工人阶级出身的男性的流动机会而言,可以被断言的是:事实上,从1972年到1983年,这些流动机会并没有恶化,而是两极化(polarize)了。正如我们从表9.12中可以看见的那样,相较于1972年,1983年有更多人经历了向上流动,进入了服务阶级,但我们知道也有更多人经历了向下流动,走向失业。为了更详细地说明,我们可能要考察一下工人阶级出身,年龄在20—34岁的男性——其结果会对所有年龄组的人都成立。在1972年,我们认为可以合理地将失业作为一种流动结果加以忽略,这些男性中少于16%的人正是基于老版本的分类图式被发现已经向上流动进入服务阶级了,而

60%的人仍然处于工人阶级的位置。作为对比，当我们考察1983年工人阶级出身年龄在20—34岁的男性，并且把失业当作独立的分类时，我们发现：尽管22%的人向上流动了，且仅有40%的人留在工人阶级位置，但仍然有11%的人没有工作，且这个群体中超过一半的人已经失业一年以上了。

我们在中间阶级出身的男性的流动机会中会发现一种相似的两极化。相同地，在1972年和1983年间，他们向上流动进入服务阶级的机会稍微有所改善，并且他们进入工人阶级的机会下降了。但是他们失业的风险比那些工人阶级出身的男性少不了多少，进一步的分析揭示，这一点很大程度上来自这样一个事实：这些中间阶级出身并且已经流入了工人阶级位置的男性像出生于并停留在工人阶级的男性一样容易失业。[17]

总之，有人可能会因此说，至少在英国的背景下，大规模失业的回归已经在流动"游戏"中起到了"提高赌注"（raising the stakes）的总体影响。尤其是，出于个体对生活标准和生活方式的期待，要流出工人阶级或避免流入工人阶级相较于之前已经变得更为重要。这尤其是因为处于工人阶级的位置会如此大幅地增加具有决定性的向下社会流动的风险，以至于失业——或者可能是长期失业状态——必须被呈现出来。

流动性和变化的阶级结构

我们对1972年和1983年代际阶级流动表的主要对比结果是：尽管经济时代在这两个时间节点之间发生了过渡，我们仍可以观察到流动性的很大程度的连续性。相对流动比率基本上保持不变，与它们在本世纪的大部分时间里所表现出的模式相同。既然阶级结构的演变方向与战后年代基本相同，那么，绝对流动比率的趋势也将会遵循1972年观察到的那样延伸到1983年。然而，我们也展示出了大规模、长期失业的回归对流动机会确实有着特定的影响。新的风险是向下流动，陷入严重的社会贫困状况中，而那些被发现处于或有很大可能性进入赚体力工资的职业的男性最可能暴露于这类风险。

因此，关于1972—1983年流动趋势的发现，我们的描述与阐释都同样重要，由此我们才能认识到变化的结构环境是至关重要的，其中机会和风险的发生概率都升高了。接下来我们要评论的，是两种目前广为传播且明显相关的理论之间并没被指出的,并且因此可以成为质疑它们的源头的联系。第一种理论是马克思主义者关于阶级结构变化的"劳动过程"理论,宣称必然的工作"降级"和一种资本主义制度下劳动力的逐步无产阶级化;第二种理论是关于"后工业"社会的自由主义理论,宣称一种产生于技术进步和"服务经济"发展的普遍的职业结构"升级"。[18]

职业降级的这一观点事实上明显和资本主义国家的人口普查一直以来所揭示出的趋势相矛盾,不论对这些数据的粗糙程度和不准确程度做出什么样的容忍。专业、行政和管理的职业在扩张,但同时在所有不熟练的职业等级中,最大的降级被发现于赚体力工资的劳动力中,并且,某些情况下下降在更常见的非体力职业中也明显出现了。当然,英国也不能免于这些趋势,正如我们已经展现出的那样,这些趋势已经持续成为最近十年流动比率和模式变化的主要来源,正像它们在战后那些年所经历的那样。

然而,这种降级观点和来自人口普查数据的证据之间的差异一部分大概可以归因于这样一个事实,即社会层面的职业和阶级分配的变化可以独立于特定企业内部生产组织的变化而产生,也就是说,通过不同工业和部门整个分工的变化而产生,这些变化本身会导致不同的职业结构。因此,英国——正如在其他西方社会也可能出现的那样——在战后时期,专业、管理和行政职位数量大幅度的增长很大程度上是由于服务业相较于制造业变得更加重要,由此这些职业群体在服务业经济中一直都更加突出。在最近经济困难的这些年,英国制造业加速衰退,高层阶级位置通过这类"变化"效应的扩张似乎只会被加强。

因此,"劳动过程"理论更加资深的拥护者能够认为:在一段时间内,系统性的职业降级对阶级结构的形态产生的影响很可能被职业的工业化再分配所掩盖了。但是,他们接下来争辩道,随着服务经济接近充分发展,这类变化效应一定会减弱并且无产阶级化广泛发生的事实及它对流动机会所产生的非常负面的影响在这个时间点将会变得明显。[19]然而,这一论断最近已经被严重削弱了,正如部分它之前的代表人物事实上承认的那样。对美国还有英国20世纪70年代的经验的分析揭露出:即使考虑了所有产业间的变化,在这个时期,专业、行政和管理职位仍然处于全面扩张,而体力职业在收缩。也就是说,恰恰与职业降级的观点所预测的相反,人口普查数据里最明显的趋势不仅仅是由产业的或部门的职业变化导致的,更是由决定生产单位内职业"组合"的技术、组织及其他变化的(净)效应所导致的。[20]

"降级"观点的最后一条辩护可能会坚称,行政和管理的位置中相当大部分的扩张只是表面的,而非实质的。因为这些位置当中有很多要么已经本质上降级成仅涉及常规任务的次级位置了,要么是通过打造这种次级位置而提升成的一种名义上或者表面上的服务阶级位置。继而他们提出,当考虑到这类过程时,问卷调查所典型呈现出的已经增加的向上流动的某些部分一定要被视作虚假的。[21] 但是这里必须指出的是,首先,关于这类主张迄今并未被提出系统的经验证据,而相反的证据却越来越多。[22] 事实上,目前的情况是我们的研究发现能对它提出严肃的质疑。如果被声称的这类降级或"稀释"最近几十年在我们所分析的服务阶级中已经持续发生了,人们就可以预期,流动机会在出身于这一阶级的男性的身上,相较于那些其他出身的男性会显现出一定程度的恶化。但是,正如我们所见,没有任何此类迹象。相反,我们进一步证实了一种在其他地方被表述为"即使他们的数量在增加,服务阶级'再生产'自身的能力并没有消失"的观点。[23]

前述内容可能不仅揭示了"降级"观点是严重误判,还揭示了"升级"观点是正确的。然而,如果这一观点像降级观点那样,至少在当下英国的经济条件下无法取得实证支持,它仍然是在反映不适当的偏激观点。我们一定要记得,它是大繁荣时期的产物,那时就业水平尤其高;"升级"观点是自由主义理论内涵的一部分,然而涉及工业经济和社会发展的自由主义理论并未认真地考虑到这样一种可能性,即失业可能会卷土重来且大规模持续。[24]

因此,"两位数"的失业比例的存在以及失业数月的男性在增多的情况很难和"升级"观点相匹配。并且,只要专业、行政和管理职业的扩张正由部门变化所促进,而这些部门变化是作为英国经济去工业化过程的一部分,失业就一定会出现:这一过程的伴生物不仅仅是体力职业劳动力比例的下降,更多的是失业人数的增长。此外,当下的经济形势一定程度上带来了服务阶级位置的男性和受雇于体力工资劳动的男性之间的两极化,这种程度主要源自他们被失业所威胁的程度,源自他们所处的雇佣关系的本质。

那么,至少在英国的案例中,将升级当作一种在所有层次的职业结构中(都会有的)工作普遍过程,并借由它来对"让每个人都专业化(the professionalization of everyone)"进行展望,便是不可接受的想法。即使服务阶级的扩张,正如它在战后那段时期一样,成为当下英国社会的流动结构环境的一个主要特征,但正如我们所见,现在失业是这个环境另外一个不可忽视的特征。尤其对于工人阶级和中间阶级出身的男性来说,在最近几年,他们流动经历的模式可能已经被大大地重塑了,因为失业——而非职业不流动性或下降——代表了和进入更高层的阶级位置相对的另一个极端。

接下来,我们也许可以作出结论:如果"升级"观点被用于简单指代专业、行政和管理职业的增长,那么它就捕捉到了发达工业社会正在改变的阶级结构的一个重要的方面,但无论如何,它本身在英国的背景下表达了一种关于近期的经济历史过于乐观的观点。然而,至少就目前阶级流动的比率和模式的理解而言,我们识别出的重要的反向趋势也并不支持"劳动过程"理论家所坚称的资本主义生产组织内工作的降级。与之相反,在大量活跃人口中,工作机会的消失主要集中在已经处于挣体力工资的那些阶级的人之中。[25]

注释

1. 英国 1983 年大选的研究由安东尼·希思(Anthony Heath)、罗杰·乔韦尔(Roger Jowell)和约翰·柯蒂斯(John Curtice)主持。实地调查在 1983 年 7 月到 10 月进行,由社会与交流规划研究小组承担。总共成功完成了 3 955 个访谈,回应率为 72%。包括这里用到数据的权重信息在内的详细信息包含在 D. 李维斯利(D. Lievesley)的报告里,从 SCPR 那里可以得到。主要报告内容,参见 Anthony Heath, Roger Jowell, and John Curtice, *How Britain Votes*, Oxford: Pergamon, 1985。
2. 参见 OPCS, *Classification of Occupations 1980*, London: HMSO, 1980。
3. 新版本的阶级分类图式是和安东尼·希思合作修改的。应该注意到的是,尽管在构建最初的分类图式时,把(合并后的)霍普-戈德索普(Hope-Goldthorpe)职业"一般情况下值得向往的程度"(general desirability)量表的分类当作基本单元是很方便的[尽管没有考虑它们的量表值(scale values)——参见原文第 40 页],在构建新版本时,分配的基本单元则好多了:也就是,在 1980 年的 OPCS 系统下,职业群体和雇佣地位所有容许的合并,正像 *Classification of Occupations 1980* 附录 B. 2 表格中展现的那样。有一个基于他们 1980 年的职业和雇佣状态的关于分配到新分类图式的个人查询表格,还有一个用来应用这个表格的电脑程序(可以)应请求提供。参见 Clive

Payne,'Lookup Tables', *PSTAT UK Newsletter*, no.1,1984.

4. 采用旧版本的阶级分类图式,根据两种分布情况间不存在差别的零假设的检验所反馈的 χ^2 (似然比统计检验)是12.3,在自由度等于6的情况下,p值为0.06;当采用新版本时,χ^2 是4.6,p值为0.60。出于对比的目的,根据涉及的个案数来划分 χ^2,在前一种情况下得到1.2,后一种为1.8。

5. 一份关于这类父亲的分布的比较的更全面说明,以及关于它揭露出的在雇佣状态的编码过程中的特定问题,被放在关于我们研究项目的最终报告'Trends in Occupational and Class Mobility in England and Wales 1972-1983'中,于1985年2月上交至经济和社会研究委员会。

6. 因此,似乎我们应该变得对这种趋势更加怀疑:这种趋势就算存在,也毫无疑问是非常轻微的。然而,另一方面,参见麦克唐纳(Macdonald)和里奇(Ridge)基于对1964年、1974年和1983年英国大选研究的数据的分析报告,同样暗示了流动性一些轻微的下降。Kenneth Macdonald and John Ridge, 'Social Mobility' in A. H. Halsey (ed.), *British Social Trends since 1900*, London: Macmillan, 2nd ed., 1987.

7. 这一点应该值得注意:尽管表9.5中的优势比是基于"持续不变的社会流动"模型期望的单元格数值,表3.5中的优势比是基于实际观察的数值。但在两种情况下都取期望值的优势比将会展示出更大的相似性。

　　对1972年和1983年表格中的社会流动性的潜在模式是相同的假设进行了更详细的测验,它原则上是可以通过拟合曾在第四章中被用于1972年数据的结构模型数据来提供的。不幸的是,当基于完整的七分类阶级分类图示来整理1983年的数据时,鉴于单元格的数值(太)小,通过这种方式被取得的结果不能被视作非常可靠。最终被用于1972年表格(参见原文第104—107页)的"八层"模型事实上也完全适用于1983年的表格,反馈来的p值等于0.12。但是与此同时,(我们)也应该注意到,我们原本在第四章中提出的"七层"模型对1983年的数据拟合的更好,p值为0.57。并且,采用这两种模型,代表在小资产阶级内部不流动的倾向性的Ⅳ—Ⅳ单元格的密度水平,都变得比代表在更高阶层的服务阶级内部不流动的倾向性的Ⅰ—Ⅰ单元格更高。我们将不会倾向于过于认真地看待这些稍后的结果。毋庸置疑,重要的地方在于,即使在1972年和1983年之间社会流动性的模式确实改变了,那么它的改变也仅有非常微小的实质重要性。

8. 参见 OPCS, *Census 1981: Economic Activity Great Britain*, London: HMSO, 1984, Table A。1980年职业分类的OPCS系统的变化太大并且太复杂了,以至于对我们来说尝试继续扩展前文表2.3中建立的从1911年到1971年时间序列(到新的时间段)似乎是没有意义的。

9. 最近戴尔(Dale)主张道,有可能流动进入自我雇佣(职业)的人中大比例(的人)都没有获得生产工具的所有权以及与小资产阶级身份相联系的劳动过程中的自主权,而仅仅是事实上进入了一种松散的雇佣形式。Angela Dale, 'Social Class and the Self-Employed', *Sociology*, vol. 20, 1986, p. 433. 然而,尽管这种论断在女性工人中可能会很有效力,我们的发现指出,在男性的案例中,最近小资产阶级的规模已经发生了真正的增长。与代尔所认为的相反,我们相信大部分调查研究者都意识到了自我雇佣种类的多样性。同样对于男性而言,这种意识转而认识到了,尽管劳动力的分包商在例如建筑业这类产业中确实很重要,(他们)仅仅占据了全国样本中作为自我雇佣(职业)的人中相当小的一部分。再一次强调,(这一发现)是就男性而言的。

10. 采用出生队列分析,我们当然可以制作出用来展示特定阶级内一定年龄范围的男性人员吸纳模式的表格,但这些表格对一段时间以来阶级雇佣整体模式的变化将无法给出非常清晰的指示。

11. 在1972年访谈的时间点处于失业的人员中,10%失业了不到一个月,24%(失业了)一个月到六个月之间。

12. 更多参见 R. L. Miller, 'Unemployment as a Mobility Status', Queen's University Belfast, Department of Social Studies, 1984。

13. 我们将遵循惯例,将一年或以上的一段时期的连续失业当作"长期"失业。

14. 具体参见 Michael White, *Long-Term Unemployment and Labour Markets*, London: Policy Studies Institute, 1983。

15. 因此,一个包含了这样假设——某个男性失业的概率,而不是受雇(的概率)依赖于他上一份职业的阶级,而不是他的出身阶级(尽管考虑到这和他上一份职业的阶级联系)——的模型对1983年数据拟合得非常好,无论使用旧的还是新的阶级分类图式(p值分别为0.95和0.83)。这个模型的参数估计指出,上一份职业是工人阶级的男性失业(的概率)大约是其他人的四倍。拟合的模型用多项式的形式是:

$$F_{ijk} = \eta \cdot t_i^P \cdot t_j^S \cdot t_k^U \cdot t_{ij}^{PS} \cdot t_{jk}^{US}$$

其中 F_{ijk} 是I个分类的(P)阶级出身,J个分类的阶级终点(或最后一份职业)(S),和目前的K(=2)个分类的职业或失业状况(U)的三分表格中的ijk单元格的期望取值。

16. 有人也许会认为:如果失业被当作一种流动状态,我们之前关于1972年到1983年间相对流动比率基本保持稳定的这一发现将会被削弱。但是事实上,情况并不是这样。如果我们用三个出身阶级和四个阶级终点(换句话说,合并版本的分类图示里的三个阶级加上"失业")构造出1972年和1983年不对称的流动表格,持续不变的社会流动模型仍然对数据拟合得非常好。

17. 事实上,采用两种版本的阶级分类图式,结果都会是:在中间阶级出身流入了工人阶级位置的人当中和在稳定处于工人阶级当中的人中,失业的男性比例几乎相同,刚刚超过16％。

18. 关于这些对立观点的主要陈述:一方面,请参见 H. Braverman, *Labor and Monopoly Capital*, New York: Monthly Review Press, 1974;另一方面,参见 Daniel Bell, *The Coming of Post-Industrial Society*, New York: Basic Books, 1973。还有一篇文章提供了一份绝佳的对比说明,参见 Erik Olin Wright and Joachim Singelmann, 'Proletarianisation in the Changing American Class Structure', *American Journal of Sociology*, vol. 88, supplement, 1982。

19. 参见 Joachim Singelmann and Harley L. Browning, 'Industrial Transformation and Occupational Change in the U. S., 1960 – 70', *Social Forces*, vol. 59, 1980; and Wright and Singelmann, 'Proletarianisation and the Changing American Class Structure'。

20. 关于英国和其他欧洲国家,参见 Jay Gershuny, *Social Innovation and the Division of Labour*, Oxford: Oxford University Press, 1983;对于美国,(参见) Joachim Singelmann and Marta Tienda, 'The Process of Occupational Change in a Service Economy: The Case of the United States' in Bryan Roberts, Ruth Finnegan, and Duncan Gallic (eds.), *New Approaches to Economic Life*, Manchester: Manchester University Press, 1985。辛格曼(Singelmann)的立场(position)和他早期论文中采用的立场相比,其中明显的变化值得注意。

21. 例如,参见 Rosemary Crompton, 'Class Mobility in Modern Britain', *Sociology*, vol. 14, 1980。并参考 Crompton and Gareth Jones, *White-Collar Proletariat: Deskilling and Gender in Clerical Work*, London: Macmillan, 1984。

22. 特别参见 Rune Åberg, 'Teorierna om arbetets degradering och arbetsmarknadens dualisering — ett försök till empirisk prövning', *Sociologisk Forskning*, vol. 2, 1984, and 'Aibetsforh & llenden', in Robert Erilcson and Åberg (eds.), *Välfärd i Förändring*, Stockholm: Prisma, 1984。奥贝里(Åberg)的作品非常重要,(它)与个案研究方法划清了界限,迄今为止在这个领域,大家几乎都在专一地对它进行效仿。从这个联系中,我们必须强调:只要是在关于阶级结构的争论中,即使是来自个案研究的非常无可置疑的关于降级观点的证据,在替降级观点辩护从而反对"升级"观点时也没多少价值。后一种观点的支持者并没有试图否认降低技术性或其他形式的降级的发生(尽管他们可能希望将降级看作工业发展的整体特征,而非资本主义社会所特有);但是他们仍然会坚称,经济的科技性变化和组织性的变化对经济的整体性影响的净结果是技能水平的增加和领薪劳动力比例(的增加)或者职业的'科层化'(的增加)。换句话说,宏观社会学的争论只有基于宏观社会学的数据才能被充分讨论。如果降级观点的支持者希望从技能和工作内容方面来完全解释降级而置雇佣关系于不顾的话,他们应该明确这一点,并且,这样一来,关于阶级结构的理论的推论才能讲清楚。

23. John H. Goldthorpe, 'On the Service Class: Its Formation and Future' in Anthon Giddens and Gavin Mackenzie (eds.), *Social Class and the Division of Labour*, Cambridge: Cambridge University Press, 1982, p. 170; cf. also Goldthorpe, 'Reply to Crompton', *Sociology*, vol. 14, 1980.

24. 举例来说,在贝尔(Bell)的《后工业社会的来临》(*The Coming of Post-Industrial Society*)——副标题为"对社会预测的一项探索"(A Venture in Social Forecasting)——一书的索引中仅仅提到了三次失业,并且只有一处一闪而过的直接提及。

25. 这在本质上是像辛格曼和廷达(Singelmann and Tienda)那样所提出的立场,即"服务经济中的职业变化过程"。然而,事实上鉴于自1979年保守党重新掌权后英国流行的政治经济学形势,这样的说法对于英国案例相较于美国来说更为合适。同时,作为对马克思主义和自由主义理论的关于阶级结构变迁的理论的反驳,存在一种增长的,对于西方世界当中的政治经济的国别差异的关注。相关文章,参见 John H. Goldthorpe (ed.), *Order and Conflict in Contemporary Capitalism*, Oxford: Clarendon Press, 1984。

第十章

女性的阶级流动

（与克莱夫·佩恩合著）

目前为止，本书呈现的都是基于男性流动经历的分析。正如前文所述，在1972年国家流动性调查中的研究样本是英格兰和威尔士一部分年龄在20—64岁的男性人口，因而他们也是1974年后续调查中所研究的人群，即被重新访谈的1972年受访者的子样本。在上一章中，通过将1972年研究中男性的经历和1983年英国大选研究（British General Election Study，BGES）中男性受访者的经历进行对比，我们研究了当前阶级流动的趋势。

近年来，流动研究不断遭受批评，特别是因其一直关注男性却忽略女性，而受到"女性主义"社会学拥护者的批评。而这一"偏见"通常被归因于从事该领域工作的人的"性别歧视"或"根深蒂固的男性中心主义"。[1] 这种批评乍一看似乎言之有理，且在社会学共同体中它无疑更容易被主流情绪接受。然而，一项更细致的考察表明批评者们的指控并没有基于对相关文献的充分了解，并且他们的论断在许多方面缺乏准确性与洞察力。

首先人们可能会注意到，尽管流动性研究的设计确实总是——就如1972年的做法那样——集中关注男性，但是批评者们给出的"这是一种普遍做法"的判断却是一种误导，他们对"有关女性社会流动的信息或多或少是无法获取的"的指责是完全错误的。战后时期，大多数西方世界的主要工业国家都有相关数据。例如，格拉斯和他的同事1949年在英国展开的开创性研究就是从男女兼有的国家样本中收集的信息；20世纪70年代早期也可以从综合住户统计调查（General Household Survey）中获取有关女性流动性的数据。同样,美国早在 1955 年就从国家民意研究中心(National Opinion Research Centre,NORC)的调查和后续的各种其他来源中获取这类数据。在法国,可以从始于 1953 年的连续国家调查中得到相关数据,而瑞典的数据则可以从 1968 年以后的一系列研究中获得。[2]

如果批评者们不是断言女性社会流动性信息的普遍缺乏,而是去关注那些已经获取却未能像男性数据那样被细致地、成功地分析的数据,那么他们可能会形成更精准也更切题的观点。进而他们可能会开始考虑为什么会出现这种情况,尤其是对那些具有女性主义情怀的社会学家而言,如果对女性的忽视确实会对我们理解社会流动性造成"巨大的限制"[3],那么为什么不花精力去分析刚刚说到的那些数据呢?因此,回到英国的例子中,值得注意的是,尽管格拉斯收集的关于女性社会流动性的信息已经有编码完备的形式可供获取,但在过去 30 多年中几乎完全不曾得到利用。[4]

倘若已经考虑了这些问题,那么,我们要说,草率地引用"性别主义"去解释社会流动性文献中对男性流动经历的着重强调并不能令人满意。数据的可获得性显然不失为一种郑重的解释方式,然而针对女性相关数据显然未被充分利用。我们可以推出以下论断:尽管有很多言论都在强调忽视女性流动性的研究将招致灾难性的后果,但是一种深刻的、并具有抑制这种研究的作用的不确定性也在涌动,即:什么才是女性社会流动性研究中所应强调的,以及相应地,应当追寻何种恰当的概念方法和分析步骤。

正如第一章所示,要理解流动研究的历史发展,必须理解流动研究所使用的各种概念背景。只有在考虑女性流动性时,概念背景对开展研究的重要性才会得到强调。因此,比方说,如果关注点在于女性的职业流动(或者职业成就)本身,那么采取与男性研究相同的议题,通过与男性研究大致相同的方法,营造两性之间做可能的直接对比,便可能是颇有裨益的。[5] 但是,如果研究目的是在某种阶级结构(或者,就这里而言,一种狭义上的地位等级)的语境中探讨女性的社会流动性,那么情况就变得很棘手了。因为在这种情况下,无疑会出现更复杂且更有争议的议题:尤其是,就此处的研究目的而言,究竟应该用个人还是用家庭或户(household)作为分析单位;如果选用后者,又该如何界定家庭或户的阶级(或地位)位置。事实上,这些议题是持续争论的主体,并且,从各种不同视角看来,最清晰地佐证了我们所提到过的不确定性。

应该强调的是,这一争论有着真实的社会学内涵,并非像女性主义学者所暗示的那样,似乎只要男权主义的研究者们能够纠正他们扭曲的观念,所有的问题便能迎刃而解。[6]

我们并不认为我们能在本章中终结各类争论。相反,我们有两个更谦逊的目标。第一,我们希望通过考察迄今为止在很大程度上被忽略的问题来推进讨论,这个问题是采用女性流动性研究的某一种,而不是其他任意一种概念方法,会给所产生的实证研究结果及所凸显的问题产生何种影响。概念选择显然不像实际命题那样容易被实证反驳。但是,当被应用于特定情景时,他们确实能够产生实证结果,然而这些结果无论如何都有可能面临潜在的窘境,因为它们并不像概念选择本身那样,需要与调查者的理论偏好——或意识形态偏好——保持一致。第二,依据我们所能汇报的实证结果,单就阶级流动研究而言,我们希望评估,对男性流动经历的集中关注可能会在何种程度上产生误导:在这些阶级流动研究中,在阶级结构中不同位置之间的流动(也即是阶级形成与分解的结果)被理解为独特的生活机遇和生活方式、交往模式以及社会-政治取向与行为模式的集合——这一理念是在本书中始终贯穿的。

在接下来的部分我们会简要描述将会使用的数据。接着,秉承上述目标,我们以三种不同的方法继续探索着对女性在阶级结构中的位置进行概念化与操作化。遵循在我们已经提到的争论中被明确提出时的用法,我们将各类方法称为"传统法""个体法"和"主导法"。

数据

这里我们再次使用 1983 年英国普选研究中获得的数据,正如我们在前一章提到的,该研究基于对为代表整个国家选民而设计的样本所进行的访谈。具体而言,我们使用了居住于英格兰和威尔士、年龄在 20—64 岁的男女,关于:(i)他们目前的(或最后一份)职业和雇佣状况;(ii)他们配偶目前的(或最后一份)职业和雇佣状况;以及(iii)受访者 14 岁时其父亲(或其他"户主")的职业和雇佣状况的信息。

我们使用(i)和(ii)中的信息来判定受访者目前的阶级位置或终点阶

级——在女性样本中,我们则依据先前提及的三种不同方法。同时,我们基于(iii)中的信息来判定受访者的出身阶级。我们意识到,至少就我们当下的目的而言,不把母亲的就业状况和父亲的一起作为出身阶级的考量,或许是有争议的。但是,BGES 中并没有相关信息,无论如何应当记住的是,至少对年纪较长的受访者来说,极少有母亲在他们童年的时代身处劳动力市场的情况。譬如,直到 1951 年,英格兰和威尔士仍仅有 20% 的已婚女性在从事有偿工作。

同样,在第九章中提到,有关职业和雇佣状况的数据是根据 1980 年的 OPCS 系统编码进 BGES 的,作为回应,我们随后设计了一个阶级图式的新版本,专门用于这一形式数据的使用。此外,在这一过程中我们对该图式的细节,以及一个与本章尤为相关的方面做了规定,即:为了使该图式更适用于女性的阶级定位——这一做法在参考她们自己雇佣状况时被证明是切实可取的——我们把阶级Ⅲ,也就是一般的非体力雇员,拆分为两个子阶级,称作阶级Ⅲa 和阶级Ⅲb。我们这样做的目的,是尽可能地区分出阶级Ⅲb 中那些大多由女性占据的职位,而且就其特定的雇佣关系和条件而言,这些职位似乎直接涉及雇佣劳动(wage-labour),而没有像阶级Ⅲ中其他职位那样表现出准官僚的特征。事实上,阶级Ⅲb 的主要职业群体包括售货员、出纳、收银员、接线员和各类低级别的服务生和接待员。[7] 因此,修正后的阶级图式适用于凭借自己雇佣劳动(而获取阶级位置)的女性,并且为了与男性做比较的长远目标,将阶级Ⅲb 与阶级Ⅶ——也就是熟练与半熟练的体力工人——合并,不失为一种恰当的方案。

在表 10.1 中,我们呈现了在受访者(抽取自 BGES)子样本中男性和女性是如何依据其出身阶级和终点阶级分布在我们的阶级图式上的。因为都是依照其父亲的阶级位置进行判定的,所以男性与女性出身阶级的分布十分类似。但是他们的终点阶级分布就大相径庭了。相异指数(dissimilarity index)显示,在这种情况下,近 45% 的女性或男性不得不改变阶级位置,才可能使两者分布相同。男性远比女性更可能身处阶级Ⅰ,倘若把阶级Ⅰ和阶级Ⅱ合并为现代社会中更有优势、更令人向往的服务阶级位置,我们发现男性占据这些位置的可能性近乎是女性的两倍。相较女性,男性有更大的比例身处阶级Ⅳ(小资产阶级),以及阶级Ⅴ和阶级Ⅵ(分别为蓝领精英和熟练体力工人);

然而女性比男性更集中于阶级Ⅲ的两个分类和阶级Ⅶ（不熟练的体力工人）。

表 10.1　20—64 岁男女的出身阶级分布（基于受访者 14 岁时父亲的阶级）和终点阶级分布（基于现在或最后一份工作）

阶级	女性		男性	
	出身	终点	出身	终点
Ⅰ	9.8	2.3	9.7	16.0
Ⅱ	10.4	15.4	8.2	17.6
Ⅲa	5.2	32.8	4.8	6.1
Ⅲb	0.2	10.5	0.4	0.6
Ⅳ	13.4	3.2	14.0	11.6
Ⅴ	9.6	2.0	10.5	8.4
Ⅵ	25.1	5.2	25.0	19.6
Ⅶ	26.5	28.4	27.5	20.1
N	1 204		1 173	

注：女性的终点阶级/男性的终点阶级的 Δ＝44.9。
　　女性的出身阶级/男性的出身阶级的 Δ＝2.6。

"传统"法

在阶级结构中定位女性位置的"传统"法基于这样一种观点，即：是家庭而非个人形成了社会分层的基本单位。于是，在阶级分析的语境下，那些在劳动力市场中承担最大职责的家庭成员的位置被视作家庭整体位置的最可靠指标。出于研究目的，上述意义上的"户主"（head）通常由一名成年男性承担（如果家庭中存在这样一个人的话），因此，在实际应用时，传统方法赋予绝大多数已婚女性和她们丈夫一样的阶级位置。[8]

传统法的支持者认为，至少目前为止，集中于男性的阶级流动研究产生出的结论并没有太多误导性。尽管现代社会中已婚女性进入劳动力市场呈普遍上升趋势，但她们的工作仍然比男性更趋间歇性，更少从事全职工作，而且相较于她们丈夫所从事的工作而言，她们也极少处于能占主导阶级位置的工作。事实上，这种考量——结合某种成本效益来看——主要影响了 1972 年流动调查将样本仅限于男性的决策。正如我们之前所写的：

> 我们希望在我们调查的前数十年间——不论女性工作和家庭生活变迁的当今趋势可能昭示着什么——都能维持我们数据相关的这一观点,即一直以来正是通过家庭中男性成员在劳动力社会区隔中的角色,家庭在阶级结构中的位置才最终得以明确,它们的阶级"命运"才最终得到判定。或者反过来我们也可以说,女性在阶级结构中被定位的方式,反映了她们普遍的依赖情况。[9]

按照这样的观点,在局限于男性的阶级流动研究中,有一个缺陷必须明确承认,即:未婚女性或女性担当"户主"的情况的案例是被遗漏了。但可能也有人坚持认为,这并不是什么会在一般模型结果中造成严重扭曲的大问题。[10] 然而,在不违背传统法的情况下,实际上,只需跟随这一观点自身的逻辑,就能向对女性的忽视提出另一个更实质性的反对意见。这需要我们对此做进一步的考察,并不仅仅因为我们在先前的工作中未曾注意去系统地贯彻的那些传统方法本应具备的全面性。

如果女性确实大多是从她们所属家庭的男性户主身上获取自己的阶级位置的,那么,我们认为必须充分考虑到女性婚后所发生的阶级流动,也就是说,考虑她们从原生家庭(或者也许是从一个未婚地位)流入夫妻家庭的结果。更重要的是,对这种"婚姻"流动性的考量在社会学著作——以及各种通俗著作中——相当常见,因为现代社会中婚姻确实提供了广泛的流动机会。[11] 目前为止能够看到的观点中,一个主要的观点似乎是这样的:相比起主要影响男性最终社会经济地位的那些特征来说,促使女性成为对男性而言更具吸引力的婚姻伴侣的那些特征——不管是外貌上的还是性格上的——都与社会出身具有更少的关联,因此,女性经由婚姻经历实现的代际流动性被认为要比男性通过工作和职业生涯经历实现的代际流动性跨度更大。有种补充性的论点也可能来源于这样一种说法,即未婚女性往往具有更有优势的社会出身,而未婚男性往往具有更劣势的社会出身。因此,可以认为,女性的婚姻流动性将呈现出一种净向上的倾向,这种倾向超过任何由于阶级结构形态的长期变迁产生的倾向,由此她们从丈夫那里获益。

总体而言,这些论断都指向一种可能性,即不考虑婚姻流动的阶级流动研究会将呈现出一幅误导性的图景，尤其是会低估阶级开放性的程度及其所创造的社会进步的可能范围。但是，当然，问题仍在于上述论断的有效性。

为了使我们的数据发挥效用，我们首先在表10.2中直接比较了按阶级划分的女性婚姻流动率和已婚男性的代际阶级流动率——两种情况都是按流出率计算的。这张表给人的大体感受是，这些比率确实表现出一些不容忽略的差异，但仍具有广泛的相似性。有人支持这样的观点，即女性通过婚姻实现的流动性要易于男性通过职业雇佣实现的流动性，因为在表10.2中女性矩阵的总体流动率（也就是所有落在主对角线以外的个体的比例）共计78.2%，相比之下男性的总体流动率为73%。而且也能算出，从其他阶级出身流入阶级Ⅰ和阶级Ⅱ的向上流动（31.0%比27.9%），以及从阶级Ⅰ和阶级Ⅱ流入其他阶级的向下流动（42.0%比33.6%）中，女性的流动经历都要多于男性。但是，表10.2的细节告诉我们这个差值并没有那么大，而且如果认为婚姻这一社会过程事实上总是通过"良好匹配"（good match）来提升流动率并创造社会攀升的绝佳机会的话，这两者之间的差异也不具有人们所预想的持续性。因此，例如说，对于处在阶级Ⅰ和阶级Ⅴ的父亲们而言，女儿通过婚姻留在自己出身阶级的可能性似乎要大于儿子通过职业雇佣留在自身阶级的可能性；但对阶级Ⅴ和类似的阶级Ⅶ的女儿来说，她们通过婚姻向上流入阶级Ⅰ和阶级Ⅱ的机会似乎并不比她们的"兄弟"通过工作进入更优势阶级的机会更大。

表10.2中所示的是绝对流动率的百分比，因此它们受到边缘分布的影响。考虑到我们婚姻流动性与代际流动性矩阵的构建方式，它们边缘分布的差异自然也不会太大，一种观点认为，我们不过是简单比较了父亲到儿子的流动性与父亲到女婿的流动性罢了。但不管怎么说，即便只是因为抽样误差和抽样缺陷，这一差异确实存在。如果我们继续比较女性的婚姻流动性和男性的代际流动性的相对流动率，换句话说，在将这些模式视为所有边缘效应的净效应的情况下比较两种流动性在出身阶级和终点阶级之间的相关模式，或许能更好地解释表10.2中的数据。

表 10.2 不同阶级女性的婚姻流动性和已婚男性的代际阶级流动性的流出率

父亲的阶级	女儿的丈夫的阶级(上半部分数据) 儿子的阶级(下半部分数据) 百分比,按行							Δ	N
	I	II	III	IV	V	VI	VII		
I	38.2	29.8	6.6	8.3	5.3	6.4	5.4	4.1	75
	36.2	28.4	9.2	9.1	4.6	6.8	5.6		87
II	27.3	23.3	8.4	18.3	5.5	6.1	11.0	20.2	93
	33.6	34.8	7.4	5.7	7.4	6.7	4.5		71
III	14.7	25.3	6.2	8.8	4.7	34.2	6.1	32.1	48
	24.7	24.2	17.6	5.1	7.6	6.9	13.8		42
IV	19.5	20.7	11.6	17.4	3.9	13.3	13.6	21.1	136
	9.9	18.9	3.3	33.2	7.2	11.9	15.6		130
V	10.2	19.6	2.1	8.8	14.4	20.5	24.4	23.2	93
	22.7	10.9	5.1	14.4	5.8	22.6	18.5		100
VI	15.7	16.8	8.1	6.3	8.6	22.4	22.1	11.1	247
	11.6	13.7	5.6	8.1	12.0	28.3	20.7		231
VII	8.8	14.7	5.5	12.0	9.5	25.7	23.7	11.6	262
	11.7	12.3	4.5	8.2	13.2	21.4	28.7		239
总计	16.7	19.2	7.1	11.2	8.0	19.6	18.4	3.7	954
	17.3	17.3	6.0	12.2	9.7	18.7	18.8		900

我们可以采用在之前章节中已用过的乘法模型来实现这一点。事实上,我们可以将一种模型应用于表 10.2 中进行比较的这两个流动矩阵,这一模型在形式上等同于我们在第三章和第九章我们曾介绍过的"持续不变的社会流动"模型,但是现在有不同的解读方法。也就是说,我们不再使用"持续不变的社会流动"模型来表示相对流动性,或者换句话说,来表示社会流动模式在世代间或不同调查间不变的假设,而是通过假设一般相对流动率(common relative rates)或者说流动的一般模式(common pattern of fluidity)来构成如表 10.2 所示两种流动类型,一种关于男性,一种关于女性。[12]

表 10.3 中给出了这一操作的结果,可以看到,模型拟合度并不高。在出身阶级和终点阶级之间约有 20% 的相关未得到解释[13],而且表 10.2 所有个案中有近 7% 被错误归类。显然,我们必须承认女性婚姻流动所蕴含的流动模式并不等同于以男性代际阶级流动为基础的流动模式。

表 10.3　基于不同阶级女性婚姻流动与已婚男性代际阶级流动数据的一般社会流动模型的检验结果

χ^2	df	p	已解释的相关的百分比	被错误分类的个案的百分比
68.9	36	0.00	79.8	6.8

然而，我们也不能据此认为前者（女性婚姻流动）的流动率就必然大于后者（男性代际流动）——女性经由婚姻的流动趋势要强于固化趋势。事实上，我们可以计算出，从女性观察到的 78.2% 的总流动率仅仅比"一般社会流动"（common social fluidity）模型所预期的流动率——假设两种流动类型的流动率完全相同时所呈现出的流动率高 1.6%（男性相应低 1.6%）。而且，如果重点关注流入或流出我们阶级图式中阶级Ⅰ与阶级Ⅱ的人，我们会发现尽管女性婚后从服务阶级出身向下流动的比例是 42%，比模型所估测的要高 4 个百分点，但是她们通过婚姻向上流入服务阶级的比例是 31%，仅仅比估测的高 1 个百分点。

这样说来，模型匹配度的欠缺似乎并不主要源于女性的婚姻流动较之于男性通过职业雇佣所实现的代际流动而言为她们提供了在阶级之间——或者说，在阶级Ⅰ、阶级Ⅱ与剩余阶级之间——总体上更自由的流动。既然如此，接下来的问题是，这两种流动类型之间所显现的差异是否具有其他任何意义上的社会学旨趣。模型的残差检验表明，这些差异是相当多源的。事实上，仅有一个趋向似乎值得进一步讨论，主要是因为其他研究者已经报告了相似的发现，但分析结果与法国、瑞典和德国的数据有关，即：小资产阶级和服务阶级之间"互换"女儿的概率要大于"互换"儿子。[14]

对阶级Ⅳ，也就是小资产阶级而言，女儿发生流动的倾向普遍超过儿子。在第四章（这一发现也在其他多项研究中得到证实[15]）我们发现，小资产阶级的儿子"超越"他们父亲的倾向尤其高——这似乎是通过资本的代际传递（transmission），且通常以"持续经营"（going concern）的形式实现的直接阶级继承的结果。不过，相比起阶级Ⅳ儿子的职业而言，阶级Ⅳ的女儿更有可能通过婚姻流出她们的出身阶级，并且似乎也表现出从阶级Ⅳ父母的资源中获益——能够"嫁得好"（marry well）。因此，一般社会流动模型中另一个较大的偏差是，她们嫁入服务阶级的可能性要大于阶级Ⅳ儿子进入服务阶级职位。而对于服务阶级的女儿,我们就会发现尽管有阶级Ⅰ父亲的女儿常常倾向于与"兄弟"保持相同的流动或固化模式,但阶级Ⅱ的女儿通过婚姻留在服务阶级的概率要小于阶级Ⅱ的儿子通过职业留在服务阶级的概率——或许是因为父母将更多的关心投注在儿子的教育上。在这种情况下,阶级Ⅱ的女儿通过婚姻进入阶级Ⅳ的倾向比阶级Ⅱ的儿子通过职业生涯进入阶级Ⅳ的倾向更强就成为我们模型中主要的抵消性偏差(compensating deviation)。[16]

从一项更早的对女性婚姻流动的考察中(事实上也是基于我们1972年调查的数据),希思得出了这样一结论:"英国阶级结构的流动性可能比只考虑父子间流动时所认为的要更强。"同时希思也意识这两种不同流动模式之间的差异"不总是那样大",实际上"差异性远不如相似性明显",而且他也否定了婚姻流动总是显著向上的偏见。[17] 但是,我们的分析结果将促使我们更为谨慎。特别是,我们不会沿着希思的思路,笼统地认为"相比男性而言,女性的'阶级命运'与其社会出身的联系更松散"。[18] 我们要说,基于上述我们汇报过的研究发现,阶级出身并非同等程度地影响着共同身处其中的男性与女性的阶级命运。总体来说,女性通过婚姻实现的流动似乎略多于男性通过职业实现的流动,按照我们的观点,这不应当被理解为某种普遍趋势,而是多种不同的阶级再生产和交换过程的净结果,这些阶级再生产和交换过程是有限的、甚至可能是相反的。

"个体"法

女性阶级定位的个体法可以说是站在了传统法的直接对立面,该方法很大程度上是源于女性主义学者认定后者为一种"性别偏见"的批评。[19] 个体法的推崇者们向"家庭,而非个人,才是阶层流动的基本单位"这一论断提出了挑战。他们声称,这一论断在原则上是站不住脚的,尤其是当女性加入劳动力市场,不管是婚前还是婚后,这一论断无论如何都有欠妥当。在这种情况下,用男性"户主"所占据的位置来定义女性的阶级位置便是一种误导;相反,女性在阶级结构中占据的位置应该由她们当下所从事的——或者最后一份从事的——工作的属性直接决定。换句话说,在这一方面应当按照与男性完全相同的方式来对待女性,而且对待已婚和未婚女性也不应存有任何差异。

采用这种方法的人必须明确遵循的是,如果女性被排除在阶级流动研究之外,或者像传统方法的进阶版那样只将关注点扩展到女性的婚姻流动,其产生的结果会是严重不完整和有缺陷的。当女性基于自己的工作来划分阶级位置,可以想见她们在阶级结构中的分布将不同于以男性工作来划分的分布那样来得让人容易接受;确实,有人认为,依据这一方法,我们将会发现女性集中于"无产"工作的程度很显著。[20] 因此,如果依然将其父亲的职位作为女性阶级出身的指标,那么女性将比男性表现出更多的向下流动性,结果就是,仅限于男性的流动性研究将对当下的机会结构会做出过分乐观的评估。特别是,他们将完全忽略了由于她们在就业中受到的歧视,所有出身于不同阶级的女性——不论其婚姻流动性如何——实际上可能共享共同的阶级命运的程度。

在表 10.4 中,我们展示了依据个体方法判定女性阶级流动性并与男性进行比较后获得的结果。可以看到,表中汇报的流动率存在很大差异,每个相异指数(dissimilarity index)都高于 40%,而且,女性更容易向下流动的预期此时也得到了证实。因此,出身于阶级Ⅰ和阶级Ⅱ的女性流入其他阶级的比率可以算为 66.2%,与男性的 28.3% 形成对比(而女性和男性出生于其他阶级而流入阶级Ⅰ和Ⅱ的比率分别为 11.1% 和 27.4%)。在表 10.4 的细节中尤其值得注意是,阶级Ⅰ父亲的女儿们有很大一部分流入阶级Ⅲa 的普通非体力职位,阶级Ⅱ父亲的女儿们不仅有很大比例流入阶级Ⅲa,而且还有很大比例流入由阶级Ⅶ和阶级Ⅲb 组成的更低等级的工作岗位。

但是,在确切弄清这些发现背后的意义之前,我们必须再次追问,绝对流动率上的差异中有多少只是源于所探讨的两个矩阵的边缘分布差异——正如人们料想的那样,他们终点阶级的边缘分布是截然不同的。或者,另一方面,这还涉及相对流动率或流动模式多大的变化程度。为了回答这一问题,我们必须回到"一般社会流动"模型,并像我们先前在表 10.2 中的做法那样将其运用于表 10.4 的原始数据中。主要变化自然是在于,女性和男性的终点阶级现在以一种相似的方式判定,而且因此我们也不再需要将分析限定于已婚人群。

正如在表 10.5 所示,这次模型确实十分匹配,且残差检验没有显示出任何明显的具有社会学旨趣的特征。因此我们可以说,在表 10.4 中表现出来的绝对流动率的差异,几乎全部源自边缘分布的差异;对于本表中定义的女性代际阶级流动的相对流动率,或者说社会流动的模式,确实与男性的阶级流动别无二致。[21]

表 10.4 女性(上半部分数据)和男性(下半部分数据)的代际阶级流动性,流出率,女性的阶级取决于自身目前或最后一份工作

父亲的阶级	受访者的阶级 百分比,按行							Δ	N
	I	II	IIIa	IV	V	VI	VII和IIIb		
I	6.1	33.4	46.4	1.6	1.7	1.8	8.9	43.7	118
	32.9	29.1	9.7	7.8	5.2	8.9	6.3		114
II	3.5	24.8	37.0	6.8	0.8	2.4	24.6	44.1	125
	29.2	32.9	9.6	6.4	5.4	8.2	8.3		96
IIIa	4.5	13.1	45.2	1.9	1.5	1.5	32.2	43.6	63
	18.4	23.6	19.9	7.8	7.5	8.8	14.0		56
IV	3.2	17.7	30.8	5.0	0.7	4.4	38.1	51.1	161
	10.8	19.8	3.8	30.7	6.9	13.8	14.2		164
V	2.7	17.5	32.6	4.4	0.8	5.3	36.8	50.1	115
	23.4	10.6	3.2	11.7	6.4	21.7	23.0		123
VI	1.7	11.1	30.6	0.6	3.7	7.8	44.4	46.7	301
	11.9	13.2	5.5	7.4	9.8	29.3	22.9		294
VII和IIIb	0.0	7.7	27.0	3.9	2.2	6.3	53.0	45.0	321
	9.5	13.4	4.0	9.2	10.6	22.1	31.2		327
全部	2.3	15.4	32.8	3.2	2.0	5.2	39.0	45.1	1 204
	16.0	17.6	6.1	11.6	8.4	19.6	20.8		1 173

表 10.5 基于男女代际阶级流动数据的"一般社会流动"模型的检验结果,女性的阶级参照自身目前或最后一份工作

χ²	df	p	已解释的相关的百分比	被错误分类的个案的百分比
48.0	36	0.09	88.4	3.9

这一基于个体法(且与对其他国家数据集进行类似分析的结果大致相符[22])的发现,无疑会成为社会学家的兴趣点之一。但是,我们认为,与此同时,必须质疑其方法或与之密切相关的各种观点和事件。首先,人们可能会观察到,当根据她们"自己"的阶级位置定义时,女性社会阶级的相对流动率

变得和男性一样了，这自然意味着，至少就阶级结构内部的流动模式而言，且假定个体方法是切实有效的，仅限于男性流动经历的那些研究其实并没有被证明是误导性的。恰恰相反，我们可以满怀自信地视其为预测女性经历的基础。

不过仍有一个更严重的问题有待指出。考虑到表 10.4 的数据与一般社会流动模型的良好拟合度，以及所涉阶级出身分布的相似性，女性呈现出的相对较高的向下流动率必然被视作是源于她们阶级终点的特殊模式，或者也可以说，从雇佣关系中存在已久的性别隔离到女性的普遍劣势，这一状态其实早已是超出流动研究之外的了。[23] 因此，基于个体方法的研究中并没有任何趋势表现出意味着女性间的相对流动机会要比男性之间更平等的那种女性"在逆境中团结一致"的倾向。比方说，较之于阶级Ⅰ和阶级Ⅱ的儿子与其他阶级出身的男性之间的差异，阶级Ⅰ和Ⅱ的女儿并没有比其他阶级出身的女性更难留在她们的出身阶级。或者换种方式阐述，即使我们接受"大部分的女性所从事的是'无产阶级'工作"这一说法，我们仍要指出，并非所有阶级出身的女性都面对着同样的命运。总体来说，尽管女性在任何时候都不如男性在雇佣市场上受欢迎，但是这些制造了相对流动机会上阶级不平等的力量并没有在女性内部消失。相反，它们的运作方式不受性别因素的影响：因此，女性也被这些不平等所区隔，和男性之间的区隔程度相当，模式相同。[24]

最后，既然女性的阶级职位确实被"直接"定义为与她们父亲的阶级职位明确相关，那我们自然而然地要对已婚女性做进一步追问：(i) 她们自己的阶级职位与丈夫的阶级职位之间有何联系；(ii) 倘若控制了其他联系，我们先前讨论过的她们父亲与丈夫的阶级职位之间联系是否仍然存续。那些希望推翻以家庭为社会分层基本单位的观点的人，完全无法阐明推翻之后的种种结果。但可以预见的是，站在这些人的立场上，丈夫与妻子阶级之间的相关性、丈夫与妻子父亲阶级之间的相关性会大大减弱。个体法的倡导者总是强调，女性的阶级职位之所以与她们丈夫的阶级职位明显不同，不仅在于已婚女性参与到劳动力市场的程度，而且也在于女性参与雇佣关系的频率。[25] 同样的，那些反对家庭视角、主张"直接"定义女性阶级职位的言论越是强化，父亲阶级与丈夫阶级之间的相关性似乎就越是薄弱。

作为进一步探讨这些议题的基础，我们在表 10.6 中展示了一个三维度的数据分析,以说明在个体方法的定义下,那些具有不同流动经历或不流动经历的女性,她们丈夫的阶级是如何分布的。为了对问题进行简化,身处阶级Ⅳ和阶级Ⅴ的极少部分女性(占所有已婚女性的 5.6%)并未被纳入考量。

表 10.6 具有不同阶级流动经历的已婚女性(其阶级取决于她们自己当前的或最后一份工作),按丈夫的阶级划分

父亲的阶级	女儿的阶级[a]	丈夫的阶级			N
		Ⅰ和Ⅱ	Ⅲa、Ⅳ和Ⅴ	Ⅵ、Ⅶ和Ⅲb	
Ⅰ和Ⅱ	Ⅰ和Ⅱ	85.9	7.9	6.2	63
	Ⅲa	48.2	32.3	19.5	61
	Ⅵ、Ⅶ和Ⅲb	31.3	34.7	33.0	33
Ⅲa、Ⅳ和Ⅴ	Ⅰ和Ⅱ	54.8	25.1	20.1	45
	Ⅲa	46.2	26.4	27.4	89
	Ⅵ、Ⅶ和Ⅲb	22.5	25.3	52.2	118
Ⅵ、Ⅶ和Ⅲb	Ⅰ和Ⅱ	57.6	19.6	22.8	49
	Ⅲa	43.7	26.4	29.9	151
	Ⅵ、Ⅶ和Ⅲb	16.2	23.1	60.7	276

注:(a) 剔除阶级Ⅳ和阶级Ⅴ的女性样本。

就当前研究目的而言,表 10.6 中有三点值得关注。第一,许多女性确实与她们的丈夫身处不同的阶级位置。或许,其中最重要的一个例子是,在所有不同阶级的女性中,有数量可观的一部分因为她们自己的工人阶级职位而被"无产阶级化"。此外,工人阶级职位被定义为阶级Ⅵ、阶级Ⅶ和阶级Ⅲb,但是她们的丈夫却不在这些阶级中,事实上,这部分女性达总体的 43.7%。或者,如果我们将对无产阶级女性的定义扩大到阶级Ⅲa,那么其中有非无产阶级丈夫的女性数量将提升到 55.8%。第二,尽管上一点有力地佐证了夫妻之间的阶级位置常常是不同的,但这并不妨碍两者之间显著的相关性。第三,这意味着父亲的阶级在与丈夫的阶级的关系中仍然是重要的。即使女性自身的阶级保持一致,服务阶级父亲的女儿们相比起中产阶级或工人阶级父亲的女儿们,更不可能嫁给工人阶级的丈夫。[26]

那么,从个体法的应用中得到的实证结果并不能证明与之相关的所有论断都是一致的。推翻家庭作为阶级分析单位的尝试也未获得有力支持。反过来,就具体阶级流动性研究而言,人们也完全有理由质疑个体法所带来的研究结果的可靠性。表 10.4 的数据当然可以被解读为体现了女性的机会劣

势,因而(在所有阶级出身中)她们也比男性更难取得职业成就——尽管同时我们不得不承认,这并不是什么新鲜的发现。[27] 但值得商榷的是,上述内容是否可以恰当地转化为与阶级流动性相关的论述:例如,当采用个体法来定义女性的阶级位置,就会揭示出一种强烈的、迄今为止受到忽视的向下流动趋势,可以预期到的是,与之相伴随的还有亚文化的、社团的和社会政治上的转变。至今鲜有——甚至尚无证据——支持这一论断。而且,如果要维护这一观点,那么我们会建议这一观点的倡导者由表10.4中自服务阶级出身向下流动的这些女性开始(展示他们的论述),为什么这42.2%嫁给服务阶级男性的女性(依照表10.6的数据计算得到)应当被认为是和那24.4%嫁给工人阶级丈夫的女性经历了相同的降级(*déclassement*)过程。

"主导"法

主导法是近来由埃里克松(Erikson)提出的一种方法。[28] 其社会学研究旨趣集中在职业分布——或者说职业流动,埃里克松接受了男女都大致依据其个体工作职位来划分阶级的观点。但是,他仍看到了传统法中将家庭与阶级职位相联系的可取性:"核心家庭是现代工业社会阶级结构的基本元素,因为家庭成员间的彼此依赖性和家庭内大量共享的各种条件。"[29] 考虑到已婚女性在劳动力市场参与中的迅速扩张,当务之急不是放弃传统概念化方式,而是用不同的方法操作。埃里克松认为,将男性"户主"的职业类型自动设定为家庭的阶级职位不再是令人满意的研究操作,因为这使得已婚女性的位置不可避免地被"舍弃",替代性的操作方案必须体现女性职业能够——至少在原则上——影响他们家庭位置。

埃里克松想到了一种"联合阶级分类法"的思路,就是让丈夫和妻子(又或者是其他家庭成员)的职业同时决定家庭的阶级职位。但是,无论从理论还是最终的实证依据出发,他都反对止步于此,并坚持单一家庭"户主"概念的主张。[30] 埃里克松提出,一个核心家庭的阶级职位应当等同于其"主要世代"中在劳动力市场参与上占据主导地位的那位成员的职位,无论该成员是男性还是女性。为了确立这一层面上的"主导次序",埃里克松提出了如下所述的两大标准。[31]

（i）工作时间——雇佣关系优于非雇佣关系，全职雇佣优于兼职雇佣。

（ii）工作职位——在其他条件相同的情况下，高质量职位优于低质量职位，非体力职位优于体力职位，自雇职位优于雇员。

显然，理想情况中主导法的应用还是建立在家庭样本——或者户样本，而不是个体样本的基础之上。但是，就我们现在的目标而言，将这种方法应用于我们数据集中的女性受访者，并在此基础上考察其代际流动模式仍然是我们的旨趣。为此，我们将根据以下三个原则来决定所探讨的女性（当前）所处的阶级位置。

（i）未婚女性（包含孀居和离异）或是已婚但与丈夫分居的女性，参照她自己（目前或最后一份）职业来划分阶级位置——也就是说，完全依据个体法进行阶级划分。

（ii）已婚且与丈夫共同生活的女性，如果她在以下工作时间优势次序上优于其丈夫，就参照她自己的工作来划分阶级位置；如果处于劣势，就按照其丈夫的工作来划分阶级位置。

  a. 全职工作
  b. 兼职工作
  c. 无偿工作

（iii）已婚、与丈夫共同生活，且在上述工作时间次序上与丈夫相等的女性，如果她在以下工作职位优势次序中（按照我们图式中的阶级划分）高于或等同于其丈夫，就参照她自己的职业进行阶级划分，否则则按照她丈夫的职业划分。

  a. 阶级Ⅰ
  b. 阶级Ⅱ
  c. 阶级Ⅳ
  d. 阶级Ⅴ
  e. 阶级Ⅲa
  f. 阶级Ⅵ
  g. 阶级Ⅲb和阶级Ⅶ

我们意识到，这个次序确实留下了一些值得争论的空间，其中最明显的（值得争论的）或许是把阶级Ⅲa置于阶级Ⅵ之上，特别是当我们还记得男女在这些阶级的职业分组中的分布大不相同时。但是,应当指出的是,按照次序判定的方式确实提升了已婚女性的阶级位置"直接"(由自己的阶级位置)被决定,而不是源自丈夫(的阶级位置)的概率。

在表10.7中,我们展示了主导法定义下的女性代际阶级流动性。同时,我们也与男性的流动性做了对比,不过,为了实现这一目的,与其重复展示已经包含在表10.4的男性数据,更方便的做法是只标注出男女流动率差异的百分比。可以看到,尽管这里也揭示出性别之间确实存在值得关注的差异,但却不像表10.4中采用个体法界定女性阶级流动性时所呈现的(差异)那么夸张,这里呈现的(流动)量级和模式都与表10.2中我们所认为的女性婚姻流动性更相似。[32] 很显然(尽管所用的分类有细微差异)表10.7中的女性终点阶级的分布更接近表10.2中的分布,而不是表10.4中的分布。

表10.7 女性代际阶级流动性,流出率(上半部分数字)及其与男性中的比率之间的偏差(下半部分数字),女性阶级采用主导法界定

父亲的阶级	女儿的阶级 百分比,按行							Δ	N
	Ⅰ	Ⅱ	Ⅲa	Ⅳ	Ⅴ	Ⅵ	Ⅶ和Ⅲb		
Ⅰ	26.3	27.6	25.8	5.3	3.4	4.2	7.4	17.2	117
	6.6	1.5	−16.1	2.5	1.8	4.7	−1.1		
Ⅱ	22.6	24.9	14.6	17.3	3.3	4.7	12.6	20.2	123
	6.6	8.0	−5.0	−10.9	2.1	3.5	−4.3		
Ⅲa	14.5	19.6	22.8	6.8	5.2	19.8	11.4	13.9	62
	3.9	4.0	−2.9	1.0	2.3	−11.0	2.6		
Ⅳ	17.4	24.5	16.0	13.8	2.7	9.3	16.3	25.6	164
	−6.6	−4.7	−12.2	16.9	4.2	4.5	−2.1		
Ⅴ	10.1	25.5	9.7	8.0	10.1	14.1	22.5	25.1	114
	13.3	−14.9	−6.5	3.7	−3.7	7.6	0.5		
Ⅵ	14.0	18.2	12.1	4.4	8.2	18.9	24.1	15.0	304
	−2.1	−5.0	−6.6	3.0	1.6	10.4	−1.2		
Ⅶ和Ⅲb	7.2	17.3	9.9	10.8	7.2	19.6	28.0	11.4	321
	2.3	−3.9	−5.9	−1.6	3.4	2.5	3.2		
总计	14.4	21.2	14.2	9.0	6.2	14.5	20.5	11.7	1 205
	1.6	−3.6	−8.1	2.6	2.2	5.1	0.3		

当我们深入考察表 10.7 的内容时,事实证明,以下三个观察结果实际上涵盖了女性和男性流动性之间大多数明显的差异。第一,女性代际不流动的概率要小于男性,特别是在阶级Ⅰ、阶级Ⅱ、阶级Ⅳ和阶级Ⅵ中,女性的总流动率达到 78.7%,而男性仅有 72.2%。第二,不管在任何阶级出身中,女性都比男性更有可能流入阶级Ⅲa。当然,这就意味着从服务阶级出身向下流动的情况更为普遍地发生在女性身上。不过,值得进一步关注的是,前文所述的差异反映的是样本中年轻未婚女性的经历,表 10.6 中的证据表明,依照主导方法,她们的向下流动常常只是暂时的,因为她们可以通过婚姻成功地"逆向流动"回到阶级Ⅰ和阶级Ⅱ,从而提高了这些阶级内的不流动性水平。第三,女性比男性更有可能从阶级Ⅳ——小资产阶级——向上流入阶级Ⅰ和阶级Ⅱ,也更有可能从阶级Ⅴ、阶级Ⅵ和阶级Ⅶ的"蓝领"出身流入阶级Ⅱ。

由于仅在最后一个层面上,所描述的差异显然不是表 10.7 中两个终点阶级分布的差异造成的,那么将一般社会流动模型应用于数据以确定相对流动率的变化在多大程度上构成了以绝对百分数表示的流动率的变化,便更富有社会学旨趣。这一操作的结果呈现在表 10.8 中。可以看到,尽管这一模型的匹配度并未完全合意,但仍是十分贴近的。残差检验没有表现出特定的模式,除了意料之中的服务阶级和小资产阶级的儿子与女儿之间的不对等交换,这在对表 10.2 中数据进行深入分析时已有呈现。该模型中没有稳定的趋势去过高估计女性的不流动率,相反,相比于先前所示的女性高于 78.7% 的总流动率,在当前模型中该比例则略低,为 76.4%。换句话说,这次我们依然未能支持以下观点,即如果将女性的流动性纳入考量,那么英国的阶级结构将比只考虑男性时显得更"开放"。

表 10.8 对女性和男性代际阶级流动数据的一般社会流动模型的检验结果,女性阶级由"主导法"界定

χ^2	df	p	已解释的相关的百分比	被错误分类的个案的百分比
54.2	36	0.03	86.2	5.2

事实上,必须指出,总体而言采用主导法来界定女性阶级位置并没有带来更多的启发,至少就流动性问题来说是如此。一份关于该方法在实践中是

如何操作的研究解释了其中原因。当应用于我们样本中的女性,主导法(就像我们之前操作化的那样)最终为43%的女性赋予基于她们自己职位的阶级位置,为57%的女性赋予基于她们丈夫职位的阶级位置。但是,这43%的女性中超过半数是未婚或分居女性,而在已婚且与丈夫共同居住的女性中,相应的比例为26%和74%。进一步来说,这26%中的绝大多数——占五分之四——之所以能够有资格获得"直接"阶级分配,是因为她们在工作时间次序上与丈夫等同,且拥有比丈夫更高或相同的职业次序。

因此,相当明显的是,当对女性阶级流动的研究遵循主导法时,我们从原本仅限于男性的研究图景上主要增加的,不过是关于独身女性或自己担任"户主"的女性信息。尽管这些信息本身十分有趣,但是(正如在传统法的注释中所提及的)其所涉成员往往不足以撼动我们对整体阶级流动性模式的理解,特别是考虑到前述中年轻女性通过婚姻实现逆向流动的趋势,情况尤为如此。

在我们看来,使用主导法的最佳论据,其实并不在于它能否开创性地揭示当今社会流动率与流动模式的什么内容,而在于将主导法应用于当今数据,便可能在评估未来趋势时提供一个有价值的基准,就像在表10.7所做的那样。具体而言,这一方法也创造了某种可能性,使我们能够监测女性劳动力市场参与需要发展到何种程度才能使她们更常成为该意义上的"主导者",并且她们的流动模式在阶级分析语境下的重要性也能因此得以深化。换句话说,按照这一方法以下过程便有迹可循——如果事实确为如此:不论是在工作时间还是工作职位上,女性都以与男性更平等的方式参与到劳动力市场,并的确借此——用吉登斯的话说——"从家庭中获得了解放",并且不再是"极大程度地隔离于阶级体系之外"。[33]

我们的探讨始于以下观点,即女性社会流动研究中最严重的问题不是信息的普遍匮乏,而是长久以来对什么才是应当强调的中心问题,什么才是应当采用的合适的概念方法和分析步骤的不确定性。在女性阶级流动的具体情况中,我们注意到相当基本的质疑和异议都明显集中于当代社会中女性阶级位置应当如何界定的问题。我们在本章的目标就是通过考察不同的概念选择会带来什么实质性后果,以及在此基础上进一步追问如果仅关注男性

（流动）经历会引发哪些关于阶级流动的误导，以推动对该议题的讨论。我们已经考虑了在阶级研究中用以界定女性阶级划分的三种可能的方法，我们对每种方法的主要结论概括如下。

第一，如果仍沿袭传统法作为标准方法，即将其男性"户主"的阶级职位置视为家庭的阶级职位，那么可以令人信服地认为，依据此种方法的逻辑，集中关注男性工作经历的流动研究应当以女性婚姻流动分析进行补充。但是，与前面讨论中的假设相反，这类研究无法表明女性通过婚姻实现的流动机会或流动风险普遍高于男性通过职业雇佣实现的流动机会或流动风险。尽管所讨论的两种流动类型之间可以发现诸多具体的差异——其中有些本身就具有明显的社会学旨趣，但是，这些差异并未形成一定的规模，不足以要求我们对现代英国社会阶级流动的绝对或相对流动率模式的总体理解做任何严肃的更正，即便这些理解原本是基于仅限于男性的研究而形成的。

第二，如果采用个体法，女性与男性之间的绝对流动率差异尤为显著，而且按照个体方法倡导者们所预期的思路，女性比男性更可能从阶级出身向下流动。但是，当女性因此像男性一样按照本人职业分配阶级位置时，这进一步证明了她们的相对流动机会模式在一定程度上与男性没有区别。这也就意味着，在绝对流动率上体现的差异并非源于内生的流动过程本身，因为它基本上不受性别因素影响，而是源于流动表中不同的边际分布，显而易见，这张流动表所反映的不过是劳动职业分工中的性别隔离程度。因此，应用个体方法的结果将会反过来动摇其部分支持者们所认同的观念：考虑到普遍的就业机会，女性在劳动力市场中的普遍劣势必然与她们阶级不平等的一致化趋向（levelling-out）相关。[34]

第三，如果采用主导法，我们发现尽管这种将女性纳入阶级流动分析的方法会和仅关注男性的研究中获得的绝对流动率模式有一定偏差，但是我们对潜在相对流动率的描绘几乎不会受到影响。该方法的主要贡献在于纳入了单身女性和女性户主流动经历的系统性信息。然而，至少在今时今日，这类信息的重要程度总是容易被夸大其词，而主导法的主要吸引力在于它提供了追踪流动模式含义的可能性，如果家庭单位与阶级结构的关系越来越多地通过女性而不是男性的就业来构建。

因此，最终的结论是，仅有通过个体法判定女性阶级位置时所得到的结论能够支持集中于男性经历的那些研究严重妨碍了我们对英国阶级结构中阶级流动的理解的观点。虽然关于婚姻流动的分析确实精进了通过传统法获得的结论,就如同主导法的分析一样,然而只有在个体法才会导向截然不同的绝对——但不是相对——阶级流动率和模式。不过,接下来要应对的关键问题,也是我们先前提到过的,是这一方法所获结论的可靠性。毫无疑问,表 10.4 中呈现的结果确实反映了男性与女性在职业机会结构上的实质性差异——后者明显处于劣势,在忽视女性职业生活的情况下给出职业流动的比率与模式,这种尝试确实是极具误导性的。但是,就当前的研究目的而言,问题在于我们是否能够以个体法的支持者所希望的方式来处理这类数据,即在先前已经阐明过的意义上,将这些数据作为女性代际阶级流动或不流动经历的象征。

这一问题无法仅基于本章所用数据就盖棺定论。但是,我们已经拓展了基于个体法的流动分析,并得到了一些结论,其中值得一提的是妻子父亲的阶级和丈夫的阶级之间的关系,这方面的研究结论既指出了个体法的明显问题,也倾向于证实"家庭,而非个人,仍应是阶级结构的基本单位"这一理念。况且,必须进一步强调,证明这些结论的重任落在那些主张个体方法的人身上,然而他们至今未能提出任何系统性论据以支持自己的关键假设,即已婚女性自己的工作能够可靠地作为她们阶级身份,或者说她们参与阶级相关的生活方式、社团模式或集体行动模式的主要决定因素。在他们的立场上,这些论据更为必要,因为我们意图直接证明这一假设的尝试显然已经产生了相反的结果——实际上,反而证明了妻子们自身,是从丈夫的而非自己的职业来获取阶级职位的,而不是社会学家们的"性别歧视"。[35] 因此,至少我们能够认为,用个体法定义女性阶级位置的可靠性仍有待验证,且迄今为止,由此引出的关于现代英国社会阶级流动的替代性解释也很难令人信服。

最后,为了避免误会,应该要说我们在此绝无意暗示有关女性阶级流动议题的调查在社会学意义上都是无关紧要的或边缘化的。显然,我们已呈现的这些研究结果只能通过此类调查获取,并且我们相信,这些调查具有多种社会学旨趣。只是,这些研究结果或许说明了:第一,那些专注于男性的研究设计,虽说明显不够完备,但是不能想当然地被看作是"性别主义的"(sexist)而被弃置一边,因为它可能是无法避免使用有缺憾研究资源的情况下的一种最佳策略;³⁶ 第二,那些产生广泛影响的,认为"如此设计的研究严重限制或扭曲了我们对阶级流动的理解"的观点,不仅是偏颇的,而且在很大程度上错判了这一议题。

注释

1. 例如,参见 Joan Acker, 'Women and Social Stratification: A Case of Intellectual Sexism', *American Journal of Sociology*, vol. 78, 1973; Christine Delphy, 'Women in Stratification Studies' in Helen Roberts (ed.), *Doing Feminist Research*, London: Routledge, 1981; Helen Roberts and Diana Woodward, 'Changing Patterns of Women's Employment in Sociology, 1950 - 80', *British Journal of Sociology*, vol. 32, 1981。

2. 对于 NORC 数据的运用,可参见 P. Y. Dejong, M. J. Brawer and S. S. Robin, 'Patterns of Female Intergenerational Occupational Mobility: A Comparison with Male Patterns of Intergenerational Occupational Mobility', *American Sociological Review*, vol. 36, 1971。法国的调查是由法国全国统计和经济研究所执行的,瑞典的则是由瑞典社会研究所实施的连续"循环"生活水平调查。有关这两项数据的使用,参见 Lucienne Portocarero, 'Social Mobility in Industrial Nations: Women in France and Sweden', *Sociological Review*, n. s. vol. 31, 1983。

3. Roberts and Woodward, 'Changing Patterns of Women's Employment in Sociology: 1950 - 80', p. 542.

4. 迄今为止实行的有关女性社会流动问题的大多数正式研究,不是源自美国就是斯堪的纳维亚(后续引文中会出现),但是在英国却在很大程度上被忽视了。

5. 例如,参见德容(Dejong)和波托卡雷罗(Portocarero)在前文注释 3① 引用的论文,以及进一步,参见 Andrea Tyree and Judith Treas, 'The Occupational and Marital Mobility of Women', *American Sociological Review*, vol. 39, 1974; Donald J. Treiman and Kermit Terrell, 'Sex and the Process of Status Attainment: A Comparison of Working Women and Men', *American Sociological Review*, vol. 40, 1975; Christine Greenhalgh and Mark B. Stewart, 'Occupational Status and Mobility of Men and Women', *Warwick Economic Papers*, no. 211, University of Warwick, 1982; and Geoff Payne,

---

① 应为"注释2",疑为原文笔误。——译者注

Judy Payne and Tony Chapman, 'Trends in Female Social Mobility' in Eva Gamarnikow *et al.* (eds.), *Gender, Class and Work*, London: Heinemann, 1983。

6. 相关文献中涉及的交换，参见 Nicky Britten and Anthony Heath, 'Women, Men and Social Class' in Gamarnikow *et al.* (eds.), *Gender, Class and Work*; John H. Goldthorpe, 'Women and Class Analysis: In Defence of the Conventional View'; Michelle Stanworth, 'Women and Class Analysis: A Reply to John Goldthorpe', *Sociology*, vol. 18, 1984; Anthony Heath and Nicky Britten, 'Women's Jobs do Make a Difference: A Reply to Goldthorpe', ibid.; Goldthorpe, 'Women and Class Analysis: A Reply to the Replies', ibid.; and Robert Erikson, 'Social Class of Men, Women and Families', ibid. Rosemary Crompton and Michael Mann (eds.), *Gender and Stratification*, Cambridge: Polity Press, 1986, 在这本书中，几位作者（特别是 Walby、Delphy 和 Leonard）也参与到辩论中，但他们的讨论在某种程度上似乎是退步的：也就是，通过回到宏大、模糊、偏见性的声明（或者常被称为"理论"），而不是通过放进研究发现可能会对它们构成影响的形式中去来尝试解决问题。

7. 理想情况下，我们会希望将纸本打字员、录音打字员或其他类似的办公机器操作者纳入阶级Ⅲb。然而不幸的是，即使是在 1980 年修订版的 OPCS 阶级分类中，也无法将这群人与那些更适合划进Ⅲa 的人群区分开来。

8. 进一步参见 Goldthorpe, "Women and Class Analysis"。

9. *Social Mobility and Class Structure*, 1st ed., p. 288.

10. 同上；也见同上书，第 294 页。

11. 关于回顾和讨论美国的研究结果，参见 Norval D. Glenn, Adreain A. Ross, and Judy Corder Tully, 'Patterns of Intergenerational Mobility of Females through Marriage', *American Sociological Review*, vol. 39, 1974; and Ivan D. Chase, 'A Comparison of Men's and Women's Intergenerational Mobility in the United States', *American Sociological Review*, vol. 40, 1975。

12. 这一案例中的模型可以写作：

$$F_{ijk} = \eta \cdot t_i^P \cdot t_j^D \cdot t_k^M \cdot t_{ij}^{PD} \cdot t_{ik}^{PM} \cdot t_{jk}^{DM}$$

其中，F_{ijk} 是三位表中 ijk 单元格的期望频率，该三个表格包含出身阶级，或者说父亲阶级（P）、终点阶级（D）——也是女婿或儿子的阶级，以及流动类型（M）。

13. 关于该统计数据的计算，参见原文第 117 页注释 17。

14. 关于法国和瑞典的案例，参见 Lucienne Portocarero, 'Social Mobility in France and Sweden: Women, Marriage and Work', *Acta Sociologicalol*, vol. 28, 1985; 以及德国的案例，参见 Johann Handl, 'Heiratsmobilität and berufliche Mobilität von Frauen', VASIVH Working Paper no. 8, Institut für Sozialwissenschaften, University of Mannheim, n. d。

15. 参见 John H. Goldthorpe, 'Soziale Mobilität und Klassenbildung: Zur Erneuerung einer Tradition soziologischer Forschung', in Hermann Strasser and Goldthorpe (eds.), *Die Analysesoziler Ungleichheit*, Opladen: Westdeutscher Verlag, 1985。

16. 基于文中所给出的思考，如果我们重新应用我们的一般社会流动模型，首先将六个单元格（即单元格Ⅳ—Ⅳ、Ⅳ—Ⅰ、Ⅳ—Ⅱ、Ⅱ—Ⅰ、Ⅱ—Ⅱ和Ⅱ—Ⅳ）"隔离出去（blocked）"，我们会发现尽管模型的匹配度仍不能使人完全满意（p＝0.02），但是与最初版本相比在显著度上的提升是十分显著的——损失了6个自由度，χ^2值减少了21.4。即便如此，还是要说，慎重对待模型中偏差的最佳理由是由波托卡雷罗和汉德尔提供的佐证资料。

17. Anthony Heath, *Social Mobility*, London: Fontana, 1981, pp. 113 - 114.

18. 同上书，136—137页。尽管我们和希思的结论之间存在差异，但是需要注意的是：第一，希思对女性婚姻流动和男性职业流动之间的比较仅限于绝对流动率的层面，他并未考虑流动模式的异同；第二，尽管我们的数据同样来源于男女混合性样本，但是，希思从1972年调查中所获的数据全部来源于男性调查者。因此，正如他所意识到的，他其实是通过将已婚男性的阶级和他们岳父的阶级相关联的办法，来考察女性婚姻流动的。尽管抽样单位的差异在这里并不十分重要，但我们还是期望能有更高质量的数据。

    实际上我们已经将一般社会流动模型运用于希思曾使用的1972年数据，并且再一次发现了小资产阶级和服务阶级的儿女之间不对等交换形式的偏差，尽管相比于1983年我们自己的数据而言，这一偏差在总偏差中的重要程度更低。但在按这一方式分析时，就主对角线上的模型偏差而言，希思的表格与我们的相差不大。因此，虽然我们发现女性通过婚姻实现的总流动率比模型匹配中期望的要高1.6个百分点，但希思表格上相对应的数字是2.1。

19. 例如，参见 Delphy, 'Women in Stratification Studies'; Stanworth, 'Women and Class Analysis'。

20. 特别参见 Stanworth, op. cit.。

21. 如果我们仅将表10.4中基于全职工作进行阶级分配的那些女性拿来与男性相比较，我们会发现我们的模型是完全可接受的（p＝0.40），虽然如果仅拿基于非全职工作进行阶级分配的女性来作比较的话，匹配度显然就不那么令人满意了(p=0.01)。但在这种情况下,残差没有出现明显的模式,尽管正如所料,所研究的女性更加严重地集中于劣势位置——从事非全职工作往往与职业等级中的向下流动相联系。

22. 例如,美国的情况参见 Robert M. Hauser and David L. Featherman, *The Process of Stratification: Trends and Analysis*, New York: Academic Press, 1977, and Nancy Dunton and Featherman, 'Social Mobility through Marriage and Careers: Achievement over the Life Course' in Janet T. Spence (ed), *Achievement and Achievement Motives*, San Francisco: W. H. Freeman, 1985;斯堪的纳维亚的参见 Seppo Pöntinen, *Soial Mobility and Social Structure: A Comparison of Scandinavian Countries*, Helsinki: Societas Scientiarum Fennica, 1983, and Robert Eriksson and Pöntinen, 'Social Mobility in Finland and Sweden: A Comparison of Men and Women' in Risto Alapuro et al., (eds.), *Small States in Comparative Perspective*, Oslo: Norwegian University Press, 1985;瑞典和法国的则参见 Portocarero, 'Social Mobility in France and Sweden'。所有这些研究没有呈现女性与男性相对阶级流动率的差异,或是仅稍微提到,而且,这些可能暗示女性之间较低的不流动率往往倾向于集中在小资产阶级和农民阶级。在英国的例子里,后一个阶级中只有相对较少的部分能够十分精确地匹配于"一般社会流动"模型。

23. 特别参见 Catherine Hakim, *Occupational Segregation*, London: Department of Employment, Research Paper 9,1979。有人可能会补充说,哈基姆呈现的有关这种性别隔离的证据常常用以维护以下宣称:"不考虑到女性的社会流动,就不能理解男性的社会流动。"但是,这样的宣称是过度含糊并可能带有误导性的。正如本文所说,不考虑女性的相对流动率就不能理解男性的相对流动率这一观点是全然错误的。而另一方面,"女性的职业雇佣结构(有力地)影响着男性的客观流动机会以及他们的绝对流动率"这一观点是正确的(而且我们相信我们是首先证明这一点的——参见原文第59—60页以及第一版原书第294—295页)。但最后,"女性的就业关系是对男性唯一的或即使是主要的结构性影响这一观点也是错误的"。让我们设想一种情境,在该情境中社会流动模式保持不变,但是从事经济活动的男女在现有职业结构中按照相同的方式分配(阶级位置),那么就会发现——需要经过一些分析——在不同的出身阶级中,男性的流出率平均将改变约 17 个百分点(如果允许纳入对从事非全职工作女性的考虑,这个数值显然会更低)。正如所料,所有阶级出身的男性都更难以进入阶级 I 和 VI,更容易进入阶级 IIIa 和阶级 IIIb+VII,而流出到阶级 II、阶级 IV 与阶级 V 之间的可能性相差不大。在跨国视角中,很显然男性流动(至少是在比较级语境下)的结构性影响也确实是来源于其他各种因素。

24. 这里我们所获的结论又一次不同于希思,他在分析综合住户统计调查(GHS)的基础上,提出"对于出生于不同阶级背景的女性而言,她们之间的相对(流动)机会要比男性之间更为均等",*Social Mobility*,第 125 页。希思从差异比(disparity ratios)的考虑出发得出了这一结论。但是,正如我们先前提到过的(原文第 88 页注释 17 和原文第 265 页),差异比并不能测量"边缘不敏感"(margin insensitive),除非是将其严格互补配对使之实际上等同于优势比时。当我们将一般社会流动模型运用于 GHS 数据(由安东尼·希思慷慨提供),我们得到了十分相似的和表 10.5 中我们自己数据十分相近的匹配度,得到的 χ^2 是 43.4,自由度为 30(从两个 6×7 的表格),所得 p 值为 0.05。此外,这独立模型的 χ^2 中有 98.6% 被计入,所有阶级中仅有 2% 被误分。因此,我们会认为 GHS 数据实际上是为我们的结果提供了有力证明,特别是在纳入更多样本容量的视角之下。

25. 例如,参见 Stanworth,'Women and Class Analysis'。

26. 考察表 10.6 后,我们实际上意料之中地发现该数据在假设三者可能两两相关的乘法模型中是令人满意的,即:在女性自己的阶级和她父亲的阶级、自己的阶级和丈夫的阶级、她父亲的阶级和丈夫的阶级之间存在相关。此外,在这个模型中,这些相关性都不能被认为是微弱的。因而,尽管女性父亲的阶级和她丈夫的阶级之间的关系是三者中最不明显的,但是为了说明其影响,我们需要指出,服务阶级出身的女性比工人阶级出身的女性更可能有一个服务阶级而非工人阶级的丈夫,这种相对机会由女性的就业决定并存在于所有阶级。波托卡雷罗(Portocarero)在《法国与瑞典的社会流动》('Social Mobility in France and Sweden')一文中报告了两国在这方面与我们的结果密切相关的情况。

27. 可以看到,如果目的在于研究女性的职业成就而非阶级流动,或许用一些特殊的职业分类来呈现"终点"显然更合适。自然属性和潜在用途之间现在似乎出现了许多混淆(例如,参见 Angela Dale, G. Nigel Gilbert, and Sara Arber 'Integrating Women into Class Theory', *Sociology*, vol. 19,1985),一方面实质上是职业分类,另一方面是旨在表现阶级位置、社会地位等级等的分类,这种分类将职业与其他一种或更多指标作为指示,例如我们的阶级图示就是基于职业和雇佣关系的组合。有关差异(distinction)的重要性已经由格拉斯(Glass)在他《英国的社会流动》(*Social Mobility in Britain*)的引言(第 5—7 页)中指出了。

28. Robert Erikson, 'Om Socio-ekonomiska Indelningar av Hushåll: Övervägenden och ett Förslag', *Statistisk Tidskrift*, vol. 19,1981; and 'Social Class of

Men, Women and Families'.

29. 同上,第502页。

30. 这里埃里克松所用的两个重要标准是:第一,阶级图式不应当产生那些表现出高度瞬时性的单位;第二,单位分配不应受到家庭结构变异的侵蚀。后者或许是决定家庭收入、生活标准、住房所有权等事务的重要因素。但是,无论在理论上还是操作上,都没有理由将它和阶级混为一谈。同时请参见对"联合阶级"的批判,以及戈德索普在"Women and Class Analysis"与"Women and Class Analysis: A Reply to the Replies"中对家庭结构和阶级效应的论断。

31. 埃里克松论文中的阐释稍有不同,但是埃里克松(在私人交流中)表明我们在这里并未曲解其论断的实质。

32. 同时还应牢记的是,在将男性的流动率与那些通过主导法进行阶级定位的女性样本进行比较时,所呈现的差异会比将男性流动率与将主导法按其逻辑用于家庭或户的样本时的流动率更大。为了解释这点,我们也会将主导法运用于我们样本中的男性,然后比较仅考虑男性的"传统"流动表和通过同时考虑男女的主导法所获得的流动表中所产生的数据。完成这些后,出现的差异要显然比表7中更低,相异指数仅有7—15。

33. 这一观察的意图似乎一直以来都被女权主义批评家们所误解。关键在于,女性仍不能与男性平等地参与到劳动力市场中去。在以家庭为单位组成阶级结构时,女性的工作(尽管在扩张)相较男性而言仍充当着相对次要的角色。应当明确的是,坚持这一点并不是要说明女性的工作——因为其不正规、非全职,抑或"次要的""边缘化"的角色——对家庭户和国家经济而言是不重要的,也并非在想指涉女性的劳动雇佣对阶级结构形态或其中的流动机会模式来说根本无足轻重。事实上,吉登斯,也和其他阶级分析者一样(例如,参见原文第59—63页),关心着近来这一现象的重要性。因此很难理解为什么这被认为是体现了某种"不和谐"(参见 Shirley Dex, *The Sexual Division of Work*, Brighton: Wheatsheaf, 1985, pp. 164 – 5)。

34. 女性与男性的相对流动率本质上是一样的,这一发现实际上应当受到女权主义者的欢迎。正如邓顿和费瑟曼指出的,因为这意味着,"若不是经济上的社会学特征(如:偏见),女性与男性将取得同等的成功",因而"并不是女性的教养方式——有关于职业生涯和婚姻的价值观、态度、志向与动力——或者她们的生物性特征决定了她们不同于兄弟或丈夫的流动机会与社会经济成就",参见'Social Mobility through Marriage and Careers', p. 317。

35. 参见 Mary R. Jackman and Robert W. Jackman, *Class Awareness in the United States*, Berkeley: University of California Press, 1983; and Gudmund Hernes and Knud Knudsen, 'Gender and Class Identification in Norway',

paper presented to the ISA Research Committee on Social Stratification and Mobility, Harvard University, September, 1985。在评估丈夫与妻子的"客观"阶级位置之间的关系时,所有这些研究的作者都很小心地控制了教育变量,且表明了这具有重要影响。也可参见 Pamela Abbott and Roger Sapsford, 'Class Identification of Married Working Women', *British Journal of Sociology*, vol. xxxvii, 1986, and John L. Hammond, 'Wife's Status and Family Social Standing', *Sociological Perspectives*, vol. 30,1987。这些研究中决定阶级身份的方法并非在信度和效度上都能完美无缺,它们仍有尚待改进之处。同时,更应指出的是,当人们援引证据来支持"妻子的阶级定位比她们丈夫的阶级定位更可能反应她们自己的劳动雇佣经历"这一观点(例如,参见 Stanworth, 'Women and Class Analysis', p. 162),他们只能参考范围狭窄且高度主观性的研究,这些研究实施于代表性未知且未经检验的环境之中,也没有发表任何公开的数据集。为这些研究贴上"质性的"或"民族志"的标签,绝不意味着它们能够避开调查研究所需的信度与效度的问题。

36. 截至现在,我们确信,那些因为1972年流动调查集中关注男性而对其提出批评的人中,没有一位能够提出并支持其他替代性的研究设计——基于固定的可获得的数据——好让女性容纳其中。针对这点,任何促使批评家们给出回应的尝试都不曾奏效,不论是在研讨会上,还是在出版物中。当本章的早期版本作为一篇论文出现在《社会学》(*Sociology*)上时,该杂志的编辑曾明确删除了本条注释的第一句话。

第十一章

比较视角下的英国阶级流动

在上一章中,我们试图通过考察女性流动经历的影响来拓展阶级流动的分析视角,而非像以前那样聚焦于男性。在本章中,我们旨在以另一种方式拓展我们调查研究的内容。我们将从跨国比较的视角考察现代英国社会的阶级流动比率和模式。在对先前的结论进行评估时,我们已经通过或明或暗的表述,对英国阶级结构在特定方面的流动性是"高"是"低"做出了判断,但是这些判断多半是基于社会学家普遍认为的发达社会中的流动性(如第二章所述),或者基于正式的统计标准作出,比如"完美流动"(如第四章所述)。不过,如果英国社会的特点是极端的流动或固化、开放或封闭——或者以任何其他的方式显示出某种特殊的利益模式,那么毫无疑问,对这些估计而言,最重要的依据在于英国和其他国家间的比较。

与比较社会流动有关的话题已经吸引了除社会学家之外的社会科学家的关注,或者说实际上已经引起了广泛的讨论,这些讨论的旨趣聚焦在这样一种可能性上,即是否可以通过流动比率变化的评估来理解其他跨国差异。因此,以与英国有关的两个案例为例,经济史学家的流行观点是,英国之所以成为第一次工业革命的摇篮,部分原因在于与法国或德国相比,英国的前工业社会在形式上更开放。然而,反过来说,经济学家把英国近代的衰落归结为"传统的"和高度不渗透的阶级分化的持续存在对经济表现造成了破坏性影响——据推测,英国的竞争对手则以某些方式克服了这种破坏性影响。[1]

然而,在社会学家当中,这类论据尤其因为其经验基础的薄弱,遭到了大量的怀疑。如果只是将这种观点作为保守的"零假设",则实际趋势会更倾向于支持相反的观点,即:在处于大致相似的社会发展阶段的所有国家之间,流动比率和模式不存在显著性差异,或者说无论如何都存在很大的相似性。

因此,在分析了第二次世界大战之后的"第一轮"全国流动调查结果后,李普塞特(Lipset)和泽特伯格(Zetterberg)得出结论:"在西方各国的工业社会阶段,社会流动的总体模式似乎是相同的。"他们指出,此结论与自索罗金(Sorokin)以来所有调查人员形成的印象相一致。[2] 虽然李普塞特和泽特伯格的工作基于粗略的分类和通常不可靠的数据,且仅使用了非常有限的统计技术,但却是必要的。他们主要完成的跨国分析实际上只是对两个广泛的职业类别("体力"和"非体力")之间的代际流出百分率进行了比较。因此,不足为奇的是,随着研究的深入和复杂化,他们结论的意义实质上已非常有限。现在被广泛接受的是,尽管发达社会的总体流动模式仍然被视为具有某种"家族相似性"(family resemblance),但不论是从流出还是流入的方面来看,确实出现了无法忽略的跨国差异,并且在绝对百分比的形式中最为明显。[3] 不过,更值得注意的是,尽管在李普塞特和泽特伯格的观点遭到挑战后的一段时间内,研究焦点的确转向了流动性的跨国差异及其可能的来源,但是过去十年间对该领域影响最大的研究假设再次强调了跨国的相似性而非差异性:即由费瑟曼(Featherman)、琼斯(Jones)和豪瑟(Hauser)于1975年提出的假设(简称"FJH假设")——对李普塞特和泽特伯格提出的假设进行了重新定义。[4]

费瑟曼、琼斯和豪瑟的核心主张是,一种基本的跨国相似性将会出现在所有具有市场经济和核心家庭制度的社会中,并且不会以李普塞特和泽特伯格所说的绝对流动率形式(出现),而是以相对比率形式或者我们所期望表达的社会流动模式(出现)。绝对比率被认为在"表面"(phenotypical)层次上显示流动性,在此层次上,它将受到一系列结构性和其他"外生"(exogenous)效应的影响,这些效应会随各国的经济、人口和政治历史的特定特征而变化。但是,正如他们对于流动净效应的看法,他们同时也认为相对比率能够显示出流动在"基因"(genotypical)层次上的特征,在此层次上,一般分层形式的"内生"(endogenous)因素将占主导地位,因此流动的一般模式可能会显现出来。

本章的目的不在于进一步增加已经非常丰富的评估"FJH假设"的文

献。⁵ 在这方面,最相关的两点是:第一,如果在最严格的意义上,断言社会流动的跨国模式具有完全一致性,那么此假设是不会成立的;不过,第二,如果从某种不太严格,但仍有洞见的意义上进行理解,此假设则能够获得更多支持。换言之,流动模式在广泛的工业化社会或正在进行工业化的社会中表现出非常大的共性,而不是一系列可以根据经济发展水平、政治体制等进行区分的独特类型。⁶ 因此在后一种形式的假设中,"FJH假设"可以为我们提供一个有价值的起点,因为我们试图将我们对于现代英国阶级流动的了解置于一种比较的情境中。

数据

直到最近,社会流动的比较分析都是基于已经公布的国家调查结果的汇编材料而展开的。在数据处理过程中,主要的困难是,这些数据不仅在总目标、设计和质量方面有所不同,而且更具体地说,在定义和测量流动的阶级类别或其他类别方面都有所不同,有时相去甚远。所以,分析人员处理的数据往往是某种不能立即比较,并且在这方面改进的可能性非常有限的数据类型。因此,对国家调查中使用的不同社会类别而言,在一些跨国的、共同的数据出现之前,除了"合并"这些社会类别之外几乎别无他法——通常情况下是依据李普塞特和泽特伯格采用的体力/非体力职业的简单分类,或者至多是体力/非体力/农民的三分类。此外,这种方式也只是在名义上具有可比性,因为体力/非体力的分类本身就是在不同调查中以不同的方式进行解读的,所以许多真实的不可比性仍然存在。的确,可以说,以此种方式形成的跨国流动数据仅仅因为不可比性而导致的差异甚至会与人们期望发现的那些真正的差异在程度上差不多。因此我们很难知道如何才能相信基于这些数据得到的研究结论,对于它们那些事实上令人混淆且往往是相互矛盾的研究结论也就不用大惊小怪了。⁷

然而,自20世纪70年代末以来,汇编跨国数据集的新方法的发展,即:对采用单元形式记录(unit-record form)的原始调查数据进行二次分析,也许可以宣告比较流动研究的一项重大进展。按照这样的程序,调查人员更有可能在人口覆盖率等方面对国家层面的结论进行标准化,并且可以在分类上获得更大的可比性和灵活性。在由原始数据的基本编码所设定的限度内,他们首先可以设计出适合自己研究旨趣的类别,然后对想要汇编在一起的国家研究数据进行重新编码。

表 11.1 在 CASMIN 项目中用于跨国流动分析的阶级图式版本

阶级 Ⅰ 和阶级 Ⅱ	"服务阶级"——所有专业、行政和管理人员(包括大业主),高级技术人员和非体力工人的监工
阶级 Ⅲ	"常规非体力人员"——行政、商业常规非体力雇员,销售人员和其他一般服务人员
阶级 Ⅳab	"小资产阶级"——小业主、自雇手工业者和其他(初级产业以外的)有雇员或无雇员的"自雇"者[a]
阶级 Ⅳc	"农场主"(farmers)——农场主、小业主和其他初级产业中的自雇者
阶级 Ⅴ 和阶级 Ⅵ	"熟练工人"——低级技术人员、体力工人监工和熟练的体力工人
阶级 Ⅶa	"不熟练的工人"——(初级产业以外的)半熟练和不熟练的工人
阶级 Ⅶb	"农业工人"——初级产业中的农业和其他工人

注:(a)在可能的情况下,雇佣和未雇佣员工的阶级分别区分为Ⅳa和Ⅳb。

我们在本章中使用的比较数据经过大量的这种重新编码工作,该工作得到曼海姆大学(the University of Mannheim)。工业国家社会流动的比较分析(Comparative Analysis of Social Mobility in Industrial Nations, CASMIN)项目的支持。[8] 得益于这项工作,20 世纪 70 年代早期和中期进行的一些国家流动性调查的数据已经具有了可比较的形式,其基本分类是在现有研究中使用的一个阶级图式版本。从表 11.1 可以看出,该图式又是七分类的,但在以下方面与原来的图式不同:一方面,阶级 Ⅰ 和 Ⅱ、阶级 Ⅴ 和 Ⅵ 是结合在一起的,因为难以在跨国一致性方面对两者进行区分;另一方面,出于比较的目的,可以在阶级 Ⅳ 和 Ⅶ 中分离出农业部分——区分出农场主阶级(阶级 Ⅳc)和农业工人阶级(阶级 Ⅶb)。

到目前为止,在 CASMIN 项目中,九个国家(nations)[①]——英格兰和威尔士(1972 年调查数据)、法国、联邦德国、匈牙利、爱尔兰共和国、北爱尔兰、波兰、苏格兰、瑞典——的流动数据已被重新编码为一种能被所有国家的数据普遍接受的标准。此外,澳大利亚和美国的数据也已经被重新编码,不过

---

① 此处遵从习惯将"nation"译作"国家",但意思有些许不同。本章中的"国""国家"皆指"nation"。——译者注

结果不太理想。接下来,我们将聚焦于上述九个国家。在每个案例中,所使用的数据将涉及 20—64 岁男性的代际阶级流动,其出身阶级指的是受访者父亲(或其他"户主")在受访者的青春期早期时的阶级。

相对比率,或称社会流动模式

我们首先要问的是,与其他国家相比,英国阶级流动的相对比率或社会流动模式是怎样的? 这涉及的一个更具体的问题是:在不同阶级出身的个体进入不同阶级终点的机会有多平等的意义上,英国社会有多"开放"(open)。这些问题当然与"FJH 假设"直接相关,而且如果在某种程度上这一假设是成立的,那么正如我们所暗示的那样,我们期望获得的答案与先前所强调的有明显不同的侧重点,也就是说,它们会更多地显示英国与其他国家之间普遍存在的相似之处,而不是英国的独特性。

"FJH 假设"的一个优点在于,至少在其严格的形式下,它能够以相当精确的方式进行建模。事实上,这可以通过我们之前使用过的,用于检验第三章和第九章中关于不同时间的流动模式(即在不同的出生队列或连续调查之间)彼此相似的假设,或第十章中关于流动模式在性别之间存在相似性的假设的不变或"共同的社会流动"的乘法模型来实现。为了表现出"FJH 假设",该模型仅仅被认为提出了流动模式在各国之间将是相同的,换句话说,在可比较的国家流动表中所有相应的优势比将具有相同取值。[9]

因此,出于当前的研究目的,当我们将模型应用于 1972 年调查所得到的流动表(将每一流动表依次与其他具有很好的可比性的八个国家的流动表数据进行比较时),我们首先需要考察的是该模型拟合情况是否良好。实际操作的结果如表 11.2 所示。

初步的观点是,当我们将 1972 年英格兰和威尔士的流动表与苏格兰调查的流动表进行比较时,可以注意到"共同的社会流动"模型给出了令人满意的拟合结果。这意味着基于我们自己的数据来谈论整个英国——正如我们实际上倾向于做的那样——是不太可能产生误导性的,至少到目前为止就流动模式方面而言确实如此。此外,当我们将 1972 年的流动表与北爱尔兰的流动表进行比较时,良好的拟合结果表明相同的社会流动模式在整个英国实际上是普遍存在的。

当与其他国家进行比较时,我们发现模型在一个完全可接受的形式中并不能拟合,(模型所)返回的 p 值表明被我们称之为的英国模式和其他地方的社会流动之间确实存在差异。虽然标准化的 χ^2 证实苏格兰和北爱尔兰——以及法国——的相对流动率与英格兰和威尔士的最相似,但这也表明其他国家所处的拟合较差的"共同的社会流动"(common social fluidity)模型并不仅仅是由较大的样本规模造成的。不过,我们必须同时考虑到表 11.2 中最后两列所表明的更多迹象,即这些差异虽然是真实的,但在所有情况下都相当小。在每次的比较中,"共同的社会流动"模型解释了 96% 以上的出身阶级和终点阶级之间的关联,且错误分类不足所有样本的 3%。这样一来,即使严格来说这些证据仍然无法支持此假设,"FJH 假设"的意义依然能显现出来。一个绕不开的结论是,表 11.2 的数据所表明的流动模式的相似性程度要比它所揭示的差异性程度更令人印象深刻。[10]

表 11.2 英格兰和威尔士(N=9434)对其他八个国家(两两比较)的代际阶级流动数据的"共同的社会流动"模型的检验结果

被比较的国家(N)	χ^2	p^a	标准化 χ^{2b}	已解释的相关的%	被错误分类的样本的百分比
法国(18 671)	84.3	0.00	75.1	99.2	1.5
联邦德国(3 890)	120.9	0.00	224.6	96.5	2.6
匈牙利(12 005)	160.6	0.00	151.7	96.9	2.6
爱尔兰共和国(1 991)	59.3	0.01	171.2	98.2	1.6
北爱尔兰(2 068)	36.2	0.46	99.5	98.9	1.4
波兰(32 109)	327.5	0.00	217.0	97.5	2.0
苏格兰(4 583)	42.7	0.20	70.9	98.8	1.7
瑞典(2 097)	74.3	0.00	202.5	97.2	1.8

注:(a) 自由度=36。
(b) 也就是说,当每个国家的样本按比例增加或减少到 10 000 时所返回的 χ^2。

仍然需要指出的是,即使社会流动的跨国变化范围并不大,但英国社会在这种变化中处于什么位置仍然是不清楚的。换言之,英国在某种意义上仍有可能是一个"异常值"。然而,事实并非如此,且可以得到确切的证明。在 CASMIN 项目的前期工作中,我们进行了以下分析。通过将每个案例的国家样本量按比例增加或减少至 10 000,我们对九个流动表中的任意一对流动表都拟合了"一般的社会流动"模型,而不是如前文中那样仅对涉及英格兰和威尔士的八对模型进行拟合。因此，由这些拟合产生的 $36(=9\times8/2)$ 个 χ^2 表明了每对国家之间的社会流动模式的差异性程度，或者说是将它们在整个跨国流动变体所构成的扩展"空间"中隔离开的"距离"。反过来，从这个观点来看，36 个 χ^2 的集合可被视为一种被输入到一个旨在"恢复"一种有问题的空间的操作的信息。这一操作产生了一个三维的解，如图 11.1 所示。

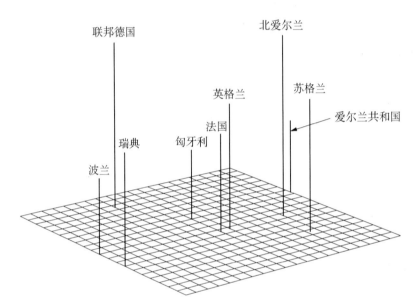

图 11.1　国家社会流动模式之间距离的三维(ALSCAL)的解：九个国家。
克鲁斯卡尔应力公式Ⅰ=0.66(Kruskal's stress formula Ⅰ=0.66)

可以看出，英格兰和威尔士以及法国在布局中成为最中心的国家。苏格兰、北爱尔兰以及匈牙利落入中间地带，而波兰、瑞典、联邦德国和爱尔兰共和国依次代表了最边缘的区域。没有必要尝试去解释图 11.1 的维度——确实，很可能不存在有用的解释。但这并不会影响以下发现：相较于后面这些国家两两之间社会流动模式的相似程度，英格兰和威尔士与法国更"接近"彼此。[11] 为了检验此结论的稳健性，我们纳入澳大利亚和美国（尽管这些国家的数据存在可比性问题），然后重复整个分析。如图 11.2 所示，事实上几乎没有发生什么变化，如果有的话，随着匈牙利进一步远离图形的中心，英格兰和威尔士以及法国的中心性也变得更明显，同时美国落入中间地带，澳大利亚则加入边缘区域的行列。[12]

因此，主要结论似乎足够清晰了。在我们拥有比较数据的国家之间，不仅社会流动模式中存在着一个很大的跨国性共同因素——正如"FJH 假设"引导我们预期的那样，而且更重要的是，就的确存在的跨国差异而言，英国的案例显然不是最好的说明。相反，即使声称英国的社会流动具有任何特殊性的话，那么它的这种特殊性似乎也是在再现了共同的模式之余，非常微弱的变异（deviation）。

绝对比率

由于现代英国阶级流动的相对比率被证明并非例外，一个自然的推论便是，如果在绝对比率中发现任何突出的特征，那么这些特征就主要源于独特的结构性效应：也就是说，源于英国阶级结构形态及其变化模式的效应，因为它们能被流动表的边缘分布所调节。因此，首要考虑的是，我们流动表中英格兰、威尔士以及苏格兰的阶级出身和阶级终点的分布与其他国家相比是怎么样的。这一点可以参考表 11.3。

从这张表中，我们实际上可以辨别出某些相当明确的"英国"特征，且这些特征不难与英国经济史的特定历程相关联——最明显的是早期的工业化历程，并且，可以补充的一点是早期对农业保护主义的放弃。因此，从流动表的第一个分表可以看出，在出身分布中，两个英国样本中出身于阶级Ⅳc，即农民阶级的人明显少于其他国家样本，而出身于阶级Ⅴ+Ⅵ和Ⅶa，即"蓝领"阶级的人远远多于其他国家样本。从流动表的第二个分表可以看出，在终点分布中，再次出现了英国农民阶级的规模较小而蓝领阶级的规模较大的情况。虽然其他国家，如联邦德国和瑞士，已经实现了一种并没有太大不同的当代阶级结构，但是，英格兰、威尔士以及苏格兰的特殊性就在于，直到 20 世纪 70 年代初，这些国家中处于阶级Ⅴ+Ⅶ[①]和Ⅶa 的人都少于出身于这些阶级的人。换言之，作为先发工业国家，他们似乎也是第一批这样的国家，即工人阶级的结构性下降作为先进工业主义的特征，在阶级流动模式的形成中发挥了作用。最后，从表 11.3 可以看出，英格兰、威尔士以及苏格兰也是阶级出身分

[①] 原文疑似有误，应为"Ⅴ+Ⅵ"。——译者注

布和终点分布差异最小的国家。这主要归因于早期英国农业的衰落——它的衰落明显早于我们数据所涉及的时期,因为在其他国家中,更大的差异性主要是由于父辈和子代之间出现了大批人离开农业的情况。

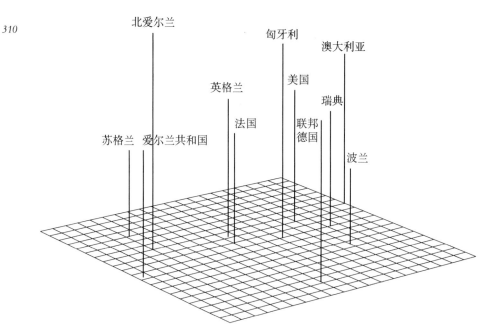

图 11.2　国家社会流动模式之间距离的三维(ALSCAL)的解：十一个国家。克鲁斯卡尔应力公式 Ⅰ = 0.074(Kruskal's stress formula Ⅰ = 0.074)

表 11.3　英格兰和威尔士以及苏格兰和其他七个国家中，20—64 岁男性的阶级出身和阶级终点的分布
(20 世纪 70 年代早期和中期的调查)

阶级	英格兰	苏格兰	法国	联邦德国	匈牙利	爱尔兰	北爱尔兰	波兰	瑞典
出身阶级的百分比,按列									
Ⅰ + Ⅱ	13	10	11	14	6	6	9	8	11
Ⅲ	7	7	9	6	7	5	7	2	3
Ⅳab	10	7	14	11	7	10	9	3	11
Ⅳc	5	5	26	13	27	39	23	53	26
Ⅴ + Ⅵ	39	39	19	37	14	14	21	18	24
Ⅶa	23	26	15	15	19	20	26	12	20
Ⅶb	4	5	7	3	22	7	6	4	5

(续表)

阶级	英格兰	苏格兰	法国	联邦德国	匈牙利	爱尔兰	北爱尔兰	波兰	瑞典
终点阶级的百分比,按列									
Ⅰ+Ⅱ	26	21	20	28	15	14	18	18	24
Ⅲ	9	9	10	5	7	9	9	2	8
Ⅳab	8	6	9	7	2	8	10	2	8
Ⅳc	2	3	11	4	1	22	10	25	5
Ⅴ+Ⅵ	33	33	24	37	31	20	26	31	30
Ⅶa	22	25	21	18	30	21	24	19	22
Ⅶb	2	3	3	1	14	7	3	3	2
Δ出身/终点	13	13	23	17	37	18	17	30	27

注:(a)为了不夸大所涉及的精确度,在此次和所有其他比较数据的描述中,百分比四舍五入为整数。

那么,在英国阶级结构的发展过程中,这些独有的特征如何影响阶级流动模式?在表11.4中,我们展示了九个国家的总流动率,即在每个国家的流动表中主对角线以外的单元格中的样本百分比,代表受访者与其父亲拥有不同的阶级位置。由于我们并没有发现社会流动存在显著的跨国差异,所以可以预期,在英格兰、威尔士以及苏格兰的流动表中,(阶级)出身分布和终点分布之间的微小差异意味着这些国家的总流动率很低——因为阶级结构的变化在促进流动性方面只能起到相当微弱的作用。但是,可以看出,英格兰、威尔士以及苏格兰的(流动)比率实际上在所展示的(国家)之间处于中间范围。在产生流动或固化的不同倾向中,另一个起作用的因素是国家之间的阶级规模差异。

表11.4 英格兰、威尔士以及苏格兰和其他七个国家的总流动率

国家	总流动率百分比
匈牙利	76
瑞典	73
法国	65
英格兰	64
苏格兰	64
北爱尔兰	63
联邦德国	62
波兰	60
爱尔兰共和国	58

从第四章的分析中,我们发现固化倾向在阶级Ⅳ中尤其明显,一系列研究可以用来证实这一发现,并且可进一步表明这种倾向在阶级Ⅳ中的农业部分(即农民阶级)高于城市小资产阶级。[13] 因此,正如我们上面所提到的,在两个英国的样本中,阶级出身和终点分布之间的微小差异与农民阶级的人数少相关联,并且该现象已经在父辈一代中出现过,两个本质上相反的效应操纵着这些样本所揭示的总流动率:一方面,由于缺乏任何强烈的"转变"或"差异",代际效应往往会降低流动性;但另一方面,较小的农民阶级所导致的"构成"效应("compositional" effect)往往会增加流动性。因此,在表11.4的排序中,英格兰、威尔士以及苏格兰被证明处于中间位置,这并不令人惊讶。例如,由于强烈的代际转变效应,匈牙利和瑞典的排序高于它们,居于流动表的首位,同时由于大规模农民阶级所导致的构成效应,波兰和爱尔兰的排序低于它们,居于流动表的末尾。

接下来考虑流入率,我们能得到更直接的结果。在此情况下,在两个英国样本中,阶级出身分布的特殊性相当直接地反映在了流动模式中。我们绘制的九个国家的流入表的检验显示出,英格兰、威尔士以及苏格兰的流入表与其他国家明显不同的是,所有阶级都会更多地招募自蓝领出身的人,而更少地招募自农民出身的人。我们并没有再现表格的所有细节,而是在表11.5中选择性地展示了一些流入模式的特征,其中英国最为特殊,也可以说最具社会学意义。

在流入表的第一个分表中,我们力图显示出九个国家在流入服务阶级方面存在的差异。我们之前在第二章和第九章中已经注意到,在现代英国不断扩大的服务阶级成员在多大程度上来源于工人阶级或者蓝领出身的阶级。表11.5表明,英国模式在这方面应被视为跨国变化范围中的一个极端。这并不是说英国的服务阶级自我补充的比例很低,实际上也不是说他们对"自下而上的补充"很开放:相反,英国的特殊性在于从哪里进行补充。从英国模式中可以看出,事实上在所有的服务阶级成员中,近半数出身于蓝领工人,而只有不足二十分之一的服务阶级成员出身于农民或农场工人。因此,英国不仅与匈牙利、爱尔兰共和国或波兰这些两种补充来源较为平均的国家形成鲜明对比,而且也与瑞典形成鲜明对比,在20世纪70年代初,瑞典超过六分之一的服务阶级成员出身于离开土地的农民,同时还与法国形成鲜明对比,法国仍然有不到三分之一的服务阶级成员出身于蓝领阶级。

表 11.5 比较流入率：特定出身阶级成员流入不同阶级的百分比

阶级 I 和阶级 II 出身的百分比			
V+VI 和 VIIa		IVc 和 VIIb	
苏格兰	49	波兰	34
英格兰	45	匈牙利	25
联邦德国	41	爱尔兰共和国	23
瑞典	40	瑞典	17
北爱尔兰	36	北爱尔兰	14
波兰	35	法国	10
匈牙利	32	联邦德国	8
法国	28	英格兰	4
爱尔兰共和国	28	苏格兰	4
阶级 V 和 VI 以及 VIIa 出身的百分比			
V+VI 和 VIIa		IVc 和 VIIb	
苏格兰	78	匈牙利	46
英格兰	74	波兰	46
联邦德国	65	瑞典	32
北爱尔兰	64	法国	29
爱尔兰共和国	57	爱尔兰共和国	27
瑞典	51	北爱尔兰	20
法国	47	联邦德国	16
波兰	42	英格兰	7
匈牙利	39	苏格兰	7

在英国，农业部门快速衰落的时期与白领从业者和随之而来的服务阶级大幅度开始扩张的时期之间存在数十年差距，而在 19 世纪 90 年代到 20 世纪 30 年代的几十年间，工业工人阶级逐渐稳定。在之后完成工业化的国家中，结构性变化的节奏明显不同：服务阶级的扩张时期更为艰难，或者常常与农业的快速衰落时期发生很大的重叠。因此，可以确定的是，英国服务阶级的代际流入模式和其他国家存在实质性差异，并且这种差异是独立于相对流动机会水平是否会发生任何变化的。

在表 11.5 的第二个分表中，我们展示了蓝领阶级的代际构成差异。在这种情况下，如预期的那样，两个英国样本中阶级出身分布的最显著的性质是自我招募的水平非常高。就像先前关于现代英国工人阶级在多大程度上流入服务阶级的讨论一样,我们进一步强调了工人阶级本身在多大程度上属于"第二代"——至少在其阶级构成方面。这个特征的跨国特殊性现在也是显而易见的。到20世纪70年代初,同时也如第九章所示,在20世纪80年代初,英国社会所有蓝领职位的人中约四分之三,其父亲从事过类似的工作——比例明显高于任何我们有可比性数据的其他国家。其他国家中主要相对应的趋势是,如表11.5所示,蓝领劳动力中有相当大部分——即使在法国和瑞典等发达社会中也接近三分之一——仍然是来自农业部门的"第一代"或称"绿色"劳动力。

随着后一种劳动力供给的逐渐减少,人们理所当然地预期其他地方的蓝领补充模式大致会接近英国模式。但是,在服务阶级扩张与农业衰落大体同步的社会中,工人阶级不太可能达到20世纪中叶英国工人阶级的相对规模和自我招募程度。换言之,后发工业国家的工人阶级在增长达到极限时通常会由较大规模的第一代成员构成;虽然之后自我补充的程度可能会有所增加,但随着白领从业者的扩张,这一阶级的规模将逐渐下降,同时从他处招募更多人——除非相对比率发生变化。简言之,我们在英格兰和威尔士以及苏格兰发现的蓝领招募模式可能是,并将持续是先发工业国家的模式。

最后在本部分我们必须考虑阶级流动的流出率。我们之前注意到,在英格兰、威尔士以及苏格兰的流动表中,阶级终点分布的区别度低于阶级出身分布。同时,将此观察结果与我们对一种非常普遍的英国社会流动模式的研究结果结合起来,我们几乎没有理由去预期两个英国样本所表现的流出模式存在异常。对流出表的检验确实证实了在具有可比性数据的九个国家中,英格兰、威尔士以及苏格兰的比率很少有异常。为了阐明这一点,我们再次在表11.6中选择性地报告出了我们特别感兴趣的比率。

从表11.6中可以看出,首先,所显示的跨国差异远不如表11.5中流入率所显示的差异那样显著。其次,在更有限的变化范围内,英格兰、威尔士以及苏格兰往往占据中间位置。与流出率所显示的这种差异相关的主要结构性特征是服务阶级和蓝领阶级的相对规模和代际变化。同时,参照表11.3可以确定,英国在这些方面似乎都没有表现出特别强烈的效应。人们可能会认为,相对较大的蓝领阶级的存在将有利于这些阶级保持高度的代际稳定性。

但是，对此必须明确之前提到的一个事实，即在英格兰、威尔士和苏格兰的样本中，蓝领父辈多于蓝领子代，并且如表 11.6 所示，最高程度的蓝领阶级稳定性是在匈牙利和波兰发现的，这两个国家中蓝领工人的代际增长最快。

表 11.6　比较流出率：特定出身阶级成员流入不同阶级的百分比

阶级 I 和阶级 II 出身的百分比			
I + II		V + VI 和 VIIa	
波兰	67	匈牙利	34
联邦德国	61	联邦德国	26
法国	60	波兰	25
英格兰	59	瑞典	25
苏格兰	59	北爱尔兰	24
北爱尔兰	57	英格兰	22
瑞典	56	苏格兰	22
爱尔兰共和国	55	法国	21
匈牙利	52	爱尔兰共和国	21
阶级 V 和 VI 以及 VIIa 出身的百分比			
I + II		V + VI 和 VIIa	
联邦德国	22	匈牙利	73
瑞典	22	波兰	71
波兰	21	联邦德国	69
英格兰	18	苏格兰	69
法国	17	爱尔兰共和国	68
匈牙利	16	北爱尔兰	68
苏格兰	16	英格兰	66
北爱尔兰	14	法国	63
爱尔兰共和国	11	瑞典	61

总而言之，我们只能认为，在英国阶级结构的历史发展中得到确认的特殊性特征，只会以一些相当具体的方式反映在阶级流动的绝对比率上。它们不会导致英国的总流动率特别高或特别低，至少在我们能够进行的跨国比较中，它们似乎也不会产生任何特别不寻常的流出率模式。它们的影响往往集中在流入率模式，换言之，集中在代际阶级招募过程上。英国的早期工业化及其所遵循的独特路径相当清楚地与两个阶级联系在一起，首先是服务阶级，蓝领工人的子代补充进该阶级的程度非常高，其次是广泛定义的工业工

人阶级,该阶级的自我补充程度也很高,或者说在该阶级成员的社会出身方面,其阶级构成高度同质。因此,如果要将阶级流动的独特模式看作是与现代英国社会的其他方面相关的解释变量,那么必须聚焦于这些特定的阶级补充过程,而不是聚焦于假定而来的英国情况的"特殊性",即一般意义上的流动率和流动模式。

"反事实"比较

在本章的前部分,我们所报告的比较分析的意义大部分是否定性(negative)的:我们已经表明,关于现代英国阶级流动或固化的独特特征的许多猜想并没有坚实的基础。不过应该认识到,比较分析在促进猜想方面是有价值的,同时也提供了一种可以为猜想提供一定约束的语境。诸如我们所报告的关于现代社会中相对和绝对流动率变化范围的结论,一方面表明了"历史可能性"的局限性,另一方面,也催生了一个问题,即英国社会流动在何种情况可能会成为其他的样子? 因此,鉴于这些结论,我们可能会被问及以下问题:如果英国的阶级结构以某种其他的路线发展起来,例如,如果是和法国相似,那么英国的流动率会如何? 或者说,如果英国的社会流动模式发生变化,和瑞典相同,那么这些流动率又会如何?

众所周知,提出并试图回答这类依赖于"反事实"条件陈述的问题,是非常有风险和困难的。也许,最严重的问题就是我们所熟知的"其他条件不变"(ceteris paribus)的假设。在反事实分析所暗示的那种"思想实验"中,如果将某种变化引入 X,以此来考察这种变化对 Y 的影响,那么通常会进一步假设"所有其他变量都是平等的",或者说是"保持不变的"。但是,做出这样的假设并不总是明显合理的。因为如果 X 被视为与现实不同,那么在某种程度上与 X 存在因果关系的其他变量(除了 Y 之外)也应该被视为与现实不同;并且很有可能并非所有涉及的关联都是已知的或者甚至是可知的。因此,反事实分析常常被视为一种不可能的"自举"(bootstrap)操作——需要提供准确的理论洞察力。面对这一问题,我们选择了一种务实的立场。虽然认识到从反事实条件出发的论点在某种程度上一定是猜想性的,但在社会现实特征的变化在某种程度上符合特定条件,即如果它是相对明确和可界定的,且似乎不是高度"环境依赖"(context-dependent)的类型时,我们就认为这些反事实条件仍然值得思考,因为只要这些条件可以得到满足,"其他条件不变"的假设也将有可能在不过度损失现实信息的情况下被塑造出来。[14]

从这个角度看,如果考察前面以实例方式提出的两个"反事实"问题,那么第二个问题显然更值得为之努力。如果要思考假如英国的阶级结构像其他国家那样发展,其阶级流动会是什么样的问题的话,实际上需要重新思考两个世纪的经济和社会史,并且关于什么应该或不应该被视为随阶级结构而变化的问题将变得难以处理。不过,如果我们在想了解某种给定的阶级结构的发展中英国的阶级流动会是什么样时,假定英国在这种情况下会显示出的是某些其他国家的社会流动模式,那么似乎会更有意义。因为虽然我们不能确定当不存在某种相互修正(mutual modification)的情况时,一个国家的流动模式是否可以与另一个国家的阶级结构共存,但是我们的确知道非常相似的模式和非常不同的模式都是有可能发生的,并且,在阶级结构发生变化的同时,流动模式却往往不随时间变化。因此,在这种情况下,我们可以在不必给我们的想象或信心带来太大的压力的情况下,将这种"其他条件不变"的假设引入我们的分析中。

在下文中,我们采用1972年英格兰和威尔士流动表的边缘分布,将其他三个西方国家的——一如既往由优势比定义的——社会流动模式"构建"(build into)到这些分布中。这三个国家是联邦德国、爱尔兰共和国和瑞典,这些国家在多维缩放分析中都属于展示流动性的跨国变化的那个"空间"内的最边缘区域。我们绘制反事实流动表的方法是众所周知的,被莫斯特勒(Mosteller)等描述过的"同时按比例调整"(simultaneous proportional adjustments)的方法。[15] 比方说,从德国的流动表开始,为了绘制在英格兰和威尔士的阶级出身和终点分布中包含德国社会流动模式的流动表,我们通过自己的调整方法,将其转换为一个与英格兰和威尔士具有相同边缘(identical marginals)、但保留了德国所有原始优势比的流动表。在表11.7中,我们利用由此产生的反事实流动表,对流出率进行了比较。就每一类出身阶级而言,我们首先展示了实际观察到的英格兰和威尔士的流出率,然后展示了在下列情形中会出现的流出率,即在所有其他条件不变的情况下,对联邦德国、爱尔兰和瑞典的流动模式分别进行相同操作之后所产生的流出率。

从表 11.7 中首先可以发现,每个单元格之间的差异,不论是实际比率和反事实比率之间的差异,还是反事实比率之间的差异,通常都不太大,而且实际比率通常处于中间水平。其次,我们再次发现了我们早期的研究结果,即社会流动模式显示出很大程度的跨国相似性,并且在变化范围内,英国模式显然处于相当中心的位置。我们的反事实分析现在可以更好地表现数量级。例如,我们可以说,如果设想重塑英国社会的流动模式,使之与某些更为"偏离的"西方国家的流动模式相一致,那么流出分布的差异通常不会超过10%。正如不同指标所表明的那样,这种变化只发生在流动表所呈现的21种比较中的5种之中,其中4种与可比性最容易受到质疑的农业阶级的流出有关。再次,可以观察到,流出率带来的变化很少超过5%。德国的流动模式只有4%的变化,爱尔兰为8%,瑞典为5%。因此,在目前可观察到的可能性范围内,对英国流动模式的修改几乎不会彻底改变绝对流动率。

然而,这并不是说表11.7所示的差异在各方面都是微不足道的。三个反事实比较中,每一个都呈现出值得进一步关注的特征。例如,当设想德国的流动模式时,我们发现流出分布的五个变化中有三个变化为10%或更多,但我们同时注意到,这些变化并没有导致任何整体流动水平的重大变化。如表11.4所示,英格兰和威尔士实际的总流动率为64%,当引入德国的流动模式时,该比率重新计算为63%。换言之,流动性的差异不一定只是"变多"或"变少",模式也可以以其他的方式变化。

因此,在采用德国的流动模式时,所显示出的最有趣和最重要的变化也许是我们所区分出的两个蓝领阶级在流动机会上具有更大的不平等。从表11.7可以看出,虽然从阶级Ⅴ+Ⅵ到阶级Ⅰ+Ⅱ的向上流动会有所增加,但是从阶级Ⅶa到阶级Ⅰ+Ⅱ以及到阶级Ⅲ和Ⅳab的流动会下降,并且会在很大程度上被更大的代际固化所抵消。实际上,这里所反映的是一个独特的且被广泛讨论的德国社会分层特征:通过国家职业教育和培训体系在产业工人中制造分工,这在最近吸引到一群英国的仰慕者。在联邦德国,获得熟练体力劳动和从体力劳动晋升到监督或管理职位的机会与完成全日制教育后直接获得的正式学徒身份紧密相关。而且,资格和技能水平的差异似乎比其他地方更紧密地反映了工人阶级内部的社会文化差异,这尤其使非熟练工人及其家庭在生活方式和生活机遇上与其他阶层明显区分开来。[16]

表 11.7 根据父亲阶级确定的受访者的阶级分布，观察到的英格兰和威尔士的流动比率与在联邦德国、爱尔兰共和国和瑞典的流动模式下的流动比率的比较

父亲的阶级	流动模式	受访者的阶级							
		I＋II	III	IVab	IVc	V＋VI	VIIa	VIIb	Δ
		百分比，按行							
I＋II (N=1242)	观察值	59	12	6	1	15	7	0	
	联邦德国	55	12	9	—	16	8	1	5
	爱尔兰共和国	65	10	6	1	11	7	0	6
	瑞典	51	14	6	0	18	9	1	9
III (N=694)	观察值	34	13	7	0	28	16	1	
	联邦德国	37	12	9	0	28	13	1	5
	爱尔兰共和国	32	19	7	1	26	15	—	7
	瑞典	35	15	9	0	23	16	2	6
IVab (N=902)	观察值	28	9	21	1	25	16	1	
	联邦德国	23	15	26	1	20	15	0	11
	爱尔兰共和国	29	10	27	1	16	17	1	8
	瑞典	27	6	17	2	28	19	1	7
IVc (N=427)	观察值	16	6	7	23	20	19	9	
	联邦德国	12	7	6	27	19	27	1	14
	爱尔兰共和国	18	6	11	22	13	20	8	9
	瑞典	11	9	7	15	25	28	5	17

(续表)

父亲的阶级	流动模式	受访者的阶级							
		I+II	III	IVab	IVc	V+VI	VIIa	VIIb	Δ
		百分比,按行							
V+VI (N=3 676)	观察值	20	9	7	0	41	23	1	
	联邦德国	24	9	6	—	41	19	1	4
	爱尔兰共和国	19	8	4	1	48	21	—	7
	瑞典	22	9	6	1	39	22	1	3
VIIa (N=2 150)	观察值	15	9	6	0	37	32	1	
	联邦德国	12	5	3	—	38	39	2	10
	爱尔兰共和国	12	9	6	1	35	34	3	5
	瑞典	17	7	8	1	38	27	1	7
VIIb (N=343)	观察值	8	5	7	3	28	33	16	
	联邦德国	9	8	4	1	29	35	14	7
	爱尔兰共和国	6	7	13	3	19	39	12	15
	瑞典	12	3	5	3	30	40	8	12

然而，如果我们在英国的背景下运作爱尔兰和瑞典的流动模式，那么流出分布所暗示的变化，虽然比德国模式产生的变化稍微小一些，其总体上的流动性变化是更容易解释的。对于爱尔兰的流动情况来说，在主对角线的单元格中，八个格子中有四个发生了超过5%的变化，且代际流动性依次减小——从大到小依次为出身于阶级Ⅰ+Ⅱ、Ⅲ、Ⅳab和Ⅴ+Ⅵ；对于瑞典的流动情况来说，在主对角线的单元格中，五个格子中有三个——从小到大依次为出身于阶级Ⅰ+Ⅱ、Ⅳc和Ⅶb——出现了超过5%的变化，且代际流动性依次变大。因此不难发现，英格兰和威尔士的实际总流动率在爱尔兰模式下将从64%下降到60%，但在瑞典模式下将上升到68%。

我们认为，此对比的主要意义在于，它提供了一些能够表明在西方社会中社会流动水平在多大程度上能受到政治干预的影响的启示。一方面，我们可以以瑞典为代表，它在资本主义社会中最成功地建立了社会民主主义"霸权"（hegemony），并且最强烈地追求更多的条件平等，与更大的机会平等互补的目标（complementary goals）；另一方面，我们可以将爱尔兰视为一个与众不同的案例，它受到的社会民主政治的影响从来都是很边缘的，并且对平等的追求很少成为公共政策关注的问题。从现有的各种比较性指标来看，就与阶级相关的生活标准上的不平等现象而言，瑞典往往少于爱尔兰，[17]而且从我们自己的数据可以进一步看出，瑞典具有一个明显更为开放的阶级结构。因此，虽然可能涉及其他因素，但这两个国家的比较至少提供了初步证据，表明在社会流动的跨国差异确实存在的情况下，政治能对变异所发生的形式中发挥一定的作用。[18] 然而，即使接受这一点，仍然还存在一个问题：即通过政治干预来实现更大的流动性是否能证明社会民主政治对于促进流动的效力，或者说能证明资本主义阶级结构的阻力。

首先考虑一下，如果英国的流动模式被修正，以便与更开放的瑞典模式相一致，那么——所有其他条件都相同的情况下——在我们的阶级图式中，表现出代际流动的人将增加（占总数的）4%；或者反过来说，如果爱尔兰模式占上风，那么表现出代际固化的人将增加（占总数的）4%。无论出于怎样的统计兴趣，这种差异的实质性意义，都可能被认为是微不足道的。但是，还有两点必须注意。首先，相当明显的是：在全国人口范围内，即使非常小比例的流动也意味着成千上万人的流动。因此，对那些至少致力于建立一个更加开放的社会的人而言——在阶级出身和阶级终点之间的关联稳定减少的意义上，几乎不可能对具有这种影响的流动性水平的变化漠不关心。其次，无论如何，重要的是不能以不恰当的判断标准低估这种变化的规模。应该认识到，即使有人假设了"完美的流动性"的极端情况，其中阶级出身和阶级终点完全相互独立，也不可能从这一点上说总流动率为100%——除非仅根据阶级出身和阶级终点的分布来计算流动比率。如果以这种方式考察我们1972年英国和威尔士流动表中的这些分布，完美流动性下的总流动率实际上达到77%。如果这个数字被认为是最大可能的比率（虽然不能以某种方式提供阶级出身和终点之间的负相关关系），那么可以说从实际的流动模式转向瑞典模式将意味着向终极目标前进了近三分之一——而转向爱尔兰模式则意味着朝相反方向前进了近三分之一。如果对瑞典和爱尔兰之间的流动性差异从政治角度进行解释是有效的，那么在那些已经被提出的观点中，其通过平等主义的经济和社会政策来产生更大开放性的潜在可能性似乎要比在那些更肤浅的评价中看起来更大；反之，认为社会民主的成就是种"迷思"（myth）——尤其像马克思主义者惯常去做的那样——也就变得不那么容易了。

在本章的引言部分，我们指出"FJH假设"可以为我们从比较视角评估现代英国的阶级流动提供一个有价值的起点。在我们的评估得出结论时，再次回到这个假设，可能会有好处。正如我们前面所说，该假设的提出者断言，社会流动模式的巨大共性广泛存在于现代社会中——所有这些现代社会实际上都处于（广义的）市场经济和核心家庭制度之下。以这种方式进行解释，该假设声称有大量经验研究的支持。尽管一些比较研究已经能够检验具有社会学旨趣的流动性的跨国差异，但与此同时，这些研究所揭示出的跨国相似性程度只能用令人印象深刻（impressive）来描述。无论如何，现在显而易见的是，将现代社会的流动模式设想为一种或多或少互相存在差异的类型，远不如设想为"FJH假设"提出的巨大共性合适。在前文中，我们已经表明，当从比较视角审视英国案例时，"FJH假设"的效力得到了充分的体现。在所显示的流动性变化的范围内，英国模式被证明占据了相当中心的位置。或者，与其说可能更缺乏区分度以及它本身体现出共同模式的程度更低，不如说看起来非常普通。因此,"FJH 假说"的某些推论可被视为与英国的情况有相当直接和绝对的关系,同时,如果考虑未来可能的发展,这些推论还具有特殊意义。

首先,如果"FJH 假设"成立,那么绝对流动率的跨国变化主要取决于结构性差异,与我们在第三章和第九章中的结论相似,即在相同的社会中,绝对流动率随时间而变化的现象主要是结构性变化的结果。这里所暗示的是,英国阶级流动的绝对比率在将来是否会或多或少地变得与其他国家一样,本质上是一个英国和其他国家的阶级结构会如何演变的问题。

对这个问题的答案之一显然来自持"趋同论"的理论家。在他们的期望中,先进社会的所有主要结构性特征将表现出越来越大的相似性,因为独特的国家历史和文化带来的变化会被不可阻挡的"工业主义逻辑"所消除——或者换言之,被技术和经济理性持续的功能性需要所消除。[19] 但是,这种观点不再被认为是令人信服的。不可否认,这种特定的趋同趋势在阶级结构的变化中是可追溯的:例如,那些与农业阶级的衰落或服务阶级的扩张相关的趋势。但是,这些特定的趋势并不需要,而且根据现有的证据,也不能导致阶级结构形态的普遍趋同,主要因为这些趋势在不同社会中以不同的步幅和节奏进行。[20] 因此,正如我们已经指出的那样,在现代工业社会中许多较大的阶级流动绝对比率的差异实际上源于农业部门衰退的速率差异以及与其他结构变化相比农业部门衰退的阶段性差异。同时,似乎没有理由认为,未来的长期趋势——例如当前产业工人阶级开始出现的衰退——不会同样以跨国的、差异化的方式进行,并且反过来对流动模式产生非常不同的影响。此外,不难想象,在阶级结构的变化中,实际上存在着不同的倾向。例如,已经有明显迹象表明,与趋同理论的主张明显矛盾的是,城市小资产阶级在一些先进社会中是一个正在扩大而非缩小的阶级;[21] 而结构多样性的另一个主要来源很可能是在女性劳动力参与水平和形式上持续存在的跨国差异。

接下来我们将谈论两件事。一方面,毋庸置疑的是——尤其是在阶级补充模式方面——我们通常所观察到的、由于英国独特的工业化路径所导致的独特的阶级流动率,将会逐渐变得不那么突出。但另一方面,似乎没有充分的理由来排除这种可能性,即其他独特的结构特征和相关的流动模式也可能会出现,尽管我们没有足够的依据来预测这些(特征和模式)可能是什么。

"FJH假设"的第二个推论是,只要对社会流动共同模式的偏离确实发生了,那么这些偏离一定源自与这种模式(源于市场经济和核心家庭制度)相关的基本分层形式的外部影响,并且以某种方式修正其运作。这些影响主要有两种:那些历史形成的、由不同国家社会特有的制度特征所产生的影响,前面提到的一个例子是德国职业教育和培训体系;以及那些在分层运作进程中反映政治背景的影响,当然包括有意在此过程中进行干预的尝试,就像瑞典案例中确立的社会民主主义霸权。

就英国而言,我们所报告的研究结论显然很难断言历史上特定的制度特征会对社会流动有显著影响。因为,根据我们的证据,英国阶级流动的相对比率实际上似乎以一种相当"纯粹的"形式表现出了共同的模式,因此几乎不需要关注制度的"特殊性"。随之而来的结论是,至少在不久的将来,如果英国的流动性变得更加"偏离",那么很可能是政治行动的结果——无论是为了减轻还是更充分地表达由市场所产生和家庭所维持的不平等状况。换言之,与人们通常认为的相反,英国似乎没有任何一种明显地阻碍着或有利于社会流动的既有制度的"历史遗产"。相反,重要的观察结果是,在现有的社会"开放"范围内,英国保持着——并且很可能已经持续了数十年——中间位置。因此,这意味着存在社会流动发生变化的可能性,在没有超过现有变化程度的情况下,社会流动仍然会扩大或缩小某类流动机会的阶级不平等状态,正如我们的反事实分析所显示的那样,这具有完全无法被忽视的人文社会方面的意义。流动的这种变化是否会在未来几年发生,如果会发生,那么在什么方向上发生,既是我们的旨趣所在,也是我们在最后一章中必须解决的问题。

注释

1. 对此阐释的最好的一篇文章,请参见 David Landes, *The Unbound Prometheus*, Cambridge: Cambridge University Press, 1972, chs. 2 and 3 esp.; and Mancur Olson, *The Rise and Decline of Nations*, New Haven: Yale University Press, 1982, ch. 4 esp。

2. S. M. Lipset and Hans L. Zetterberg, 'Social Mobility in Industrial Societies, in Lipset and Bendix', *Social Mobility in Industrial Society*, p. 13. 同时参见 Lipset and Zetterberg, 'A Theory of Social Mobility'。

3. 例如,可以参见 Miller, 'Comparative Social Mobility'; F. Lancaster Jones,

'Social Mobility and Industrial Society: A Thesis Re-examined', *Sociological Quarterly*, vol. 10, 1969; Robert Erikson, John H. Goldthorpe, and Lucienne Portocarero. 'Intergenerational Mobility in Three Western European Societies', *British Journal of Sociology*, vol. 30, 1979; David B. Grusky and Robert M. Hauser, 'Comparative Social Mobility Revisited', *American Sociological Review*, vol. 49, 1984。

4. David L. Featherman, F. Lancaster Jones, and Robert M. Hauser, 'Assumptions of Mobility Research in the US: The Case of Occupational Status', *Social Science Research*, vol. 4, 1975.

5. 实例和进一步的参考文献,请参见 Robert Erikson, John H. Goldthorpe, and Lucienne Portocarero, 'Social Fluidity in Industrial Nations: England, France and Sweden', *British Journal of Sociology*, vol. 33, 1982, and 'Intergenerational Social Mobility and the Convergence Thesis', *British Journal of Sociology*, vol. 34, 1983; and Grusky and Hauser, 'Comparative Social Mobility Revisted'。

6. 因此,例如,如果在其不太严格的意义上进行理解,可以认为"FJH 假设"不仅适用于资本主义社会,而且可进一步适用于东欧国家的社会主义社会——尽管对其经济中的市场力量施加了一定程度的政治和行政控制。

7. 关于本段提出的所有观点,请参见 John H. Goldthorpe 'On Economic Development and Social Mobility', *British Journal of Sociology*, vol. 36, 1985。

8. "CASMIN"项目由曼海姆大学社会科学研究所的沃尔特·缪勒(Walter Müller)和约翰·戈德索普(John H. Goldthorpe)主持,由大众汽车基金会(Stiftung Volkswagenwerk)资助。代际阶级流动调查(其结果随后会在本章被使用)是与斯德哥尔摩大学的罗伯特·埃里克森(Robert Erikson)共同承担的。

9. 在此情况下,模型可以表示为

$$F_{ijk} = \eta \cdot t_i^P \cdot t_j^S \cdot t_k^N \cdot t_{ij}^{PS} \cdot t_{ik}^{PN} \cdot t_{jk}^{SN}$$

其中,在包含(阶级)出身或父亲阶级(P)、(阶级)终点或子代阶级(S)和国家(N)的三因素表格中,F_{ijk} 是单元格 ijk 的预期频率。

10. 在这方面还需要注意的是,如果共同的社会流动性模型同时适用于所有九个国家的流动表,那么虽然显著缺乏拟合度——这并不令人奇怪,但是仍然解释了94%的出身阶级和终点阶级之间的关联,并且错误分类不足所有样本的 5%。请进一步参见 Robert Erikson and John H. Goldthorpe,

"Commonality and Variation in Social Fluidity in Industrial Nations. Part Ⅰ: a Model for Evaluating the 'FJH Hypothesis'; Part Ⅱ: the Model of Core Social Fluidity Applied", *European Sociological Review*, vol. 3, 1987。

11. 多维缩放图中布局的意义,独立于任何对坐标轴的解释,请参见 Roger N. Shepard, 'Introduction' in Shepard, A. Kimball Romney, and Sara Beth Nerlove (eds.), *Multidimensional Scaling: Theory and Applications in the Behavioral Sciences*, New York: Seminar Press, 1972。这一作品还为不熟悉此技术的人提供了很好的一般性介绍。更多的分析细节,请参见 Erikson and Goldthorpe, 'Commonality and Variation in Social Fluidity in Industrial Nations'。

12. 关于国家距离图形中心位置的论述可以通过计算欧氏距离得到证实。

鉴于在社会学学界甚至更广泛的领域内,美国具有超常的开放程度这一观点经常出现,那么值得补充的是,如果有更为严谨的比较数据,美国就有可能加入英格兰和法国的行列,成为"中心的"国家。对美国案例(几乎没有揭示出"例外主义"的基本主张)的详细论述,请参见 Robert Erikson and John H. Goldthorpe, 'Are American Rates of Social Mobility Exceptionally High? New Evidence on an Old Issue', *European Sociological Review*, vol. 1, 1985。

13. 例如,可以参见 McKee J. McClendon, 'Structural and Exchange Components of Occupational Mobility: A Cross-National Analysis', *Sociological Quarterly*, vol. 21, 1980; Erikson, Goldthorpe, and Portocarero, 'Social Fluidity in Industrial Nations'; Grusky and Hauser, 'Comparative Social Mobility Revisited'; and Robert V. Robinson, 'Reproducing Class Relations in Industrial Capitalism', *American Sociological Review*, vol. 49, 1984。

14. 这种对反事实分析问题的理解和处理办法主要是"新"经济史学家广泛使用这种分析所引发的争论的贡献。尤其,可以参见 Alexander Gerschenkron, 'Some Methodological Problems in Economic History (with a Postscript)' in *Continuity in History and Other Essays*, Cambridge, Mass.: Harvard University Press, 1968; J. D. Gould, 'Hypothetical History', *Economic History Review*, vol. 22, 1969; and Peter D. McClelland, *Causal Explanation and Model Building in History, Economics, and the New Economic History*, Ithaca: Cornell University Press, 1975。

15. Frederick Mosteller, 'Association and Estimation in Contingency Tables', *Journal of the American Statistical Association*, vol. 63, 1968;另见 W. Edwards Deming, *Statistical Adjustment of Data*, New York: Wiley, 1943。

16. 请进一步参见 M. Maurice, F. Sellier, and J. J. Silvestre, *Politique*

d'éducation et organisation industrielle en France et en Allemagne, Paris: Presses Universitaires de France, 1982; Walter Müller, 'Soziale Mobilität: Die Bundersrepublik im Intemationalen Vergleich' in Max Kaase (ed.), *Theorie und Praxis in demokratischer Regierungsweise*, Opladen: Westdeutscher Verlag, 1985; and Wolfgang König and Müller, 'Educational Systems and Labour Markets as Determinants of Worklife Mobility in France and West Germany', *European Sociological Review*, vol. 2, 1986。德国职业教育和培训体系所带来的更广泛的社会影响似乎并没有得到该国倡导者们的充分重视,他们将注意力集中在可能对生产力产生的影响上。例如,可以参见 S. J. Prais, 'Vocational Qualifications and the Labour Force in Britain and Germany', *National Institute Economic Review*, November, 1981。

17. 例如,可以参见 David B. Rottman, Damian F. Hannan, Niamh Hardiman, and Miriam M. Wiley, *The Distribution of Income in the Republic of Ireland: A Study in Social Class and Family-Cycle Inequalities*, Dublin: The Economic and Social Research Institute, 1982。

18. 关于瑞典与爱尔兰的流动性差异,有两种替代性假设:(i)由于当瑞典是欧洲最世俗化的社会时,爱尔兰是最不世俗化的社会,且前一种社会的流动性较高,所以反映出个人主义价值观比家庭主义价值观更为普遍;(ii)瑞典在历史上是一个比爱尔兰更平等的社会,因为它有着截然不同的农业组织形式,因此在建立社会民主主义"霸权"之前,瑞典具有的更大的流动性将会延续很久。比较这些假设,可以注意到:(i)挪威,显然是一个与瑞典相比不那么世俗化的社会民主国家,同样具有相当高的流动性——与丹麦和芬兰等其他北欧国家相比,它们的社会民主党派不那么成功(参见 Pöntinen, *Social Mobility and Social Structure*, ch. 8);(ii)有明显的证据表明瑞典的流动性近年来显著增加——在出生于20世纪40—50年代的男性,似乎以前的瑞典模式并没有那么特殊(参见 Robert Erikson, 'Changes in Social Mobility in Industrial Nations: The Case of Sweden' in *Research in Social Stratification and Mobility*, vol. 2, 1983; and Erikson, Goldthorpe, and Portocarero, 'Intergenerational Social Mobility and the Convergence Thesis')。

19. 尤其,可以参见 Clark Kerr, John T. Dunlop, Frederick H. Harbison, and Charles A. Myers, *Industrialism and Industrial Man*, Cambridge, Mass.: Harvard University Press, 1960; and Clark Kerr, *The Future of Industrial Societies*, Cambridge, Mass.: Harvard University Press, 1983。

20. 可以参见 Joachim Singelman, *From Agriculture to Services: The Transformation of Industrial Employment*, Beverly Hills: Sage, 1978; and

Giorgio Gagliani, 'Long-Term Changes in the Occupational Structure', *European Sociological Review*, vol. 1, 1985。

21. 例如，可以参见 Suzanne Berger and Michael Piore, *Dualism and Discontinuity in Industrial Societies*, Cambridge: Cambridge University Press, 1980; and Walter Müller, 'Was Bleibt von den Klassenstrukturen?' Institut für Sozialwissenschaften, University of Mannheim, 1986。

第十二章

结论与展望

在本书的导论中,我们在两个不同的立场下看待社会流动。我们将一种特定的流动模式作为我们价值观层面的努力方向,即"真正的开放社会"。但是与此同时,我们认为,实现或接近这一目标的可能性主要取决于实际盛行的流动模式。具体地说,这种背离开放性的模式在多大程度上有利于阶级的形成和行动,进而导致阶级冲突的形成,并且,通过这种形式,与阶级相关的拒绝了开放性的生活机会不平等可能会减少。在这最后一章中,我们将致力于从我们所采取的立场出发对开放性的前景进行评估。为此,我们将回顾本研究的主要实证结果,并试图从两个引领我们的研究旨趣出发来评估它们的重要性。

我们基于对英国社会普遍的开放性程度的考察,可以清楚地得到一个结论:我们所追求的目标仍然很遥远,而且只取得了很少的进展。虽然,正如我们在上一章所看到的那样,与其他工业国家相比,英国的社会流动性并不算太低,但在未来的数十年里,阻碍流动性增加的壁垒仍然会在英国持续出现。[1] 正如第三章和第九章报告出的结果所揭示的那样:当下人们的阶级地位和他们阶级出身的净相关,在范围和模式方面本质上仍然与两次世界大战期间相同,甚至有可能与 20 世纪初发现的情况相同。

在我们 1972 年流动性调查数据主要涉及的那几年中,英国几乎一直保持着连续的经济增长,而且至少以国别的标准来看,增长率通常是相对较高的。伴随着这种经济的增长,劳动分工发生了转变,并且从 20 世纪 40 年代开始,这种转变发生得相当迅速。在战后,英国还进行了大规模的教育改革,大大增加了教育供应,确立了教育机会的正式平等(formal equality),并与社会政策的其他方面相结合,尽量减少阶级对社会选择过程的影响。换句话说,一个更加开放的社会已经在建设中,而且是在可以被认为是对它非常有利的情况下进行的。因为这一直是自由主义和(英国意义上的)社会民主主义理论家反复强调的,即作为平等主义政策的背景,经济扩张是一个重要的因素,因为它缓和了任何随之而来的社会冲突,并阻止他们以一种完全零和的形式出现。因此,由更专业的专业、行政和管理职位创造的新增"顶层空间"能够以类似增加国家财富的方式为减少阶级生活机会不平等提供契机,同时没有任何阶级成员从绝对意义上说变得比以前更弱势。

然而,正如第三章所述,我们的调查结果清楚地表明,尽管存在这些假定有利的情况,但实际上阶级不平等现象并没有显著减少。根据职业结构发生变化的性质,可以预料到,在绝对流动率的模式下,系统性的变化是很明显的。但是相对流动率,作为我们衡量开放性程度的指标,基本上没有改变,仅有的可以被证实能够察觉到的趋势(除了生命周期的早期阶段以外)其实是那些会导致阶级机会差异扩大的趋势。

此外,在第四章中,我们可以看到,相对流动机会的模式,或者说社会流动,是与过去几十年的英国阶级结构相关的,且体现出一种相当惊人的不平等:特别是,若对比父亲出身于工人阶级和父亲拥有更高职位的男性获取更高职位而不是工人阶级职位的机会,这种不平等会愈加凸显。这种阶级机会不平等的强度——按照之前的比较顺序回忆的话,可能超过30∶1。我们相信,这种假设一定是在很大程度上反映了扎根于阶级结构中的机会不平等,而不仅仅是基因、道德或其他与阶级地位无关的禀赋不同的个体对机会的不同"获致"(take-up)结果。无论如何,这一解释都一定会成立,除非今后有达尔文主义者或斯迈尔斯主义者能够提供一些实证可信的替代性解释。[2]

因此,第三章和第四章的研究结果对于战后所推行的平等主义改革的总体战略而言,是相当严峻的。实际上,打击社会不平等的立法和行政措施可以在不那么超出"共识"政治的界限的风险下进行。我们的研究结果表明——并且同样的观点也可以通过对各种诸如健康或教育等其他主题的研究得出[3]——这种策略严重地误判了阶级结构对试图改变它的企图所形成的阻力；或者，用不那么形象的话说，社会中更强大、更有优势的群体可以利用其所拥有资源来维持其特权地位的灵活性和有效性。相对于人们认为能够采取的实现变革的措施的力量而言，人们严重低估了意欲维持这一局势的力量。

因此，我们还需补充的一点是，战后经济增长的主要意义不是促进平等主义改革，而是掩盖它的失败。[4] 事实上，所有社会出身的男性进入扩张了的更高水平职业和阶级结构的机会稳步增加，这有效地分散了人们的注意力，使人们忽视了与此同时相对流动机会均衡是否能实现的问题，即：使得人们在关注一个经济更加发达的社会以外，不再关注社会的开放性是否正在取得进展。在最近的一段时期里，长期的繁荣结束，条件和机会明显不平等的持续现象就不那么容易被忽视了。至少到目前为止，服务阶级的扩张还在继续，其结果正如第九章所看到的那样，向上流动的比率仍在上升，但大规模和长时间失业的回归也增加了一种具有异常破坏性形式的向下流动风险，并且本研究已经表明，这种风险对于处于工人阶级地位的人来说尤为严峻。

根据第十章所揭示的，我们针对男性阶级流动的调查发现，英国社会的相对流动模式在很大限度上也适用于解释女性的流动性机会——不论是通过婚姻还是通过就业来评估。而且根据第十一章所示，我们可以把这种相对流动模式看作是一种显而易见的特征，它在现代社会中只有相当有限的变化范围。这些进一步的结果将加强我们的论点，英国流动模式的剧变将不会以任何自发的方式产生，而只能是以某种具有高度争议的政治手段，并涉及某种形式的阶级冲突。显而易见的是，这种模式所代表的流动机会不平等或多或少地直接反映了在一种相当普遍的阶级分层方式中社会权力与优势的分配状况（根据"FJH假设"，这一分配方式与市场经济和核心家庭制度有关），并且只有当这种分配本身变化，流动机会不平等才会变化，而这几乎不可能以无冲突的方式发生。也就是说，在平等主义方向上实现变革的尝试，将遭到那些权力和优势受到威胁的人的抵抗。

在民主社会中，这种冲突实际上通常是通过劳工运动发起的，这可以被看作是那些因市场产生的不平等而处于最不利地位的人们所采取的行动。他们通过集体性的行动，利用成员、组织和相互支持的资源，来弥补他们个体社会权力的缺乏，以此对主流秩序构成挑战。从一个社会到另一个社会，这种挑战方式在其历史发展方面、战略方面以及政治和工业领域的体制内或体制外的表达中都采取了各种形式。有人可能会说,鉴于它成功程度的关键始终是在其支持中动员起来的以阶级为基础的行动的凝聚力和力量,因此反对它就会不可避免地遭遇以阶级为基础的反对。因此,既然我们提出阶级关系的动态是决定社会流动性是否会发生任何变化的主要力量,那我们在评估流动研究的结果时,就不能将"开放性的普遍缺乏"当成我们最主要的预设。它必须让位给新的观点,即要基于这些结果对阶级形成和行动的影响来对其进行评估,而这正是我们现在所要求的、更加艰巨的任务。

在导论中,我们展示了促使人们对流动进行研究的"社会动机"(social motives)的历史多样性,我们概述了一系列涉及流动与阶级形成之间的关系,以及流动性对社会政治变革和稳定的影响的各种各样的争论。在开始回顾我们的相关研究结果之前,有必要先着重关注以下三种彼此独立,有时也互为补充的主要论断。

第一,我们可以从人口学特征的角度,找出有关流动性和阶级形成之间关系的观点。具体而言,这些观点认为流动性越大阶级越不容易形成,阶级形成的基本意义是个人或家庭的聚集,这些个体或家庭的聚集可以通过其阶级位置的持续时间来识别。因此,举个例子,马克思从个体在不同阶级地位之间的"持续不变的流动"方面,特别是"持续不变地把工资劳工转化为独立的、自给自足的农民"这一角度,解释了19世纪中叶美国缺乏"发达阶层",并因此劳工运动薄弱的原因。索罗金认为,在现代社会中,阶级斗争的理论和现实都由于高流动率而遭到削弱,而这种流动导致了阶级"稳定且永久"因素的减少,还导致了具有临时和短暂的阶级地位的个体相应增加。而且最近,吉登斯提出了一种相反的观点,即在资本主义下,阶级作为一种社会现象,主要是通过限制社会分工范围内的流动性而存在,并由此造就了集体主义,集体的成员在很大程度上共享相同的市场与工作环境,以及共同的生活和代际经验。

第二,我们可能会认识到一组更进一步的观点,这组观点也将流动和阶级形成视为对立的社会进程,但这仅仅是就社会政治倾向和行动模式的影响而言。这种观点倾向于先假定在基本人口学意义上会形成某种程度的阶级,以及阶级间某种程度的流动性,然后主要关注后者多大程度上阻碍了阶级认知和阶级意识的发展。因此,桑巴特和米歇尔斯都认为,普通工薪工人内部存在合理的流动性机会,鼓励了整个工人阶级内部产生个人主义愿望和意识形态发展,这些愿望和意识形态会阻碍集体主义价值观,以及对社会结构及个体命运的"阶级"解释的生成。布劳和邓肯呼应了这一观点,并补充指出,流动实际存在的程度越大,那么阶级(或地位群体)作为社会文化实体的意愿越不明显,个体不受这种集体主义影响的自由越大。最后在这方面,我们注意到布劳和邓肯还提出了以下观点,即除了鼓励个人主义而非集体主义的倾向外,流动还通过赋予普遍存在的社会不平等结构以更大的合法性,使人们接受现状:在一个流动的社会中,不平等更容易被认为是公平和正当的,因为它似乎反映了个人的成就和功绩,而不是一种代代相传的明显先赋的特点。

第三,例如前面提到的,有一些观点关注的是流动在方向和作用水平上的效应,并认为这些效应更有可能干扰而不是维持社会政治稳定。这些论点主要涉及流动性可能破坏既定的社会分层形式,以及造成这种破坏的心理后果。最值得注意的是,李普塞特认为,正如我们所看到的那样,高流动性会导致各种社会状况,在这些社会状况中个人将经受严重的压力和不安全感,因此,他们可能放弃对现有秩序的忠诚转而拥护某些极端政治运动,无论该运动属于左派还是右派。

就基本人口学意义上的阶级形成而言,我们对绝对流动模式和趋势的发现才是最有意义的。然而,在将我们的注意力转向这些发现之前,我们应该首先回顾一下前文第二章所提出的一个观点,即:如果这些精英群体被严格定义为专业、行政和管理阶层内占据"顶峰"位置的一小部分人,那么我们全国调查的数据就不能很好地反映现代英国社会精英群体的构成。就我们能够得出与这个意义上的精英有关的结论而言,这些结论似乎与更专门化的研究相一致,表明这些群体具有高度代际间自我招募和稳定的特点,或者,换句话说,就其长期的连续性而言,它们是定义明确且易于识别的群体,至少在最近一段时间内是如此。[6]然而,本研究发现的主要意义在于"大众"而不是"精英"的流动性;在此我们相信,这些发现能够帮助我们比从前更可靠也更详细地论述基于流动形成阶级的程度。

首先,对现在的研究目的而言,关于服务阶级的最重要的事实是它的持续扩张,这可能被看作是自由主义理论家所强调的发达社会中长期提升就业的核心和无可争议的特征。由于这种扩张,当今英国社会服务阶级的职位不可能只局限于服务阶级出身的男性;相反,某种程度上的"从下层招募"是不可避免的。此外,尽管在获得服务阶级的机会上存在非常广泛的不平等,尤其是在服务阶级和工人阶级出身的男性之间,但这并不能防止后者在所有服务阶级进入者中占很大比重——事实上,正如第十二章①所看到的那样,相较之下是非常大的一个比重。根据表2.1和表9.10中所列的数据,英国的服务阶级就其成员的社会出身而言,只能说是高度异质性的。从一个更详细的表的前两列可以看出,我们的七阶级分类框架中的每一个如果都被认为是一种阶级出身的话,都至少贡献了阶级Ⅰ和阶级Ⅱ成员的10%。而且值得注意的是,这产生的异质性要比根据完美流动所预计的男性被招募到这些阶级中时所产生的异质性要大得多。[7]

从这一观点来看,服务阶级似乎只具有相当低程度的人口学特征。然而与此相反,我们必须承认:第一,如第九章所示,服务阶级自我招募的人数已经开始增加;第二,虽然服务阶级职位的增长必然扩大了征聘这些职位的基础,但同时也为服务阶级内部的代际稳定创造愈发有利的条件,从表3.1、表9.8和表9.9可以明显看出,这种稳定性也在稳步强化。因此,在我们1983年的样本中最年轻的出生队列已经获得"职业成熟度"的情况下,即1934—1948年出生的男性,超过70%的阶级Ⅰ和阶级Ⅱ出身的男性处在阶级Ⅰ和阶级Ⅱ地位上,与1908—1917年出生队列的相应数字相比,在我们1972年的样本中(这一人群)只占55%。比较这两个队列,我们还可以进一步指出,在体力阶级(阶级Ⅵ和阶级Ⅶ)职位中,可以被视为是经过了更决定性的降级(*déclassement*)的男性的比例,从老年人群的17%下降到了年轻人群的6%。因此,我们可以得出这样的结论:尽管最近几十年来,服务阶级已从不同的社会出身中招募,但其成员向后代传递社会优势的能力没有任何下降的迹象。相反,即使在扩张的同时,服务阶级也有"固化"的趋势,从某种意义上说,这些家庭已一代比一代更不可能脱离这个阶级。

此外,我们还记录了另一种趋势,这也可能被看作是对服务阶级人口结构的重要贡献,即:在他们职业生涯的过程中,男性一旦获得了进入这些阶级

---

① 原文为第十二章,疑似笔误,实际应该是指第二章。——译者注

的机会,就会继续留在其中。例如,在表 5.1 中,间接但仍然相当有力的证据表明,在我们 1972 年的调查中,大多数——实际上超过 80%——第一次全职工作在阶级 Ⅰ 或阶级 Ⅱ 职位上的受访者都留在了这一位置上。[8] 从 1974 年的职业历史数据可以直接了解到,至少目前为止,在我们所关心的阶级 Ⅰ 男性中,无论这些人最初是什么社会出身、通过什么途径进入了服务阶级,他们后来很少离开,即便有也只是短暂地离开。换句话说,人们不仅观察到从服务阶级向下的代际流动比率很低并不断下降,而且以职业生涯"降级"(demotion)形式在代内从服务阶级向下流动的可能性也很低。

最后在这一点上,还需要再次指出,虽然我们的数据不能支持进入服务阶级的代际和代内流动之间"平衡"的理论,但图 2.2 确实表明,在战后时期,照比例来说(*proportionately*)进入阶级 Ⅰ 和阶级 Ⅱ 的直接途径比来自所有阶级出身的间接途径更重要,而且,在最近几年里,几乎没有理由认为这种趋势会减弱。因此,由于直接路径比间接路径能更快地引导男性进入服务阶级职位(见原文第 127、137 页),人们可能会得出这样的结论,即男性通常会在较平均年龄更早的阶段就开始在一定程度上稳定于这类职位。

正如我们所言,理解与服务阶级相关的绝对流动模式和趋势的主要因素在于它的扩张。但是,服务阶级职位的连续性,以及在完成全日制教育后直接进入服务阶级的相对重要性增加,这突出了另一个要点:扩张的服务阶级基础实质上有一个科层主义(*bureaucratic*)的根基。科层体系(bureaucracies)通过自身的形式,倾向于为其内部工作的雇员建立"职业路线"(career lines),而雇员的成功或失败在很大程度上取决于他们在这些路线上能走多远。因此,失败通常并不意味着个人实际上从科层体系中降级,被迫从事一个完全不同阶级性质的工作,而仅仅意味着他在科层体系内取得的进步相对较小。这可能会与企业家失败的后果形成鲜明对比,因为企业家的失败似乎更有可能导致阶级地位的决定性改变。[9]

与此同时,科层主义体制还有一个与此相关的特征是力图在正式资格或至少教育背景的基础上招聘人员。毫无疑问,这在一定程度上是出于行政上的便利;但是这种"资历主义"的做法也可以看作是反映了科层雇佣制度随之所提供的任期保障——据说是为了防止最严重的选择错误。但至少在 20 世纪 60 年代末以前,现代英国服务阶级的扩张速度是超过高等教育机构的扩张速度的,这意味着直到今天,间接进入服务阶级职位的路径仍然相当重要。但是,我们认为,科层选择程序的影响现在更多地体现在直接路线日益增长的相对重要性上,而且这一趋势只会愈发明显。

总之我们希望指出,在过去的半个世纪里,英国不仅在专业、高等技术、行政和管理职位方面有了显著的扩张,或者换句话说,在服务阶级职位方面有了显著的扩张,更重要的是,服务阶级作为一种新的社会形式出现了:服务阶级作为一个由个人和家庭组成的集体,随着时间的推移,其作为一个阶级的身份——在阶级地位结构中的位置——能得以维持。我们可以说,作为20世纪中期不断扩大的阶级,服务阶级是19世纪中叶马克思所说的工业无产阶级,即它是"从人群中的各个阶级中吸收而来的"。但是,就像19世纪的无产阶级一样,尽管成员的出身多种多样,但由于他们在代际稳定性和职业生涯连续性上都表现出高度的一致性,服务阶级的自我认同也由此得以形成。当然,这两种情况之间的区别在于,无产阶级的不流动性本质上是由于缺乏逃离的机会和资源而导致的局限性的结果,但服务阶级的不流动性主要是基于其成员维持相对有利地位的能力。[10]

我们接下来要讨论的问题是,本研究的分类图式里的中间阶级在多大程度上形成了人口特征。从我们所提出的数据来看,很显然,虽然阶级Ⅲ、阶级Ⅳ和阶级Ⅴ在其成员的社会出身方面通常不具有阶级Ⅰ和阶级Ⅱ这样的异质性,但它们仍然有相当广泛的招募来源(表2.2和表9.10)。不过,中间阶级出身的男性在其他阶级职位中的分布也相当广泛(表2.1、表3.1、表9.8和表9.9)。然而,这里更重要的是第五章所展示的证据。它表明在我们的基本分类中,那些在阶级Ⅲ、阶级Ⅳ或阶级Ⅴ中具有代际稳定性的男性,实际上可能经历了大量的职业生涯流动,或者是在为这种流动做准备,这种流动不仅在中间阶级职位内部存在,有时也跨越中间阶级的范围存在。此外,在任何时候处于其他阶级职位的男性中,有相当大比例的人在他们生命的某个早期阶段会处于中间阶级位置。换句话说,很明显,在这种情况下,不是所有规模较大的集体都能通过其成员与给定阶级位置的连续性来获得某种集体主义的。恰恰相反,我们分类框架的中间阶级所构成的职位必然不能代表男性职业生涯的最终职位。这些职位中包含一种相对较高的流动倾向,是选择——对于职业生涯中的升迁的追求,或者是约束的结果。

导致这一结果的其中一个限制条件与阶级Ⅳ相关。这个阶级所包含的小业主和企业家职位的职业生涯连续性程度可能并不比本研究其他两个中间阶级的职业生涯连续性程度要大,但有几个要点值得注意。首先,表2.1和表2.2显示,阶级Ⅳ主对角线上的值明显高于阶级Ⅲ或阶级Ⅴ。我们在第四章已经看到,从我们对代际流动模式的分析可以看到,在阶级Ⅳ内部有着比除阶级Ⅰ外其他阶级更强的不流动性趋势。其次,应当重申的是,剔除在H-G量表中被分类至11分类和13分类中的样本,即农民和拥有雇员的小业主,1974年的阶级Ⅳ的男性子样本在代际间是稳定的,并且与构成阶级Ⅳ的其他类别相比,被排除的这些样本的职业生涯连续性是更强的。最后,我们1983年的数据显示,阶级Ⅳ(不像阶级Ⅲ和阶级Ⅴ)的规模在一定程度有扩大的趋势,同时显示了越来越强的代际稳定性。因此,就绝对流动率和相对流动率而言,显然应该认为,在任何一个时期处于阶级Ⅳ职位上的男性在某种程度上可能是曾担任过这一职位的男性之子。这对我们的启示是,在现代英国社会中,如果由个人和家庭组成的集体性(collectivity)确实存在,并随着时间的推移能够被识别出来,那么就可以认为他们具有自我招募的"传统",即使阶级Ⅳ的自雇职位不总是被阶级成员自身持续占据,也就是说,在机会出现的时候,他们就倾向于从事自我招募的职业,即便他们曾经在自营的企业中经历过几次失望或失败,他们也可能继续这样做。正是在这个意义上,小资产阶级应当被认为是目前英国阶级结构内存在的一种社会形式。

另一方面,阶级Ⅲ和阶级Ⅴ职位所显示的代际稳定性和职业生涯连续性毫无疑问都很低,这值得我们做两项进一步的考察,尽管这两项考察的结果会十分负面。第一,从这个发现来看,某些马克思主义理论家对普通非体力劳动者、低级别技术工人和体力监督人员的"真正"阶级归属问题给予了相当大的关注,而他们的结论似乎难以使人信服。[11]一旦这些分组在一个相对较短的时期内拥有高度不稳定性的成员,即便只是在相对较短的时期,那么这些分组应被视为是工人阶级,还是工人阶级的"结构性"部分,还是"新"小资产阶级,抑或是被视为具有"矛盾性"(contradictory)的阶级位置,实际上是一个意义重大的问题。或者,如果分析的最终兴趣在于以阶级为基础的社会政治行动的潜力,而非对马克思主义的某些理论流派版本进行阐述和辩护,那么也是无论如何都必须对它们做进一步考察的。[12]

第二，作为对上述论点的延伸，我们的研究结果必然进一步挑战马克思主义学者试图复兴日常非体力受雇者的"无产阶级化"理论的更多经验性尝试。无产阶级化似乎发生于本研究阶级Ⅲ所覆盖的职位类型中，作为系统性的扼杀和贬低所有劳动力类型的结果，这种职位类型被认为正在成倍增加。即使有人接受了这种降级（degrading）理论——正如在第九章所论述的那样，这些论点也与第五章的实证证据不一致。如果从普通非体力受雇者职位到体力职位和更高水平白领职位的职业生涯流动频率都很高，那么这些结果与"无产阶级化"的联系就不那么显而易见。[13] 此外，我们的调查结果显示，父亲从事普通非体力职位的男性比工人阶级出身的男性更有可能晋升到服务阶级职位，这与无产阶级化的任何一个概念都难以调和（见表2.2）。同时，正如第四章的分析所显示的那样，与阶级Ⅲ职位相关的相对流动机会一般会与其他两个白领阶层（即阶级Ⅰ和阶级Ⅱ）的关系，比与阶级Ⅵ和阶级Ⅶ的关系更加密切。

在显然认识到这些困难的情况下，无产阶级化理论的倡导者们往往会把注意力转移到女性身上，强调在较低级别的非体力职位上，女性占很大比例。[14] 然而，这种理论仍然不能令人信服：一方面，较之于男性，女性在此类职位中似乎同样不会久留[15]；另一方面，正如第十章所示，许多从事这类工作的女性会与处于更高水平非体力职位的男性结婚，从而获得另一种替代性的，且看上去更值得认同的阶级认同基础。

最后，基于目前与研究目标的联系而言，我们必须考虑的问题是工人阶级的人口学特征形成到了何种程度。在一定程度上，人们可能认为工人阶级与服务阶级的一般情况相反。因为后者一直在扩张，而从体力工薪工人的角度来说，工人阶级一直在萎缩——20世纪50年代和20世纪60年代还减少得相当缓慢，但在那之后变快。正处于由此形成的收缩之际，20世纪中叶的英国工人阶级并不"需要"从其他阶级招募人员，因而对于表2.1中所显示的数据也不用感到惊讶，在本研究的分类框架中，阶级Ⅵ和阶级Ⅶ比其他阶级更具有同质性，因为他们成员的社会出身是一致的。[16] 其实，如果把这些阶级放在一起考虑，它们实际上形成了一个很大的自我招募的群体。1972年被归类阶级Ⅵ或阶级Ⅶ的受访者中，几乎70%的人的父亲处于阶级Ⅵ或阶级Ⅶ，这个数字在我们1983年的结果中几乎没有改变（表9.10）。此外，阶级Ⅵ和阶级Ⅶ的男性中有 10% 的人报告其父亲处于我们蓝领阶级的第三类,阶级Ⅴ。总之,至少在成员构成方面,我们可以把今天绝大多数的工人阶级看作是第二代蓝领。

表 2.1 还进一步表明,即使我们剔除农业工作者(H-G 量表 31 分类),情况也不会有很大改变。换而言之,这确实说明大多数在工厂里的体力劳动工人至少已经是第二代工人了。事实上,基于我们 1972 年的数据,在阶级Ⅵ或阶级Ⅶ中剔除 H-G 量表 31 类的男性的样本后,65% 的男性都有同样属于工业工人阶级成员的父亲,还有 10% 男性的父亲属于阶级Ⅴ。在这方面,正如我们在第十一章所指出的那样,英国工人阶级在其历史发展中似乎具有高度的独特性。在其他国家的工业劳动力中,有更长的时间——通常直到今天,数量可观的少部分工人仍然可以在某种程度上被认为是"绿色"劳动力——那些农民、小农、佃农或农业劳动者的儿子,并且他们自己有时也是农民、小农、佃农或农业劳动者。

因此,就成员的社会出身而言,英国工人阶级的人口特征是很明确的。但我们必须进一步注意到,研究结果也显示他们的代际稳定性有所下降。其中一个主要原因显然是服务阶级的增长,以及由此而来的工人阶级出身向上流动的增加。因此,从表格 3.1 的数据可以看出,在我们 1972 年的样本中,以十年为期的出生队列的前三个阶段,阶级Ⅵ和阶级Ⅶ出身的男性在阶级Ⅰ或阶级Ⅱ职位中出现的比例稳步上升,而在阶级Ⅵ或阶级Ⅱ职位上出现的比例稳步下降。从表 9.9 可以明显看出,这种趋势一直延续到 20 世纪 80 年代,并且不断被强化。在 1983 年的样本中,父亲在阶级Ⅵ和阶级Ⅶ的男性中有超过五分之一的人已经进入了服务阶级职位,只有大约一半的人可以被归类为工人阶级。此外,如果把失业率本身视为一种流动状况,那么可以看到一个更为惊人的结果:1983 年,所有工人阶级出身的男性中,实际从事体力劳动工作的比例下降到了五分之二(表 9.12)。换句话说,可以认为工人阶级的代际稳定性已经急剧下降,与此同时,我们先前所说的工人阶级流动机会的两极分化也在加剧。

不过,要全面描绘这幅图景,我们需要考虑职业生涯的流动模式。从几个方面来说,以下提到的几点显然有利于阶级的形成。第一,第五章的分析有力地表明,在阶级Ⅵ或阶级Ⅶ中表现出代际稳定性的男性往往只经历过非常有限的职业生涯流动,他们实际在体力劳动职位上表现出高度的连续性。如果他们离开过体力劳动工作,也不过是短暂地进入其他(绝大多数是中间阶级)职业。总的来说,从阶级Ⅵ和阶级Ⅶ职位离开的那种职业生涯流动性很难被视作一种永久的流动类型。虽然可以看到一条具有重要性的向上流动路线,即从体力初职通过中间阶级职位(特别是在阶级Ⅲ)进入一个服务阶级内部的安全位置,但在从体力到低级别非体力职位的众多流动(及反方向的流动)当中,更多的流动随后又很可能会发生逆转。

第二,人们可能会认为,那些从工人阶级中流动出来的人所经历的流动是最有可能具有永久性的,因为他们往往会在相当早的年纪就离开体力职位。例如,虽然我们已经表明在 1974 年的受访者中,那些沿着间接流动路线到进入阶级Ⅰ的男性,比那些直接进入服务阶级的男性,年龄稍大一些,但是前者第一次进入阶级Ⅰ的平均年龄仍不到 30 岁。因此,在任何时候似乎都可以指出,工人阶级中的很大一部分人——也就是那些已经过了 25 岁的人——都不太可能获得任何从现在的阶级位置上发生决定性流动的机会。[17]

第三,虽然本研究 1974 年的工作史数据表明,阶级Ⅵ和阶级Ⅶ男性的工作经历主要限于体力劳动,但阶级Ⅵ和阶级Ⅶ,即熟练和不熟练职位之间的流动,是相当频繁的。再加上我们 1972 年和 1983 年的调查揭示了这些阶级之间具有高度的代际流动,这些结果表明在本研究分类框架所界定的工人阶级职位范围内部不存在任何强大或普遍的,对于流动的社会障碍。毫无疑问,许多由阶级Ⅵ组成的高熟练体力职位都具有同一个特点,即"闭合"与职业生涯持续性的程度都相对较高,[18] 但是我们的研究结果将为韦斯特伽德和雷斯勒提出的论点提供支持,他们认为在近几十年中,熟练工人和不熟练工人间区别的重要性已经大大减弱,并且他们的流动范围显然仍然"在体力工作的世界里",这两者都表明了工人阶级同质性的增加,并进一步推动了他们的一体化。[19]

现在必须承认的是,这一方面的主要福祉降低(countervailing)趋势显然是大规模失业的结果,特别是长期失业。我们在第九章中报告的研究结果充分揭示了失业是工人阶级的"命运"(fate),从某种意义上说,从事体力劳动挣工资的人比其他任何职业的在职人口更容易受到失业的影响。但工人阶级内部显然存在一种大幅度分化的可能性,这实际上似乎已经在一定程度上被认识到,因为长期失业的人在其生活标准和生活方式以及在他们所认为的需求和利益上都逐渐与拥有工作的人分离。这样一个过程的最终结果是形成一个"下层阶级"(underclass),他们集中在城市中心和工业衰退最快速的地区,却又被孤立和显得支离破碎。

我们先前提到了索罗金的观点,即在西方经济发达的社会中,工人阶级"永久性"的核心特质的长期衰退是一种与扩大的"流动性"并存的相关现象。[20]然而,这一观点与英国经验并不相符。在过去的大约半个世纪中,工人阶级明显在越来越多地自我招募,因此成员的社会出身也更加同质化。虽然进入服务阶级职位的向上流动率已稳步上升,但从工人阶级出身脱离的决定性流动在很大程度上仅限于处于职业生涯早期的男性。因此大多数工人阶级的成员是流动机会实际相对较少和有限的男性。简而言之,用索罗金自己的话来说,我们不应认为,在工人阶级内部,"世袭"和"终生无产者"的比例有所下降。因为根据我们已回顾的趋势,我们也许确实可以认为,在战后的几年里,经济增长与其说是促进了工人阶级的分解,不如说是促进了工人阶级的"形成"(maturation),至少就其人口学特征而言就是如此。[21]目前看来,这种观点需要具备一些条件,这些条件反映的并不是持续的经济成功,而是在长期繁荣结束后普遍存在的现状。由于去工业化和"失业增加",原本工人阶级规模的缓慢减少如今已经演变成了大幅度收缩,并且,随着失业率的再度持续高企,在工人阶级内部出现了分化和潜在分裂的新源泉。

先前我们已经说过,在对阶级地位结构内部流动模式和趋势的研究中,现代英国至少存在两个人口学层面上的阶级形成的例子:以家庭所形成的集体和以个人所形成的集体。这两种集体随着时间推移而体现出位置的连续性,进而能够被区分为"阶级"。我们对此的论断是,对于服务阶级和工人阶级,这类区分是有可能的。相反,在我们已经区分出的中间阶级地位范围内——小资产阶级地位可能除外——将流动性的程度和性质作为随时间而保持其特征的集体阶级的存在,是存在问题的。因此,当我们进一步讨论社会文化层面和行动层面上流动性可能对阶级形成带来的影响时,事实上我们将注意力集中在了服务阶级和工人阶级上。我们在本章早些时候指出,有一些观点认为流动性可以通过目前尚不明确的水平,既可能对现有的社会政治秩序产生支持性的影响,也可能产生破坏性的影响。下文中,我们将努力牢记这两种可能性。

在讨论服务阶级时,最好的开场白或许是回顾我们的研究发现,我们认为没有任何证据能够证明那些向上流动到比自己出身更高阶级的男性在流动过程中更可能有压力过大或最终毫无回报的经历。第六章和第七章的分析拒绝了流动性是一个内在的解离性(dissociative)现象的观点,即认为流动会破坏流动个体的主要社会关系,进而导致个体被社会孤立或边缘化。我们所关心的那种相对长期的流动当然会与实现它的人的社会生活变化有关,但这些流动的影响,或者说是伴随而来的产物,显然比人们通常所认为的更复杂和更多样。事实上,我们的研究结果表明,从工人阶级出身流动到更高的服务阶级,最有可能的结果是个人交往关系和活动范围的扩大。

正如我们在第八章所看到的那样,本研究从 1974 年受访者处获得的生命史数据都在指出,人们用高度积极的方式看待进入服务阶级的机会——一般来说,它代表着收入和物质生活水平的提高,以及从职业生涯中获得内在满足感的可能性。与此同时,我们认为重要的是,受访者的描述中几乎完全没有提到流动的概念,即通过地位群体或阶层等级进行流动。因为对流动性的理解似乎隐藏在大多数关于破坏性心理和社会后果的理论背后。在这方面,我们强调了感知的重要性:第一,在现代英国,服务阶级中向上流动的男性绝不会是一个引人注目的局外人,相反,他周围的人事实上也都在向上流动;第二,在其他方面,由于大量的向上流动,英国社会的地位次序在战后的岁月里似乎已经有了很大程度的解组。

因此,与其说流动性意味着服务阶级已经被由于负面心理状态而对现状产生不满的人所充斥,倒不如说,从我们的研究结论来看,结果可能是相反的。由于服务阶级的扩张,近几十年来社会向上流动的程度一直是影响英国社会稳定性的重大因素,在这个阶层中,有相当多的男性在意获得"成功"和为自己做事(而不是往往被过度的野心所拖累),并且,他们对现有秩序的态度,即便不是真正的赞同和感激,也很可能是接受的态度。

因此我们无法为 20 世纪 70 年代伴随着"新阶级"流行的理论提供支持,这个"新阶级"由不断膨胀的高级白领形成,代表了一种针对社会文化的、主要的异议来源(主要是基于品味提出),以及"后工业"(post-industrial)或"晚期资本主义"(late-capitalist)社会的道德和政治激进主义。[22] 我们可以在韦伦斯基更早、更接地气的观察中看到更强大的力量,即"职业……是现代社会稳定性的一个主要来源",在此,虽然是为了满足科层主义的需求而发展,但"它们使最有能力和最熟练的群体的个人经验得以延续",明显的物质优势的延续就更不用说了。[23] 此外,在向上流动的受访者中,我们收集的生活史数据表明,尽管从代际的视角来看,人们经常认识到流动机会客观上的扩大,但另一方面,事实上职业生涯的流动对许多人来说是成功的基础,并且因为一些可以理解的原因,人们把它看作是个人成就的本质问题。换句话说,这些人的主导流动意识形态为他们的社会和自身以及他们所取得的优势职位提供了很好的支持和正当性。

那么,我们是否可以得出这样的结论:大量地"从底层招募"成员进入服务阶级的意义更在于促进整合和稳定,而不是成为不满和变革的动力?我们相信,这一定是当下最写实的判断。当今英国社会的服务阶级,就像马克思所设想的正在壮大的中产阶级一样,似乎是一个能从现状中获取重大利益,且致力于维持现状的群体,并因此成为促进根本性变革的障碍,助长了"上层人士的社会保障和权力"。确实,由于其迅速增长,服务阶级在成员的社会出身方面仍然是高度异质性的,因此产生的问题是,成员之间的代际和职业生涯稳定性所创造的人口学特征究竟能在多大程度上与相应的社会文化身份和集体行动的潜力相联系。确实,我们从 1974 年的调查结果中可以看出,向上流动的男性的生活方式都在其出身阶级的特有规范与阶级 I 的典型规范之间取得了某种妥协,而且,这些流动的男性不仅倾向于与他们更亲密的亲属保持联系,也会与那些与他们现处的阶级关系更紧密的同事和朋友保持联系。因此,在某些时候,这一阶级内的政治倾向同样会受到其成员在通往服务阶级职位的过程所遵循的发展轨迹与他们的现职所给予其的共同利益的重大影响。与此同时,我们发现很少有证据表明向上流动的男性缺乏被目标阶级同化的机会,因为值得注意的是,在 1974 年,只有很少数人报告说他们没有与其他服务阶级成员取得社会联系的能力。事实上,在直接流动的男性中只有 10% 如此,而在间接流动的男性中有 20% 如此。并且,展望未来,直接流动的与日俱增的重要性应被反复强调。

服务阶级增长的另一个后果是服务阶级内部的结构性分化在所处位置

(situs)、部门或职业分组上变得更加明显,而且应该指出,这也促使人们去推测他们之间可能的社会文化和政治分歧。[24] 这样的分化可以追溯到服务阶级内部,就像在任何其他领域一样,几乎是毋庸置疑的,但目前尚不清楚它们为何在服务阶级中异常明显。当然,就这些分化部门之间的流动性而言,对我们1972年数据的更详细的分析表明,无论是在代内还是代际,这些流动性都处于相当高的水平。在前一种情况下,最显著的趋势是专业人员最终进入行政和管理职位;而在后一种情况下,行政和管理人员的子代更有可能从事专业工作,而不是从事与其父辈类似的工作。[25] 此外,对1972年数据的进一步分析还表明,在服务阶级内部不同类型职业的男性在选择闲暇时间伙伴上有非常相似的模式,并且这些伙伴间的相互联系水平也相对较高。[26]

总之,虽然服务阶级仍然可以被认为是正在形成中的(*in statu nascendi*),但有迹象表明,服务阶级人口结构的日渐稳固很有可能与其社会文化身份的不断加强同步发生。同其他阶级类似,人们期待它能够包含在一系列意识形态和行动上都能被动员的各类成员,特别是期待它成为一切政治色彩的领袖和活动人士的来源。但我们相信,到目前为止,至少就目前我们所关注的日渐成势的阶级不平等的结构而言,随着服务阶级逐渐成为集体行动的重要力量,它将在现代社会中构成一个主要的保守势力。在这种情况下,那些强调高流动率,或者更确切地说,是向上流动所具有的综合力量的论点,看上去还是会得到最有力的支持。

现在转向工人阶级,我们可能首先需要注意那些与"向上流动容易引起心理上的压力,这种压力可能会使个人与他在社会中取得'成功'的地方(即服务阶级)相疏远"的观点相呼应的观点,即:向下流动,或者无法追赶上其他人的成就,会导致怨恨和不满,这种怨恨和不满也构成对社会政治稳定的威胁。然而,正如我们无法从那些向上流动到更高水平的服务阶级的男性案例中找到证据来支持前者的观点那样,我们同样无法基于那些从服务阶级出身跌落至工人阶级(或者是中间阶级)职位的男性,或是在工人阶级内部保持着代际稳定的男性来支持后者的观点。

第一,正如本研究中的全国调查所显示的那样,从服务阶级向下流动的人,实际上代表着一种规模并不大的向下流动,它作为工人阶级的一个组成部分,几乎可以忽略不计。此外,我们1972年和1974年的数据都清楚地表明,无论什么情况下,他们的流动都不能被认为是具有决定性的,因为他们回到服务阶级的逆向流动机会一定是相当高的。反过来,在被归类为向下流动的男性的生活史笔记中,我们发现他们不仅不愿意把自己看成是失败者,甚至不愿意将自己归为已经发生了向下流动的人,并且在许多情况下,他们也对自己的处境有相当合理的辩护。[27]

第二,同样基于我们的生活史笔记判断,对于那些在工人阶级中保持代际稳定的人来说,也许最重要的现象是他们对自己的不流动性表现出的漠不关心。这可能是令人惊讶的,特别是考虑到我们发现在过去半个多世纪里,阶级流动机会的不平等基本上没有改变,而且到目前为止,服务阶级和工人阶级出身的男性的相对机会不平等也是极端的。但必须认识到的是,相对流动率的趋势和模式反映了不平等的某些在社会上可见度极低的方面。一方面,在这里讨论的"社会事实"是一个社会的成员在日常生活中很少或根本不可能感知到的——尽管它们对他们的命运有着重大的影响,而且,作为社会学家,我们确实只能够通过大规模的、相当复杂的探究过程来确定这些事实。因此,期待上述不平等被广泛地反映在工人阶级或任何其他集体的社会意识中,实在是没什么根据。

另一方面,正如最近几十年所发生的那样,实际向上流动的程度可能被认为具有相对较高的社会可见性。例如,如果大约 20% 工人阶级出身的男性进入专业、行政和管理职位,那么似乎可以合理地假设,大多数留在工人阶级的男性都会至少认识一个人已经实现了这类流动的人,比如说一个亲密的亲戚、一个前校友或前同事。那么,看上去更合理的就是,在这种情况下,对明显的"开放性"的感知可能在某种程度上与未能成功流动的男性的不满或挫折并存。然而,有一个证据可以证明为什么至少在战后几年这样的反应不会广泛存在。也就是说,即使是那些我们认为不流动的工人阶级成员,实际上也普遍意识到他们经历了代际意义上的社会进步。正如我们代际稳定的工人阶级的生活史所指出的,这些人在很大程度上认识到,与他们的父亲相比,他们的薪酬和就业条件大大改善,生活水平普遍提高,尽管他们仍然普遍地从事相同类型的工作。因此,即使有人假定,从工人阶级向上流动的男性确实构成了一个重要的参照群体,对于那些仍在工人阶级的男性来说,如果他们能够感觉到他们也参与了一个社会进步的进程,那么就不太可能引起不满,尽管这是一个不同的进程。就像韦伦斯基提出"社会流动的安慰奖理论"(consolation-prize theory of social mobility)时所指出的,正如20世纪50年代和60年代的英国一样,取得成就的机会实际上是相当多元化的。因此,对于那些未能以更果断和更全面的形式实现向上流动的人来说,仍然有许多选择可以防止一种普遍的剥夺感。[28]

然而,与此同时,那些跟随父亲做体力劳工的男性虽然不觉得愤懑,但也并不意味着这些人对自己的命运总体上很满意。相反,我们可以进一步由代际稳定的工人阶级受访者提供的生活史笔记分析得出,虽然他们对机会的不平等程度没有表现出强烈的不满,但他们并没有意识到自己实际缺乏机会,至少就他们自己的工人阶级生活而言是如此。他们认识到工作对于他们自己和家庭来说是非常重要的"经济和社会福祉",但是他们在工作中可能追求的目标受到了严格的限制:实际上,一个很大程度上以工资为中心的工具型(instrumental)职业意味着个人成就或成就的范围非常有限。此外,根据我们的研究结果,这样的展望很大程度上不能被认为是一个现实的观点。尽管工人阶级出身的男性向上流动的机会在战后的几年里没有下降,但这种机会越来越局限于男性的早期职业生涯,如果不及早加以利用,这种机会就会迅速减少。换句话说,在任何时候,对于工人阶级的大多数成员来说,工作(work)的基本含义——即使是在工作唾手可得的年代——也被限制在简单的"职位"(job)上,而不是事业(career)。

当然,正如我们在第九章所看到的那样,现在与我们的研究明显具有相关性的是,大规模失业的结果可能会对工人阶级机会不平等的看法和反应产生影响,使得工人阶级流动的机会出现严重的两极分化。这不是我们基于自己的研究可以直接解决的问题,但根据其他各种调查,可以得出两个较为重要的结论:一方面,显而易见的是,失业的经历比积极的异议和抗议更有可能产生宿命论和冷漠感;但是,另一方面,在政治文化和组织中,工人阶级的反应可能仍有很大的跨国差异。也许就目前而言最重要的是,它表明,英国的情况与美国不同,失业者即使在政治上是沉默的,也不愿用个人主义的术语对自己的处境进行解释,而是更倾向于把它看作是一个集体的,乃至"阶级"的命运。有人认为,这种反差的背后代表了英国缺乏任何与"美国梦"意识形态相对应的东西,并且相应地对个人成就能在多大程度上克服社会性劣势

(social disadvantage)持怀疑态度。[29]

总之,人们可能会说,尽管现代英国盛行的流动模式和趋势即使在漫长的繁荣结束后也没有在工人阶级中催生不满情绪,但也没有产生出任何强大的"游行示威效应"(demonstration effect),来支持个人主义以追求社会的改善,从而破坏传统的工人阶级的集体主义。我们认为,重要的是,对于那些未能实现流出工人阶级流动的人来说,个人的能动性在实现其仍在坚持的目标,或避免威胁它们的风险方面,只有相当有限的作用。他们的经济命运基本上是以集体为基础决定的:也就是说,这种一般性的经济上的改善可能会随着他们融入集体或被剔除在外的程度,通过他们由集体行动来维护和追求其利益的程度而出现。

最后,我们必须转而讨论流动性对工人阶级参与此类行动的能力的影响。我们已经强调,流动趋势创造了一个人口学意义上很明确的当代工人阶级,他们在很大程度上主要是自我招募的。就像本研究对服务阶级所进行的探讨那样,我们现在可能会问,(在工人阶级中)社会文化身份是如何与其人口学特征相匹配的。对此,我们得出的结论是,服务阶级社会文化凝聚力的主要威胁来自其多样化的招募来源,因为在某种程度上,实现流动的男性会将其阶级出身的规范和关系模式带到他们的目标阶级。然而,工人阶级的情况却截然不同,因为其成员来自自身的招募模式(recruitment pattern)——阶级成员的社会出身所具有的同质性,也是他们人口学身份的首要来源,那么人们可能会认为,这种情况下它的社会文化也是同质性的。

我们前面已展示过的,特别是在第七章中所给出的研究结果表明,虽然我们用于代表工人阶级核心成员的受访者所展示的生活方式和交往模式并不十分明显地区别于那些处于中等阶级职位的人(考虑到我们关于职业生涯流动性的数据,这一点并不令人惊讶[30]),但是他们在大多数方面都与服务阶级的核心成员完全不同。其中最重要的一点是,与服务阶级相比,在工人阶级中,这种代际稳定的核心成员并不只是少数人,而是全体成员中的大多数。可以肯定的是,工人阶级的代际稳定性正在下降,这主要是源于工人阶级出身的向上流动稳步增加,这无疑会给他们带来更多的社会关系——如亲属关系、朋友关系等,并且这些社会关系会把工人阶级成员和那些处于更高水平阶级职位的人联系起来。但是,这些发展也可能会产生三个促进工人阶级社会文化同质性的因素,我们实际上也已经提到了这些因素:第一,由于向下流动的减少,体力劳动者内部的地位降级(déclassé)因素是极少的——这被一些学者认为是集体主义和团结的可替代价值观的一个潜在重要来源;[31]第二,与其他针对工业社会的研究不同,(英国工人阶级中)农业出身的男性比例同样很小,与在工作场所和更普遍的特征上更加"稳固"(established)的城市工业工人表现出显而易见的差异;[32]第三,就像德国的情况那样,发生在熟练和不熟练(工人)群体之间相对高比率的代际和代内流动模糊了社会文化分割的主要界限。值得注意的是,针对最后一点,我们在第六章和第七章的分析中可以把阶级Ⅵ和阶级Ⅶ的两个代际稳定的男性子样本在我们的工人阶级核心成员合并为一组,因为在我们有关生活方式和交往模式的数据里,这两个阶级的男性之间没有明显的差异。

在战后时期,人们在评论英国社会时热衷于点出这样一些影响因素,例如逐渐提高的生活水平、大众媒体、更大的住宅流动性等。据推测,这些因素导致了工人阶级作为一种社会和文化实体的解组,并被纳入一个具有主导性的"中产阶级",或是"中间大众"的社群。然而,上述讨论表明,阶级流动的模式和趋势所产生的影响实际上与这一论断相反。虽然英国的工人阶级在规模上已经缩小了,而且在最近的一段时间里以越来越快的速度缩小,但"社会新陈代谢"(social metabolism)始终维持着其内部的凝聚力。到目前为止,对这种凝聚力的威胁一直存在,但正如我们所指出的,它存在于一个长期或不断失业的底层阶级及其家庭的形成过程中。换言之,它不是来自持续的经济增长和扩大财富的后果,而是来自日益恶化的经济表现以及日益扩大的条件与机会的不平等。

我们现在试图描绘出当今英国社会中阶级形成的主要轮廓,因为这些都是由流动性及其更直接的后果或伴生物形成的。因此在本章中,我们仍会考虑在相对流动机会的意义上,我们能够给出的未来变化的可能性,尤其是我们也会考虑之前半个多世纪,阶级的形成偏离基本稳定性并朝着更开放方向上发展的可能性。

我们在十年前的文章中写道,即使实现一个更加开放的社会看起来并不乐观,但要设想一个相当具体的、并非完全令人难以置信的政治发展过程来向这一目标靠拢,也不是完全不可行。愈发妥善地组织起来的工人阶级,以及其显然愈发自信的集体力量,都可以看作是对现行社会秩序的挑战,这并不是通过任何形式的革命来进行抗拒,而是通过事实上不情愿(*de facto unwillingness*)限制自己利益的追求以调适自己适应秩序的方式。这种抵抗在所经历的持续的工业或经济"问题"上——例如罢工问题、生产力问题、通货膨胀问题,表现出了最明显和最具破坏性的一面。至少在工党执政时期,一如在其他西方社会发展的过程中,试图解决这些困难的其中一种方法被各种不同的话语描述为"社会议价"(societal bargaining)"政治交换"(political exchange)或"(新)社团主义"[(neo-)corporatism]。这类政治经济形式的关键在于有组织的劳工与政府和雇主所达成的合作,这些合作涉及制订和执行以某种形式的工资管制为中心的经济战略,从而要求工会将他们的议价能力收敛在劳动力市场和工作场所之内。作为这种限制的回报,工会将随后寻求并期望通过税收优惠、扩大工人的合法权利、扩张型的就业政策,以及最重要的,直接指向基本平等目标的社会政策,来为其成员获得补偿。在英国,这种方法并没有发展到像斯堪的纳维亚国家那样的程度,以至于它实际上成为影响社会民主政治的主要工具。但是,在1974年至1976年,工党政府和工会之间实行的"社会契约"(social contract)可以被看作是为开启这条道路所做的一项严肃尝试,且这一尝试之后可能会有更多的协议在更雄心壮志的基础上进行谈判。[33]

然而目前,这种激进的平等主义改革方案必然与政治现实相去甚远。事后看来,"社会契约"现在似乎更有可能标志着一条道路的尽头,而不是一个新的开始。不仅后续协议没能实现——这凸显了英国工人运动内部组织和意识形态的重要缺陷,而且这种失败也成了工党1979年大选中失败的一个重要因素,而保守党政府的回归则致力于一种完全不同的政治经济策略,即:明确致力于恢复英国资本主义市场经济和商业企业中的"纪律"(disciplines)并减少各级工会的权力。此外,尽管失业数字因政府的政策而严重恶化,并且这在早些时候还被认为是"政治上不能接受"的,但是保守党还是在1983年得到认可,工党在普选中的份额下降了四分之一,跌至27.6%——自1918年以来的最低点。随后,工党曾试图恢复自己为一个能够重新获得和有效利用权力的政党,但这种努力并没有说服力,尤其是因为它在施行经济和社会政策时存在长期的困难。

在过去的十年中,不可否认的是,社会不平等问题已经被有效地从政治议程中移除,并且在可预见的未来,它是否会恢复为一个政治议题还是高度不确定的。然而,关于这一局势如何产生的解释,仍然有很大争议。特别是在目前的情况下,一种受到政治评论家、学者和其他人士广泛认可的解释——基于其方法、内容和影响,实际上是存在问题的。

在这种解释中,英国近期政治变革进程背后的关键因素是"阶级消解"(dealignment),即阶级成员和政治忠诚之间的联系正在减弱,这反映了阶级消解的一般过程,进而导致阶级异化和动员效应的下降。[34] 值得注意的是,这一观点并不是建立在当代英国的阶级结构、阶级流动或阶级价值和生活方式有关的任何系统性证据的基础上的,而是以一种可能被称为"逆向社会学主义"(reverse sociologism)的方式发展起来的。它的出发点是对政治事件和倾向进行分析,然后从这种分析中推断出人们相信的能够导致事件和趋势发生的那些社会结构和过程层面上可能发生的变化。因此,当1974年工党的选举胜利后,关于阶级消解的理论首次被提出。当时的这些论文主要强调的是"中产阶级"的分裂和白领群体社会政治团结的下降。但随着1979年和1983年的选举,阶级消解理论的重点相应地转移到了工人阶级消解假设和与此主题相关的争论上,而这些论点实际上只不过是在重申前文所指出的那些在战后几年一再出现的问题。工党在选举中失败,因为它仍然是一个"阶级"政党——它的国家理性和诉求(raison d'être)是以阶级分化的社会为前提的,在这个时期,阶级作为社会政治倾向的决定因素的重要性正逐步减弱,特别是对传统上为工党提供了大量选举支持的体力工人而言。[35] 实际上,"阶级消解"这一命题所暗含的意思是,工党在政治上的黯然失色,以及随之而来的对阶级不平等做任何猛烈抨击的前景的衰弱,归根结底是因为社会变迁,而与此同时这些变迁又逐步消减了平等主义计划的重要性:换言之,在现代社会,阶级分化作为政治行动的主要动力和关注重点,其重要性正在下降。

如果这样的解释是有效的,那么它就会与前面我们所赞同的大部分观点背道而驰。诚然,阶级消解理论的一个重要关切是服务阶级的扩张,这一论断符合我们对服务阶级的观察,即该阶级的成员招募自不同的来源,但是,正如我们所指出的那样,在过去十年中,由此产生的社会出身和背景的异质性并没有增加。就工人阶级而言,人们不得不说,想要实现一个具有重大政治意义的阶级消解过程,就需要对流动模式和趋势产生强有力的反作用力。

然而事实上,当用适当的数据集和分析技术对阶级消解理论进行检验时,这一理论并没有得到证实。利用 1964—1983 年英国大选调查的标准化数据,希思、乔韦尔和柯蒂斯发现阶级(由我们的分类框架版本定义)和投票之间的净相关一直保持着相当的稳定性,而且正如所揭示的那样,这种变化没有什么明显趋势。[36] 可以肯定的是,在 1979 年,工人阶级选民支持工党的比例下降了,并在 1983 年下降得更厉害。但是,正如希思和他的合作者所指出的那样,这种转变可能是——也确实是——通过工人们给工党,而非给其他党派投票的概率降低造成的。事实上,从上述分析可以进一步看出,其他研究中对阶级消解的主张所给出的那些存疑的实证支持被精准地削弱了,因为他们的作者没有采用能够识别和区分一系列不同影响的技术,而这些不同的影响正是一系列阶级与投票的表格(class-by-vote tables)在逻辑上所牵涉的。

具体而言,希思和他的合作者们揭示,工党选举失败的主要原因有两个。第一个本质上是政治问题:工党作为一个政党的表现不佳,并在 1983 年因竞选联盟①的出现而雪上加霜。这导致工党不仅失去了特有的工人阶级的忠诚,而且在全体选民中也出现了类似程度的忠诚丧失。第二个原因是直截了当的社会学意义上的:并不是工人阶级的政治凝聚力下降,而是工人阶级的规模下降,因为在工人阶级内部,工党的支持率一直是高度集中的。表 12.1 的数据显示,单是这两个因素就能有效地解释工人阶级中工党票数的减少——当然也包括在阶级投票中其他所有的变化。在这张表中可以观察到 1979 年和 1983 年选举中阶级的投票分布,这一分布与模型(适用于 1964 年至 1983 年所有的选举数据)中的预期分布相匹配,该模型允许在整体投票中政党的份额在阶级规模而不是在阶级与投票间相关性上的变化:也就是说,这个模型要求这种相关性在整个所覆盖的时期都保持不变。从表中可以看到,整个表中的观察值和期望值都非常接近,因此显然没有必要——也没有理由——引入任何阶级消解的概念。或者相反,人们可以说,如果说这样的过程正在进行当中,那么除了其他影响,阶级与投票相关性稳步减弱的证据

---

① 原文中为"Alliance",英国社会民主党与自由党于 1981 年结成的竞选联盟。——译者注

是应该被体现出来的。[37]

拒绝用"阶级消解"这一概念来描述政治形势如何不利于平等主义改革当然并不会改变这种情况,但确实能带来相当不同的观感。对于那些同我们一起为一个真正更加开放的社会的想法而努力的人而言,这意味着:首先,这种努力不能因为某种显然自发的阶级消解过程,而被贬低为过时的努力;其次,它还暗示,与其说阶级利益作为政治行动的基础日益式微,不如说人们可能仍然认为,这种利益仍存在于普遍的阶级不平等结构中,并将反过来继续塑造旨在保护或改变这种结构的政治行动。[38]

更进一步的,一个对"阶级消解"的替代性思考也源于希思、乔维尔和柯蒂斯的研究。虽然没有一种方法可以大量激发对工党选举前途的乐观情绪,但无论如何,所有的事件都相当明确地定义了我们必须克服的困难:如果要在社会平等问题上创造出一种可以想见的政治议程,就必须克服这种困难。他们指出的困难是,工党如何能够重新获得它在20世纪60年代所表现出来的一般政治效能,最明显的是克服内部分歧和组织与政策的弱点,它必须改善这种表现,以对付工人阶级的收缩所带来的不利选举结果。此外,工党试图成为一个"包罗万象"(catch-all)的中间派政党来扩大其选举吸引力,但由

表12.1 1979—1983年大选中观察到的按阶级划分的投票分布(上半部分)
对比阶级与投票持续相关模型的预期分布(下半部分)[a]

阶级[b]	保守党	工党	其他	在总选民中占比(%)
		按行(%)		
1979(N=1 436)				
Ⅰ+Ⅱ	59	22	19	28
	60	20	20	
Ⅲ	48	36	16	19
	50	33	18	
Ⅳ	76	13	11	9
	73	14	13	
Ⅴ	40	44	16	11
	43	42	16	
Ⅵ+Ⅶ	30	55	14	33
	28	59	12	
全部	47	37	16	100

(续表)

阶级[b]	保守党	工党	其他	在总选民中占比(%)
		按行(%)		
1983(N=3 072)				
I+II	54	14	32	29
	55	14	31	
III	46	25	29	24
	47	24	28	
IV	71	12	17	8
	70	10	20	
V	48	26	26	7
	42	32	26	
VI+VII	30	49	21	32
	30	48	22	
全部	45	29	26	100

资料来源：安东尼·希思编写和提供的1964—1983年英国大选调查的标准化数据集。

注：(a) 根据从1964年至1983年所有大选的逐级投票表估计得到。

(b) 按当前或最后职业和就业状况分类的从事经济活动(或退休)的男性和女性；如并非在职，但已婚并与在职(或退休)的配偶同住，则按配偶的职业和就业状况。

于投票中的阶级消解并没有发生，这一做法是值得质疑的。更确切地讲，工党必须试图将自身保持为一个"阶级"的政党，但同时为自己创造一个更广泛的阶级群体，即：确保它在体力劳动者内部得到充分潜在支持的同时，吸引来自其他阶级中与工人阶级相差不大的群体成员的支持。

根据我们自己的研究结果，对工党来说，最有希望的目标群体似乎是阶级III中的日常文职、销售和其他服务工人以及阶级V中更低水平的技术和监督工人。与马克思主义者相反，我们强调这些群体不能被视为构成了一个现成的"新无产阶级"而被纳入一个整体(*en bloc*)。实际上从表12.1中可以看出，他们目前对工党的投票率相当低。但可能存在的争议在于，因为这类属性存疑的工人处于我们所说的"中间"位置——也就是说，这类工人具有混合或含糊的性质，并且，一些人只是在职业生涯轨迹的变化过程中非永久性地做这些工作，从中我们可以发现一个数量相当大的选民群体，在这个群体内部，工党应该具有有利的可能性来动员更广泛的选举支持。[39] 此外，关于这种动员的基础，我们的研究结果将反过来支持韦斯特伽德最近提出的观点，即工党在重新定义和扩大其"自然"(natural)选区的影响力时应强调将"职位阶级"(jobs class)与"事业阶级"(careers class)区分开来。⁴⁰ 因为在某种程度上，正是工作和事业之间的区别，导致了我们所表现出的流动性机会和实证之间具有显著阶级差异。

值得注意的是，在最近的一些主要以北欧和中欧国家的实证经验为依据的，对于社会民主的研究中，不同的理论在这样一个观点上达成共识，即：社会民主的定义策略是，利用议会制度、公共政策和最终的国家权力，以纠正资本主义经济运作所产生的社会权力和优势不平等，但是，本着工人阶级的基本利益，要成功地追求这一"政治与市场抗衡"(politics against markets)的战略，经常要求各社会民主党派越过阶级结构的发展，以便获得足够的民众支持。换句话说，这些政党从一开始就需要在阶级结构的"原材料"(raw material)上采取政治行动，以此创造和维持集体的阶级身份，并形成有利于他们的阶级联盟。⁴¹ 特别是在北欧，这一经验被更早地学到，因为几十年来，代表新兴工人阶级的政党只有同时得到来自农民、小农、工匠等的大力支持，才有可能上台执政。在发展的后续阶段，我们将很容易看到政党需要从新的"中间"阶级中争取支持。与之相反，在英国，这个教训似乎难以被人吸取，正如我们在第十一章所看到的那样，工人阶级在一个异常漫长的时期内占有人数上的优势。在工党内部，左翼和"劳工主义"(labouristic)分子长期以来未能解决工人阶级日益衰弱的问题，⁴² 而在主要掌握权力的右翼党派，最受欢迎的解决办法是一种自取灭亡的解决方案，从社会民主主义的观点来看，即彻底放弃阶级政治。因此，人们一再错失用阶级术语来界定和使问题政治化的机会，但却把其他团体与体力劳动工人整体联系在一起——例如在教育、养恤金、住房、雇员权利等方面。⁴³

工党是否能够应对摆在面前的挑战现在还无法预测。但可以说，如果它不能，那么迈向更开放的社会的运动就显得遥遥无期。为了回到这本书的一个中心主题，我们不应预设迈向更开放的社会的过程能够经由任何"内生"的趋势而达成——比如说，现代资本主义内在的一部分固有"发展逻辑"。在流动机会方面，与阶级相关的不平等普遍模式似乎具有很强的持久性，正如我们所指出的那样，目前在英国社会中观察到的这些现象其实已经由来已久。这样看来，除了"外生的"，旨在改变不平等所表现的阶级分层的基本形式的政治干预以外，似乎无法预期这些不平等现象会有任何显著的减少。在没有这种干预的情况下，发生的任何改变似乎更可能是朝着更小而不是更大的开放性发展。过去十多年中，经济情势的普遍恶化本身并没有造成这种转变，至少目前还没有明显的转变。但是自从 1979 年以来，伴随着这种恶化，以及政府的经济与社会政策明确地拒绝将更大的社会平等作为一个目标，目前的生活标准和生活方式开始出现越来越多的分化，这尤其是——且不仅仅是——通过一个高度劣势的底层阶级的出现而体现出来。如果这些更大的条件不平等趋势继续发展下去，那么，我们可以认为，它们将在某些时刻反映在明显扩张的机会不平等上，正如我们先前所观察到的那些。这种不平等是如此无谓地限制了人类的发展，也浪费了我们社会里的人才储备。

注释

1. 虽然社会流动的模式一般随着时间推移表现得相当稳定，但多个现代社会中已经出现了一些相隔几十年之久的不同证据，显示出不同研究之间存在变化或差异。例如，参见 Erikson, 'Changes in Social Mobility in Industrial Nations: The Case of Sweden'; John H. Goldthorpe and Lucienne Porosharro, 'Mobilé Sociale en France, 1953–1970: Nouvel examen', *Revue française de sociologie*, vol. 22, 1981; Albert A. Simkus, 'Changes in Occupational Inheritance under Socialism: Hungary 1930–1973', *Research in Social Stratification and Mobility*, vol. 1, 1981。

2. 在这个方向的最新尝试参见 H. Himsworth, 'Epidemiology, Genetics and Sociology', *Journal of Biosocial Science*, vol. 16, 1984。但此文没有办法令人信服，并反映出人们对最近许多流动研究的结果缺乏认识。参见 John H. Goldthorpe, 'Epidemiology, Genetics and Sociology: A Comment', *Journal of Biosocial Science*, vol. 17, 1985。

3. 在教育领域，请参见 A. H. Halsey, Anthony Heath and J. M. Ridge, *Origins and Destinations*, Oxford: Clarendon Press, 1980; and Halsey, 'Schools' and 'Post-Secondary Education' in Halsey (ed.), *British Social Trends since 1900*; 在健康领域，请参见 Peter Townsend and Nick Davidson eds., *Inequalities in Health*, Harmondsworth: Penguin Books, 1982。

4. 在提及平等主义政策的失败时，例如，在提及阶级生活机会中实际上并没有产生明显的平等时，需要注意的是，我们并没有暗示他们完全没有受到平等主义的影响。如果没有平等主义，不平等可能会恶化。

5. 正如格伦斯基和豪瑟观察到的那样（"Comparative Social Mobility Revisited"），"FJH 假说"必然挑战布劳和邓肯等人提出的论点（参见原文第 14—15 页)，在现代工业社会中，流动性的稳步增加可能被期待为其进步的普遍价值的一个方面。参见 John H. Goldthorpe, 'On Economic Development and Social Mobility'。

6. 参见原文第 46—47 页。一个只能被将来的"精英"研究所决定的有趣的问题是，随着更广泛的以专业、行政和管理职业为招募来源的效应出现在精英阶层，精英阶层展现出的排他性程度是会减少，还是会通过体现阶级偏见的职业选择程序来维持排他性。

7. 为了获得一个阶级成员的同质性/异质性指数，人们可以把阶级流入百分比分布看作是这个阶级中一个个体可能的阶级出身的概率集合，然后把这些概率的平方相加。因此可以达到的最大值（即完全同质）是 1，即一个阶级的总体成员全部来自同一阶级出身；当一个阶级的成员其出身平均分布在所有阶级中时，便出现最小值——这个阶级的人数的倒数。在我们的例子中，这一值是 3/7＝0.143。对于给定的流动表，似乎最好用这个最小值的百分比来表示每个阶级的指标。如果这是用表 2.1 的流入数据完成的，那么阶级 I 和阶级 II 的指数分别是 112(110) 和 106(106)，括号内的数字是由分析中的农业分类获得的。如果男性是在完美流动的基础上被招募到这两个阶级中的，那么他们的流入分布与表 2.1 的行边缘分布相同，每个案例中的指标都是 141 (135)。

8. 参见原文第 144 页引用注释 7。关于阶级 I 和阶级 II 初职向下流动的特征的证据表明，这种流动很可能是暂时的。

9. 虽然我们怀疑这种"富不过三代"（clogs to clogs in three generations）的现象是否正如这一现象的拥护者所言的那样，频繁存在于现代资本主义的英雄时代，但我们也认为并没有相应的民间说法被精进到能够阐明本研究所说的流入和流出被视为是古典资产阶级的继承者的"服务阶级"的流动性。

10. 进一步参见 Goldthorpe, 'On the Service Class: Its Formation and Future'。请注意原文第九章第 265 页所讨论的不断变化的差异比率的重要性。

11. 例如，参见 Poulantzas, *Les Classes sociales dans le capitalisme aujourdhui*; G. Carchedi, 'On the Economic Identification of the New Middle *Class*', *Economy and Society*. vol. 4, 1975; Erik Olin Wright, *Class, Crisis and the State*, London: New Left Books, 1978, and *Classes*, London: Verso, 1986; Rosemary Crompton and John Gubbay, *Economy and Class Structure*, London: Macmillan, 1977。

12. 参见 David Lockwood, 'The Weakest Link in the Chain: Some Comments on the Marxist Theory of Action', *Research in the Sociology of Work*, vol. 1, 1981; Goldthorpe, 'Soziale Mobilität und Klassenbildung'。

13. 在后一个方面,人们可以从图 2.1(原文第 52—53 页)中进一步注意到,中间阶级的初职职位——绝大多数阶级Ⅲ或阶级Ⅴ的职位——与阶级Ⅵ或阶级Ⅶ相比,提供了非常优越的职业生涯向上流动机会。Stewart, Prandy and Blackburn, *Social Stratification and Occupations*,该书中也提供了大量的证据,证实男性文职工人有很好的流动机会,虽然他们结论来源的抽样样本很可能只局限在 20 世纪 60 年代英格兰东南部地区。

14. 特别参见 Cromptonand Jones, *White-Collar Proletariat*。

15. 参见 Goldthorpe, 'Women and Class Analysis',和在第十章注释 6 中进一步提到的项目。

16. 阶级Ⅵ和阶级Ⅶ成员的阶级出身的同质性指数,如前文所述对阶级Ⅰ和阶级Ⅱ的计算,分别为 195(187)和 195(189)。阶级Ⅲ、阶级Ⅳ和阶级Ⅴ的指数分别 121(120)、133(155)和 150(148)。

17. 相关讨论,参见 Westergaard and Resler, *Class in a Capitalist Society*, pp. 309-312。

18. 参见原文第 130—131 页。

19. *Class in a Capitalist Society*, p. 312. 在这种情况下,可以指出的是,我们的观点与普遍接受的观点截然相反。我们认为流动性实际上有助于阶级形成,而不是阻碍阶级形成。

20. 同时参见近期自由主义者所提出的非常相似的观点,例如:第一章注释 61 提到的李普塞特;Aron, *Progress and Disillusion*, pp. 10-11。

21. 参见 Goldthorpe, 'The Current Inflation: Towards a Sociological Account'。

22. 例如,参见 J. Ehrenreich and B. Ehrenreich, 'The Professional-Managerial Class', *Radical America*, vol. 11, 1977; P. Walker (ed.), *Between Capital and Labor*, New York: Monthly Review Press, 1979; B. Bruce Briggs (ed.), *The New Class?*, New Brunswick: Transaction Books, 1979; Alvin W. Gouldner, *The Future of the Intellectuals and the Rise of the New Class*, London: Macmillan, 1979。关于"新阶级"理论的进一步批判性检验,请参见 Goldthorpe, 'On the Service Class: Its Formation and Future'。

23. 'Work, Careers and Social Integration', p. 555.

24. 例如,参见 Heath *et al.*, *How Britain Votes*, ch. 5; Patrick Dunleavy and Christopher T. Husband, *British Democracy at the Crossroads*, London: Allen and Unwin, 1985, part Ⅲ。

25. 更多参见 Goldthorpe, 'On the Service Class: Its Formation and Future'。

26. 请参见 J. Clyde Mitchell and Frank Critchley, 'Configurational Similarity in Three Class Contexts in British Society', *Sociology*, vol. 19, 1985。

27. 例如，他们的向下流动是自愿的（也许是短期的），或者只是在他们职业生涯的早期阶段。

28. H. L. Wilensky, 'Measures and Effects of Social Mobility', in Smelser and Lipset (eds.), *Social Structure and Mobility in Economic Development*.

29. 例如，参见 Colin Fraser, Catherine Marsh, and Ray Jobling, 'Political Responses to Unemployment' in Roberts *et al.* (eds.), *New Approaches to Economic Life*; and Gordon Marshall, David Rose, Howard Newby, and Carolyn Vogler, 'Political Quiescence among the Unemployed in Modern Britain' in Rose (ed.), *Economic Decline and Social Change in Britain*, London: Hutchinson, 1987。

30. 我们记得，与之最相似的是那些初职便是体力职位的男性。

31. 例如，参见 Lipset and Gordon, 'Mobility and Trade Union Membership', and H. L. Wilensky and Hugh Edwards, 'The Skidder: Ideological Adjustments of Downwardly Mobile Workers', *American Sociological Review*, vol. 24, 1959。

32. 例如，现在关于法国案例的大量文献，参见 Alain Touraine and Orietta Ragazzi, *Ouvriers d'origine agricole*, Paris: Seuil, 1961; Claude Thélot, *Tel père, tel fils?* Paris: Dunod, 1982, ch. 3 esp.; Duncan Gallie, *Social Inequality and Class Radicalism in France and Britain*, Cambridge: Cambridge University Press。

33. 关于这些主题的论文进一步参见 Goldthorpe (ed.), *Order and Conflict in Contemporary Capitalism*。

34. 特别参见 David Butler and Donald Stokes, *Political Change in Britain: The Evolution of Electoral Choice*, London: Macmillan, 2nd ed., 1974, pp. 206-208 esp.; Ivor Crewe, Bo Särlvik and James Alt, 'Partisan Dealignment in Britain, 1964-74', *British Journal of Political Science*, vol. 7, 1977; Ivor Crewe, 'The Electorate: Partisan Dealignment Ten Years On' in H. Berrington (ed.), *Change in British Politics*, London: Cass, 1984; and Richard Rose and Ian McAllister, *Voters Begin to Choose*, London: Sage, 1986。请注意，这些作者所支持的"阶级消解"观点比"党派分解"的观点更加具体——"党派分解"指的是选民对保守党和工党忠诚普遍下降，在某些情况下，这两个政党也会有所进步，并且后者的在一些案例中也以一些很先进的形式出现，且得到了充分的支持。

35. 事实上，在跨越四分之一个世纪的时间里，同样的人或多或少地提出了相同的论断。巴特勒和罗斯的一个早期"逆向社会学主义"的案例指出，在1959

年的选举中，保守党的摇摆"不能不被视为选举风向的短暂转向"。长期因素也牵涉其中。传统的工人阶级态度已经被"繁荣的稳定增长"所侵蚀。David Butler and Richard Rose, *The British General Election of 1959*, London: Macmillan, 1960, p. 15. 没有证据表明"长期因素"被促发。而且随后，巴特勒和卡瓦纳在讨论1983年选举的结果时提到了"阶级结构的松动"——同样在没有任何证据支持的情况下，这被视为对工党的损害特别大。David Butler and Dennis Kavanagh, *The British General Election of 1983*, London: Macmillan, 1984, p. 8。

36. *How Britain Votes*, ch. 3 esp. 我们不应假设得到的结果高度依赖于所讨论的阶级分类框架；因此，希思等人再一次指出，如果"阶级"变量是一个粗略的体力或非体力二分，那么1964年至1983年所表现出来的阶级与投票相关性也不会出现持续性降低。在这种情况下，虽然阶级与投票相关性在1979年和1983年的选举出现削弱，但正如有人指出的那样，这仅仅是由于体力类别内部的组成变化所造成的结果：特别是，体力工人比例的下降和自我雇佣者比例的增加——他们有非常不同的投票倾向。在注释34所提到的大多数研究中，体力/非体力二分法作为调查阶级-投票相关性的来源的缺陷没有得到很好的体现。

37. 希思等人所应用的模型实际上与我们在上述分析中反复采用的持续或共同的社会流动性模型是相同的。一旦边缘效应得到控制，阶级出身和阶级终点之间的相关性依旧不会受到时间、性别和民族等因素的影响，这种情况下，模型便不仅能证明这个假设，而也可被用于证明阶级和投票之间的相关性不会因持续的投票而发生改变。希思等人详细说明了他们的模型，并给出了各种应用的结果，参见 *How Britain Votes*, ch. 3, ns. 13 and 14, pp. 41 - 42。

    阶级消解理论的支持者提供了与流动性分析相呼应的另一个值得注意的地方在于，他们采用各种方法测量阶级-投票相关性——例如，"Alford 指数"或由罗斯和麦卡利斯特获得的"决定指数（index of determination）"（参见 *Voters Begin to Choose*, ch. 3）。这些指数可以与现有的乘法模型技术被开发出来之前用来测量社会流动性的类似的临时采用的（*ad hoc*）指标相互代替，但因此也同这些指标一样存在"边缘敏感（margin sensitive）"的缺陷。也就是说，他们所提出的阶级-投票相关性的测量不可避免地受到阶级规模和政党在总票数中份额的边缘效应的影响，这必然导致它们尤其不适合在这种相关性中建立趋势的任何企图。在其他技术表现出优越性之前，对阶级消解理论倡导在此类问题中使用这一指数进行批判是不公平的；事实上，在本书的第一版（第269—270页）中，我们借鉴了一些早期的关于阶级消解的文献，但没有充分认识到其不足之处。然而，在争论的基础上寻求维持阶级消解理论是不值得的,这些争论要么忽略,要么根本缺乏对由新技术所获得的结论的理解。例如,参见 Rose and McAllister, *Voters Begin to Choose*; Ivor Crewe, 'On the Death and Resurrection of Class Voting: Some Comments on *How Britain Votes*', *Political Studies*, vol. 35, 1987。

38. 如需支持该观点的更多经验证据,参见 Gordon Marshall, David Rose, Howard Newby, and Carolyn Vogler, *Social Class in Modern Britian*, London: Hutchinson。希思等人自己提出的证据也显示,1964 年至 1983 年,主观的阶级意识并没有下降——他们有针对性地询问为什么从丰富的证据出发,在社会生活的不同方面,持续的、或甚至扩大的阶级不平等应该被期望或假设出现下降。参见 *How Britain Votes*, and Trendless Fluctuation, 'Relative Class Voting 1964 - 83', *Political Studies*, vol. 35, 1987。

　　有人可能会在此补充说,"逆向社会学主义"方法的一个特别危险的点在于,它鼓励人们对当前社会变化持非常片面的观点。因此,"阶级消解"理论的支持者被他们(错误的)选举分析所引导,试图去寻找并强调工人阶级内部的那些可能导致更大的社会文化异质性的变化,例如,住房所有权的增加;但是,他们完全忽略了可能产生相反效果的变化——例如,技术与非技术等级之间区别的可见性和社会意义的下降。值得注意的是,与我们分析的结果高度一致的是,希思等人发现,在阶级 Ⅵ 和阶级 Ⅶ 的选民之间,工党支持率并没有什么区别。

39. 如何计算这个选民群体(pool)的大小取决于如何解决第十章中关于适当的阶级分析单位的问题。按照传统的方法,家庭的阶级地位被认为是由其"主心骨(head)"决定的,阶级 Ⅲ 和阶级 Ⅴ 加起来约占全体选民的四分之一。至少,就目前的目的而言,这是我们认为最现实的方法。但是如果按照个人方法,那么阶级 Ⅲ 和阶级 Ⅴ 的选民几乎将占全体选民的三分之一。

40. John Westergaard, 'The Once and Future Class', in James Curran (ed.), *The Future of the Left*, Cambridge: Polity Press, 1984。这将接近斯堪的纳维亚社会民主党派所遵循的策略,反映在他们越来越倾向于把自己标榜为"挣工资的阶层"(wage-earners)而不是简单的工人阶级上。

41. 例如,参见 Walter Korpi, *The Democratic Class Struggle*, London: Routledge, 1983; Gösta Esping Andersen, *Politics Against Markets*, Princeton University Press, 1985; and Gösta Esping Andersen, *Capitalism and Social Democracy*, Cambridge: Cambridge University Press, 1985。

42. 参见 M. Jacques and F. Mulhearn (eds.), *The Forward March of Labour Halted*, London: New Left Books, 1981。该书中可能会找到一姗姗来迟的尝试,但分析的标准差强人意。霍布斯鲍姆(Hobsbawm)的标题文章蕴含了

一种论点,但它实际上只不过是一篇用一种寓言式的习语研究阶级消解的文献罢了。

43. 富有洞察力的比较评论,参见 Göran Therborn,'Britain Left Out' in Curran (ed.), *The Future of the Left*。

参考文献

ABBOTT, PAMELA, and SAPSFORD, ROGER, 'Class Identification of Married Working Women', *British Journal of Sociology*, vol. 37, 1986.

ÅBERG, RUNE, 'Teorierna om arbetets degradering och arbetsmarknadens dualisering — ett försök till empirisk prövning', *Sociologisk Forskning*, vol. 2 1984.

——, 'Arbetsförhållenden', in Robert Erikson and Åberg (eds.), *Välfärd in Förändring*, Stockholm: Prisma, 1984.

ACKER, JOAN, 'Women and Social Stratification: A Case of Intellectual Sexism', *American Journal of Sociology*, vol. 78, 1973.

Acton Society Trust, *Management Succession*, London: Acton Society Trust 1956.

ADAMS, B. N., *Kinship in an Urban Setting*, Chicago: Markham, 1968.

AIKEN, MICHAEL, and GOLDBERG, DAVID, 'Social Mobility and Kinship: A Re-examination of the Hypothesis', *American Anthropologist*, vol. 71, 1969.

ALLAN, GRAHAM, 'Class Variations in Friendship Patterns', *British Journal of Sociology*, vol. xxviii, 1977.

ANGELL, ROBERT, 'A Critical Review of the Development of the Personal Document Method in Sociology, 1920 – 1940' in L. Gottschalk *et al.*, *The Use of Personal Documents in History, Anthropology and Sociology*, New York: United States Social Science Research Council, 1945.

ARON, RAYMOND, *Progress and Disillusion: The Dialectics of Modern Society*, London: Pall Mall Press, 1968.

BAIN, G. S., *The Growth of White-Collar Trade Unionism*, Oxford: Clarendon Press, 1970.

——, BACON, ROBERT, and PIMLOTT, JOHN, 'The Labour Force', in Halsey (ed.), *Trends in British Society since 1900*, 1st edn., 1972.

BALÁN, JORGE, BROWNING, HARLEY L., and JELIN, ELIZABETH, *Men in a Developing Society: Geographic and Social Mobility in Monterrey, Mexico*, Austin: University of Texas Press, 1973.

BECHHOFER, FRANK, and ELLIOTT, BRIAN, 'Persistence and Change: the Petite Bourgeoisie in Industrial Society', *Archives européennes de sociologie*, vol. xvii, 1976.

────── ────── and RUSHWORTH, MONICA, 'The Market Situation of Small Shopkeepers', *Scottish Journal of Political Economy*, vol. xviii, 1971.

────── ────── ────── and BLAND, RICHARD, 'The Petits Bourgeois in the Class Structure', in F. Parkin (ed.), *The Social Analysis of Class Structure*, London: Tavistock, 1974.

BECKER, H. S., *Sociological Work*, Chicago: Aldine, 1970.

BELL, DANIEL, *The Coming of Post-Industrial Society*, New York: Basic Books, 1973.

BENN, S. I., and MORTIMORE, G. W. (eds.), *Rationality and the Social Sciences*, London: Routledge, 1976.

BERGER, SUZANNE, and PIORE, MICHAEL, *Dualism and Discontinuity in Industrial Societies*, Cambridge: Cambridge University Press, 1980.

BERNARD, PAUL, and RENAUD, JEAN, 'Contre-mobilité et effets différés', *Sociologie et sociétés*, vol. 8, 1976.

BERNSTEIN, EDUARD, *Die Voraussetzungen des Sozialismus und die Aufgaben der Sozialdemokratie*, Stuttgart: Dietz, 1899.

BERTAUX, DANIEL, 'Sur l'analyse des tables de mobilité sociale', *Revue française de sociologie*, vol. x, 1969.

──────, 'Questions de stratification et de mobilité sociale', *Sociologie du travail*, vol. 13, 1971.

──────, 'Mobilité sociale biographique: Une critique de l'approche transversale', *Revue française de sociologie*, vol. xv, 1974.

BETTELHEIM, BRUNO, and JANOWITZ, MORRIS, *The Dynamics of Prejudice*, New York: Harper, 1950.

BILLEWICZ, W. Z., 'Some Remarks on the Measurement of Social Mobility', *Population Studies*, vol. 9, 1955–6.

BLAU, P. M., 'Social Mobility and Interpersonal Relations', *American Sociological Review*, vol. 21, 1956.

────── and DUNCAN, G. D., *The American Occupational Structure*, New York: Wiley, 1967.

BOTTOMORE, T. B., *Élites and Society*, London: Watts, 1964.

──────, *Classes in Modern Society*, London: Allen and Unwin, 1965.

──────, 'The Glass Structure in Western Europe', in Margaret S. Archer and Salvador Giner (eds.), *Contemporary Europe: Class, Status and Power*, London: Weidenfeld & Nicolson, 1971.

BOUDON, RAYMOND, *Mathematical Structures of Social Mobility*, Amsterdam: Elsevier, 1973.

──────, *L'Inégalité des chances: La Mobilité sociale dans les sociétés industrielles*, Paris: Colin, 1973.

BOURDIEU, PIERRE, 'Cultural Reproduction and Social Reproduction', in R. Brown (ed.), *Knowledge, Education and Cultural Change*, London: Tavistock, 1973.

────── and PASSERSON, JEAN-CLAUDE, *La Reproduction: Élements pour une théorie du système d'enseignement*, Paris: Les Éditions de Minuit, 1970.

BRAVERMAN, H., *Labor and Monopoly Capital*, New York: Monthly Review Press, 1974.

BRIGGS, B. BRUCE (ed.), *The New Class?*, New Brunswick: Transaction Books, 1979.

BRITTEN, NICKY, and HEATH, ANTHONY, 'Women, Men and Social Class', in Gamarnikow *et al.* (eds.), *Gender, Class and Work*.

BUTLER, DAVID, and ROSE, RICHARD, *The British General Election of 1959*, London: Macmillan, 1960.

—— and STOKES, DONALD, *Political Change in Britain: The Evolution of Electoral Choice*, London: Macmillan, 2nd edn., 1974.

—— and KAVANAGH, DENNIS, *The British General Election of 1983*, London: Macmillan, 1984.

CAIRNES, J. E., *Some Leading Principles of Political Economy Newly Expounded*, London: Macmillan, 1874.

CAPLOW, THEODORE, *The Sociology of Work*, University of Minnesota Press, 1954.

CARCHEDI, G., 'Reproduction of Social Classes at the Level of Production Relations', *Economy and Society*, vol. 4, 1975.

——, 'On the Economic Identification of the New Middle Class', *Economy and Society*, vol. 4, 1975.

CARLSSON, GÖSTA, *Social Mobility and Class Structure*, Lund: CWK Gleerup 1958.

CHASE, IVAN D., 'A Comparison of Men's and Women's Intergenerational Mobility in the United States', *American Sociological Review*, vol. 40, 1975.

CHILD, JOHN, 'The Industrial Supervisor' in Geoff Esland *et al.* (eds.), *People and Work*, Edinburgh: Holmes McDougall, 1976.

CHINOY, ELY, 'Social Mobility Trends in the United States', *American Sociological Review*, vol. 20, 1955.

CLARK, D., *The Industrial Manager*, London: Business Publications, 1966.

COOLEY, C. M., *Social Process*, New York: Scribners, 1918.

CRAIG, CHRISTINE, *Men in Manufacturing Industry*, Cambridge University Department of Applied Economics (cyclostyled), 1969.

CREWE, IVOR (ed.), *Élites in Western Democracy: British Political Sociology Yearbook* 1, London: Croom Helm, 1974.

——, 'The Electorate: Partisan Dealignment Ten Years On', in H. Berrington (ed.), *Change in British Politics*, London: Cass, 1984.

——, 'On the Death and Resurrection of Class Voting: Some Comments on *How Britain Votes*', *Political Studies*, vol. 35, 1987.

——, SÄRLVIK, BO, and ALT, JAMES, 'Partisan Dealignment in Britain 1964 – 1974', *British Journal of Political Science*, vol. 7, 1977.

CROMPTON, ROSEMARY, 'Class Mobility in Modern Britain', *Sociology*, vol. 14, 1980.

—— and GUBBAY, JON, *Economy and Class Structure*, London: Macmillan, 1977.

—— and JONES, GARETH, *White-Collar Proletariat: Deskilling and Gender in Clerical Work*, London: Macmillan, 1984.

—— and MANN, MICHAEL (eds.), *Gender and Stratification*, Cambridge: Polity Press, 1986.

CROSLAND, C. A. R., *The Future of Socialism*, London: Cape, 1956.

CROWDER, N. DAVID, 'A Critique of Duncan's Stratification Research', *Sociology*, vol. 8, 1974.

CURRAN, J. (ed.), *The Future of the Left*, Cambridge: Polity Press, 1984.

CURTIS, RICHARD F., 'Differential Association and the Stratification of the Urban Community', *Social Forces*, vol. 42, 1963.

DAHRENDORF, RALF, *Class and Class Conflict in Industrial Society*, London: Routledge, 1959.

——, 'Recent Changes in the Class Structure of European Societies', *Daedalus*, Winter, 1964.

DALE, ANGELA, 'Social Class and the Self Employed', *Sociology*, vol. 20, 1986.

——, GILBERT, G. NIGEL and ARBER, SARA, 'Integrating Women into Class Theory', *Sociology*, vol. 19, 1985.

DALE, J. R., *The Clerk in Industry*, Liverpool University Press, 1962.

DANIEL, W. W., *A National Survey of the Unemployed*, London: Political and Economic Planning, 1974.

DAVIS, JAMES, 'Hierarchical Models for Significance Tests in Multivariate Contingency Tables', in Herbert L. Costner (ed.), *Sociological Methodology, 1973-1974*, San Francisco: Jossey-Bass, 1974.

DEJONG, P. Y., BRAWER, M. J., and ROBIN, S. S., 'Patterns of Female Intergenerational Occupational Mobility: A Comparison with Male Patterns of Intergenerational Occupational Mobility', *American Sociological Review*, vol. 36, 1971.

DELPHY, CHRISTINE, 'Women in Stratification Studies', in Helen Roberts (ed.), *Doing Feminist Research*, London: Routledge, 1981.

DEMING, W. EDWARDS, *Statistical Adjustment of Data*, New York: Wiley, 1943.

Department of Employment, *New Earnings Survey 1970*, London: HMSO, 1971.

DEX, SHIRLEY, *The Sexual Division of Work*, Brighton: Wheatsheaf, 1985.

DUBIN, ROBERT, 'Industrial Workers' Worlds: A Study of the "Central Life Interests" of Industrial Workers', *Social Problems*, vol. 3, 1956.

DUNCAN, O. D., 'Occupation Trends and Patterns of Net Mobility in the United States', *Demography*, vol. 3, 1966.

——, 'Social Stratification and Mobility', in Eleanor B. Sheldon and Wilbert E. Moore (eds.), *Indicators of Social Change*, New York: Russell Sage Foundation, 1968.

——, 'Methodological Issues in the Analysis of Social Mobility', in Smelser and Lipset (eds.), *Social Structure and Mobility in Economic Development*.

——, 'Inheritance of Poverty or Inheritance of Race?', in Daniel P. Moynihan(ed.), *On Understanding Poverty*, New York: Basic Books, 1968.

DUNLEAVY, PATRICK, and HUSBANDS, CHRISTOPHER T., *British Democracy at the Crossroads*, London: Allen and Unwin, 1985.

DUNTON, NANCY, and FEATHERMAN, DAVID L., 'Social Mobility through Marriage and Careers: Achievement over the Life Course', in Janet T. Spence (ed.), *Achievement and Achievement Motives*, San Francisco: W. H. Freeman, 1985.

DURBIN, E. F. M., *The Politics of Democratic Socialism*, London: Routledge, 1940.

EHRENREICH, J., and EHRENREICH, B., 'The Professional-Managerial Class', *Radical America*, vol. 11, 1977.

ERIKSON, ROBERT, 'Om Socio-economiska Indelningar av Hushåll: Överväganden och ett Förslag', *Statistisk Tidskrift*, vol. 19, 1981.

——, 'Changes in Social Mobility in Industrial Nations: The Case of Sweden', in *Research in Social Stratification and Mobility*, vol. 2, 1983.

——, 'Social Class of Men, Women and Families', *Sociology*, vol. 18, 1984.

—— and GOLDTHORPE, JOHN H., 'Are American Rates of Social Mobility Exceptionally High? New Evidence on an Old Issue', *European Sociological Review*, vol. 1, 1985.

—— ——, 'Commonality and Variation in Social Fluidity in Industrial Nations. Part I: a Model for Evaluating the "FJH hypothesis"; Part II: the Model of Core Social Fluidity Applied', *European Sociological Review*, vol. 3, 1987.

—— and PONTINEN, SEPPO, 'Social Mobility in Finland and Sweden: A Comparison of Men and Women', in Risto Alapuro et al. (eds.), *Small States in Comparative Perspective*, Oslo: Norwegian University Press, 1985.

——, GOLDTHORPE, JOHN H., and PORTOCARERO, LUCIENNE, 'Intergenerational Mobility in Three Western European Societies', *British Journal of Sociology*, vol. 30, 1979.

—— —— ——, 'Social Fluidity in Industrial Nations: England, France and Sweden', *British Journal of Sociology*, vol. 33, 1982.

—— —— ——, 'Intergenerational Social Mobility and the Convergence Thesis', *British Journal of Sociology*, Vol. 34, 1983.

ESPING ANDERSEN, GÖSTA, *Politics Against Markets*, Princeton: Princeton University Press, 1985.

EYSENCK, H. J., *The Inequality of Man*, London: Temple Smith, 1973.

FEATHERMAN, DAVID L., and HAUSER, ROBERT M., *Opportunity and Change*, New York: Academic Press, 1978.

——, JONES, F. LANCASTER, and HAUSER, ROBERT M., 'Assumptions of Mobility Research in the US: The Case of Occupational Status', *Social Science Research*, vol. 4, 1975.

FELLIN, PHILLIP, and LITWAK, EUGENE, 'Neighbourhood Cohesion under Conditions of Mobility', *American Sociological Review*, vol. 28, 1963.

FEUER, LEWIS S. (ed.), *Karl Marx and Friedrich Engels: Basic Writings on Politics and Philosophy*, London: Fontana, 1969.

FRANKEL, H., *Capitalist Society and Modern Sociology*, London: Lawrence & Wishart, 1970.

FRASER, COLIN, MARSH, CATHERINE, and JOBLING, RAY, 'Political Responses to Unemployment', in Roberts et al. (eds.), *New Approaches to Economic Life*.

GAGLIANI, GIORGIO, 'Long-Term Changes in the Occupational Structure', *European Sociological Review*, vol. 1, 1985.

GALLIE, DUNCAN, *Social Inequality and Class Radicalism in France*, Cambridge: Cambridge University Press, 1983.

GAMARNIKOW, EVA et al. (eds.), *Gender, Class and Work*, London: Heinemann, 1983.

GAY, PETER, *The Dilemma of Democratic Socialism*, New York: Columbia University Press, 1952.

GEIGER, THEODOR, *Soziale Umschichtungen in einer dänischen Mittelstadt*, Aarhus University Press, 1951.

GERMANI, GINO, 'Social and Political Consequences of Mobility', in Smelser and Lipset (eds.), *Social Structure and Mobility in Economic Development*.

GERSCHENKRON, ALEXANDER, *Continuity in History and Other Essays*, Cambridge, Mass.: Harvard University Press, 1968.

GERSHUNY, JAY, *Social Innovation and the Division of Labour*, Oxford: Oxford University Press, 1983.

GERSTL, J. E. and HUTTON, S. P., *Engineers: The Anatomy of a Profession*, London: Tavistock, 1966.

GIBSON, J. B., and YOUNG, MICHAEL, 'Social Mobility and Fertility', in J. E. Meade and A. S. Parkes (eds.), *Biological Aspects of Social Problems*, Edinburgh: Oliver & Boyd, 1965.

GIDDENS, ANTHONY, *The Class Structure of the Advanced Societies*, London: Hutchinson, 1973.

GIROD, ROGER, *Mobilité sociale: Faits établis et problèmes ouverts*, Geneva: Droz, 1971.

——, 'Inégalité des chances: Perspectives nouvelles', *Archives européennes de sociologie*, vol. xvi, 1975.

GLASS, D. V., and HALL, J. R., 'Social Mobility in Britain: A Study of Intergeneration Changes in Status', in Glass (ed.), *Social Mobility in Britain*, London: Routledge, 1954.

GLENN, NORVAL D., ROSS, ADREAIN E., and TULLY, JUDY CORDER, 'Patterns of Intergenerational Mobility of Females through Marriage', *American Sociological Review*, vol. 39, 1974.

GOLDHAMER, H., 'The Analysis of Occupational Mobility', Society for Social Research, Chicago, May, 1948.

GOLDTHORPE, JOHN H., 'Social Stratification in Industrial Society', in Halmaos (ed.), *The Development of Industrial Societies*.

——, 'The Current Inflation: Towards a Sociological Account', in Fred Hirsch and Goldthorpe (eds.), *The Political Economy of Inflation*, London: Martin Robertson, 1978.

——, 'Reply to Crompton', *Sociology*, vol. 14, 1980.

——, 'On the Service Class: Its Formation and Future', in Anthony Giddens and Gavin Mackenzie (eds.), *Social Class and the Division of Labour*, Cambridge: Cambridge University Press, 1982.

——, 'Women and Class Analysis: In Defence of the Conventional View', *Sociology*, vol. 17, 1983.

——, 'Women and Class Analysis: A Reply to the Replies', *Sociology*, vol. 18, 1984.

——, (ed.), *Order and Conflict in Contemporary Capitalism*, Oxford: Clarendon Press, 1984.

——, 'Epidemiology, Genetics and Sociology: A Comment', *Journal of Biosocial Science*, vol. 17, 1985.

——, 'On Economic Development and Social Mobility', *British Journal of Sociology*, vol. 36, 1985.

——, 'Soziale Mobilität und Klassenbildung: Zur Erneuerung einer Tradition soziologischer Forschung', in Hermann Strasser and Goldthorpe (eds.), *Die Analyse sozialer Ungleichheit*, Opladen: Westdeutscher Verlag, 1985.

—— and HOPE, KEITH, *The Social Grading of Occupations: A New Approach and Scale*, Oxford: Clarendon Press, 1974.

—— and LOCKWOOD, DAVID, 'Affluence and the British Class Structure', *Sociological Review*, n. s. vol. 11, 1963.

—— and PORTOCARERO, LUCIENNE, 'La Mobilité sociale en France, 1953–1970: Nouvel Examen', *Revue française de sociologie*, vol. 22, 1981.

——, LOCKWOOD, DAVID, BECHHOFER, FRANK, and PLATT, JENNIFER, *The Affluent Worker: Industrial Attitudes and Behaviour*, Cambridge: Cambridge University Press, 1968.

—— —— —— ——, *The Affluent Worker in the Class Structure*, Cambridge: Cambridge University Press, 1969.

GOODMAN, L. A., 'A Modified Multiple Regression Approach to the Analysis of Dichotomous Variables', *American Sociological Review*, vol. 37, 1972.

——, 'Some Multiplicative Models for the Analysis of Cross-Classified Variables', *Proceedings of the 6th Berkeley Symposium on Mathematical Statistics and Probability*, Berkeley: University of California Press, 1972.

GOULD, J. D., 'Hypothetical History', *Economic History Review*, vol. 22, 1969.

GOULDNER, ALVIN W., *The Future of the Intellectuals and the Rise of the New Class*, London: Macmillan, 1979.

GRANOVETTER, MARK S., *Getting a Job: A Study of Contacts and Careers*,

Cambridge, Mass.: Harvard University Press, 1974.

GREENH ALGH, CHRISTINE and STEWART, MARK B., 'Occupational Status and Mobility of Men and Women', *Warwick Economic Papers*, no. 211, University of Warwick, 1982.

GRUSKY, DAVID B., and HAUSER, ROBERT M., 'Comparative Social Mobility Revisited', *American Sociological Review*, vol. 49, 1984.

HAKIM, CATHERINE, *Occupational Segregation*, London: Department of Employment, Research Paper 9, 1979.

HALMOS, P. (ed.), *The Development of Industrial Societies*, Keele: Sociological Review Monographs, No. 8, 1964.

HALSEY, A. H. (ed.), *Trends in British Society since 1900*, London: Macmillan, 1972; *British Social Trends since 1900*, 2nd edn., 1987.

—— and CREWE, IVOR, *Social Survey of the Civil Service*, London: HMSO, 1969.

——, HEATH, ANTHONY and RIDGE, J. M., *Origins and Destinations*, Oxford: Clarendon Press, 1980.

HAMMOND, JOHN L., 'Wife's Status and Family Social Standing', *Sociological Perspectives*, vol. 30, 1987.

HANDL, JOHANN, 'Heiratsmobilität und berufliche Mobilität von Frauen', VASMA Working Paper no. 8, Institut für Sozialwissenschaften, University of Mannheim n. d.

HARRIS, ABRAM LINCOLN, 'Pure Capitalism and the Disappearance of the Middle Class', *Journal of Political Economy*, vol. xlvii, 1939.

HARRIS, AMELIA I., and CLAUSEN, ROSEMARY, *Labour Mobility in Great Britain 1953-63*, London: HMSO, 1967.

HAUSER, ROBERT M., 'A Structural Model of the Mobility Table', *Social Forces*, vol. 56, 1978.

—— and FEATHERMAN, DAVID L., *The Process of Stratification: Trends and Analysis*, New York: Academic Press, 1977.

——, KOFFEL, JOHN N., TRAVIS, HARRY P., and DICKINSON, PETER J., 'Temporal Change in Occupational Mobility: Evidence for Men in the United States', *American Sociological Review*, vol. 40, 1975.

HAYEK, F. A., *The Constitution of Liberty*, London: Routledge, 1960.

HEATH, ANTHONY, *Social Mobility*, London: Fontana, 198 L

—— and BRITTEN, NICKY, 'Women's Jobs do Make a Difference: A Reply to Goldthorpe', *Sociology*, vol. 18, 1984.

——, JOWELL, ROGER and CURTICE, JOHN, *How Britain Votes*, Oxford: Pergamon, 1985.

—— —— ——, 'Trendless Fluctuation: Relative Class Voting 1964-83', *Political Studies*, vol. 35, 1987.

van HEEK, F., 'Some Introductory Remarks on Social Mobility and Class Structure', *Transactions of the Third World Congress of Sociology*, London: International Sociological Association, 1956.

HERNES, GUDMUND, and KNUDSEN, KNUD, 'Gender and Class Identification in Norway', paper presented to the ISA Research Committee on Social Stratification and Mobility, Harvard University, September, 1985.

HERTZLER, J. O., 'Some Tendencies Towards a Closed Class System in the United States', *Social Forces*, vol. 30, 1952.

HIMSWORTH, H., 'Epidemiology, Genetics and Sociology', *Journal of Biosocial Science*, vol. 16, 1984.

HOLLINGSHEAD, AUGUST B., 'Trends in Social Stratification: A Case Study', *American Sociological Review*, vol. 17, 1952.

HOPE, KEITH, 'Quantifying Constraints on Social Mobility: The Latent Hierarchies of a Contingency Table', in Hope (ed.), *The Analysis of Social Mobility: Methods and Approaches*, Oxford: Clarendon Press, 1972.

——, 'Trends in British Occupational Mobility: A Replication to Test Inferences from Cohort Analysis', in proceedings of Internationale Arbeitstagung, *Anwendung mathematischer Verfahren zur Analyse sozialer Ungleichheit und sozialer Mobilität*, Bad Homburg, March 1974.

——, 'Models of Status Inconsistency and Social Mobility Effects', *American Sociological Review*, vol. 40, 1975.

——, 'Trends in the Openness of British Society in the Present Century', *Research in Social Stratification and Mobility*, vol. 1, 1981.

HOPPER, EARL, 'Educational Systems and Selected Consequences of Patterns of Mobility and Non-Mobility in Industrial Societies: A Theoretical Discussion', in Hopper (ed.), *Readings in the Theory of Educational Systems*, London: Hutchinson, 1971.

JACKMAN, MARY R., and JACKMAN, ROBERT W., *Class Awareness in the United States*, Berkeley: University of California Press, 1983.

JACQUES, M., and MULHEARN, F. (eds.), *The Forward March of Labour Halted*, London: New Left Books, 1981.

JANOWITZ, MORRIS, 'Some Consequences of Social Mobility in the United States', *Transactions of the Third World Congress of Sociology*, London: International Sociological Association, 1956.

JARVIE, I. C., *Concepts and Society*, London: Routledge, 1972.

JONES, F. LANCASTER, 'Social Mobility and Industrial Society: A Thesis Re-Examined', *Sociological Quarterly*, vol. 10, 1969.

KERR, CLARK, *The Future of Industrial Societies*, Cambridge, Mass.: Harvard University Press, 1983.

——, DUNLOP, JOHN T., HARBISON, FREDERICK H., and MYERS, CHARLES A., *Industrialism and Industrial Man*, Cambridge, Mass.: Harvard University Press, 1960.

KLEIN, JOSEPHINE, *Samples from English Cultures*, London: Routledge, 1965.

KÖNIG, WOLFGANG and MÜLLER, WALTER, 'Educational Systems and Labour Markets as Determinants of Worklife Mobility in France and West Germany', *European

Sociological Review, vol. 2, 1986.

KORPI, WALTER, *The Democratic Class Struggle*, London: Routledge, 1983.

KRECKEL, REINHARD, 'Toward a Theoretical Re-orientation of the Sociological Analysis of Vertical Mobility', in Walter Müller and Karl Ulrich Mayer (eds.), *Social Stratification and Career Mobility*, Paris and The Hague: Mouton, 1973.

LANDES, DAVID, *The Unbound Prometheus*, Cambridge: Cambridge University Press, 1972.

LAUMANN, EDWARD O., *Prestige and Association in an Urban Community*, Indianapolis: Bobbs-Merrill, 1966.

——, *Bonds of Pluralism*, New York: Wiley, 1973.

LEE, D. J., 'Class Differentials in Educational Opportunity and Promotion from the Ranks', *Sociology*, vol. 2, 1968.

LENSKI, GERHARD E., 'Trends in Inter-Generational Occupational Mobility in the United States', *American Sociological Review*, vol. 23, 1958.

LEWIS, ROY, and MAUDE, ANGUS, *The English Middle Classes*, London: Phoenix House, 1949.

—— ——, *Professional People*, London: Phoenix House, 1952.

LIPSET, S. M., *Political Man*, London: Heinemann, 1960.

——, 'The Sources of the "Radical Right"' and 'Three Decades of the Radical Right: Coughlinites, McCarthyites, and Birchers' in Daniel Bell (ed.), *The New American Right*, New York: Doubleday, 2nd edn., 1963.

——, 'The Changing Class Structure of Contemporary European Politics', *Dædalus*, vol. 63, 1964.

——, *Revolution and Counter Revolution*, London: Heinemann, 1969.

——, 'La mobilité sociale et les objectifs socialistes', *Sociologie et sociétés*, November, 1972.

—— and BENDIX, REINHARD (eds.), *Class, Status and Power*, London: Routledge, 1st edn. 1954.

—— ——, *Social Mobility in Industrial Society*, London: Heinemann, 1959.

—— and GORDON, JOAN, 'Mobility and Trade Union Membership', in Lipset and Bendix (eds.), *Class, Status and Power*.

—— and RAAB, EARL, *The Politics of Unreason*, London: Heinemann, 1970.

—— and ZETTERBERG, H. L. 'A Theory of Social Mobility', *Transactions of the Third World Congress of Sociology*, London: International Sociological Association, 1956.

LITWAK, EUGENE, 'Occupational Mobility and Extended Family Cohesion', *American Sociological Review*, vol. 25, 1960.

——'Reference Group Theory, Bureaucratic Career, and Neighbourhood Primary Group Cohesion', *Sociometry*, vol. 23, 1960.

and SZELENYI, IVAN, 'Primary Group Structures and their Functions: Kin, Neighbours and Friends', *American Sociological Review*, vol. 34, 1969.

LOCKWOOD, DAVID, *The Blackcoated Worker*, London: Allen & Unwin, 1958.
—— , 'The Weakest Link in the Chain: Some Comments on the Marxist Theory of Action', *Research in the Sociology of Work*, vol. 1, 1981.
LOPREATO, JOSEPH, and HAZELRIGG, LAWRENCE, *Class, Conflict and Mobility*, San Francisco: Chandler, 1972.
MACDONALD, KENNETH, 'The Hall-Jones Scale: A Note on the Interpretation of the Main British Prestige Coding,' in J. M. Ridge (ed.), *Mobility in Britain Reconsidered*, Oxford: Clarendon Press, 1974.
—— and RIDGE, JOHN, 'Social Mobility', in Halsey (ed.), *Trends in British Society since 1900*, 2nd edn.
MCCLELLAND, PETER D., *Causal Explanation and Model Building in History, Economics and the New Economic History*, Ithaca: Cornell University Press, 1975.
MCCLENDON, McKEE J., 'Structural and Exchange Components of Occupational Mobility: A Cross-National Analysis', *Sociological Quarterly*, vol. 21, 1980.
MARSHALL, ALFRED, *Principles of Economics*, London: Macmillan, 1890.
MARSHALL, GORDON, ROSE, DAVID, NEWBY, HOWARD, and VOGLER, CAROLYN, 'Political Quiescence among the Unemployed in Modern Britain', in Rose (ed.), *Economic Decline and Social Change in Britain*, London: Hutchinson, 1987.
—— —— —— —— , *Social Class in Modern Britain*, London: Hutchinson, forthcoming.
MARSHALL, T. H. (ed.), *Class Conflict and Social Stratification*, London: Le Play House Press, 1938.
MARX, KARL, *Theories of Surplus Value*, London: Lawrence & Wishart, 1969.
—— , *Capital*, Moscow: Foreign Languages Publishing House, 1959.
—— and ENGELS, FRIEDRICH, *Selected Works*, Moscow: Foreign Languages Publishing House, 1958.
MAURICE, M., SELLIER, F., and SILVESTRE, J.-J., *Politique d'éducation et organisation industrielle en France et en Allemagne*, Paris: Presses Universitaires de France, 1982.
MAYER, KARL ULRICH, 'Soziale Mobilität und die Wahrnehmung gesellschaftlicher Ungleichheit', *Zeitschrift für Soziologie*, vol. 1, 1972.
—— , *Ungleichheit und Mobilität im sozialen Bewusstsein*, Düsseldorf: Westdeutscher Verlag, 1975.
—— and MÜLLER, WALTER, 'Progress in Social Mobility Research?', *Quality and Quantity*, vol. v, 1971.
MERCER, D. E., and WEIR, D. T. H., 'Attitudes to Work and Trade Unionism among White-Collar Workers', *Industrial Relations*, vol. 3, 1972.
MERTON, R. K., *Social Theory and Social Structure*, Glencoe: Free Press, 1957.
MICHELS, ROBERT, *Umschichtungen in der herrschenden Klassen nach dem Kriege*, Stuttgart and Berlin: Kohlhammer, 1934.
—— , *Political Parties*, (trans. Eden and Cedar Paul), New York: Dover, 1959.

———, *First Lectures in Political Sociology* (trans. Alfred de Grazia), New York: Harper & Row, 1965.

MILIBAND, RALPH, *The State in Capitalist Society*, London: Weidenfeld & Nicolson, 1969.

MILL, JOHN STUART, *Principles of Political Economy*, London: John W. Parker, 1848.

MILLER, DELBERT C., and FORM, WILLIAM H., *Industrial Sociology*, New York: Harper, 1951.

MILLER, R. L., 'Unemployment as a Mobility Status', Queen's University Belfast, Department of Social Studies, 1984.

MILLER, S. M., 'Comparative Social Mobility', *Current Sociology*, vol. ix, 1961.

———, 'The Future of Social Mobility Studies', *American Journal of Sociology*, vol. 77, 1971.

———, 'Social Mobility and Equality' in OECD, *Education, Inequality and Life Chances*, Paris: OECD, 1975.

MILLS, C. WRIGHT, *The Sociological Imagination*, New York: Oxford University Press, 1959.

MIRANDE, A. M., 'The Isolated Nuclear Family Hypothesis: A Reanalysis', in J. Edwards (ed.), *The Family and Change*, New York: Knopf, 1969.

MITCHELL, J. CLYDE, 'The Concept and Use of Social Networks', in Mitchell (ed.), *Social Networks in Urban Situations*, Manchester University Press, 1969.

——— and CRITCHLEY, FRANK, 'Configurational Similarity in Three Class Contexts in British Society', *Sociology*, vol. 19, 1985.

MITZMAN, ARTHUR, *Sociology and Estrangement*, New York: Knopf, 1973.

MORRISON, DENTON E., and HENKEL, RAMON E. (eds.), *The Significance Test Controversy*, London: Butterworth, 1970.

MOSTELLER, FREDERICK, 'Association and Estimation in Contingency Tables', *Journal of the American Statistical Association*, vol. 63, 1968.

MUKHERJEE, RAMKRISHNA, 'A Further Note on the Analysis of Data on Social Mobility', in Glass (ed.), *Social Mobility in Britain*.

MÜLLER, WALTER, 'Soziale Mobilität: die Bundesrepublik im Internationalen Vergleich', in Max Kaase (ed.), *Theorie und Praxis in demokratischer Regierungsweise*, Opladen: Westdeutscher Verlag, 1985.

———, 'Was Bleibt von den Klassenstrukturen?', Institut für Sozialwissenschaften, University of Mannheim, 1986.

MUSGROVE, F., *The Migratory Élite*, London: Heinemann, 1963.

NAMBOODIRI, N. K., CARTER, L. F., and BLALOCK, H. M. (eds.), *Applied Multivariate Analysis and Experimental Designs*, New York: McGraw Hill, 1975.

NELDER, J. A., 'Log-Linear Models for Contingency Tables', *Applied Statistics*, vol. 23, 1974.

NICOLAUS, MARTIN, 'Proletariat and Middle Class in Marx: Hegelian Choreography and Capitalist Dialectic', *Studies on the Left*, January 1967.

NOBLE, TREVOR, 'Intragenerational Mobility in Britain: A Criticism of the Counterbalance Theory', *Sociology*, vol. 8, 1974.

Office of Population Censuses and Surveys, *Classification of Occupations 1970*, London: HMSO, 1971.

——, *Classification of Occupations 1980*, London: HMSO.

——, *Census 1981: Economic Activity Great Britain*, London: HMSO, 1984.

OLSON, MANCUR, *The Rise and Decline of Nations*, New Haven: Yale University Press, 1982.

OSIPOV, G. B. 'The Class Character of the Theory of Social Mobility', in P. Hollander, (ed.), *American and Soviet Society*, Englewood Cliffs: Prentice Hall, 1969.

PARKIN, FRANK, *Class Inequality and Political Order*, London: McGibbon & Kee, 1971.

—— (ed.), *The Social Analysis of Class Structure*, London: Tavistock, 1974.

PARSONS, TALCOTT, 'The Social Structure of the Family', in Ruth Anshen (ed.), *The Family: Its Function and Destiny*, New York: Harper, 1949.

——, 'A Revised Analytical Approach to the Theory of Social Stratification' in Bendix and Lipset (eds.), *Class, Status and Power*.

——, 'The Normal American Family', in S. M. Farber (ed.), *Man and Civilisation: the Family's Search for Survival*, New York: McGraw Hill, 1965.

PAWSON, RAY, 'Empiricist Explanatory Strategies: The Case of Causal Modelling', *Sociological Review*, n. s, vol. 26, 1978.

PAYNE, CLIVE, 'The Log-Linear Model for Contingency Tables', in Payne and Colm O'Muircheartaigh (eds.), *The Analysis of Survey Data*, New York: Wiley, 1977.

——, 'Lookup Tables', *PSTAT UK Newsletter*, no. 1, 1984.

PAYNE, GEOFF, PAYNE, JUDY, and CHAPMAN, TONY, 'Trends in Female Social Mobility', in Gamarnikow *et al.* (eds.), *Gender, Class and Work*.

PETERSON, WILLIAM, 'Is America still the Land of Opportunity?', *Commentary*, vol. 16, 1953.

PICKVANCE, C. G., 'Voluntary Associations', in E. Gittus (ed.), *Key Variables in Social Research*, vol. 2, London: Heinemann, 1974.

PÖNTINEN, SEPPO, *Social Mobility and Social Structure: A Comparison of Scandinavian Countries*, Helsinki: Societas Scientiarum Fennica, 1983.

POPPER, KARL, *Objective Knowledge*, Oxford: Clarendon Press, 1972.

PORTOCARERO, LUCIENNE, 'Social Mobility in Industrial Nations: Women in France and Sweden', *Sociological Review*, ns vol. 31, 1983.

——, 'Social Mobility in France and Sweden: Women, Marriage and Work', *Acta Sociologica*, vol. 28, 1985.

POULANTZAS, NICOS, *Les Classes sociales dans le capitalisme aujourd'hui*, Paris: Seuil, 1974.

PRAIS, S. J., 'Vocational Qualifications of the Labour Force in Britain and Germany',

National Institute Economic Review, November, 1981.

PRZEWORSKI, ADAM, *Capitalism and Social Democracy*, Cambridge: Cambridge University Press, 1985.

RENNER, KARL, *Wandlungen der Modernen Gesellschaft: Zwei Abhandlungen über die Probleme der Nachkriegszeit*, Vienna: Wiener Volksbuchhandlung, 1953.

RICHARDSON, C. J. *Contemporary Social Mobility*, London: Francis Pinter, 1977.

ROBERTS, B. C., LOVERIDGE, RAY, and GENNARD, JOHN, *The Reluctant Militants*, London: Heinemann, 1972.

ROBERTS, BRYAN, FINNEGAN, RUTH, and GALLIE, DUNCAN (eds.), *New Approaches to Economic Life*, Manchester: Manchester University Press, 1985.

ROBERTS, HELEN, and WOODWARD, DIANA, 'Changing Patterns of Women's Employment in Sociology, 1950–80', *British Journal of Sociology*, vol. 32, 1981.

ROBINSON, ROBERT V., 'Reproducing Class Relations in Industrial Capitalism', *American Sociological Review*, vol. 49, 1984.

ROGIN, MICHAEL P., *The Intellectuals and McCarthy: The Radical Specter*, Cambridge, Mass.: M. I. T. Press, 1967.

ROGOFF, NATALIE, *Recent Trends in Occupational Mobility*, Glencoe: Free Press. 1953.

ROSE, ARNOLD, 'Social Mobility and Social Values', *Archives européennes de sociologie*, vol. 5, 1964.

ROSE, RICHARD, and McALLISTER, IAN, *Voters Begin to Choose*, London: Sage, 1986.

ROSSER, COLIN, and HARRIS, CHRISTOPHER, *The Family and Social Change*, London: Routledge, 1965.

ROTTMAN, DAVID B., HANNAN, DAMIAN F., HARDIMAN, NIAMH, and WILEY, MIRIAM M., *The Distribution of Income in the Republic of Ireland: A Study in Social Class and Family-Cycle Inequalities*, Dublin: The Economic and Social Research Institute, 1982.

ROUTH, GUY, *Occupation and Pay in Great Britain, 1906–60*, Cambridge: Cambridge University Press, 1965.

Royal Commission on the Distribution of Income and Wealth, Report No. 3., *Higher Incomes from Employment*, Cmnd. 6838, London: HMSO, 1976.

SCHNEIDER, DAVID M., and HOMANS, GEORGE, C., 'Kinship Terminology and The American Kinship System', *American Anthropologist*, vol. 57, 1955.

SCOTT, W., 'Reply' [to Billewicz, 'Some Remarks on the Measurement of Social Mobility'], *Population Studies*, vol. 9, 1955–6.

SHEPARD, ROGER N., 'Introduction', in Shepard, A. Kimball Romney, and Sara Beth Nerlove (eds.), *Multidimensional Scaling: Theory and Applications in the Behavioral Sciences*, New York: Seminar Press, 1972.

SIBLEY, ELBRIDGE, 'Some Demographic Clues to Stratification', *American Sociological Review*, vol. 7, 1942.

SIMKUS, ALBERT A., 'Changes in Occupational Inheritance under Socialism: Hungary 1930-1973', *Research in Social Stratification and Mobility*, vol. 1, 1981.

SINGELMANN, JOACHIM, *From Agriculture to Services: The Transformation of Industrial Employment*, Beverly Hills: Sage, 1978.

—— and BROWNING, HARLEY L., 'Industrial Transformation and Occupational Change in the U.S., 1960-70', *Social Forces*, vol. 59, 1980.

—— and TIENDA, MARTA, 'The Process of Occupational Change in a Service Economy: The Case of the United States', in Roberts et al. (eds.), *New Approaches to Economic Life*.

SJOBERG, GIDEON, 'Are Social Classes in America Becoming More Rigid?', *American Sociological Review*, vol. 16, 1951.

SMELSER, N. J., and LIPSET, S. M. (eds.), *Social Structure and Mobility in Economic Development*, London: Routledge 1968.

SMILES, SAMUEL, *Self Help*, London: John Murray, 1859, and (ed.) Royden Harrison, London: Sphere, 1968.

——, *Lives of the Engineers*, London: John Murray, 1861-2.

SOMBART, WERNER, *Warum gibt es in den Vereinigten Staaten keinen Sozialismus?*, Tübingen: J. C. B. Mohr, 1906.

SØRENSON, AAGE, 'Models of Social Mobility', *Social Science Research*, vol. 4, 1975.

SOROKIN, PITIRIM A., *Social Mobility*, New York: Harper, 1927; enlarged edition, *Social and Cultural Mobility*, Glencoe: Free Press, 1959.

STACEY, BARRIE, 'Some Psychological Consequences of Inter-generation Mobility', *Human Relations*, vol. 20, 1967.

STANWORTH, MICHELLE, 'Women and Class Analysis: A Reply to John Goldthorpe', *Sociology*, vol. 18, 1984.

STANWORTH, PHILIP, and GIDDENS, ANTHONY (eds.), *Élites and Power in British Society*, Cambridge University Press, 1974.

STEINER, H., Grundzüge und Entwicklungstendenzen der westdeutschen Soziologie', in H. Meissner (ed.), *Bürgerliche Ökonomie in modernen Kapitalismus*, Berlin: Dietz, 1967.

STEWART, A., PRANDY, K., and BLACKBURN, R. M., 'Measuring in Class Structure', *Nature*, no. 245; 1973.

—— —— ——, *Social Stratification and Occupations*, London: Macmillan, 1980.

STUCKERT, ROBERT P., 'Occupational Mobility and Family Relationships', *Social Forces*, vol. 41, 1963.

SVALASTOGA, KAARE, *Prestige, Class and Mobility*, Copenhagen: Gyldendal, 1959.

SWEEZY, PAUL, *Modern Capitalism and Other Essays*, New York: Monthly Review Press, 1972.

TAUSKY, CURT, and DUBIN, ROBERT, 'Career Anchorage: Managerial Mobility

Motivations', *American Sociological Review*, vol. 30, 1965.

TAVUCHIS, NICHOLAS, 'Mobility and Family: Problems and Prospects', unpublished paper, n. d.

TAWNEY, R. H., *Equality*, London: Allen & Unwin, 3rd edn. 1938.

THÉLOT, CLAUDE, *Tel père, tel fils?*, Paris: Dunod, 1982.

THERBORN, GORAN, 'Britain Left Out', in Curran (ed.), *The Future of the Left*.

THOMAS, G., *Labour Mobility in Great Britain 1945-49*, London: The Social Survey, n. d.

THURLEY, KEITH, and WIRDENIUS, HANS, *Supervision: A Reappraisal*, London: Heinemann, 1973.

TOURAINE, ALAIN, and RAGAZZI, ORIETTA, *Ouvriers d'origine agricole*, Paris: Seuil, 1961.

TOWNSEND, PETER, and DAVIDSON, NICK (eds.), *Inequalities in Health*, Harmondsworth: Penguin Books, 1982.

TREIMAN, DONALD J., 'Industrialization and Social Stratification', in Edward O. Laumann (ed.), *Social Stratification: Research and Theory for the 1970s*, Indianapolis: Bobbs-Merrill, 1970.

—— and TERRELL, KERMIT, 'Sex and the Process of Status Attainment: A Comparison of Working Women and Men', *American Sociological Review*, vol. 40, 1975.

TUMIN, MELVIN M., 'Some Unapplauded Consequences of Social Mobility in Mass Society', *Social Forces*, vol. 36, 1957.

TYREE, ANDREA, 'Mobility Ratios and Association in Mobility Tables', *Population Studies*, vol. 27, 1973.

—— and TREAS, JUDITH, 'The Occupational and Marital Mobility of Women', *American Sociological Review*, vol. 39, 1974.

WALKER, P. (ed.), *Between Capital and Labor*, New York: Monthly Review Press, 1979.

WEDDERBURN, DOROTHY, and CRAIG, CHRISTINE, 'Relative Deprivation in Work', in Wedderburn (ed.), *Poverty, Inequality and Class Structure*, Cambridge: Cambridge University Press, 1974.

WESOŁOWSKI, W., and SŁOMCZYNSKI, K., 'Reduction of Social Inequalities and Status Inconsistency', in Polish Sociological Association, *Social Structure: Polish Sociology 1977*, Wroclaw: Ossolineum, 1977.

WESTERGAARD, JOHN, 'The Myth of Classlessness', in Robin Blackburn (ed.), *Ideology in Social Science*, London: Fontana, 1972.

——, 'The Once and Future Class', in Curran (ed.), *The Future of the Left*.

—— and LITTLE, ALAN, 'Educational Opportunity and Social Selection in England and Wales: Trends and Policy Implications', in OECD, *Social Objectives in Educational Planning*, Paris: OECD, 1967.

—— and RESLER, HENRIETTA, *Class in a Capitalist Society: A Study of*

Contemporary Britain, London: Heinemann, 1975.

WHITE, HARRISON C., 'Cause and Effect in Social Mobility Tables', *Behavioural Science*, vol. 8, 1963.

WHITE, MICHAEL, *Long-term Unemployment and Labour Markets*, London: Policy Studies Institute, 1983.

WILENSKY, H. L., 'Work, Careers and Social Integration', *International Social Science Journal*, vol. 12, 1960.

——, 'Orderly Careers and Social Participation', *American Sociological Review*, vol. 26, 1961.

——, 'Measures and Effects of Social Mobility', in Smelser and Lipset (eds.), *Social Structure and Mobility in Economic Development*.

—— and EDWARDS, HUGH, 'The Skidder: Ideological Adjustments of Downwardly Mobile Workers', *American Sociological Review*, vol. 24, 1959.

WILLMOTT, PETER, and YOUNG, MICHAEL, *Family and Class in a London Suburb*, London: Routledge, 1960.

WRIGHT, ERIKOLIN, *Class, Crisis and the State*, London: New Left Books, 1978.

——, *Classes*, London: Verso, 1986.

—— and SINGELMANN, JOACHIM, 'Proletarianisation in the Changing American Class Structure', *American Journal of Sociology*, vol. 88, supplement, 1982.

YASUDA, SABURO, 'A Methodological Inquiry into Social Mobility', *American Sociological Review*, vol. 29, 1964.

YOUNG, MICHAEL, *The Rise of the Meritocracy*, London: Thames & Hudson, 1958.

—— and WILLMOTT, P., *The Symmetrical Family*, London: Routledge, 1973.

索引

（所标页码为原书页码，即本书边码）

A

Åberg, Rune 鲁内·奥贝里 275
Abbott, Pamela 帕梅拉·艾伯特 301
Acker, Joan 琼·阿克 297
Acton Society Trust 阿克顿社会信托 145
Adams, B. N. 伯特·亚当斯 172, 174
administrators and managers 管理人员和经理 40-41, 47, 125, 134-136, 142, 144, 160
Aiken, Michael 迈克尔·艾肯 172, 174
Alapuro, R. 里斯托·阿拉普罗 299
Allan, Graham 格雷厄姆·阿伦 214
Alt, James 詹姆斯·阿尔特 353
Angel, P. P.安吉尔 33, 35
Angell, Robert 罗伯特·安格尔 218, 249
Anshen, Ruth N. 露丝·安森 171
Arber, Sara 萨拉·阿伯 300
Archer, Margaret Scotford 玛格丽特·斯科夫德·阿切尔 36
Aron, Raymond 雷蒙·阿隆 35, 353
Australia 澳大利亚 305, 309

B

Balán, Jorge 豪尔赫·巴兰 145

Bechhofer, Frank 弗兰克·比彻霍费尔 65, 250
Becker, H. S. 霍华德·贝克尔 218, 221, 249
Bell, Daniel 丹尼尔·贝尔 34, 275, 276
Bendix, Reinhard 莱因哈德·本迪克斯 18, 34, 172
Benn, S. I. S. I.本恩 249
Berger, Suzanne 苏珊·伯杰 326
Bernard, Paul 保罗·伯纳德 67, 117
Bernstein, Eduard 爱德华·伯恩斯坦 9-10, 33
Berrington, Hugh 休·伯林顿 353
Bertaux, Daniel 丹尼尔·边图 31, 67, 87, 145
Bettelheim, Bruno 布鲁诺·贝特尔海姆 213
Billewicz, W. Z. W. Z.比尔维奇 116
birth cohort analysis 出生队列分析 56, 69-70, 253-254
Blackburn, R. M. R. M. 布莱克本 65, 213, 352
Blackburn, Robin 罗宾·布莱克本 67
Blalock, H. M. H. M. 布雷洛克 93
Bland, Richard 理查德·布兰德 65
Blau, P. M. 彼得·布劳 14-17, 18, 19, 29, 34, 54, 65, 66, 86, 118, 213, 330, 352

'blue-collar' classes "蓝领"阶级 42, 103,112,113-14,115,314-15

Bottomore, T. B. T. B. 巴特摩尔 36, 39,65,66

Boudon, Raymond 雷蒙德·布东 34,87

Bourdieu, Pierre 皮埃尔·布迪厄 68, 99,117

Braverman, H. H. 布雷弗曼 275

Brawer, M. J. M. J. 布拉韦尔 297

Britten, N. N. 布里顿 297

Brown, Richard 理查德·布朗 117

Browning, Harley L. 哈雷·布朗宁 145, 275

Bruce-Briggs, B. B. 布鲁斯-布里格斯 353

bureaucracy 科层制 41,141,227,333

Butler, David 大卫·巴特勒 353,354

C

Cairns, J. E. J. E. 凯尼斯 4,32

Camilleri, R. R. 卡米列里 172

capitalism, capitalist society 资本主义, 资本主义社会 1,6-10,20-21,24-27,39

Caplow, Theodore 西奥多·卡普罗 145

Carchedi, G. G. 卡尔凯迪 36,352

Carlsson, Gösta 戈斯塔·卡尔松 35

Carter, L. F. L. F. 卡特 93

CASMIN-project 工业化国家社会流动比较分析项目 304-305,307,324

Chapman, Tony 托尼·查普曼 297

Chase, Ivan D. 伊万·柴斯 297

Child, John 约翰·柴尔德 65

Chinoy, Ely 埃利·奇诺伊 34

Clark, D. D. 克拉克 66

class（see also intermediate classes; mobility, class; service class; working class） 阶级（参见中间阶级、阶级流动、服务阶级、工人阶级）

action 阶级行动 5,26,28-31,39-40, 61,121,250,327-329,339-345

assimilation 阶级同化 196-200,202-204,207,211

composition, recruitment 阶级的构成和雇佣 43-7,169-70,199,209-10

conflict, struggle 阶级冲突和斗争 12,20,24,26-27,28-29,39,328-329

consciousness 阶级意识 5,11,25, 248-249

continuity 阶级的连续性 125,128-129,130-131,144

'cores' 阶级"核心" 147,150-151, 189,207,344-345

formation 阶级形成 5,7-8,10-11,14, 16,20,25-7,28-31,39-40,61-64, 121,140-143,168-171,179,207,209-212,250,327-345

norms, life-styles 阶级的规范和生活方式 147,152,156,170-11,189, 194,202-204,207-208,210,223

schema 阶级分类框架 40-3,52,70, 95,115-116,122,143,249,255-257, 279-280,304-305

segregation, 'cross-class' ties 阶级隔离和"跨阶级"关系 30,170-171, 180,189,195-200,210-212,213-214

solidarity 阶级团结 26,47,61-64, 344-345

stability 阶级稳定性 54-55,123-131,144

structure 阶级结构 5,24-26,29,39, 48,58,59-61,77,87,114-116,140-143,261-263,270-273,281,309-312, 322-323

voting 投票 346-350

Clausen, Rosemary 罗斯玛丽·克劳森 64,67,172

Cooley, C. M. C. M. 库利 16,24,171

Costner, Herbert L. 赫伯特·科斯特纳 88

counterfactual analysis 反事实分析 316-321

Craig, Christine 克里斯汀·克雷格 65

Crewe, Ivor 艾佛·克鲁 66, 145, 353, 354

Critchley, Frank 弗兰克·克里奇利 353

Crompton, Rosemary 罗斯玛丽·克朗普顿 275, 297, 352

Crosland, C. A. R. C. A. R. 克罗斯兰 35

Crowder, N. David 大卫·克劳德 34

Curran, J. J.库兰 255

Curtice, John 约翰·柯蒂斯 273, 347-348

Curtis, Richard F. 理查德·F·柯蒂斯 215

D

Dahrendorf, Ralf 拉尔夫·达伦多夫 36, 41, 47, 64, 65, 67

Dale, Angela 安吉拉·戴尔 274, 300

Dale, J. R. J. R. 戴尔 65

Daniel, W. W. W. W. 丹尼尔 64

Davidson, Nick 尼克·戴维森 351

Davis, James A. 詹姆斯·A. 戴维斯 88

Dejong, P. Y. P. Y. 德容 297

Delphy, Christine 克里斯廷·德尔菲 297, 298

Deming, W. Edwards W. 爱德华·戴明 325

Dex, Shirley 雪莉·德克斯 300

Dickinson, Peter J. 彼得·J. 迪金森 88, 89

disparity ratios 差异比率 50-51, 60, 66, 74-78, 85, 87-88, 263-265

Dubin, Robert 罗伯特·杜宾 250

Duncan, O. D. O. D. 邓肯 14-17, 18, 19, 29, 33, 34, 54, 65, 66, 68, 86, 118 172, 178, 213, 216, 330, 352

Duncan scale 邓肯量表 118

Dunleavy, P. P. 邓拉普 353

Dunlop, John T. 约翰·T. 邓洛普 325

Dunton, Nancy 南希·邓顿 298, 301

Durbin, E. F. M. E. F. M. 德宾 35

E

economic growth 经济增长 86, 116, 227, 231, 232, 237

education 教育 23, 55-58, 61, 127, 177, 232, 237

Edwards, Hugh 休·爱德华 353

Edwards, J. J.爱德华 172

Ehrenreich, B. B. 埃伦赖希 353

Ehrenreich, J. J. 埃伦赖希 353

electoral politics 选举政治 346-350

Elliott, Brian 布赖恩·埃利奥特 65

Engels, Friedrich 弗里德里希·恩格斯 32

equality 平等
  of condition 条件平等 21-24, 328-330, 351
  of opportunity 机会平等 21-24, 30, 86, 328-330, 351

Erikson, Robert 罗伯特·埃里克松 275, 290, 297, 299, 300, 324, 325, 351

Esland, Geoff 杰夫·埃斯兰 65

Esping-Andersen, Gösta 考斯特·艾斯平-安德森 355

Eysenck, H. J. H. J. 艾森克 87

F

family (see also kin, kinship) 家庭(参见

亲属、亲属关系）232,238-246,281,
    285-286,288-290
Farber, S. M. S. M. 法伯 172
Featherman, David L. 大卫 L·费瑟曼
    89,298,301,303,305-309,321-323,324
Fellin, Phillip 菲利普·费林 213
Feuer, Lewis S. 刘易斯·福伊尔 32
Finnegan, Ruth 露丝·芬尼根 275
Form, William H. 威廉·H. 福马 145
France 法国 284,302,305-316
Frankel, H. H. 弗兰克尔 36
Fraser, Colin 科林·弗雷则 353
friends, friendship 朋友、友谊 179
    and class 朋友、友谊和阶级 179-185
    and mobility 朋友、友谊和社会流动
    176,178,189-202,207

G

Gagliani, Giorgio 乔治·加利亚尼 326
Gallie, Duncan 邓肯·加利 275,353
Gamarnikow, Eva 伊娃·加马尔尼科
    297
Gay, Peter 彼得·盖 35
Geiger, Theodor 特奥多尔·盖格
    尔 118
Gennard, John 约翰·加纳德 65
Germani, Gino 吉诺·杰尔马尼 213,
    216
Germany 德国 9-10,284,302,305-320,
    323,345
Gerschenkron, A. A. 格申克龙 325
Gershuny, Jay 杰伊·格尔舒尼 275
Gerstl, J. E. J. E. 格斯特尔 66,145
Gibson, J. B. J. B. 吉布森 87
Giddens, Anthony 安东尼·吉登斯 25-
    27,36,39,43,65,66,276,294,300,330
Gilbert, G. Nigel G. 奈杰尔·吉尔伯特
    300

Giner, Salvador 萨尔瓦多·吉纳尔 36
Girod, Roger 罗杰·吉罗 67,68
Gittus, E. E. 吉塔斯 214
Glass, D. V. D. V. 格拉斯 22-23,27,
    29,36,65,68,73-74,87,89,95,117,
    277-278,300
Glenn, Norval 诺弗尔·格伦 297
Goldberg, David 大卫·戈德堡 172,
    174
Goldhamer, H. H. 古德哈默尔 116
Goldthorpe, John H. 约翰·H. 戈德索
    普 64,65,67,69,171,216,250,276,
    297,298,300,324,325,351,352,353
Goodman, L. A. L. A. 古德曼 80,88,
    93,116,117
Gordon, Joan 琼·戈登 34,353
Gottschalk, Louis 路易斯·戈特沙尔
    克 249
Gould, J. D. J. D. 古尔德 325
Gouldner, A. W. A. W. 古尔德纳 353
Granovetter, Mark, S. 马克·S. 格兰诺
    维特 117
Greenhalgh, Christine 克里斯汀·格林
    哈尔希 297
Grusky, David 大卫·格伦斯基 324,
    352
Gubbay, Jon 乔恩·古培 352

H

Hakim, Christine 克里斯汀·哈基姆
    299
Hall, J. R. J. R. 霍尔 36,65,87,117
Hall-Jones scale 霍尔-琼斯量表 73,87,
    89,117,118
Halmos, Paul 保罗·哈尔莫斯 67
Halsey, A. H. A. H. 哈尔西 66,145,
    274,351
Hammond, John L. 约翰·L. 哈蒙德

301

Handl, J. J. 汉德尔 298

Hannan, Damian F. 戴米安·F. 汉南 325

Harbison, Frederick H. 弗雷德里克·哈比森 325

Hardiman, Niamh 尼亚芙·哈迪曼 325

Harris, Abram Lincoln 艾布拉姆·林肯·哈里斯 32,33

Harris, Amelia I. 阿米莉亚·I. 哈里斯 64,67,172

Harris, Christopher 克里斯托弗·哈里斯 173

Harrison, Royden 罗伊登·哈里森 32

Hauser, Robert M. 罗伯特·M. 豪瑟 80,86,88,89,90,94-98,116,117,119, 298,303,305-309,321-323,324,352

Hayek, F. A. F. A. 哈耶克 250

Hazelrigg, Lawrence 劳伦斯·黑兹里格 32,33

Heath, Anthony 安东尼·希思 273, 285,297,298,299,347-348,349,351,

Heek, F. van F. 凡·希克 3,10,11,32

Henkel, Ramon E. 雷蒙·E. 亨克尔 89,172

Hernes, Gudmund 古兹曼·埃尔纳 301

Hertzler, J. O. J. O. 赫兹勒 34

Himsworth, H. H·希姆斯沃思 351

Hirsch, Fred 弗里德·赫希 216

Hogben, Lancelot 兰斯洛特·霍格本 172

Hollander, P. P. 奥朗代 32

Hollingshead, Augustus B. 奥古斯塔斯·B. 霍林斯赫德 34

Homans, G. C. G. C. 霍曼斯 148,162, 172,175

Hope, Keith 基思·霍普 4,65,80,88, 89,94,117,172

Hope-Goldthorpe scale 霍普-戈德索普量表 40-43,99,118,273

Hopper, Earl 厄尔·霍珀 173,177, 208

Hungary 匈牙利 305-316

Husbands, C. C. 赫斯本斯 353

Hutton, S. P. S. P. 赫顿 66,145

I

index of association 联合性指数 22-23, 65,95-97,116

index of homogeneity 同质性指数 352, 353

intermediate classes (see also manual supervisory workers; self-employed workers; technicians; lower-grade; white-collar workers, routine) 中间阶级(参见体力劳动的监管人员、自雇工人、低级技术人员、一般白领工人) 41-43, 122, 127-129, 131-134, 140-142, 151, 152-159, 179-189, 226-227, 231, 236,241-242,333-335

J

Jackman, Mary R. 玛丽·R. 杰克曼 301

Jackman, Robert W. 罗伯特·W. 杰克曼 301

Jacques, M. M. 雅克 355

Janowitz, Morris 莫里斯·贾诺威茨 178,213

Jarvie, I. C. I. C. 贾维 249

Jelin, Elizabeth 伊丽莎白·叶林 145

Jobling, Ray 雷·乔布林 353

Jones, F. L. F. L. 琼斯 303,305-309, 321-323,324

Jones, Gareth 加雷斯·琼斯 275,352

Jowell, Roger 罗杰·乔韦尔 273, 347-8

K

Kaase, Max 马克斯·卡塞 325
Kalton, Graham 格雷姆·卡尔顿 89
Kavanagh, Dennis 丹尼斯·卡瓦纳 354
Kerr, Clark 克拉克·克尔 325, 326
kin, kinship 亲属、亲属关系
 and class 亲属关系与阶级 150-159, 168-171
 frequency of contact 亲属接触频率 151, 152, 160-162, 168
 and help 亲属关系与帮助 151, 152-154, 163, 168
 and leisure association 亲属关系与休闲协会 151, 154-156, 163-165, 168-169, 210
 and mobility 亲属关系与流动 159-171, 210
 and other primary relations 亲属关系与其他初级关系 147 151, 156, 165-168, 179, 194, 208
 theory of, in industrial society 工业社会中的亲属关系理论 148-149, 168-169, 175-176
Klein, Josephine 约瑟芬·克莱因 214
Knudsen, Knud 克努兹·努森 301
Koffel, John N. 约翰·N.科费尔 88, 89
König, Wolfgang 沃尔夫冈·康尼锡 325
Korpi, Walter 沃尔特·科皮 355
Kreckel, Reinhard 莱茵哈德·克雷克尔 31, 172

L

Landes, David 戴维·兰德斯 323
Laumann, Edward O. 爱德华·O.劳曼 213, 214, 215
Lee, D. J. D.J.李 68
Lenski, Gerhard E. 格哈德·E.伦斯基 34
Lewis, Roy 罗伊·刘易斯 35
liberal democracy 自由民主制 13, 15-20, 27
liberals, liberalism 自由主义者,自由主义 1-2, 3-4, 13, 14-23, 26-27, 270-273
Lievesley, D. D.李维斯利 273
life-history method 生活史方法 218-222
Lipset, S. M. S.M.李普塞特 14, 17-20, 23, 27, 34, 86, 172, 176, 213, 302-304, 324, 330, 353
Little, Alan 艾伦·利特勒 67
Litwak, Eugene 尤金·利特瓦克 172, 174, 178, 200, 213
Lockwood, David 戴维·洛克伍德 64, 65, 171, 250, 352
Lopreato, Joseph 约瑟夫·洛普勒托 32, 33
Loveridge, Ray 雷·洛夫里奇 65

M

McAllister, Ian 伊恩·麦卡利斯特 353, 354
Macdonald, Kenneth 肯尼思·麦克唐纳 87, 274
Mackenzie, Gavin 加文·麦肯齐 276
McClelland, Peter D. 彼特·D.麦克莱兰 325
McClendon, McKee J. 麦基·J.麦克伦登 325
Malthus, Thomas 托马斯·马尔萨斯 7
manual supervisory workers 体力劳动的监管人员 42, 127-129, 132-134, 138, 140-141
marginality 边际

of class positions 阶级位置的边际 140-141

in social relations 社会关系中的边际 176-179,199-200,202-204,207-208

Marsh, Catherine 凯萨琳·马什 353

Marshall, Alfred 阿尔弗列德·马歇尔 4,32

Marshall, Gordon 戈登·马歇尔 353,354

Marshall, T. H. T. H. 马歇尔 35

Marx, Karl 卡尔·马克思 4-9,10,11,12,14,16,20,24,25,26,27,29,32,33,320,333,340,350

Marxism, Marxists. 马克思主义,马克思主义者 1,3-4,14-15,20,21,22,24-29,39,121,249,270-273,335

Mann, Michael 迈克尔·曼恩 297

Maude, Angus 安古斯·莫德 35

Maurice, M. M. 毛里斯 325

Mayer, Karl Ulrich 卡尔·乌尔里克·梅耶 31,32,249

Meade, J.E. J.E. 米德 87

Meissner, H. H. 迈斯纳 32

Mercer, D. E. D. E. 默瑟 65

Merton, R. K. 罗伯特·金·默顿 209,216

Michels, Roberto 罗伯托·米歇尔斯 10,11,33,330

Miliband, Ralph 拉尔夫·米利班德 65,66

Mill, John Stuart 约翰·斯图亚特·密尔 4,32

Miller, Delbert C. 德尔伯特·C. 米勒 145

Miller, R. L. R. L. 米勒 274

Miller, S. M. S. M. 米勒 20,31,36,66,324

Mirande. A. M. A. M. 米兰达 172

Mitchell, J. Clyde 克莱德·J. 米切尔 173,353

Mitzman, Authur 亚瑟·密兹曼 33

mobility, class(see also openness, open society; social fluidity) 阶级流动(参见开放性、社会开放、社会流动)

absolute, de facto rates 绝对阶级流动,实际的阶级流动率 29-31,44-46,58-59,69,74,75,77,85,94,115,121,261-266,309-316,331-345

asymmetries in 阶级流动中的不对称 60,112-114

'buffer zone' in 阶级流动中的"缓冲带" 40,47-55,59,60,61,109,121,142

'closure' in 阶级流动中的"社会封闭" 40,43-47,59,60,61,109,121,142

comparative 相对阶级流动 302-323

'counterbalance' in 阶级流动中的"动态平衡" 40,55-58,59,61,69,78,109,121

and counter-mobility 阶级流动和逆向阶级流动 54-55,77,118,124-131,159,210,224,245,292-293

density levels of 阶级流动的密集程度 97-116

downward 向下阶级流动 43,50,54-55,72,137-139,142,144,169,176,194,195-196,202-204,209-210,212,229-230,236,245-246,269-270,286,288,341-342

inflow 阶级流入 44-47,110,169-170,199,265-266,313-315

intergenerational 代际阶级流动 44-64,69-87,121-143,147,209-210,231-232,261-270,313-316

intragenerational, worklife(see also routes, channels below) 工作生涯的代内阶级流动(参见下文阶级流动

路径、阶级流动渠道）51-58,77-78,
121-143,229,233-237

across life-cycle 贯穿生命周期的阶级流动 70-71,76-77,84

outflow 阶级流出 48-64,69-87,109-110,121-143,261-265,267-270,315-316

permanency, decisiveness of 阶级流动的永久性和决定性 132-139,135-139,159,169,246

relative rates, chances (see also openness; social fluidity) 相对阶级流动率,阶级流动机会（参见开放性、社会流动）29-31,44-46,59,69,74-87,94,96-97,108-116,121,258-261,285-288,305-309

routes, channels 阶级流动路径,阶级流动渠道 55-58,61-64,122-143,149,150-151,159-160,208-209,211-212

total 总阶级流动 284,292,312-313,320

trends 阶级流动趋势 56-58,69-87,121-122,253-273

upwards 向上阶级流动 43-64,72-74,134-137,147,159,168-169,170,176,194-195,196-200,202-204,208,209-212,227-229,231-232,234-235,242-245,247-248,262,269-270,342

of women 女性的阶级流动 277-296,335

mobility, geographical 地理流动 148,152,160-162,173,177,178

mobility, marital 婚姻流动 281-285,288-289,292-293,294-295

mobility, occupational 职业流动

through careers 通过职业生涯实现流动 223-224,228,242-245,247

'disorderly' "无序"的职业流动 129,136-137,226

related to class mobility 与阶级流动相关的职业流动 12-13,290,295-296

standard view of 职业流动的标准视角 43-44,118,124,127,129

mobility, social 社会流动

awareness 社会流动意识 222-230,247

collective 集体社会流动 231

comparative 相对社会流动 302-303

diachronic vs synchronic view of 社会流动的历时视角与共时视角 123,140

disruptive 'dissociative' effects 社会流动破坏性的"分离"效应 13,18-19,20,30,148-149,168-171,175-179,339-341

'elite' and 'mass' "精英"和"大众"的社会流动 46-47,331,352

exchange and structural 互换与结构性社会流动 74-75,331,352

experience 社会流动经历 64,122,143,212,217-249

ideologies 社会流动的意识形态 230-237

integrative effects 社会流动的综合效应 5,13,15-16,17,23,30,168-171,339-341

'interests' in 社会流动中的"利益" 3-31

perfect 完美社会流动 23,44-46,50,65,75,97,321-322

psychological effects 社会流动的心理效应 18-19,20,176,248

research 社会流动研究 1-3,24,59,217,277-279

subjective significance 社会流动的主观意义 237-246

of women 女性的社会流动 277-279

mobility, status 地位流动 19,30,73, 176-179,207,248
 mobility tables 地位流动表
  analysis of 地位流动表分析 74-75, 94-98
  three-point 三点地位流动表 51-58, 77-78,122
Moore, Wilbert 威尔伯特·摩尔 34
Morrison, Denton 丹顿·莫里森 89,172
Mortimore, G.W. G.W. 莫提摩 249
Mosteller, F. 弗雷德里克·莫斯特勒 318,325
Moynihan, Daniel P. 丹尼尔·P. 莫伊尼汉 34
Mukherjee, Ramkrishna 拉姆克里什纳·慕克吉 68
Mulhearn, F. 弗朗西斯·马尔赫恩 355
Müller, Walter 沃尔特·缪勒 31,32,324,325,326
multiplicative (log-linear) models 乘法（对数线性）模型 80-81,90-93,94-95
 of common social fluidity 一般社会流动的乘法（对数线性）模型 283-285, 286-288,293-294,306,354
 of constant social fluidity 持续社会流动的乘法（对数线性）模型 81-83, 89,92,258-261
 of pattern of social fluidity, (Hauser model) 社会流动模式的乘法（对数线性）模型（豪瑟模型） 94-116,119-120,274
 of trends in social fluidity 社会流动趋势的乘法（对数线性）模型 83-84,92-93
Musgrove, F. 穆斯格鲁夫·弗兰克 173,177,213
Myers, Charles A. 查尔斯·A. 迈尔斯 325

N

Namboodiri, N. K. N. K. 南布迪里 91,93
national mobility inquiries：国家流动调查：
 1949, London School of Economics (Glass) 1949, 伦敦经济学院（格拉斯） 22-23,35,73-74,87,89,277-278
 1972, Nuffield College, Oxford 1972, 纳菲尔德学院,牛津 40,122,246, 254-257,277,301
 1974, Nuffield College, Oxford 1974, 纳菲尔德学院,牛津 122-123,149-150,217-221,246
neighbours, relations with 与邻里的关系 179
 and class 邻里关系与阶级 185,214
 and mobility 邻里关系与流动 176, 178,202,207,215-216
Nelder, J. A. (John Ashworth Nelder) 约翰·阿什沃思·奈勒 91,93
Nerlove, Sara Beth 萨拉·贝丝·纳洛夫 324
Newby, Howard 霍华德·纽比 353, 354
Nicolaus, Martin 马丁·尼古拉斯 33
Noble, Trevor 特雷弗·诺布尔 68
Nordic nations 北欧国家 325,350-351
Northern Ireland 北爱尔兰 305-316

O

occupational groupings：职业群体
 elites within 职业群体中的精英 46-47,331,352
 prestige or status ranking of 职业群体的声望或地位排名 39,104,115-116

'occupational maturity' "职业成熟度" 52-53,57,70-71,76-77

occupational structure, division of labour 职业结构与劳动分工 9,15,28,59-63,74,85-86,121,270-273,280

odds ratios 优势比 78-84,94,96-97,110-111,259-260

Olson, Mancur 曼库尔·奥尔森 323

O'Muircheartaigh, Colm 科尔姆·奥米尔哈泰 89

openness, open society (see also social fluidity) 开放性与开放的社会(参见社会流动性) 21-24,27-31,75,86-87,88,114,121,285,293,305-309,327,351

Osipov, G. B. G. B.奥斯波夫 32

P

Pareto, Vilfredo 维尔弗雷多·帕累托 33

Parkes, A. S. (Allen Sterling Parkes) 艾伦·斯特林·帕克斯 87

Parkin, Frank 弗兰克·帕金 26-27,29,36,39,66,67

Parsons, Talcott, 塔尔科特·帕森斯 148,171,172,175

Passeron, Jean-Claude 让-克洛德·帕斯龙 117

Pawson, Ray 雷·波森 34

Payne, Clive 克莱夫·佩恩 88,117,273

Payne, Geoff 杰夫·佩恩 297

Payne, Judy 朱迪·佩恩 297

Peterson, William 威廉·彼得森 14,33

Pickvance, C. G. C. G.皮克万斯 214

Piore, Michael 迈克尔·皮奥里 326

Platt, Jennifer 珍妮弗·普拉特 250

Poland 波兰 305-316

Pöntinen, Seppo 塞波·庞蒂宁 298,299,325

Popper, Karl 卡尔·波珀 249

Portocarero, Lucienne 吕西安娜·波托卡雷罗 297,298,299,300,324,000,000

Poulantzas, Nicos 尼科斯·普兰查斯 24,25,36,352

Prais, S. S. 普雷斯 325

Prandy, K. K.普兰迪 65,213,352

professionals 专业人员 40-41,47,125,134-136,142,144,160

proletarianization 无产阶级化 4,6,9,271-273,286,288,289,335,350

Przeworski, Adam 亚当·普热沃尔斯基 355

R

Raab, Earl 厄尔·拉布 34

Ragazzi, Orietta 奥列塔·拉加齐 353

Renaud, Jean 琼·雷诺 67,117

Renner, Karl 卡尔·伦纳 41,64

Republic of Ireland 爱尔兰共和国 305-321,325

Resler, Henrietta 亨丽埃塔·雷斯勒 24-27,36,66,67,68,115,118,337,353

Ricardo, David 大卫·里卡多 7,8

Richardson, C. J. C. J.理查森 171,173,174,216

Ridge, J. M. J. M.里奇 87,274,351

Roberts, B. C. B. C.罗伯茨 65

Roberts, Bryan 布莱恩·罗伯茨 275

Roberts, Helen 海伦·罗伯茨 297

Robin, S. S. S. S.罗宾 297

Robinson, Robert V. 罗伯特·V.鲁滨逊 325

Rogin, Michael P. 迈克尔·P.罗金 35

Rogoff, Natalie 纳塔莉·罗戈夫 34,116

Romney, A. Kimball 金博尔·A. 罗姆奈 324
Rose, Arnold 阿诺德·罗斯 249
Rose, David 大卫·罗斯 353, 354
Rose, Richard 理查德·罗斯 353, 354
Ross, Adreian A. 阿德里安·A. 罗斯 297
Rosser, Colin, 科林·罗瑟 173
Rottman, David B. 大卫·B. 罗特曼 325
Rushworth, Monica 莫妮卡·拉什沃思 65

S

Salaman, Graeme 格雷姆·萨拉曼 65
Sapsford, Roger 罗杰·萨普斯福德 301
Särlvik, B. B. 萨尔维克 353
Schneider, D. D. 施奈德 148, 162, 172, 175
Schumpeter, J. A. (Joseph Alois Schumpeter) 约瑟夫·阿洛伊斯·熊彼特 36
Schütz, Alfred 阿尔弗雷德·舒茨 249
Scotland 苏格兰 305-316
Scott, W. W. 斯科特 116
self-employed workers 个体经营者 42, 100, 115, 127-129, 133-134, 138, 140-141, 262, 284-285, 334-335
Sellier, F. F. 泽利尔 325
service class (see also administrators and managers; professionals; technicians; higher-grade; 'white-collar' classes) 服务阶级(参见管理人员和经理人员、专业人员、技术人员、高级"白领"阶级) 41-47, 60, 61, 69, 75, 100-1002, 109, 111, 114, 122, 124-127, 134-137, 141-143, 150, 152-159, 170-171, 179-189, 199-200, 207-212, 223-224, 227, 235-236, 237-239, 247-248, 266, 272-273, 284-285, 313-314, 331-333, 339-341
Sheldon, Eleanor B. 埃莉诺·B. 谢尔登 34
Shephard, Roger N. 罗杰·谢泼德 324
Sibley, Elbridge 埃尔布里奇·西博利 34
Silvestre, J. -J. J. -J. 希尔维斯特 325
Simkus, Albert A. 阿尔伯特·辛库斯 351
Singelmann, J. 乔基姆·辛格曼 275, 276, 326
Sjoberg, Gideon 吉迪恩·肖伯格 34
Słomczyński, K. 卡西米尔兹·斯洛姆琴斯基 36
Smelser, Neil J. 尼尔·J. 斯梅尔塞 34, 213, 353
Smiles, Samuel 塞缪尔·斯迈尔斯 3-4, 16, 86, 328
Social Darwinism 社会达尔文主义 3, 328
social democrats, democracy 社会民主党 350-351
social fluidity (see also openness) 社会流动性(参见开放性) 58, 81-86, 94-98, 108-116, 121, 303, 305-309, 317-321, 327-329
    rationale for model of 模型的依据 98-104
social isolation 社会隔离 176-179, 189-195, 199-200, 202-204, 207-208
'social metabolism' 社会新陈代谢 9, 61-64, 122
social networks 社会网络 156, 165-168, 169, 170, 180-185, 200-202, 208-209
socialism, socialists 社会主义,社会主义者 4, 9-13, 20-24, 26-28
Sombart, Werner 维尔纳·桑巴特 10, 14, 33, 330

Sørensen, Aage 奥格·索伦森 34

Sorokin, Pitirim 彼得瑞姆·索罗金 12-13, 33, 65, 142, 147, 150, 172, 303, 330, 338

spare-time associates 兼职员工 179
and class 兼职员工和阶级 179-185
and mobility 兼职员工和流动 176, 189-202

Speakman, Mary-Anne 玛丽安娜·斯皮克曼 65

Spence Janet T. 珍妮特·斯宾塞 298

Stacey, Barrie 巴里·斯泰西 148, 163, 172, 177

Stanworth, M. M.斯坦沃思 297, 298, 299, 301

Stanworth, Philip 菲利普·斯坦沃思 66

status, social 社会地位 19, 22-23, 175-179, 209
  inconsistencies in 社会地位的不一致性 19, 30

Steiner, H. H.斯坦纳 32

Stewart, A. A.斯图尔特 65, 213, 352

Stewart, Mark B. 马克·斯图尔特 297

Stokes, Donald 唐纳德·斯托克斯 353

Strasser, H. H.斯特拉瑟 298

Stuckert, Robert P. 罗伯特·施图克特 172

'subjective logic' "主观逻辑" 221-222

Svalastoga, Kaare 凯尔·斯瓦拉斯托加 35, 118

Sweden 瑞典 284, 305-321, 325

Sweezy, Paul M. 保罗·斯威齐 33

Szelényi, Iván 伊万·塞勒尼 174

T

Tausky, Curt 科特·陶斯基 250

Tavuchis, Nicholas 尼古拉斯·塔瓦斯基 172

Tawney, R. H. R.托尼 21-22, 23, 27, 35, 36

technicians 技术工人
  higher-grade 高级技术工人 41, 125, 134
  lower-grade 低级技术工人 42, 127, 131, 137, 140-141, 335

Terrell, Kermit 克米特·特雷尔 297

Thelot, Claude 克劳德·特洛 353

Therborn, Göran 戈兰·瑟伯恩 355

Thomas, G. G.托马斯 145

Thurley, Keith 基思·瑟利 65

Tienda, Marta 玛尔塔·廷达 275, 276

Touraine, Alain 阿兰·图海纳 353

Townsend, Peter 彼得·唐森德 351

trade unions 工会 231, 329, 345-346

Travis, Harry P. 哈里·特拉维斯 88, 89

Treas, Judish 朱迪丝·特雷丝 297

Treiman, Donald J. 唐纳德·特雷曼 213, 297

Tully, Judy Corder 朱迪·科德·塔利 297

Tumin, Melvin M. 梅尔文·图明 213

Tyree, Andrea 安德里亚·泰里 95, 116, 297

U

unemployment 失业 254, 267-270, 272-273, 336-339, 343-344

United States of America 美国 5, 10, 14-20, 86, 176-178, 271, 305, 309, 324-325, 330, 343

V

Veblen, Thorstein 索尔斯坦·凡勃

伦 16
Vogler, Carolyn 卡罗琳·沃格勒 353, 354
Voluntary associations, participation in 志愿组织的参与 179
 and class 志愿组织的参与和阶级 185-189, 214-215
 and mobility 志愿组织的参与和流动 178, 194, 204, 207, 216

W

Walker, P. P.沃克 353
Weber, Max 马克斯·韦伯 16
Wedderburn, Dorothy 多萝西·韦德伯恩 65
Weir, D. T. H. D.威尔 65
Wesołowkski, W. W.威索洛斯基 36
Westergaard, J. H. J. H.韦斯特伽德 24-27, 36, 39, 66, 67, 68, 115, 118, 337, 350, 353, 355
White, Harrison C. 哈里森·怀特 117
White, Michael 米歇尔·怀特 275
'white-collar' classes 白领阶层 41-42, 103, 112, 113-114, 115, 335
white-collar workers, routine 一般的白领工人 41-42, 102-103, 127-129, 131, 133, 134, 137, 140-141
Wilensky, H. L. H. L.韦伦斯基 144, 145, 146, 340, 342, 000
Wiley, Miriam M. 米丽亚姆·威利 325
Willmott, P. P.威尔莫特 66, 172
Wirdenius, Hans 汉斯·维尔德尼斯 65
Woodward, Diana 戴安娜·伍德沃德 297

Work orientations 工作取向 237-46
working class (see also 'blue-collar' classes) 工人阶级（参见"蓝领阶级"） 28, 42, 47, 61-64, 75, 103-104, 109, 111, 114, 122, 129-134, 141-143, 150, 152-159, 179-189, 224-226, 227, 231, 233-234, 239-241, 247-248, 266, 269-270, 314-315, 335-339, 341-345
 non-skilled 无技术的工人阶级 42, 47-55, 103-104, 128, 130-131, 133-134, 138, 145, 150, 320-321, 337
 skilled 有技术的工人阶级 42, 47-55, 103-104, 125, 128, 130-131, 133-134, 135, 138, 145, 150, 320-321, 337
workmates, work colleagues, relations with 与同事的关系 179
 and class 同事关系和阶级 185, 214
 and mobility 同事关系和流动性 176, 194, 202, 207, 215-216
Wright, Erik Olin 埃里克·欧林·赖特 275, 352
Wright Mills, C. 米尔斯·莱特 225, 250

Y

Yasuda, Saburo 安田三郎 87
Young, Michael 迈克尔·杨 36, 66, 87, 172

Z

Zetterberg, Hans 汉斯·泽特伯格 34, 302-304, 324

译后记

本书的翻译工作历时四年有余,终于即将画上句号。我谨代表本书所有译者执笔,写下这篇译后记,算是对这漫长跋涉旅途的纪念。

《现代英国的社会流动与阶级结构》是一本自首次出版起就备受关注的学术著作。该书立足于英国社会,覆盖了与社会流动有关的一系列议题,探讨了现代英国社会的阶级结构、社会流动的趋势以及这些宏观因素对于个体的客观生活机会和主观体验的影响。基于规模宏大的社会调查及一系列相应的统计方法(如对数线性模型、流动路径分析及出生队列分析),作者发现,虽然二战后高级职位(即"服务阶级")比例的增长导致了绝对流动机会在数量上的增加,但不同出身的个体在相对流动机会上,仍然有可观的差异。通过揭示这些在社会经济发展"逐渐向好"的大趋势下所潜藏的不平等,本书在学理的贡献之外,也对各阶级的行动和社会政策的制定有重要的指导意义。这些对于社会现实的理论和经验探讨,对当前中国社会的诸多现象也有非常重要的启示。

本书的翻译工作始于2016年的年末。在2016年的秋季学期,刘欣老师在他的《社会分层与流动》课程中推介、讲解了戈德索普的社会流动研究,并提议大家翻译此书,作为复旦大学出版社出版的社会分层译丛的一种。刘老师对有意向参与翻译的同学进行了试译考核,选出了六位主要译者(于佳嫒、舒东妮、梁群茹、殷昊、邢隽清、高雨薇)。六位译者组成翻译团队,两两结组,每人先分别完成两个书章的初始翻译,再由小组中另一名译者进行初始校对。在正文之外,我承担所有图表的翻译工作,舒东妮承担序言部分的翻译工作,并由邢隽清为其校对。随后,刘宇婧、李东雨、李挺、王冰、万仞雪、张卓君、吴黔凤、唐俊超先后加入我们的团队,仔细阅读并点评了部分章节(团队具体分工详见下一页)。在这之后,我进行了全书的整合工作,逐句阅读并做必要的调整和改正。这项翻译工作是各位译者共同努力的成果。能够参与这本书的翻译工作,我们每一位译者都倍感荣幸。

在此,我们也要向帮助我们的师友表示感谢。首先,我们非常感谢刘欣老师在翻译过程中的指导和帮助。各位译者也正是在刘老师的课程中了解了本书及其作者,并在随后的译者招募中自发报名参加了本书的翻译工作。刘老师的教导在我们的心中播下了一颗学习和研究的种子,点燃了我们对于社会分层与流动领域的热情。我们也非常感谢复旦大学出版社的张鑫编辑,感谢他认真细致的工作,让这本译著的水平更上一层楼。本书的翻译得到了复旦大学社会发展与公共政策学院的资助,在此一并表示感谢。

当然,限于译者水平,本书的翻译存在许多的不足,还望读者多多包涵,不吝赐教,以期来日改正。我们希望这本书的翻译能成为一次有益的尝试,为我国的社会分层与流动研究贡献一份力量。

于佳煖

2021 年 6 月

全书翻译分工：

序　　　　舒东妮　译，邢隽清　校
第 一 章　于佳媛　译，高雨薇　李东雨　校
第 二 章　高雨薇　译，李东雨　于佳媛　校
第 三 章　舒东妮　译，邢隽清　吴黔凤　校
第 四 章　殷　昊　译，梁群茹　唐俊超　校
第 五 章　邢隽清　译，舒东妮　校
第 六 章　梁群茹　译，刘宇婧　殷　昊　校
第 七 章　邢隽清　译，舒东妮　校
第 八 章　于佳媛　译，张卓君　高雨薇　校
第 九 章　高雨薇　译，于佳媛　王　冰　校
第 十 章　梁群茹　译，李　挺　殷　昊　校
第十一章　舒东妮　译，邢隽清　李　挺　校
第十二章　殷　昊　译，万仞雪　梁群茹　校

图书在版编目(CIP)数据

现代英国的社会流动与阶级结构:第二版/(英)约翰·H.戈德索普著;于佳煖等译. —上海:复旦大学出版社,2021.11
(社会分层译丛/刘欣主编)
书名原文:Social Mobility and Class Structure in Modern Britain (Second Edition)
ISBN 978-7-309-15751-2

Ⅰ.①现… Ⅱ.①约…②于… Ⅲ.①社会流动-研究-英国-现代 ②社会-阶层-研究-英国-现代 Ⅳ.①D756.161

中国版本图书馆 CIP 数据核字(2021)第 114173 号

SOCIAL MOBILITY AND CLASS STRUCTURE IN MODERN BRITAIN, SECOND EDITION was originally published in English in 1987. This translation is published by arrangement with Oxford University Press. Fudan University Press Co., Ltd. is solely responsible for this translation from the original work and Oxford University Press shall have no liability for any errors, omissions or inaccuracies or ambiguities in such translation or for any losses caused by reliance thereon.
本书原版由牛津大学出版社出版。中文简体字翻译版由牛津大学出版社授权复旦大学出版社有限公司独家出版发行。版权所有,盗版必究。

Chinese simplified translation rights © 2021 by Fudan University Press Co., Ltd.
上海市版权局著作权合同登记号:图字 09-2017-590 号

现代英国的社会流动与阶级结构(第二版)
XIANDAI YINGGUO DE SHEHUI LIUDONG YU JIEJI JIEGOU (DI-ER BAN)
[英]约翰·H.戈德索普 著
于佳煖 舒东妮 梁群茹 殷 昊 邢隽清 高雨薇 译
责任编辑/朱 枫

复旦大学出版社有限公司出版发行
上海市国权路 579 号 邮编:200433
网址:fupnet@fudanpress.com http://www.fudanpress.com
门市零售:86-21-65102580 团体订购:86-21-65104505
出版部电话:86-21-65642845
上海四维数字图文有限公司

开本 787×1092 1/16 印张 29 字数 459 千
2021 年 11 月第 1 版第 1 次印刷

ISBN 978-7-309-15751-2/D·1093
定价:78.00 元

如有印装质量问题,请向复旦大学出版社有限公司出版部调换。
版权所有 侵权必究